Das 19. Jahrhundert
Zeitalter des Realismus

Akademie Studienbücher

Literaturwissenschaft

Herausgegeben von
Iwan-Michelangelo D'Aprile

Claudia Stockinger

Das 19. Jahrhundert

Zeitalter des Realismus

Akademie Verlag

Die Autorin:
Prof. Dr. Claudia Stockinger, Jg. 1970, Professorin für Neuere Deutsche Literatur an der Georg-August-Universität Göttingen.

Bibliografische Information der Deutschen Nationalbibliothek
Die Deutsche Nationalbibliothek verzeichnet diese Publikation in der Deutschen Nationalbibliografie; detaillierte bibliografische Daten sind im Internet über http://dnb.d-nb.de abrufbar.

ISBN 978-3-05-004540-5
© Akademie Verlag GmbH, Berlin 2010

www.akademie-studienbuch.de
www.akademie-verlag.de

Das eingesetzte Papier ist alterungsbeständig nach DIN/ISO 9706.
Alle Rechte, insbesondere die der Übersetzung in andere Sprachen, vorbehalten. Kein Teil dieses Buches darf ohne schriftliche Genehmigung des Verlages in irgendeiner Form – durch Fotokopie, Mikroverfilmung oder irgendein anderes Verfahren – reproduziert oder in eine von Maschinen, insbesondere von Datenverarbeitungsmaschinen, verwendbare Sprache übertragen oder übersetzt werden.

Einband- und Innenlayout: milchhof : atelier, Hans Baltzer Berlin
Einbandgestaltung: Kerstin Protz, Berlin, unter Verwendung eines Auszugs aus
  Wilhelm Busch: *Diogenes und die bösen Buben von Korinth* (1862).
Satz: Druckhaus „Thomas Müntzer" GmbH, Bad Langensalza
Druck und Bindung: CS-Druck CornelsenStürtz GmbH, Berlin

Printed in Germany

Das 19. Jahrhundert
Zeitalter des Realismus

1	**Was ist Realismus?**	7
1.1	Zeitgenössische Positionen	9
1.2	Die poetische Form des Realismus: Humor	13
1.3	Epoche: Periodisierung und Merkmale	16
2	**Realismus als Epoche**	23
2.1	Politik, Wirtschaft und Soziales	25
2.2	Realismus und Religion	30
2.3	Das Zeitalter der Wissenschaft	33
3	**Romantik und Realismus**	37
3.1	Realismus als Antiromantik	39
3.2	Realismus als Vollendung der Romantik	44
4	**Medienkonkurrenzen**	51
4.1	Panoramatik	53
4.2	Literatur und Fotografie	56
4.3	Literatur und Malerei	60
5	**Literaturbetrieb und Lese(r)öffentlichkeit**	65
5.1	Lesekultur und Buchmarkt	67
5.2	Die Verbürgerlichung der Künste	72
5.3	Die Situation des Schriftstellers	75
6	**Stellenwert der Lyrik**	81
6.1	Das Lyrikverständnis des Realismus	83
6.2	Massenware oder höchste Gattung der Poesie?	87
6.3	Realistische Töne: Paul Heyse	92
7	**Lyriker des Realismus**	97
7.1	Eduard Mörike	99
7.2	Conrad Ferdinand Meyer	105
8	**Poetologie der Novelle**	113
8.1	Novelle – Unterhaltungsware oder Kunst?	115
8.2	Heyses Falkentheorie und *L'Arrabiata*	123
9	**Novellistisches Erzählen im Realismus**	129
9.1	Realismus und Historismus: Conrad Ferdinand Meyer	131
9.2	Die „Schwester des Dramas": Theodor Storm	139

10 Der Programmroman: Freytags *Soll und Haben* — 145
10.1 Theorie des realistischen Romans — 147
10.2 Poesie der Arbeit — 151
10.3 Antisemitismus? Antislawismus? — 155

11 Später Realismus im Roman: Fontanes *Irrungen, Wirrungen* — 161
11.1 Poetik der Abweichung — 163
11.2 Die Schönheit des Unbedeutenden — 168
11.3 Bildungskonzepte in Romanen des Realismus — 171

12 Theaterlandschaft und Dramaturgie — 177
12.1 Die Theaterlandschaft zwischen 1830 und 1880 — 179
12.2 Die Technik realistischer Dramatik — 183

13 Tragödie und Komödie — 193
13.1 Tragödie: Hebbels *Agnes Bernauer* — 195
13.2 Komödie: Freytags *Die Journalisten* — 200

14 Epochenränder — 207
14.1 Von der romantischen Parekbase zur realistischen Ironie — 209
14.2 Realismus und Naturalismus — 211

15 Serviceteil — 221
15.1 Allgemeine bibliografische Hilfsmittel — 221
15.2 Forschungsinstitutionen und Web-Adressen — 224
15.3 Werkausgaben, Periodika und Institutionen zu einzelnen Autoren — 224

16 Anhang — 233
16.1 Zitierte Literatur — 233
16.2 Abbildungsverzeichnis — 247
16.3 Personenverzeichnis — 249
16.4 Glossar — 253

1 Was ist Realismus?

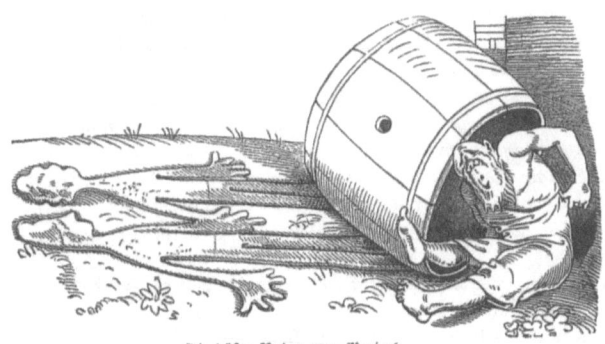

Die bösen Buben von Korinth
Sind platt gewalzt, wie Kuchen sind.

Abbildung 1: Wilhelm Busch: *Diogenes und die bösen Buben von Korinth* (Auszug) (1862)

Bevor die beiden „bösen Buben von Korinth" selbst „plattgewalzt" wurden, haben sie den friedlich in seiner Tonne liegenden Philosophen Diogenes drangsaliert: Erst klopften sie an das Holz, dann durchnässten sie den Tonnenbewohner mittels einer Wasserspritze und schließlich rollten sie ihn mitsamt der Tonne einem Abhang zu. Dass sie dabei selbst an den Nägeln hängen blieben, führte zu ihrem brutalen Ende. Humoristisch verdichtet folgt Wilhelm Busch mit diesem vorletzten Bild seiner Bildergeschichte „Diogenes und die bösen Buben von Korinth" (1862) der zeitgenössischen Pädagogik der Abschreckung, denn er knüpft eine Verbindung zwischen dem Verhalten der beiden Knaben und ihrem Ende – die Schlusssentenz des Textes lautet: „Diogenes der Weise aber kroch in's Faß / Und sprach: ‚Ja, ja! Das kommt von Das!!'". Die körperliche Deformierung der Störenfriede (die als Vorläufer von „Max und Moritz", 1865, gelten) vollzieht sich auf eine ebenso überzeichnete wie mühelose Weise, sodass der grausame Tod zur komisch-grotesken Pointe abgemildert wird.

Einerseits arbeiten Buschs Bildergeschichten das Unheil des Alltäglichen heraus und entlarven menschliches Verhalten als konfliktgeladen und bigott; andererseits überwiegt am Ende nicht das Erschrecken über die Grausamkeit, sondern das Lachen. Buschs Bild-Text-Kombinationen lassen sich gleichermaßen als Spielart und als Parodie des realistischen Humor- und Versöhnungsbegriffs lesen.

Der realistische Humorbegriff im 19. Jahrhundert ist Kernbestandteil eines Programms der Poetisierung von Wirklichkeit, das zum einen den übergeordneten ‚olympischen' Blick auf die Dinge fordert, zum anderen auf eine möglichst vielfältige, multiperspektivische Abbildung von Welt zielt. Im Vordergrund steht nicht die unverfälschte Wiedergabe alltäglicher Vorkommnisse, sondern deren ‚Verklärung'. Das Hässliche wird ausgeblendet oder poetisch überhöht. Zugleich wird diese scheinbare Harmonie immer wieder infrage gestellt oder als brüchig geschildert. – Die Epoche des literarischen Realismus lässt sich über den Humorbegriff im Besonderen und über zeitgenössische Selbstpositionierungsversuche im Allgemeinen literaturgeschichtlich erfassen, einbetten und abgrenzen.

1.1 Zeitgenössische Positionen
1.2 Die poetische Form des Realismus: Humor
1.3 Epoche: Periodisierung und Merkmale

1.1 Zeitgenössische Positionen

Bereits die Zeitgenossen der 1850er-Jahre haben sich ausgiebig die Köpfe darüber zerbrochen, was in Literatur und Kultur, Politik und Gesellschaft unter Realismus zu verstehen sei. Bezogen insbesondere auf den literarischen Bereich lässt sich sagen: Weil sich Autoren und Publizisten gerade in den Jahren nach der gescheiterten Revolution von 1848 intensiv bemühten, ein neues Wirklichkeits- und Literaturverständnis zu etablieren, geht die Literaturgeschichtsschreibung zu Recht davon aus, dass die programmatische Gründungsphase des deutschsprachigen literarischen Realismus in dieses Jahrzehnt fällt (vgl. Aust 2000, S. 55).

Programmphase in den 1850er-Jahren

Das Selbstverständnis der Akteure des zeitgenössischen Literaturbetriebs zeichnete sich dabei auf zweifache Weise aus: Zum einen stellten sie sich in den Dienst ihrer Zeit; sie verstanden sich als Zeitschriftsteller, die für ihre Gegenwart, für die politischen und sozialen Verhältnisse verantwortlich sind. Zum anderen artikulierte sich in der Diskussion um ein realistisches Weltverhältnis eine veränderte Einstellung zu Kunst und Kultur, zu Literatur und zur Literaturwissenschaft, die sich jetzt überhaupt erst institutionalisierte. Die Autoren, die wie der promovierte und habilitierte Philologe Gustav Freytag oftmals selbst eine wissenschaftliche Sozialisation und Ausbildung durchlaufen hatten, realisierten zunehmend, dass eine zukünftige wissenschaftliche Beschäftigung mit ihren Arbeiten denkbar ist. Diese Perspektive leitete auch ihre poetische Produktion an.

Selbsthistorisierung

Viele Autoren des Realismus betrachteten sich – nicht zuletzt mit Blick auf Goethe, den ‚Übervater' der Literatur des 19. Jahrhunderts – bereits zu Lebzeiten als historische Größen und suchten die eigenen Leistungen für spätere Generationen programmatisch in ein klärendes und möglichst günstiges Licht zu rücken. Anders gesagt: Die Zeitgenossen gaben der Literaturgeschichtsschreibung die zentralen Stichwörter für eine (in ihrem Sinne) angemessene Archivierung, Deutung und Tradierung der eigenen Literatur und Epoche vor.

Otto Ludwig z. B. – Mitte des 19. Jahrhunderts vor allem mit realistischen Erzählungen erfolgreich – wurde in einer Besprechung seiner Erzählung *Zwischen Himmel und Erde* (1856) Folgendes bescheinigt:

„Wenn man in der deutschen Poesie bereits von einer Schule der Realisten sprechen kann, so ist Otto Ludwig einer ihrer begabtesten Vertreter. Schon in seinen Dramen hat er die seltenste Eigenschaft deutscher Dichter in hohem Grade gezeigt: die Fähigkeit, menschliche Leidenschaft mit intensiver Kraft zu schildern und durch einen merkwürdigen Reichtum an Detail wirksam zu machen." (Freytag 1856, S. 121)

Die Kategorie Realismus galt als literarhistoriografisch brauchbar und schulebildend – und damit insgesamt als epochal bedeutsam. Realistische Literatur steht, so der zitierte Artikel, ‚mitten im Leben'. Sie ist ganz nah bei den Menschen, ihren Interessen und Bedürfnissen; und wenn sie sich „mit intensiver Kraft" für „menschliche Leidenschaft" interessiert, bildet sie diese nicht etwa in groben Zügen ab, sondern bedenkt sie mit der Aufmerksamkeit fürs kleinteilig Alltägliche, fürs unscheinbare Detail. Darüber hinaus setzte der programmatische Realismus auf die Wirksamkeit von Literatur.

> Merkmale realistischer Literatur

Theodor Fontanes Aufsatz *Unsere lyrische und epische Poesie seit 1848* (1853) gehört zu den klassischen Programmschriften des Realismus. „Was unsere Zeit nach allen Seiten hin charakterisiert, das ist ihr *Realismus*", stellte Fontane hier einleitend fest (Fontane 1969, S. 236). Auf allen Ebenen, in der Medizin ebenso wie in der Politik oder in militärischen Fragen, interessiere man sich nicht mehr für Spekulationen, sondern richte die eigenen Entscheidungen und Handlungsweisen auf die empirischen Gegebenheiten hin aus. In der Kunst gehe es dabei keineswegs um eine möglichst getreue Kopie der sinnlich erfahrbaren Welt, im Gegenteil: Die bloße Nachahmung lehnte Fontane ab. Im Mittelpunkt des künstlerischen Akts stand für ihn – wie für andere – das Prinzip der „Verklärung", das in zeitgenössischen Stellungnahmen auch mit den Termini „Läuterung" oder „Idealisierung" bezeichnet wurde (Plumpe 1996a, S. 50–57).

> „Verklärung"
> „Läuterung"
> „Idealisierung"

Schon die Metaphorik dieser Begrifflichkeiten deutet auf einen „kunstreligiösen Subtext", in dem „die schöne Literatur" die Funktion erhält, eine poetische „Erlösung der Wirklichkeit" vorzubereiten (Ort 2007, S. 21). Eine künstlerische Nachahmung war nur zu rechtfertigen, wenn das abzubildende Reale schöne Elemente enthielt. Diese erschlossen sich allein dem „Tiefenblick" des Künstlers (Plumpe 1996a, S. 55), der sich auf die hinter der Oberfläche der Erscheinungen verborgene Realität konzentrierte. Zugleich kam im kunsttheoretischen Verständnis der Zeit nur dem Schönen überhaupt Realität zu (vgl. Plumpe 1996a, S. 50f.). Daraus folgte, dass die hässlichen Elemente – mit Fontane: „die Lüge, das Forcierte, das Nebelhafte, das Abgestorbene" (Fontane 1969, S. 242) – ausgeblendet wurden: Die Perspektive ist synthetisch. Wenn Fontanes zentraler Formel zufolge unter „Realismus" die „Widerspiegelung alles wirklichen Lebens [...]

> Synthetische Perspektive

im Elemente der Kunst" (Fontane 1969, S. 242) zu verstehen ist, stellt sich die derart abgebildete Wirklichkeit aus heutiger Sicht als ästhetisches Konstrukt dar. So gesehen, hatte der Realismus „jene ‚Wirklichkeit'" allererst selbst erfunden, „als deren ‚Verklärung' er sich dann verstanden hat" (Plumpe 1996a, S. 83).

Diese konstruktivistische Sicht denkt die Differenz bereits mit, dass das Verständnis darüber, was als realistisch gelten kann, dem historischen Wandel unterliegt und insofern relational ist. In den zeitgenössischen Positionsbestimmungen war ein Bewusstsein für diese Differenz noch nicht zu finden. In Konversationslexika der Zeit wurde vor allem zwischen einer philosophischen und einer ästhetischen Verwendung des Begriffs Realismus unterschieden. Weil der Realismus davon ausging, dass die Dinge unabhängig von unseren Vorstellungen existieren, stand er aus philosophischer Perspektive dem Idealismus entgegen, der die Ideen als eigentliche Wirklichkeit annahm. Auf ästhetischer Ebene jedoch wurden um 1850 unter dem Rubrum ‚Realismus' vor allem synthetische Modelle diskutiert, denen die „Versöhnung" oder der Ausgleich zwischen Realität und Idealität gelingen sollte (Plumpe 1997, S. 41f.).

<small>Realismus und Idealismus</small>

Pate für diese Position standen frühe ästhetische Profilierungsversuche wie derjenige des Kantianers Wilhelm Traugott Krug, der 1832 in seiner Theorie eines *„ästh. Synthetismus"* den Künstler dazu verpflichtete, sich weder auf eine reine Kopie der Natur zu beschränken, noch deren Gesetzmäßigkeiten zu ignorieren (Krug 1832 in: Plumpe 1997, S. 70). Auf dieser Grundlage sollten die Bereiche Kunst und Literatur aus ästhetischer Perspektive vor ideologischen Vereinnahmungen geschützt werden; ihre Produkte seien nicht für außerkünstlerische oder außerliterarische Zwecke zu funktionalisieren. Eine Kunsttheorie, welche die „eigentümlichen (ästhetischen) Wirkungen" der Kunst ausklammert und stattdessen „die Naturwahrheit in ganz einseitiger Weise verfolgt", verbuchten zeitgenössische Konversationslexika dagegen unter *„Naturalismus"* und lehnten sie ab (in: Plumpe 1997, S. 44). Auffällig ist, dass in vielen Erklärungsmodellen der Zeit zwischen Realismus und Idealismus selten klar unterschieden wurde: Immer wieder ist in den Lexika auch von *„Real-Idealismus"* oder *„Ideal-Realismus"* (z. B. in: Plumpe 1997, S. 42) die Rede. „Es gibt keinen bedeutenden Realisten, der nicht Idealist wäre", behauptete der Ästhetik-Professor Karl Lemcke 1865 und erklärte damit eine Trennung in zwei Positionen für schlichtweg unsinnig (Lemcke 1865 in: Plumpe 1997, S. 73).

<small>Realismus und Naturalismus</small>

<small>„Real-Idealismus" und „Ideal-Realismus"</small>

Für eine genauere Klärung des Verhältnisses von Realismus und Idealismus sind insbesondere die Stellungnahmen des studierten Philologen Julian Schmidt aufschlussreich. Dessen Konzept eines programmatischen Realismus ergab sich aus drei verschiedenen polemischen Absetzbewegungen:

Abgrenzungen des programmatischen Realismus

- zum einen aus der Absage an den *„subjektiven Idealismus"* der Romantik (Schmidt 1851 in: Plumpe 1997, S. 91f.; → ASB TAUSCH),
- zum anderen aus der Absage an das „wirklich Häßliche, ja das Widerwärtige" der naturalistischen Kunst eines Victor Hugo oder Friedrich Hebbel (Schmidt 1852 in: Plumpe 1997, S. 111),
- und zum dritten aus der Absage an die vorzugsweise politischen Interessen der Literaten des sogenannten Jungen Deutschland (Schmidt 1860 in: Plumpe 1997, S. 108) – jener Gruppe von jungen Autoren also, deren Schriften durch einen Beschluss des Bundestags vom 10. Dezember 1835 verboten worden waren, namentlich Heinrich Heine, Karl Gutzkow, Heinrich Laube, Ludolf Wienbarg und Theodor Mundt.

Die Idee der Dinge ist ihre Realität

Schmidt konnte „wahren Realismus" genauso gut als „Idealismus" bezeichnen, weil er „die Idee der Dinge" mit deren „Realität" schlichtweg gleichsetzte (Schmidt 1858 in: Plumpe 1997, S. 121). Für die poetische Produktion ergab sich daraus die Forderung, die „positive Seite" der „Wirklichkeit" in den Blick zu nehmen, denn nur so würde sich die darzustellende „Freude am Leben" (Schmidt 1856 in: Plumpe 1997, S. 118) auch dem Rezipienten mitteilen. Zwar stand allein „die irdische Wahrheit" im Mittelpunkt der Darstellung; dieser Fokus realistischer Literaturprogrammatik implizierte allerdings keineswegs eine Verpflichtung der Literatur auf die naturgegebene oder empirische Welt. Als wahr galt nicht das (unmittelbar vor Augen stehende) Wirkliche; als wahr galt vielmehr das, was so überzeugend dargestellt ist, dass wir es „mit unserer irdischen Phantasie als wahr empfinden" – und handelte es sich auch um „Götter, Engel und Dämonen" (Schmidt 1852 in: Plumpe 1997, S. 112).

Entscheidend für die Wahrheit einer Sache ist nicht, ob sie tatsächlich existiert, sondern ob man ihre Realität für wünschenswert hält. Die Nähe oder gar Gleichsetzung von Realismus und Idealismus liegt darin begründet, dass realistische Kunst Realität simuliert, nicht abbildet, und dass sie, in Fortschreibung der *Poetik* des Aristoteles, nicht nur das mitteilt, „was geschehen könnte" (Aristoteles 1982, S. 29), sondern das, was geschehen sollte. „Der *Zweck* der Kunst, namentlich der Dichtkunst", so Julian Schmidt, „ist, Ideale aufzustellen [...]; das *Mittel* der Kunst ist der Realismus, d. h., eine der Natur abgelauschte Wahrheit, die uns überzeugt, so daß wir an die künstlerischen Ideale *glauben*" (Schmidt 1860 in: Plumpe 1997, S. 106). Der Dichter kann souverän über die Wirklichkeit verfügen, ohne sich ihr entziehen zu dürfen. Allerdings muss er eine Auswahl aus ihren Angeboten treffen.

Zusammengefasst: Der programmatische Realismus akzentuierte das Verhältnis von Realem und Idealem neu. Weil Schmidts Idealismus-Verständnis zufolge die Ideen als Teil der Realität der Dinge zu verstehen sind, also nicht allein in der Vorstellung existieren, setzte er Realismus und Idealismus gleich, ohne damit das Programm des Realismus zu relativieren. Der „wahre Realismus" ist demzufolge als eine „Technik" zu verstehen, mit deren Hilfe es gelingt, die charakteristischen Seiten des Lebens abzubilden und den „wahren Inhalt" der Dinge aufzuzeigen (Schmidt 1858 in: Plumpe 1997, S. 119f.).

Zusammenfassung

1.2 Die poetische Form des Realismus: Humor

Die humorvolle Darstellung galt Julian Schmidt als „die einzige poetische Form, durch welche dieser Realismus seine Berechtigung in der Kunst erwirbt". Sie gehörte für ihn zu den herausragenden Merkmalen anschaulicher und damit wirksamer Poesie. Demzufolge besteht die Herausforderung für realistische Literatur darin, einen „comischen Contrast" zu erzeugen, „ohne dadurch den inneren Ernst" der Darstellung zu verringern (Schmidt 1857, S. 407).

Der realistische Humor kennt zwei prominenten Formen: den Humor der Entlarvung und den Humor der Versöhnung.

Die grotesk-komische Variante realistischen Humors – der Humor der Entlarvung – findet sich etwa im Werk Wilhelm Buschs. Dessen Karikaturen und Bildergeschichten führen bevorzugt Autoritätspersonen vor, die dem zeitgenössischen und in der realistischen Literatur beliebten Ideal des verantwortungsvollen, pflichtbewussten Mitbürgers so gar nicht entsprachen. Im Gegenteil: Buschs Gestalten sind dumm und ungeschickt, gierig und egozentrisch, lächerlich und verschlagen. Zwischenmenschliche Beziehungen – ob zwischen Ehepartnern oder zwischen Eltern, Erziehern und Kindern – gestalten sich als Macht- und Konkurrenzverhältnisse, in denen jeder nur den eigenen Vorteil im Blick hat. Gesellschaftlicher Friede bleibt äußerlich; er beruht bevorzugt auf Gewalthandlungen, die wiederum neue Gewalthandlungen erzeugen (etwa wenn die geprügelten Knaben in *Plisch und Plum* 1882 die erlittenen Erziehungsmaßnahmen an den

Humor der Entlarvung

eigenen Hunden erproben; vgl. Busch 2002, Bd. 3, Sp. 353–419; Sp. 411).

Struwwelpeter: Optimistisches Erziehungskonzept

Als der Frankfurter Arzt Heinrich Hoffmann 1844 seinen *Struwwelpeter* als Weihnachtsgabe für die eigenen Kinder vorbereitete, verfolgte er ein optimistischeres Erziehungskonzept: *Struwwelpeter* sollte die aus Sicht der Erwachsenen defizitären Verhaltensweisen des Kindes in dessen Alltag aufspüren und auf eine möglichst abschreckende, plastische und dennoch vergnügliche Weise vor Augen führen. Indem die Bildergeschichten die Gefahren des Spiels mit dem Feuer, der Mäkelei am Essen, der Tagträumerei etc. möglichst drastisch veranschaulichten, bestätigten sie den Vorbildcharakter der von den Erwachsenen vertretenen, vernünftigen Weltordnung (vgl. Ueding 1977, S. 67–71).

Buschs „Humor der Schadenfreude"

Mit solchem Erziehungsoptimismus hat Buschs Bilderwelt kaum etwas zu tun: Busch ist weniger daran interessiert, Kinder zu erziehen, als vielmehr daran, mit einem „Humor der Schadenfreude" (Balzer 2006, S. 46) die engen Grenzen der Erwachsenenwelt vorzuführen. Er hat ihre Schwächen im Blick: ihre Genuss- und Alkoholsucht, ihre sexuellen Begierden und religiöse Bigotterie, ihre Unfähigkeit, mit gebotener sittlicher Reife auf die Anforderungen der Umwelt zu reagieren.

Eine typische Situation hierfür gestaltet die Geschichte *Die Brille* 1870, in der das Konfliktpotenzial des ehelichen Zusammenlebens auf eine intim-alltägliche Szenerie verdichtet wird: die gemeinsame Mahlzeit. Ein Mann und eine Frau sitzen beim Essen. Der Mann findet ein Haar in der Suppe und leitet daraus – ungeachtet der Bitten seiner Frau, das Malheur schon aus Liebe zu ihr nicht allzu ernst zu nehmen – das Recht ab, mit dem Trinken zu beginnen. Die Frau versucht, ihm die Flasche zu entwenden; der Mann schlägt die Frau mit seinem Stock, Frau und Flasche fallen zu Boden, die Frau bekommt die Brille des Mannes zu fassen; blind wie er nun ist, tappt er hilflos umher, einiges geht zu Bruch; schließlich fleht der Mann um Vergebung, und die Frau triumphiert (vgl. Busch 2002, Bd. 2, Sp. 154–165).

Humor der Versöhnung

Der Humor der Versöhnung dagegen pflegt einen gleichmütigen Blick auf die Verhältnisse – einen Blick, der sich so sehr „mit der Schönheit vermählt", dass er das „nebenherlaufende Häßliche, das nun mal zum Leben gehört, verklärt" (so Theodor Fontane am 10. Oktober 1889 an den Herausgeber der *Vossischen Zeitung*, Friedrich Stephany; Fontane 1980, S. 729). Als geeignetes Mittel realistischer Literatur schlägt Fontane hierfür explizit die versöhnlich-humorvolle Darstellung eigentlich unvereinbarer Gegensätze vor, wie sie die Erinnerungsnovellistik der Zeit versucht (vgl. Preisendanz 1985, S. 218). Theodor Storms frühe Erzählung *Immensee* beispielsweise (im *Volksbuch auf das Jahr 1850* publiziert) ruft mit wenigen Strichen längst verlorene Sehnsuchtsorte auf: ‚Weihnachten', ‚Heimat', der Name einer bis heute vergeblich geliebten Frau. Diese Orte verweisen einerseits auf die schmerzlichen Lebenserfahrungen des Protagonisten, bleiben diesem aber andererseits als vergangenes Geschehen dauerhaft im Gedächtnis. Im Rückblick gelingt es ihm, den erlittenen Verlust poetisch zu ersetzen und sich selbst auf diese Weise mit der eigenen Lebensgeschichte zu versöhnen (vgl. Stockinger 2006).

Von der Ironie ist diese Spielart des Humors klar zu unterscheiden. Der Ironiker, so Fontane in einem Essay von 1872, spöttle zwar und persifliere, sei aber zu jenem „olympischen Lachen" nicht in der Lage, das den Humoristen der Versöhnung auszeichne. Hierfür muss der Autor im Wortsinn über den Dingen stehen, „auf die er *herabblickt*" und mit denen er „heiter-souverän[]" spielt (Fontane 1969, S. 461). Ein entsprechendes Autorbild formulierte Gustav Freytag 1863: „Grundlage des Humors ist die unbeschränkte Freiheit eines reichen Gemütes, welches seine überlegene Kraft an den Gestalten seiner Umgebung mit spielender Laune erweist", und nur, wenn diese Voraussetzung gegeben ist, wird das Drama „auf den Hörer stets eine mächtige, zugleich fesselnde und befreiende Wirkung" entfalten (Freytag 1863, S. 724).

Der göttliche Blick des Poeten

Ein wichtiges Vorbild für diese olympische Haltung fanden die zeitgenössischen Autoren in Goethe – er stellte jene Bezugsgröße dar, ohne die Autorschaft im 19. Jahrhundert nicht denkbar zu sein scheint, und sei es im Rahmen kritischer oder polemischer Auseinandersetzung (vgl. Stockinger 2005a). Noch zu Lebzeiten wurde Goethes Darstellungen „völlige Indifferenz" attestiert (Wolfgang Menzel 1828, zitiert nach Mandelkow 1975, S. 397). Was zunächst als Vorwurf gemeint war, wurde kaum eine Generation später zur „Ruhe des Riesen" aufgewertet, „der mit *einem* Schritte allen voraus ist" (Karl Grün 1846, zitiert nach Mandelkow 1977, S. 288). Dass sich dieses für den realistischen Humorbegriff so grundlegende Verständnis von Indifferenz in der ersten Hälfte des 19. Jahrhunderts allmählich durchsetzte, bestätigte z. B. Heinrich Heine, der 1843 die „Gleichgültigkeit" der unterschiedlichen Standpunkte forderte – und damit eine Haltung, die Meinungsvielfalt gelten lässt und sich allein einer ‚göttlichen' Position erschließt, also dem gerechten Blick auf die diversen politischen Programme und religiösen Glaubenssätze (Heine 1990, S. 88).

Goethes „Indifferenz" als Vorbild

Gleichgültigkeit

Diese frühe Forderung Heines nach einer übergeordneten Perspektive wurde in den programmatischen Realismus übernommen, der einerseits auf die Erfahrungswirklichkeit ausgerichtet war, andererseits die Differenz zwischen einer tatsächlichen Handlung und deren künstlerischer Nachahmung sehr genau kannte. Weil der deutsche Realismus an einem „harmonischen Ausgleich zwischen Empirie und poetischer Phantasie, zwischen ‚Finden' und ‚Erfinden'" interessiert war (Ort 2007, S. 12) und weil er sich zugleich zur größtmöglichen Objektivität in der literarischen Darstellung verpflichtet hatte, betonte er die Fragwürdigkeit einsinniger Wirklichkeitsdeutungen. In der Literatur der Epoche schlägt sich dies in multiperspektivischen Darstellungen nieder (vgl. Ort 2007, S. 23; → KAPITEL 9.1).

Finden und Erfinden

1.3 Epoche: Periodisierung und Merkmale

Zur genaueren zeitlichen Eingrenzung der Epoche des Realismus liegen in der Literaturwissenschaft unterschiedliche Vorschläge vor. Konsens besteht in erster Linie darüber, dass präzise epochale Schnitte nicht gesetzt werden können. Das Revolutionsjahr 1848 (→ KAPITEL 2.1) als Epochenbeginn anzunehmen, lässt sich weniger literarisch als vielmehr politisch begründen (vgl. Aust 2000, S. 56). Zwar entsteht die dem Realismus zuzurechnende Literatur maßgeblich in der zweiten Hälfte des 19. Jahrhunderts. Bezogen auf das poetologische Selbstverständnis und die poetischen Produktionen etwa Georg Büchners, Annette von Droste-Hülshoffs, Jeremias Gotthelfs, Christian Dietrich Grabbes, Franz Grillparzers, Karl Leberecht Immermanns oder des frühen Eduard Mörike liegt es aber nahe, ‚um 1830' als *terminus post quem* anzunehmen, als jenen Zeitraum also, ab dem sinnvollerweise von realistischer Literatur die Rede sein kann. Bis ca. 1850 spricht man demnach von Frührealismus (vgl. Fülleborn 1974; Blamberger 1991; am Beispiel von Annette von Droste-Hülshoffs Novelle *Die Judenbuche* vgl. Laufhütte 2002). Alternativ dazu wurden und werden die Begriffe Spätromantik, Biedermeierzeit und Vormärz diskutiert. Für die frühe Datierung ist die Wahl bestimmter Verfahrenstechniken und Sujets ausschlaggebend (vgl. Ort 2007, S. 25): eine historiografische Darstellungsweise mit romantischen *und* realistischen Anteilen, wie sie sich etwa in Ludwig Tiecks 1839 veröffentlichter Novelle *Des Lebens Überfluß* findet, die romantische Weltentwürfe aus vielfältigen Blickwinkeln realistisch-pragmatisch beleuchtet (vgl. Stockinger 2005b).

Frührealismus (1830–50)

Der in der ersten Jahrhunderthälfte *literarisch* vorbereitete Epochenwechsel mündet zwischen 1850 und 1870 in eine Phase, in der sich der Realismus „als vorherrschendes Paradigma" durchsetzte (Plumpe 2003, S. 221). In dieser „Hoch- bzw. Blütezeit" des Realismus (Aust 2006, S. 10) entstanden z. B. Theodor Storms Novelle *Immensee* (1849), Friedrich Hebbels Trauerspiel *Agnes Bernauer* (uraufgeführt 1852) oder die Erstfassung von Gottfried Kellers Roman *Der grüne Heinrich* (1854/55). Auch zentrale Werke von Autoren wie Adalbert Stifter, Gustav Freytag, Paul Heyse, Eduard Mörike, Otto Ludwig, Wilhelm Raabe oder Friedrich Spielhagen fallen in diese Phase. Institutionalisierungsprozesse im Bereich des literarischen Lebens unterstützten den programmatischen Realismus, etwa durch Zeitschriften wie *Die Grenzboten* (von Gustav Freytag und Julian Schmidt gemeinsam zwischen 1848 und 1861 herausgegeben) und *Deutsches Museum* (von Robert Eduard Prutz' zwischen 1851 und 1866 redigiert) oder mit Gruppierungen wie der literarischen Gesellschaft *Tunnel über der Spree*, die bereits 1827 in Berlin gegründet wurde und deren aus heutiger Sicht prominentestes Mitglied Theodor Fontane war.

Hauptphase des Realismus (1850–70)

Die Spätphase des Realismus setzt mit dem Ende des deutsch-französischen Krieges und der Reichsgründung 1871 ein. Zum einen stehen Autoren wie Gustav Freytag (z. B. mit dem Romanzyklus *Die Ahnen*, 1872–80), Gottfried Keller (etwa mit den *Züricher Novellen*, 1876/77), Wilhelm Raabe (u. a. mit seinem Roman *Stopfkuchen*, 1891) oder Theodor Storm (z. B. mit der Novelle *Der Schimmelreiter*, 1888) für eine kontinuierliche Fortführung und Weiterentwicklung realistischer Darstellungsformen (vgl. Martini 1962). Zum anderen beginnen diejenigen Autoren, die bis heute als Hauptvertreter realistischer Literatur in Deutschland gelten, erst in dieser Phase für das literarische Feld relevant zu werden. Jetzt schrieb Theodor Fontane seine großen Romane, etwa *Vor dem Sturm* (1878), *Irrungen, Wirrungen* (1887), *Frau Jenny Treibel* (1892), *Effi Briest* (1894/95) oder *Der Stechlin* (1897). Auch Marie von Ebner-Eschenbach (etwa mit dem Roman *Das Gemeindekind*, 1887) oder Conrad Ferdinand Meyer (etwa mit der Verserzählung *Huttens letzte Tage*, 1871, oder der Novelle *Gustav Adolfs Page*, 1882) traten nun mit ihren zentralen Werken hervor.

Spätphase des Realismus (1870–90)

In der Forschung werden als *terminus ante quem,* also als Enddatum für die Epoche des Realismus, verschiedene Vorschläge diskutiert. Neben dem bereits genannten Jahr 1871 sind die Daten 1880, 1890 oder 1898 im Gespräch (vgl. Aust 2000, S. 56). Die Datierung ist auch deshalb schwierig, weil realistische Literatur im letzten Jahrhundertdrittel zu Strömungen wie Historismus oder Naturalismus parallel lief; gemeinsam mit diesen wird sie deshalb mitunter zur „Literatur der Gründerzeit" zusammengefasst (Hermand 1967; Bucher 1981a, Bd. 1, S. [V]; Kiefer 1997). Seit den 1880er-Jahren setzte sich mit Richtungen wie Ästhetizismus, Symbolismus oder Impressionismus allmählich der Stilpluralismus in der deutschen Literatur durch (→ ASB AJOURI). Dies legt nahe, den nach 1890 veröffentlichten Texten von Autoren wie Fontane, Meyer oder Raabe, die per Konsens dem Realismus zugeordnet werden, kein ernsthaft epochenbildendes Potenzial mehr zu attestieren.

Für die Literatur des gesamten Zeitraums (ca.) 1830 bis (ca.) 1890 ist zu beachten, dass sich ihr kanonischer Bestand (insbesondere die dem poetischen Realismus zugehörigen Texte und Autoren) aus einer „Kanonrevision" ergibt, „die Ende des Jahrhunderts nach den Wertungskriterien der Literaturwissenschaft [...] erfolgte" (Schneider 2005, S. 9). Sowohl die zeitgenössischen Debatten als auch das Lektüreverhalten lassen darauf schließen, dass Gustav Freytag, Emanuel Geibel, Paul Heyse, E. Marlitt (i. e. Eugenie John) oder Friedrich Spielhagen (um nur die wiederum bekannteren Autoren der ‚zweiten' und ‚dritten' Reihe zu nennen) für ihre unmittelbare Gegenwart und damit für die Profilierung des realistischen Zeitalters sehr viel prägender gewesen sind als die heute ungleich berühmteren Fontane, Meyer oder Raabe (→ KAPITEL 5).

"Kanonrevision"

Als der Literaturwissenschaftler Jost Hermand das Jahr 1870/71 als Epochenschwelle angenommen hat, die in die Literatur der Gründerzeit überleite, begründete er dies in erster Linie in der Auseinandersetzung mit dem Attribut „bürgerlich", das auf die Literatur des letzten Jahrhundertdrittels nicht mehr zutreffe (vgl. Hermand 1967). Dieses Attribut wurde dem Literaturbetrieb dieses Realismus schon früh zugeeignet und hat sich bis heute in der Realismus-Forschung erhalten (vgl. Sprengel 1998, S. 99). Das Problem einer solchen literarhistorischen Epochalisierung am Leitfaden einer soziologischen Kategorie zeigt sich deutlich in Sabina Beckers verdienstvoller Überblicksstudie *Bürgerlicher Realismus. Literatur und Kultur im bürgerlichen Zeitalter 1848–1900* (2003). Becker setzt als epochenstiftendes Kriterium die „Wirkungsphase" des Bürgerlichen Realismus und geht deshalb (anders als Hermand) von einem Epochen-Zeitraum 1848–90 aus (Becker 2003, S. 12, 14–17). In Orientierung an Ergebnissen der historischen Sozialforschung macht sie sich für den auf die politischen und sozialen Verhältnisse der Zeit bezogenen Epochennamen

Der bürgerliche ...

stark: Bürgerliche Autoren mit oftmals bürgerlichen Berufen schreiben – im „bürgerlichen Zeitalter" (vgl. Kocka 1988) – für ein bürgerliches Publikum. Problematisch an einer solchen Zuweisung ist, dass sowohl das Bürgertum selbst als auch der zu beobachtende Zeitraum durchaus heterogene Größen sind: Was genau ist unter Bürgertum zu verstehen – etwa mit Blick auf das teilweise nobilitierte, sehr wohlhabende Wiener Großbürgertum (vgl. Rossbacher 2003)? Darüber hinaus ist zu bedenken, dass dieses „bürgerliche Zeitalter" das gesamte ‚lange 19. Jahrhundert' umfasst, also von der Französischen Revolution 1789 bis zum Beginn des Ersten Weltkriegs 1914 reicht. Eine genauere Eingrenzung dessen, was unter realistischer Literatur zu verstehen ist, wird dadurch erschwert. Zudem stellt sich insgesamt die Frage, welche Aussagekraft einseitig soziologische Bestimmungen von in erster Linie literarischen Sachverhalten haben können.

Statt der Bezeichnung ‚bürgerlicher Realismus' wird deshalb hier der Begriff ‚poetischer' oder ‚literarischer Realismus' bevorzugt. Auf diese Weise lassen sich frührealistische Verfahren und damit Autoren der sogenannten Biedermeierzeit ebenso einbeziehen wie naturalistische Verfahren und damit das Nachfolgekonzept zum programmatischen Realismus der 1850er- bis 1870er-Jahre (→ KAPITEL 14, → ASB AJOURI).

... und der poetische Realismus

Mit Standortbestimmungen dieser Art setzte sich die wissenschaftliche Beschäftigung mit der Literatur des Realismus nach 1945 verstärkt auseinander. Im Mittelpunkt stand dabei die Frage nach dem Verhältnis von realistischem Werk und Original. Einig ist man sich in der Forschung darüber, dass es sich bei Realismus insofern um eine relationale Kategorie handelt, als das Verständnis dessen, was für ‚realistisch'/‚Realität' gehalten wird, zeitlichem Wandel unterworfen ist (vgl. Braun 1980, S. 67). Diese Einsicht schwingt bereits in der inzwischen klassischen Definition realistischen Erzählens mit, die der Romanist Erich Auerbach in seiner Studie *Mimesis* liefert (1942–45 im Exil in Istanbul entstanden). Demnach steht im Realismus die „ernste Darstellung der zeitgenössischen alltäglichen gesellschaftlichen Wirklichkeit auf dem Grunde der ständigen geschichtlichen Bewegung" im Mittelpunkt (Auerbach 1959, S. 480). Diesem Zitat Auerbachs zufolge betrachtet realistische Literatur die verhandelten Stoffe – ob sich diese nun auf gegenwärtige Sachverhalte oder auf die historische Überlieferung beziehen – unter dem Gesichtspunkt ihrer Aktualität (zeitgenössisch); sie trägt diese lebensnah vor (alltäglich) und schneidet sie auf die sozialen Verhältnisse sowie Bedürfnisse

Realismus als relationaler Begriff

der Zeit zu (gesellschaftlich). Darüber hinaus arbeitet sie historisch gesichert, sieht also den Einzelnen als Teil übergeordneter historischer Entwicklungen an, von denen sie einen Ausschnitt präsentiert.

Fragen und Anregungen

- Skizzieren Sie zentrale Programmpunkte des poetischen Realismus.
- Wie ist folgende Aussage Julian Schmidts zu verstehen: „Die Idee der Dinge ist auch ihre Realität"?
- Was versteht der poetische Realismus unter Humor?
- Welche Periodisierungsvorschläge für die Epoche gibt es und wie lassen sie sich begründen?
- Diskutieren Sie, inwiefern es sich bei ‚Realismus' um eine relationale Kategorie handelt.

Lektüreempfehlungen

Quellen
- **Wilhelm Busch: Die Bildergeschichten.** Historisch-kritische Gesamtausgabe in drei Bänden, hg. v. Herwig Guratzsch und Hans Joachim Neyer. Band I: Frühwerk; Band II: Reifezeit; Band III: Spätwerk, bearbeitet v. Hans Ries unter Mitwirkung v. Ingrid Haberland, Hannover 2002.

- **Gerhard Plumpe (Hg.): Theorie des bürgerlichen Realismus.** Eine Textsammlung. Bibliographisch ergänzte Ausgabe, Stuttgart 1997 (darin S. 41–44: Der Realismusbegriff in Konversationslexika des 19. Jahrhunderts; S. 69–89: in der zeitgenössischen Ästhetik; S. 91–159: in der Literaturprogrammatik der Zeit).

Forschung
- **Erich Auerbach: Germinie Lacerteux,** in: ders., Mimesis. Dargestellte Wirklichkeit in der abendländischen Literatur. Zweite, verbesserte und erweiterte Auflage, Bern 1959, S. 460–487. *Sehr nachhaltig wirksame und noch immer lesenswerte Studie, nach der unter Mimesis nicht die bloße Abbildung von Wirklichkeit, sondern „die Interpretation des Wirklichen durch literarische Darstellung oder ‚Nachahmung'" (S. 515) verstanden wird. In dem ge-*

nannten Kapitel identifiziert der Autor die Mischung hoher und niedriger Sprachstile als Kennzeichen des Realismus. Darüber hinaus skizziert er, sozialhistorisch orientiert, die Differenzen zwischen den europäischen Realismuskonzepten (Schwerpunkt Frankreich).

- Hugo Aust: Realismus, Lehrbuch Germanistik, Stuttgart/Weimar 2006. *Zuverlässige Einführung in die soziopolitischen Kontexte, die poetologischen Grundlagen und die Gattungen des Realismus.*

- Bernd Balzer: Einführung in die Literatur des Bürgerlichen Realismus, Darmstadt 2006. *Bietet sich vor allem für einen schnellen und zuverlässigen ersten Überblick über die Materie an.*

- Sabina Becker: Bürgerlicher Realismus. Literatur und Kultur im bürgerlichen Zeitalter 1848–1900, Tübingen/Basel 2003. *Sehr empfehlenswert als Vertiefung in die Eigenheiten der Epoche aus kultur- und mentalitätsgeschichtlicher Perspektive.*

- Ute Frevert/Heinz-Gerhard Haupt (Hg.): Der Mensch des 19. Jahrhunderts, Frankfurt a. M. 1999. *Dreizehn Beiträge stellen in Einzelporträts vom Arbeiter über die Lehrerin und den Ingenieur bis hin zum Bauern die wichtigsten Lebensformen des ‚langen 19. Jahrhunderts' (1789–1914) vor.*

- Gerhard Plumpe: Vorbemerkung/Einleitung, in: Bürgerlicher Realismus und Gründerzeit 1848–1890, hg. v. Edward McInnes und Gerhard Plumpe, München/Wien 1996, S. 7–83. *Ausgezeichnete Einführung im Rahmen der Reihe „Sozialgeschichte der deutschen Literatur". Die Autoren vollziehen am Beispiel der Epoche exemplarisch den Wandel der Literaturwissenschaft zur polykontextuell orientierten Kulturwissenschaft nach; der Band liegt auch als Taschenbuch vor (dtv).*

2 Realismus als Epoche

Abbildung 2: View of the Deep Cutting in The Olive Mount, near Liverpool, c 1830s
„Die Eisenbahn durchschneidet die Landschaft" (Schivelbusch 1989, o. S.)

Eingeebnet, begradigt, ausgehöhlt – die Natur auf dem Bild „Die Eisenbahn durchschneidet die Landschaft" (Schivelbusch 1989, o. S.), wurde den Bedürfnissen des Eisenbahnbaus angepasst; ihre Formenvielfalt weicht einer Fluchtlinie, die kein Ende zu nehmen scheint. Die Abbildung dokumentiert eine einschneidende Erfahrung der Menschen des 19. Jahrhunderts. Für viele war die Eisenbahn das Symbol einer technischen Revolution, die das Verständnis von Raum und Zeit, den Umgang mit der Natur und die sozialen Verhältnisse tiefgreifend veränderte. Sie verkürzte Handels- und Kommunikationswege und rückte Regionen näher aneinander – die Schienen selbst sowie die Brücke darüber demonstrieren diese Leistung. So mancher verband mit dem neuen Transportmedium die Hoffnung auf eine nationale Vereinigung und auf das Zusammenwachsen der europäischen Staaten. Skeptische Stimmen warnten hingegen vor der Überforderung durch eine Technik, die dem menschlichen Wahrnehmungsvermögen nicht angemessen zu sein schien.

Die Gleichzeitigkeit des Ungleichzeitigen gehört zu den herausragenden Merkmalen der Epoche des Realismus. Die Eisenbahn macht diese Ambivalenz des Zeitalters augenscheinlich: einerseits die traditionell geprägten Lebens- und Arbeitszusammenhänge, die – insbesondere in ländlichen Regionen – die Herausforderungen der Moderne kaum registrierten; andererseits die unaufhaltsame Umgestaltung der alltäglichen Erfahrungsräume, die sich – vor allem in den Städten – aus den technischen Innovationen sowie den neuen Industrien ergab und die zu weitreichenden Veränderungen in der Gesellschaft führte. Die zeitgenössische Literatur stand dadurch vor einer doppelten Aufgabe: Sie musste auf die Ausdifferenzierung der Weltwahrnehmung reagieren, und sie durfte den sich allmählich durchsetzenden Realitätsvorstellungen der Wissenschaften nicht nachgeben. Aus diesen epochalen Umbrüchen leitete sich jenes Konzept des literarischen Realismus ab, das den Mehrwert poetischer Wirklichkeitsmodellierung betonte, indem es die dichterische Einbildungskraft als eigenständiges Organ von Welterkenntnis behauptete.

2.1 **Politik, Wirtschaft und Soziales**
2.2 **Realismus und Religion**
2.3 **Das Zeitalter der Wissenschaft**

2.1 Politik, Wirtschaft und Soziales

Die Zeitgenossen haben die Ereignisse der Jahre 1848/49 – die sogenannte bürgerlich-demokratische Revolution – und vor allem deren Folgen in erster Linie als Scheitern wahrgenommen. Was in den deutschsprachigen Ländern mit dem erzwungenen Rücktritt des Staatskanzlers Fürst Metternich und der Wahl einer deutschen Nationalversammlung in der Frankfurter Paulskirche so hoffnungsvoll begonnen hatte, endete schon ein knappes Jahr später durch den Widerstand und die teils gewaltsame Gegenwehr der wieder erstarkenden restaurativen Kräfte in Staat und Politik. Nach der Auflösung des Paulskirchenparlaments fiel das nationalliberal gesinnte Bürgertum in eine „tiefgreifende politische Identitätskrise" (Stemmler 1996, S. 84); die Vertreter des Liberalismus verabschiedeten sich fürs Erste aus der aktiven Politik. Zugleich wandten sich die Autoren und Publizisten nach 1850 gerade aufgrund dieser politischen Enttäuschung verstärkt realpolitischen Positionen zu, erteilten politischen Utopien also eine entschiedene Absage. Rückzug aus der Politik

Noch zu Beginn des 20. Jahrhunderts waren die Nachwirkungen dieser Entwicklungen unübersehbar. Der spätere Reichsaußenminister Walter Rathenau schrieb 1912 in seinem Werk *Zur Kritik der Zeit*: „Durch die Mitte des vergangenen Jahrhunderts geht ein Schnitt". Insbesondere „quantitative Steigerungen und technische Verschiebungen" kennzeichnen das Leben „diesseits der Epochengrenze" bis heute (Rathenau 1912, zitiert nach Becker 2003, S. 18). Er bezog sich damit auf die erfolgreiche Technisierung und Industrialisierung, auf das Bevölkerungs- und Wirtschaftswachstum und auf die Fortschritte in Wissenschaft, Technik und Medizin. Es darf allerdings nicht übersehen werden, dass diesem tatkräftigen Optimismus der Zeitgenossen die politische Niederlage von 1848/49 vorausging. Die „realistische Wende" (Nipperdey 1983, S. 718) gründete auf der Furcht vor neuerlich instabilen politischen Verhältnissen und auf der Resignation des Bürgertums, das sich an politischer Teilhabe nur noch mittelbar interessiert zeigte. Realistische Wende

Politik hatte zu funktionieren, mit welchen Mitteln auch immer – diese Haltung wurde zum politischen Credo und bildete die Grundlage für Otto von Bismarcks realpolitische Strategien, die Reichseinigung unter Vorherrschaft Preußens und unter Ausschluss Österreichs als Revolution von oben durchzusetzen. Mit der Ausrufung des preußischen Königs Wilhelm I. zum deutschen Kaiser im Spiegelsaal von Versailles am 18. Januar 1871 wurde dieses Projekt Wirklichkeit. Bereits in den Konversationslexika der Zeit ist der Begriff Realismus eng mit Forderungen nach realpolitisch definierten Handlungsoptionen verknüpft. Die politische Tat sollte nicht länger nach moralischen Gesichtspunkten, sondern allein von ihrem Erfolg her beurteilt werden.

Realpolitik

Den an den Debatten der Zeit Beteiligten wurde klar, dass „der Staat Macht ist" – wie der Historiker und Politiker Heinrich von Treitschke 1873 pointierte (von Treitschke 1873, zitiert nach Stemmler 1996, S. 86) –, und so wandte man sich in der zweiten Jahrhunderthälfte verstärkt dem praktischen Leben zu. Die „wahre historische Aufgabe unserer Zeit", sagte 1852 der Herausgeber der Zeitschrift *Deutsches Museum*, Robert Prutz, sei „der Staat und die bürgerliche Gesellschaft mit ihren unentbehrlichen praktischen Voraussetzungen, mit Handel, Gewerbe etc." (Prutz 1852, zitiert nach Balzer 2006, S. 12). Das Bürgertum begriff sich, wiewohl politisch gebremst, als Leistungsträger des Staates. Selbstbewusst attestierte der Kulturhistoriker Wilhelm Heinrich Riehl in seinem Manifest *Die bürgerliche Gesellschaft* aus dem Jahr 1851 der eigenen Zeit „einen bürgerlichen Charakter", denn: „Das Bürgerthum ist unstreitig in unsern Tagen im Besitze der überwiegenden materiellen und moralischen Macht". Es wurde für Riehl zum Motor für die Modernisierung des Staatswesens; Aristokratie und Bauernstand dagegen galten ihm als „Trümmer der alten Gesellschaft" (Riehl 1851, S. 187ff.).

Zuwendung zum praktischen Leben

Der Begriff Bürgertum bezog sich allerdings keineswegs auf eine homogene gesellschaftliche Schicht, sondern integrierte den Handwerker ebenso wie den Arzt, den Bankier, den Journalisten oder den Beamten. Im Unterschied zur inzwischen abgelösten feudalistischen Ständegesellschaft bot das bürgerliche Zeitalter gesellschaftliche Aufstiegsmöglichkeiten. Die neue Ordnung beruhte auf Konkurrenz. Je flexibler sich der Einzelne zeigte, desto aussichtsreicher waren seine Chancen, sich sowohl materielles als auch soziales Kapital zu erwerben und die eigene Position zu verbessern. Die zeitgenössischen Gesellschaftsschichten sollten nach Auffassung des Literaturwissenschaftlers Jost Schneider deshalb auch nicht mehr als „Stände" bezeichnet werden, sondern als „Klassen" (Schneider 2004, S. 171).

Das Bürgertum

Allerdings lassen sich bei aller Heterogenität doch unterschiedliche Gruppen innerhalb des Bürgertums genauer profilieren. Dies geschieht zumeist nach Lebensräumen, beruflicher Zuordnung und materiellem Wohlstand, etwa bei der gängigen Dreiteilung in „[g]ewerblich-städtisches Bürgertum", „Bildungs- und beamtetes Bürgertum" und „Wirtschaftsbürgertum" (Siemann 1990, S. 150–159). Aus Sicht der Zeitgenossen mag sich insbesondere die Unterscheidung nach Bildungsniveaus angeboten haben. Zumindest beruhte darauf die in der Zeitschrift *Die Grenzboten* 1861 vorgenommene Abgrenzung des Großbürgertums von jenem Kleinbürgertum, dessen „ganze Bildungssphäre auf einen engen Gesichtskreis eingeschränkt" sei und das deshalb „politische Fragen, die einigermaßen verwickelt sind, nicht im Detail [...] beurtheilen" könne (zitiert nach Thormann 1996, S. 571).

Unterscheidung nach Bildungsniveaus

Wurden die neuen Aufsteiger des Wirtschaftsbürgertums zunächst noch als „Geldsäcke oder „Neureiche ohne Bildung und Kultur" verspottet, so stieg zwischen 1851 und 1870 der Anteil von Akademikern unter den Unternehmern allgemein von 1,4 % auf 37,7 % an (Siemann 1990, S. 157ff.). In diesem Sinne waren in der sogenannten Gründerzeit nach 1871 die Grenzen zwischen dem Erwerbs- bzw. Besitz- und dem Bildungsbürgertum fließend, ohne dass letzteres in ersterem so ohne Weiteres aufgegangen wäre.

Je schneller die Bevölkerung wuchs, desto stärker differenzierte sich auch das Bürgertum aus. Im Jahr 1816 lebten 22 Millionen Menschen auf dem Gebiet des späteren Deutschen Reichs, bis zum Beginn des 20. Jahrhunderts verdreifachte sich ihre Zahl (vgl. Becker 2003, S. 45). Der Wandel der zeitgenössischen Agrar- in eine Industriegesellschaft wird augenfällig an der Abwanderung der Landbevölkerung in die Städte, die im letzten Jahrhundertdrittel einen regelrechten Urbanisierungsprozess in Gang setzte. Bis 1910 stieg der Anteil der Städtebewohner auf 60 % der Gesamtbevölkerung (vgl. Lenger 1999, S. 264); Arbeiter- und Elendsviertel prägten zunehmend das Stadtbild; Industrialisierung und Massenarmut (Pauperismus) waren von Beginn an eng miteinander verknüpft. Während sich die Vertreter des städtischen Kleingewerbes gerade in den Wohnverhältnissen dem wachsenden Fabrikarbeiterproletariat annäherten, zog sich das an aristokratischen Vorbildern orientierte Wirtschaftsbürgertum zunehmend aus den Ballungsgebieten in Stadtrandlagen zurück; repräsentative Villenviertel entstanden.

Soziale Frage

Was unter Bürgertum im 19. Jahrhundert zu verstehen ist, lässt sich kaum an den sehr unterschiedlichen Lebensverhältnissen ablesen. Aufschlussreicher sind in dieser Frage die gemeinsamen, genuin bürgerlichen Wertvorstellungen. Dazu gehörte ein ausgewiesenes Arbeitsethos, das sich zunächst in Form ökonomischen und sozialen Kapitals auszahlte, zunehmend aber auch in Form kulturellen und symbolischen Kapitals. Bildung und Wissenschaft spielten eine große Rolle: Neben der Vorbereitung auf das Berufsleben diente der Wis-

Bürgerliche Wertvorstellungen

senserwerb in diesen Bereichen nicht zuletzt der Gestaltung des Privatlebens und der Unterhaltung in der Freizeit.

<small>Familie</small>

Gerade in diesen Bereichen kam das Bürgertum nämlich gleichsam ganz zu sich selbst: Die Familie entwickelte sich zum maßgeblichen Rückzugsraum, von dem aus es überhaupt erst gelingen konnte, die täglichen Kämpfe in der Arbeitswelt zu bestehen. Politik und Wirtschaft sollten darauf ebenso wenig Einfluss nehmen wie auf das Vereins- und Genossenschaftswesen, mithilfe dessen die Bürger ihre Bedürfnisse und Interessen organisierten und verwalteten. Dabei sind die Anforderungen an den Einzelnen nicht zu unterschätzen – zumal in der Epoche der Industrialisierung. Der Bau und Ausbau der Eisenbahn ebenso wie die (Gas-)Beleuchtung in den Städten machen die Auswirkungen der neuen Zeit anschaulich.

<small>Die Eisenbahn</small>

Als am 7. Dezember 1835 die Ludwigsbahn zwischen Nürnberg und Fürth ihren Betrieb aufnahm, sahen schon die Zeitgenossen darin den Beginn einer neuen Epoche: Als Triumph der menschlichen „Erfindungs- und Geisteskraft über die Elemente" beurteilte ein Artikel im *Morgenblatt für gebildete Stände* das Ereignis, konnte aber zwischen den Zeilen nicht verhehlen, dass die neueste technische Entwicklung auch bedrohliche Züge aufweise. Wie nämlich das Wunderwerk im Einzelnen funktioniere, erschließe sich nur noch dem Spezialisten; alle anderen überantworteten sich blind einer „gewaltigen, wundersam wirkenden Kraft", die „gegen alle bisherige Erfahrung schnell, unaufhaltsam" herannahe und vorüberziehe. Ein „Wunder" also sei es, was sich da ereigne (Mahr 1982, S. 30). Dieses „Wunder" hatte allerdings ganz handfeste Auswirkungen auf das Wachstum der zeitgenössischen Wirtschaft. Mit dem Eisenbahn- und Schienenbau stieg der Eisenbedarf und die vermehrte Eisenerzeugung kurbelte wiederum die Kohleförderung an. Die Folge: Die heimischen Landschaften veränderten sich; sie wurden der Schienenführung angepasst: Strecken wurden begradigt, Tunnels geschlagen, Brücken gebaut. Zugleich entstanden neue Räume wie etwa die Bahnhofsviertel in den Städten, die sich zunehmend zu Problemzonen entwickelten.

<small>Vernichtung von Zeit und Raum</small>

„Durch die Eisenbahnen wird der Raum getötet, und es bleibt nur noch die Zeit übrig", bemerkte Heinrich Heine anlässlich der Eröffnung der Eisenbahnverbindungen Paris-Orléans und Paris-Rouen am 5. Mai 1843 (Heine 1990, S. 58). Das trifft nicht ganz zu, denn auch auf die Zeit wirkten sich diese Entwicklungen aus: Durch die Beschleunigung von Bewegungsabläufen rückten die Orte ja nicht nur näher aneinander, sondern sie waren auch schneller erreichbar. Zudem konnten die Fahrpläne nur funktionieren, wenn die Uhren überall aufeinander abgestimmt wurden; im Verlauf des Jahrhunderts wurde die Eisenbahnzeit als Standardzeit festgesetzt. Den durchreisten Raum selbst nahmen die Fahrgäste nur aus einer großen Distanz wahr; die Eisenbahn wurde als ein „Projektil", „die Reise in ihr als Geschossenwerden durch die Landschaft" erlebt. Dem Reisenden verging im Wortsinn „Hören und Sehen", und an die Stelle des Geruchs der Natur trat der Gestank der verbrannten Kohle (Schivelbusch 1989, S. 53).

Standardzeit

In der Literatur der Zeit spielte die Eisenbahn übrigens keine große Rolle: Vor 1850 wurde alles „Technische" nicht für poesiefähig gehalten, und in der zweiten Jahrhunderthälfte scheint die Fortbewegung mit der Bahn bereits so normal geworden zu sein, dass eine literarische Behandlung nicht weiter interessant gewesen sein mag. Die vorbeirauschende Landschaft verlor schon bald ihren Reiz, und die Reisenden überbrückten die gleichförmige und langweilige Zugfahrt mit der Lektüre von Zeitungen, Zeitschriften und Büchern – zumal in der ersten und zweiten Wagenklasse. Die Eisenbahn findet zwar in der Literatur kaum statt, doch wurde die Literatur zu einer festen Größe in der Eisenbahn. Mit erstaunlicher Geschwindigkeit wuchs der Markt für billige (Taschen-)Bücher, die in erster Linie zum Zeitvertreib während langer Bahnfahrten produziert und im sich etablierenden Bahnhofsbuchhandel verkauft wurden (vgl. Schivelbusch 1989, S. 62–66).

Eisenbahn und Literatur

Taschenbücher

Neben der Eisenbahn veränderte auch die Gasbeleuchtung die sinnliche Wahrnehmung der Menschen des 19. Jahrhunderts. „Deutschland ist fortgerissen in die Bewegung", meinte Heine dazu, „der Kohlendampf verscheucht die Sangesvögel, und der Gasbeleuchtungsgestank verdirbt die duftige Mondnacht" (Heine, aus dem Nachlass zitiert nach Mahr 1982, S. 59): Die Industrialisierung, so könnte man sagen, beendete die romantischen Mondnächte Joseph von Eichendorffs. Zugleich steht gerade die Einführung der Gasbeleuchtung für die Modernisierung der Lebensverhältnisse in der Epoche des Realismus. Nach ersten Versuchen 1792 und 1807 entstanden 1826 Gasanstalten für die Straßenbeleuchtung in Berlin und Hannover, und nach 1850 nahm die Anzahl der beleuchteten Städte rasant zu: von 286 Städten im Jahr 1861 auf 530 Städte 1868 (vgl. Matz 2000, S. 48–57; Schivelbusch 2004; Jaritz 2005, Sp. 1184).

Die Gasbeleuchtung ...

Für die Nächte in den Städten blieb dies naturgemäß nicht folgenlos: Einerseits ergaben sich aus der „Eroberung der Nacht" durch das Licht ungeahnte Möglichkeiten der Lebensgestaltung, sowohl die Freizeit als auch die Arbeitszeiten der Menschen betreffend (Schlör 1991, S. 66). Andererseits ließ sich das Nachtleben in den städtischen

... erobert die Nacht

Ballungsräumen besser polizeilich kontrollieren. Mit der Erschließung neuer Lebensräume in den Nächten kamen aber auch neue Gefahren für die öffentliche Ruhe und Sicherheit der Bürger auf. Diese versuchte man mit polizeilichen Maßnahmen wie etwa der Einrichtung von Nachtwächtern in den Griff zu bekommen; die Polizeistunde wurde eingeführt (vgl. Schlör 1991).

2.2 Realismus und Religion

Das Verhältnis der Epoche zur christlichen Religion ist nicht leicht zu bestimmen. Wie in den politischen, sozialen und technischen Bereichen sind auch in diesem Bereich massive Veränderungen zu beobachten – das betrifft insbesondere die Frage nach der Relevanz der Religion für die individuelle Lebensgestaltung. Das religiöse Bekenntnis wurde zunehmend zur Privatsache. Auch in diesem Zusammenhang blieben die etwa mit der Eisenbahn geschaffenen neuen Fortbewegungsmöglichkeiten nicht ohne Folgen. In Gottfried Kellers Novelle *Das verlorne Lachen* aus der Sammlung *Die Leute von Seldwyla* (1874) wird eine alte Pilgerin gefragt, warum sie denn statt der bequemen und geselligen Eisenbahnfahrt eine beschwerliche Fußreise unternehme. Die Antwort der Alten auf diese Frage verweist darauf, dass inzwischen unterschiedliche Formen religiöser Praxis nebeneinander existierten, und sie macht deutlich, dass die modernen den tradierten Frömmigkeitsformen an Ernsthaftigkeit unterlegen waren.

„[D]ie Andern", so die alte Pilgerin, „die reisen heutzutage mehr zur Lust und aus Vorwitz und verrichten allenfalls am Gnadenort ein nützliches Gebet. Ich aber wandere auf meinen alten Füßen zur allerseligsten Maria Mutter Gottes, und [...] auf dem ganzen langen Wege begleitet sie mich auf jedem Schritt und Tritt." (Keller 2006, S. 572)

Der moderne Pilger zitiert eine überkommene Praxis, ohne sich noch tatsächlich zu dieser zu bekennen.

Als Prototypen des epochalen Fortschrittsglaubens galten nicht Geistliche, Theologen oder Philosophen, sondern Ingenieure und Naturwissenschaftler, und der Staat übernahm zunehmend Funktionen der Kirche. Hatte noch das *Allgemeine Landrecht für die Preußischen Staaten* von 1794 in § 136 festgehalten, eine Ehe sei erst „durch die priesterliche Trauung" als vollzogen und damit als gültig zu betrachten (Landrecht 1794, S. 19), so war diese Regelung im Verlauf des

19. Jahrhunderts in die Kritik geraten, weil die Zahl der Bürger, die sich mit keiner der beiden Konfessionen mehr identifizieren konnten, stetig zunahm. Die Trennung von Staat und Religion kam spätestens mit dem Reichsgesetz vom 9. März 1874 zum Abschluss, demzufolge für personenstandsrechtliche Belange wie Geburt, Heirat oder Tod der Staat und nicht mehr die Kirche zuständig war.

Auch Kirchenaustritte erfolgten jetzt nicht länger bei den kirchlichen Stellen. Es wurde erstmals möglich, sich zu keiner Religion zu bekennen bzw. keiner der beiden christlichen Konfessionen anzugehören. In überwiegend protestantischen Regionen ließen sich die Folgen dieser Entwicklung, gerade in urbanen Räumen, bald beobachten: Für den Zeitraum zwischen 1875 und 1880 wurden in Berlin 40 % der Neugeborenen nicht getauft, nicht wenige Ehepaare lebten ohne kirchliche Trauung zusammen (seit den 1880er-Jahren setzte sich diese Trauungsform allerdings wieder zunehmend durch). Bis 1914 gingen in den großen Städten durchschnittlich noch 2 % bis 8 % der Erwachsenen in die Kirche, in den Arbeitervierteln nur noch 1 %, in ländlichen Gegenden immerhin 20 % bis 40 % (vgl. Wehler 1995, S. 1178f.). Wenn also das 19. Jahrhundert als ein „Zeitalter der Säkularisierung und Rationalisierung" bezeichnet wird (Frevert 1999, S. 13), dann mag sich das auf diesen Befund beziehen.

Säkularisierung ...

Zugleich darf aber nicht übersehen werden, dass in derselben Zeit Formen der Volksfrömmigkeit wie Wunderglaube und Heiligenverehrung, Marien- und Herz-Jesu-Kulte in katholischen Gegenden Konjunktur hatten. Träger dieser Bewegungen waren hauptsächlich Frauen; die Männer waren v. a. im katholischen Vereinswesen aktiv (vgl. Nipperdey 1988b; Dinzelbacher 2007, S. 451–458). Mit Blick auf diese Entwicklungen wird das 19. Jahrhundert sogar als „Zweites Konfessionelles Zeitalter" bezeichnet (Blaschke 2002, S. 25ff.).

... und Konfessionalisierung

Zwar hatte Otto von Bismarck der katholischen Kirche den Kampf angesagt – und sich, die zivilrechtlichen Regelungen betreffend, auch langfristig durchgesetzt. Unmittelbar jedoch führten die heftigen, mit einem berühmt gewordenen Wort des Berliner Arztes und Abgeordneten Rudolf Virchow als „Kulturkampf" bezeichneten Auseinandersetzungen zwischen Kirche und Staat in den Jahren 1871 bis 1878 dazu, das Verhältnis der katholischen Laien zur Amtskirche und zu Rom eher zu stabilisieren als zu schwächen. Zwar blieben viele Pfarrstellen unbesetzt, ein wachsendes Desinteresse an der Kirche lässt sich daran aber nicht ablesen. Im Gegenteil: Indem sie auf eine Anstellung verzichteten, protestierten viele Priesteramtskandidaten gegen staatliche Restriktionen, die etwa mit dem

Kulturkampf und Katholizismus

preußischen Schulaufsichtsgesetz von 1872 sowie den Maigesetzen von 1873 die staatliche Kontrolle des Schulwesens und der Priesterausbildung oktroyierten.

Schon 1871 war die seit 30 Jahren existierende Katholische Abteilung im Kultusministerium aufgelöst worden, und der sogenannte Kanzelparagraph hatte den Geistlichen verboten, die staatlichen Maßnahmen zu kritisieren. Das Reichsexpatriierungsgesetz verfügte, die unbefugte Ausübung von Kirchenämtern mit Ausweisung und Aberkennung der Staatsbürgerschaft zu bestrafen; und das sogenannte Brotkorbgesetz stellte die staatlichen Zuwendungen an die Bistümer ein. Als Folge davon und aufgrund von Massenverhaftungen blieben schließlich 25 % der insgesamt 4 627 katholischen Gemeinden in Preußen ohne Seelsorger, und in den insgesamt zwölf Bistümern Preußens residierten lediglich drei Bischöfe (vgl. Morsey 2000, S. 19). Die Solidaritätsaktionen der Gläubigen gegen diese Maßnahmen verfehlten aber ihre öffentliche Wirkung nicht; insbesondere die (katholische) Zentrumspartei profitierte davon (vgl. Friedrich 2006, S. 113–116).

Jenseits dieser politisch durchaus wirkmächtigen katholischen Sonderentwicklung ist festzuhalten, dass längst nicht mehr die Kirche die führende normstiftende Instanz darstellte, sondern der Staat. Vorbereitet und verstärkt wurde diese Entwicklung seit den 1830er-Jahren u. a. durch die Regentschaft des preußischen Königs Friedrich Wilhelm IV., des ‚Romantikers auf dem Hohenzollernthron'. Dieser verfolgte eine Politik, die sich an Vorstellungen eines idealisierten mittelalterlichen Lehnswesens orientierte und Ideen der romantischen Rechts- und Staatsauffassung, wie etwa die von Novalis, Johann Gottlieb Fichte oder Friedrich Carl von Savigny, reaktivierte. Kunst, Religion und Politik waren in diesem Konzept eng miteinander verwoben (vgl. Müller 2003, S. 254). Zugleich verlor die Religion zugunsten einer politisch aktivierten Kunstreligion – in der die Kunst an die frei gewordene Stelle der Religion trat – ihre überkommene Rolle.

Eine enge Verbindung von Kunst und Religion stellte auch die religionskritische Philosophie der Zeit her. Der Philosoph Ludwig Feuerbach verstand „Gott" als ein „eingebildetes Wesen, ein Wesen der Phantasie; und weil die Phantasie die wesentliche Form oder das Organ der Poesie ist, so kann man auch sagen: die Religion ist Poesie, ein Gott ist ein poetisches Wesen" (Feuerbach 1851, S. 232). Wie in seinem Hauptwerk *Das Wesen des Christentums* (1841) lieferte er in seinen *Vorlesungen über das Wesen der Religion* (1848/49) eine anthropologische Begründung der Religion, die das moderne Religionsverständnis entscheidend prägen sollte. Demnach erfindet sich der

Mensch eine übergeordnete Instanz (Gott) und projiziert in einem ersten Schritt vorphilosophischer Selbsterkenntnis eigene (menschliche) Wesenszüge auf diese Instanz. In einem zweiten Schritt lernt er sich selbst als Geschöpf und damit Objekt dieser Instanz zu betrachten. Religion ist folglich nicht Betrug oder bloße Illusion, sondern eine künstlerische Form der menschlichen Selbstvergewisserung. Ein Problem ergibt sich für Feuerbach nur dann, wenn die religiösen Inhalte für wirklich oder wahr gehalten werden (vgl. Feuerbach 1851, S. 233).

Für viele Autoren des Realismus hatte die Religion die Rolle eines allein maßgeblichen Welterklärungsmodells längst verloren. Trotzdem arbeiteten sich gerade die agnostisch und die atheistisch-materialistisch orientierten unter ihnen sowohl an der christlichen Religion und der christlichen Überlieferung als auch an der Institution Kirche ab. Glaube, religiöse Überlieferung oder Kirche fungierten zumindest noch als Negativinstanzen. Ihre Rolle für die intellektuelle, bürgerliche und künstlerische Sozialisation der Autoren insgesamt ist signifikant. In Orientierung an Positionen der Aufklärung vertraten die meisten der kanonischen Autoren des Realismus dabei dezidiert bildungsbürgerlich-humanistische Positionen. Die christlichen Werte wurden in die neue bürgerliche oder Kunstreligion überführt. Jenseits dessen blieb der enorme Stellenwert von Kirche und Religion im 19. Jahrhundert in weiten Teilen der Bevölkerung erhalten. Wie gesagt: Säkularisierung und Konfessionalisierung kennzeichnen das Jahrhundert gleichermaßen.

Auseinandersetzung mit christlichen Traditionen

2.3 Das Zeitalter der Wissenschaft

Das 19. Jahrhundert wird häufig als Zeitalter der Wissenschaft bezeichnet; gemeint sind damit insbesondere die Naturwissenschaften, die das bis heute gültige moderne Wissenschaftsverständnis vorbereiteten. Die Biologie und Naturphilosophie wurden von der Frage nach der Entwicklungsgeschichte des Lebens und der menschlichen Spezies bestimmt: Mit Charles Darwins Untersuchungen setzte sich die Vorstellung einer evolutionären Entwicklung durch, die auf Vererbung, Veränderung (Mutation) und natürlicher Auslese beruht – insbesondere Vertreter des literarischen Naturalismus wie Arno Holz übertrugen die Grundthesen der Evolutionstheorie auf ihren Bereich (→ KAPITEL 14.2). Davor und daneben waren bereits die Autoren des Realismus von der Frage nach den Mechanismen der Determination des menschlichen Handelns fasziniert; u. a. die Soziologie stellte da-

Naturwissenschaften und Soziologie

für Erklärungsmuster zur Verfügung – von besonderer Bedeutung hierfür war der *Cours de philosophie positive* (1830–42) von Auguste Comte, das Hauptwerk eines der Begründer der Soziologie. In seiner *Histoire de la littérature anglaise* (1864) ging der französische Philosoph Hippolyte Taine nach dem Vorbild naturwissenschaftlicher Verfahren davon aus, dass Realität nach Naturgesetzen organisiert ist und sich objektiv erfassen lässt, dass etwa Eigenschaften des menschlichen Charakters auf physische Gegebenheiten zurückgeführt bzw. kausal daraus erklärt werden können (vgl. Taine 1878, S. 10).

<small>Der wissenschaftliche Beitrag der Literatur</small>

In diesem Sinne betrieb auch die Literatur der Zeit Ursachenanalyse. Wie wird ein Mensch zum Verbrecher? Worauf gründet sich erfolgreiches Handeln? Welchen Einfluss üben die Abstammung (*race*), das soziale Umfeld (*milieu*) und die je historische Situation (*le moment historique / le temps*) auf die Entscheidungen des Einzelnen aus?

<small>Positivismus</small>

Die u. a. auf Auguste Comte zurückgehende philosophische Richtung des Positivismus setzte auf positives, objektivierbares Wissen, das demzufolge durch Erfahrungen erworben wird. Es ist historischem Wandel unterworfen, wird also prinzipiell für revidierbar gehalten. Weil Wissenserwerb sich als ein Prozess der Anreicherung immer neuen Wissens verstand, kam es in den institutionalisierten Wissenschaften zu Spezialisierungen, die es erlaubten, die zunehmend unübersehbaren Wissensbestände dennoch zu kontrollieren.

Für die Literatur des Realismus stellte dieses Wissenschaftsverständnis eine Herausforderung dar, die von den Zeitgenossen durchaus reflektiert wurde und die es ihnen ermöglichte, die Gemeinsamkeiten und die Unterschiede im Verständnis von Realität gegenüber der Konkurrenz der Wissenschaften genauer herauszuarbeiten. Während die zeitgenössischen Naturwissenschaften nur dem Sichtbaren, dem empirisch Nachweisbaren Realitätsstatus zugestanden, nahm das

<small>Wahrheit jenseits des Augenscheinlichen</small>

poetische Wirklichkeitsverständnis einen Wahrheitsgehalt an, der jenseits des Augenscheinlichen lag, dennoch aber eine objektive Realität abzubilden beanspruchte. Das implizierte u. a. auch die Forderung, dass offensichtliche Verstöße gegen naturwissenschaftlich gesicherte Tatbestände in der Literatur nicht zulässig seien: „[W]ir wollen die Blumen nicht in einer Jahreszeit blühen sehen, in der sie in der Wirklichkeit nicht einmal Knospen treiben", meinte der Literarhistoriker und Kritiker Rudolf Gottschall dazu in seiner *Poetik* von 1858 (Gottschall 1858 in: Plumpe 1997, S. 123). Hinzu kam, dass sich das naturwissenschaftliche Wissen derart verkompliziert hatte, dass es von der Literatur gar nicht mehr aufgenommen und verarbeitet werden konnte. Die literarisch verhandelten naturwissenschaftlichen Phänomene und Erfindungen repräsentierten deshalb notgedrungen einen veralteten Wissensstand (vgl. Rohe 1996, S. 230).

Auch die sich an den Universitäten in diesen Jahren etablierende Literaturwissenschaft interessierte sich für positivistische Modelle. Der Germanist Wilhelm Scherer hielt in einer Rezension von *Hettners Literaturgeschichte* aus dem Jahr 1865 „die Causalität" für die wichtigste „historische Grundkategorie": „Keine noch so treue und gewissenhafte Erforschung der Thatsachen, keine noch so lichtvolle und sinnige Sonderung und Gruppirung des Stoffes kann den Historiker der Pflicht entheben, die Ursachen dessen zu ergründen, was geschieht" (Scherer 1977, S. 210). Mit der Anhäufung positiven Wissens durfte sich der Wissenschaftler nicht zufrieden geben. Bezogen auf die Rekonstruktion der literarischen Darstellungsabsichten hieß das: Der Autor stand im Mittelpunkt des Interesses, genauer seine Herkunft, sein Bildungsstand und sein Umfeld (das „Ererbte", das „Erlernte" und das „Erlebte"). Allerdings wusste gerade Scherer, dass die Literaturwissenschaft aufgrund der Eigenlogik ihrer Untersuchungsgegenstände anderen methodischen Prämissen folgen muss als die Naturwissenschaften: „Der Philolog hat kein Mikroskop und kein Skalpell; er kann nicht anatomieren, er kann nur analysieren. Und er kann nur analysieren, indem er sich assimiliert" (Scherer 1979, S. 79; → ASB KOCHER/KREHL, KAPITEL 3).

Die zeitgenössischen Autoren orientierten sich ebenfalls an den Maßgaben und am Stand wissenschaftlichen Weltwissens. Schon 1848 bemerkte Adalbert Stifter in seinem Aufsatz *Über Stand und Würde des Schriftstellers*, neben „*Begabung*", der Fähigkeit zur angemessenen Versprachlichung des Stoffs, neben herausragenden menschlichen Eigenschaften (Sittlichkeit) und Charakterbildung qualifiziere gerade die genaue Kenntnis „*jeder Wissenschaft*" den Schriftsteller, insbesondere die der Geschichte, der Philosophie und der Naturwissenschaften (Stifter 1848, zitiert nach Wiese 1965, S. 329–333).

Etablierung der Literaturwissenschaft

Positivismus und Literaturwissenschaft

Fragen und Anregungen

- Diskutieren Sie Thomas Nipperdeys Begriff der „realistischen Wende".

- Skizzieren Sie charakteristische Merkmale von Bürgertum im 19. Jahrhundert.

- Welche Auswirkungen hatte der Bau der Eisenbahn auf die Zeit- und Raumerfahrungen der Menschen?

- Beschreiben Sie, inwiefern sich im 19. Jahrhundert das Verhältnis des Staates und des Einzelnen zur Religion veränderte.

- In welchem Verhältnis stand die Literatur des Realismus zu den Wissenschaften?

Lektüreempfehlungen

Quellen
- **Gerhard Plumpe (Hg.): Theorie des bürgerlichen Realismus.** Eine Textsammlung. Bibliographisch ergänzte Ausgabe, Stuttgart 1997 (darin S. 45–67: zeitgenössische Überlegungen zur Realpolitik; S. 249–256: zum Verhältnis von Wissenschaft und Gattungspoetik).

- **Adalbert Stifter: Über Stand und Würde des Schriftstellers,** in: ders., Werke und Briefe. Band 8.1: Schriften zu Literatur und Theater, hg. v. Werner M. Bauer, Stuttgart u. a. 1997, S. 34–46 (Kommentar: S. 222–236).

Forschung
- **Manfred Jakubowski-Tiessen (Hg.): Religion zwischen Kunst und Politik. Aspekte der Säkularisierung im 19. Jahrhundert,** Göttingen 2004. *Sammelband, der in vielfältigen Detailstudien das Ausmaß sowie die Grenzen des Säkularisierungsprozesses vor dem Hintergrund einer rasant fortschreitenden Modernisierung auslotet.*

- **Thomas Nipperdey: Wie das Bürgertum die Moderne fand,** Berlin 1988. *Der Essay mit Klassiker-Status kennzeichnet die kulturelle Moderne als Produkt des Bildungsbürgertums.*

- **Ralf Roth: Das Jahrhundert der Eisenbahn. Die Herrschaft über Raum und Zeit 1800–1914,** Ostfildern 2005. *Umfassende Studie, die den Aufstieg der Eisenbahn mit vielen kulturellen Bezügen in die ökonomischen und sozialen Entwicklungen der Zeit einbettet; neben dem Klassiker von Wolfgang Schivelbusch eine Pflichtlektüre zum Gegenstand.*

- **Hans-Ulrich Wehler: Deutsche Gesellschaftsgeschichte. Dritter Band: Von der „Deutschen Doppelrevolution" bis zum Beginn des Ersten Weltkriegs. 1849–1914,** München 1995. *Unverzichtbares Standard- und Nachschlagewerk, das die Epoche strukturgeschichtlich über die vier Achsen der Wirtschaft, der sozialen Ungleichheit, der politischen Herrschaft und der Kultur in den Blick nimmt.*

3 Romantik und Realismus

Abbildung 3: William Holman Hunt: *Unsere englische Küste (Verirrte Schafe) (1852)*

Eine Schafherde drängt sich auf einem Abhang am Meer, um sie herum Steine, Wiese und Gebüsch. Der britische Maler William Holman Hunt hat auf seinem Gemälde von 1852 einen idyllischen Augenblick in der englischen Küstenlandschaft bei Hastings (Sussex) eingefangen. Genauer: Es ist das Bild, das diesen Augenblick erzeugt; in Wirklichkeit war Hunt während der Arbeit daran sehr wechselhaften Witterungsverhältnissen ausgesetzt. Die beinahe fotografische Genauigkeit der Darstellung bewirkt, dass das Bild als Ganzes in seiner Intensität und seiner Vielfalt einen unnatürlichen Eindruck hervorruft. In der Abbildung von Realität geht es nicht auf, sondern die einzelnen Details sind zugleich symbolisch aufgeladen. Hinter ihrer Oberfläche bricht sich eine Art romantische Gegenwelt, eine ‚Seelenlandschaft', Bahn. So können die Schafe als Sinnbild verirrter Sünder und die steile Küste als Bedrohung der Idylle gedeutet werden. Ihre Anordnung folgt wie in der realistischen Literatur einer Gesamtkonzeption, einer Modellierung und damit Poetisierung der Wirklichkeit.

Weder in der Malerei noch in der Literatur des 19. Jahrhunderts schließen sich Wirklichkeitstreue und künstlerische Einbildungskraft aus. Wirklichkeit wird nicht einfach nur abgebildet, sie wird als ein mit künstlerischen Darstellungsmitteln erzeugter Effekt verstanden, den der Literaturtheoretiker Roland Barthes als den „effet de réel" (Barthes 1994) bezeichnet. Die realistische Literatur ordnet eine von den Zeitgenossen als unüberschaubar wahrgenommene Welt, indem sie sich auf die Darstellung des Schönen sowie harmonischer und motivierter Handlungszusammenhänge verpflichtet; das Hässliche blendet sie aus. Obgleich die poetischen Verfahren und das programmatische Selbstverständnis der Autoren über Selektion und Negation tradierter (insbesondere romantischer) Darstellungstechniken funktionierten, war gerade die Romantik für die Entfaltung des Realismus grundlegend.

3.1 **Realismus als Antiromantik**
3.2 **Realismus als Vollendung der Romantik**

3.1 Realismus als Antiromantik

Der frühe Realismus setzte sich in programmatischer und poetischer Hinsicht vor allem mit einer literarhistorischen Strömung auseinander, deren Hauptvertreter größtenteils noch den Anspruch auf Zeitgenossenschaft erheben konnten: die Romantik – Clemens Brentano starb 1842, Friedrich de la Motte Fouqué 1843, August Wilhelm Schlegel 1845, Ludwig Tieck 1853, Joseph von Eichendorff 1857 und Bettina von Arnim 1859. Nicht selten erfolgte die Positionierung der neuen Richtung in Kunst, Literatur und Publizistik dabei aus dezidiert antiromantischen Impulsen. Ein Beispiel hierfür stellt Theodor Storms Gedicht *Herbst* dar, das, im *Volksbuch für 1848* erschienen, einerseits das romantische Erbe einer den Volksliedton imitierenden Lyrik aufgriff und fortsetzte, andererseits die bekannte Form genau dafür nutzte, dem Darstellungsinteresse der Romantik eine Absage zu erteilen. Die Romantik sollte gleichsam mit ihren eigenen Mitteln erledigt werden.

Gleichzeitigkeit mit der Romantik

Storms Herbst

Herbst

1.

1   Schon ins Land der Pyramiden
    Flohn die Störche übers Meer;
    Schwalbenflug ist längst geschieden,
    Auch die Lerche singt nicht mehr.

5   Seufzend in geheimer Klage
    Streift der Wind das letzte Grün;
    Und die süßen Sommertage,
    Ach, sie sind dahin, dahin!

    Nebel hat den Wald verschlungen,
10 Der dein stillstes Glück gesehn;
    Ganz in Duft und Dämmerungen
    Will die schöne Welt vergehn.

    Nur noch einmal bricht die Sonne
    Unaufhaltsam durch den Duft,
15 Und ein Strahl der alten Wonne
    Rieselt über Tal und Kluft.

    Und es leuchten Wald und Heide,
    Daß man sicher glauben mag,
    Hinter allem Winterleide
20 Lieg' ein ferner Frühlingstag.

2.
Die Sense rauscht, die Ähre fällt,
Die Tiere räumen scheu das Feld,
Der Mensch begehrt die ganze Welt.

3.
Und sind die Blumen abgeblüht,
25 So brecht der Äpfel goldne Bälle;
Hin ist die Zeit der Schwärmerei,
So schätzt nun endlich das Reelle!
(Storm 1987a, Bd. 1, S. 52f.)

> Realisierung romantischer Muster

Der erste und längste Teil des Gedichts im kreuzgereimten trochäischen Vierheber erinnert an typische Naturszenerien der poetischen Romantik, wenn hier vermittels romantischer ‚Zauberwörter' wie „Meer", „Sommertage", „Wald" und „Welt", „Sonne" oder „Heide" eine Musterlandschaft evoziert wird. Es ist eine fiktive Landschaft, die, abhängig von den unterschiedlichen Leseakten, die Fülle ihrer Bedeutungen entfaltet: „Und die Welt hebt an zu singen, / Triffst du nur das Zauberwort", heißt es in Eichendorffs 1835 entstandenem Gedicht *Wünschelrute* (Eichendorff 1997, S. 32; → ASB TAUSCH). Zugleich ist diese Landschaft nur noch als bereits vergangene präsent: Mit dem Sommer sind auch die Störche, Schwalben und Lerchen verschwunden, Nebel breitet sich aus, der Frühling bleibt immerhin als Ahnung erhalten, die ein letzter, die Natur erleuchtender Sonnenstrahl hervorbringt.

Der zweite, nur aus drei Versen bestehende Teil beendet jäh diese elegische Stimmung einer verdämmernden Welt. An ihre Stelle tritt der Mensch, der sich die Erde in der Ernte zu eigen macht („Die Sense rauscht, die Ähre fällt", V. 21). Formal wird dieser Umschwung durch einen überraschenden Rhythmuswechsel ins Stakkato parataktisch gereihter Kernsätze im dreigereimten jambischen Vierheber begleitet.

> Oppositionelle Anlage

Der dritte Teil bringt, weiterhin im vierhebigen Jambus, jetzt kreuzgereimt, die oppositionelle Anlage des Gedichts auf den Punkt: hier die dysfunktionale Blumenpracht, dort die Apfelernte der reifen Früchte (V. 24f.); hier der irrationale, jedenfalls irreale, konjunktivisch gefasste romantische Traum eines „ferne[n] Frühlingstag[es]" (V. 20), dort die Aufforderung zum „Reelle[n]" (V. 27). Das eigene Handeln, so lässt sich diese Wendung deuten, sollte sich von da an auf Zweckmäßigkeit und Erfolg hin ausrichten. Es hatte sich auf die alltägliche Erfahrungswelt zu beziehen und sollte sich nicht mehr länger mit romantischen Vorstellungen und Darstellungsmustern begnügen. Diese nämlich standen jetzt unter dem Verdacht, bloße Rhetorik auszustellen. Dass der Realismus der „Feind aller Phrase" sei, gehörte zu den ersten Selbstverständigungen der neuen Epoche (Fontane 1969, S. 239).

Nicht nur für Storm, sondern für die Autoren des Realismus im Allgemeinen ist es charakteristisch, das eigene Poesiekonzept über Abgrenzungen zu profilieren. Realistische Kunst bestimmte sich, mit dem Soziologen Niklas Luhmann gesprochen, zunächst einmal in der Differenz zu einer Kunst, die als nicht-realistisch denunziert und abgelehnt wurde. Die eigenen Prämissen wurden so in erster Linie im Blick auf erfolgreiche Vorgänger und damit auf das hin entworfen, was als Kunst im Literaturbetrieb der Zeit schon etabliert war (vgl. Luhmann 1986, S. 626). Eine derart auf Negation beruhende, sich als neuartig begreifende Position musste notwendig bestimmte Elemente ausblenden, also eine Komplexitätsreduktion vornehmen, um Alleinstellungsmerkmale wie Originalität oder innovatives Potenzial für sich reklamieren zu können. Die Absage an übermächtige vorausgehende (oder auch zeitgleiche) Konkurrenz lässt sich als ein Modus deuten, mit den komplizierter gewordenen Verhältnissen fertig zu werden (→ KAPITEL 2). Storm entwickelte das Modell einer Erlebnislyrik, die zwar von Goethes frühen Produkten her ihren Ausgang nimmt, von Goethe selbst aber naturgemäß noch gar nicht eingelöst werden konnte. Wenn Storm am 25. Mai 1868 über Goethe sagte, in der Lyrik sei dieser „noch ein rechter Schüler" gewesen (Storm 1981, S. 127), beurteilte er Goethes frühe Gedichte nicht für sich. Vielmehr maß er diese Texte am eigenen Konzept, das die Qualität poetischer Produkte auf eine schwer objektivierbare Echtheit des Empfindungsausdrucks zurückführte. Als einen Maßstab hierfür bestimmte Storm im Entwurf eines Vorworts zum *Hausbuch aus deutschen Dichtern seit Claudius* (1870) die Korrespondenz von Rhythmus und Inhalt eines Gedichts (vgl. Storm 1988b, Bd. 4, S. 397; → KAPITEL 6.2).

Neben der Abgrenzung gehörte die Selektion zu den für den Realismus wichtigen Formen der Komplexitätsreduktion, also die Auswahl von Charakteristischem, die das (vermeintlich) Unwichtige gleichzeitig ausklammerte. Dieses Verfahren zielte auf Vereinfachung und Vergewisserung, auf die Erstellung von Überblicken und auf Exemplarität. Eine sich dafür anbietende Publikationsform ist die Anthologie, die Sammlung von Texten unterschiedlicher Autoren. Sie hatte im Realismus Konjunktur (vgl. Häntzschel 1997) und war im 19. Jahrhundert insgesamt so beliebt, dass von ihren Verlegern zur

Positionierung des eigenen Poesiekonzepts

Komplexitätsreduktion durch Abgrenzung ...

... und durch Selektion

Anthologien

Herausgeberschaft gedrängte Autoren wie Gottfried Keller das fortgesetzte „Überwuchern dieses unberufenen Anthologien-Wesens" nur noch beklagen konnten (Keller 1881 in: Wiese 1965, S. 351).

Funktion der
Komplexitäts-
reduktion

Welches Interesse hatten die Zeitgenossen an Abgrenzung und Selektion? Die zeithistorischen Entwicklungen des 19. Jahrhunderts – die rasanten politischen, sozialen, demografischen, technischen und wissenschaftlichen Veränderungen (→ KAPITEL 2) – überforderten und bedrohten die Menschen. Diese Veränderungen betrafen das Finanzwesen des Staates ebenso wie die persönliche Haushaltung, und sie wirkten sich auf die Bereiche Kunst und Literatur durch Zunahme der Medienkonkurrenzen ebenso aus wie auf die Bereiche Kirche und Religion oder auf das Rechtswesen. Auch das Scheitern der bürgerlichen Revolutionen und damit der politischen Hoffnungen von Leistungsträgern der Gesellschaft in den 1830er- und 1840er-Jahren spielt hierfür eine Rolle. Die Funktion der Komplexitätsreduktion bestand darin, diese Überforderungen und Bedrohungen handhabbar zu machen.

Zugleich erkannten sich die Zeitgenossen als geschichtliche Größen (→ KAPITEL 1.1). Sie dachten in historischen Kategorien und positionierten sich deshalb über Absetzbewegungen. Position erfolgte über Negation, und zwar explizit in den Texten. Es bietet sich deshalb an, von der metapoetischen Dimension realistischen Schreibens zu sprechen, das heißt: Die Literatur des Realismus selbst verarbeitete die für sie relevanten poetologischen Konzepte nicht nur, sie machte daraus immer zugleich selbst wieder Literatur. Storms Kommentar zur romantischen Naturidylle lautete: „Auch die Lerche singt *nicht mehr*" (V. 4), oder: „Und die süßen Sommertage,/Ach, sie sind dahin, dahin!" (V. 7f.).

Metapoetisches Dichten

Der Literaturwissenschaftler Stephan Kohl spricht in diesem Zusammenhang zu Recht von einer polemischen Entstehung des Realismus (vgl. Kohl 1977). Die Autoren des Realismus bedienten sich zwar immer auch etablierter Darstellungstechniken und verarbeiteten bekannte Themen; letztendlich lehnten sie diese aber vor dem Hintergrund des neuen Programms als unrealistisch (und damit als unzureichend) ab. An die Stelle der herkömmlichen Konzepte trat in gegenromantischer Wendung

Polemische Entstehung

1. der Detailrealismus, ein für den Handlungsgang selbst unwesentliches Merkmal, das zur Erzeugung der Illusion von Wirklichkeit diente;
2. die Plausibilisierung der Handlungszusammenhänge durch Plotkonstruktionen, in denen die einzelnen Handlungseinheiten motiviert aufeinander folgten;

3. die Angleichung der literarischen an die kulturell gültigen Wirklichkeitsmodelle der Zeit (vgl. Jakobson 1994, S. 373–391).

Für den ersten Punkt stellt Roland Barthes 1968 die Kategorie des „effet de réel" (des Realitätseffekts) bereit (Barthes 1994). Die detaillierte Schilderung übernimmt hierbei die Funktion, eine spezifische Atmosphäre zu erzeugen. Für die Handlung selbst sind diese Details nicht relevant. Als Beispiel dient Barthes die Beschreibung des Wohnzimmers der Madame Aubain in Gustave Flauberts Erzählung *Un cœur simple* (*Ein schlichtes Herz*, 1877):

Detailrealismus und „l'effet de réel"

Ein schlichtes Herz

„Ein enger Flur trennte die Küche von dem Saal [...]. Acht Mahagonistühle reihten sich an der weißgestrichenen Täfelung entlang. Ein altes Klavier trug, unterhalb eines Barometers, einen pyramidenartigen Haufen von Schachteln und Kartons. Zwei gestickte Lehnsessel standen auf beiden Seiten des Kamins aus gelbem Marmor [...]." (Flaubert 1979, S. 9f.)

Insbesondere das Barometer sei völlig ohne Bedeutung für den Darstellungszusammenhang, so Barthes. Es übernehme allein eine ästhetische Funktion, erzeuge einen bloßen Effekt von Realität, indem es die Illusion verstärke, tatsächlich Einblick in ein typisches Wohnzimmer der Zeit zu erhalten (vgl. Barthes 1994, S. 479).

Der zweite und der dritte Punkt beruhen darauf, dass den Menschen des 19. Jahrhunderts die Einrichtung der Welt zunehmend intransparent wurde. Zur Vereinfachung der Verhältnisse dienten die bereits benannten Instrumente der Kunstproduktion: Abgrenzung (Position via Negation) und Aussonderung (Selektion). Das letztgenannte Instrument spielte auch auf der Ebene der poetischen Produkte selbst eine Rolle, genauer auf der Ebene der Darstellung: Malerei, Literatur oder Musik machten das Unübersehbare handhabbar, indem sie etwa Ereignisse und Zustände schlichtweg ausblendeten, die nicht ins Konzept passten, vereinfacht gesagt: Indem sie die hässliche Seite der Wirklichkeit ausklammerten, die den Eindruck von Unordnung oder Willkür noch verstärkt hätte. Dagegen blieb die Kunst auf die Darstellung des Schönen abonniert: Sie ordnete, perspektivierte, motivierte und harmonisierte die Gegebenheiten. Darauf bezog sich Julian Schmidt, wenn er in seinem Beitrag *Der moderne Realismus* 1852 „das wirklich Ekelhafte" aus der Literatur verbannen und die Gegenstände „in einer idealen Form" dargestellt wissen wollte (Schmidt 1852 in: Plumpe 1997, S. 111); und darauf bezog sich auch Theodor Fontane, wenn er in einem 1883 entstandenen Essay über *Emile Zola* das Unschöne, genauer: das Unwahre von Zolas Roman *Die Eroberung von Plassans* aus dessen eigentlicher „Schwäche" ab-

Ausklammerung des Unschönen

leitete, keine ausreichenden „Motivierungen" der Handlung vorzunehmen (Fontane 1969, S. 545).

3.2 Realismus als Vollendung der Romantik

Dass ihre eigenen Verse und Konzepte zentrale Bestandteile der Vorgängermodelle übernahmen, ignorierten die Autoren des Realismus weitgehend. Schon Storms o. g. frühes Gedicht speist sich nicht nur aus einem romantischen Bildreservoir und bedient sich romantischer Strophen- und Versformen, sondern mit seinem an Goethe geschulten Konzept einer aufs unmittelbare Erlebnis bezogenen Gelegenheitslyrik orientierte Storm sich auch an den autonomieästhetischen Konzeptionen der Zeit um 1800 (→ KAPITEL 6.2). So gesehen, stellte die Romantik das Fundament für die Ausbildung des realistischen Programms und dessen Umsetzung in der Literatur bereit, auch wenn ihr polemisches Selbstverständnis dergleichen Kontinuitäten in Themen und Darstellungsweisen nicht vorsah. Friedrich Schlegel, dessen Arbeiten das frühromantische Programm maßgeblich bestimmten, scheint die bevorstehende Entwicklung innerhalb der Literatur schon sehr früh vorausgesehen zu haben. Er zog in einem Beitrag *Über die Unverständlichkeit* (1800) aus den verständnislosen Reaktionen der Zeitgenossen auf seine Zeitschrift *Athenäum* (1798–1800) weitreichende Schlussfolgerungen und ließ es dabei auch an Ironie nicht fehlen: Die kommende Epoche nämlich werde, so Schlegel, das romantische Organ nicht mehr für unverständlich halten. Sie werde sowohl auf dessen „reelle[] Sprache" vorbereitet sein als auch die Zeitschrift als „populäres Medium" anerkennen können. „Dann nimmt das neunzehnte Jahrhundert in der Tat seinen Anfang", schrieb Schlegel weiter, „und dann wird auch jenes kleine Rätsel von der Unverständlichkeit des *Athenaeums* gelöst sein. Welche Katastrophe! Dann wird es Leser geben die lesen können".

Aufschlussreich für die Erwartungen an diese „neue Zeit" ist Schlegels Versuch, die Epochen über Oppositionspaare genauer zu bestimmen. Diese beziehen sich gleichermaßen auf das Darstellungsinteresse der Autoren sowie auf die Aufnahmebereitschaft und das entsprechende Vermögen des Publikums (Schlegel 1967, S. 370, 365, 364, 371) (→ ABBILDUNG 4).

Die realistischen Autoren waren vor allem daran interessiert, das Charakteristische ihrer Zeit transparent zu machen und in der Poesie

Erwartungen an den Realismus: Verständlichkeit

Athenäum

Romantik	Realismus
– Unverständlichkeit (Sprache)	– Realität / Verständlichkeit (Sprache)
– Unverstand	– Verstand
– Gemüt	– Charakter
– Talent	– Genie
– Gefühl / Anschauung	– Kunst

Abbildung 4: Romantik versus Realismus

für kommende Generationen zu bewahren. Das konkrete Ereignis oder die Lebenssituation wurden allerdings nicht um ihrer selbst willen abgebildet, sondern die Darstellung sollte an diesem besonderen Detail ein Sinn- und Ethikangebot für die Menschen im Allgemeinen formulieren (vgl. Auerbach 1959, S. 513f.).

Realismus als künstlerisches Prinzip bezeichnet eine spezifische Haltung zur Nachahmung der Welt in der Poesie – und ebenso in der Malerei oder in der Musik –, die keinesfalls auf das 19. Jahrhunderts beschränkt ist, dort aber zum Programm erhoben wurde.

Wie sieht diese Haltung aus? Eine exemplarische und für die Epoche insgesamt signifikante Antwort auf diese Frage findet sich im Werk Theodor Storms. Storms Realismus lehnte die bloße Nachahmung ab, die „eitel nichtswürdige Abschrift der Natur", wie es in der Erzählung *Eine Malerarbeit* (1867) heißt. Stattdessen „pinselt" ein richtiger Erzähler „seine Szenen" „aus" (Storm 1987b, Bd. 2, S. 18). Die poetische Erfindung galt ihm dabei als umso realistischer, je sympathischer sie erschien, d. h. je stärker sie durch die Sympathie des Erzählers getragen wurde und so auf die Sympathien der Leser zielte.

Die Erfindung von Wirklichkeit(en)

In Storms Erzählung *Ein Doppelgänger* (1887) begibt sich eine Frau auf die Suche nach ihrer Kindheit und damit der eigenen Vorgeschichte. Sie erinnert sich an zwei Vaterbilder zugleich, die sie nicht in einer Person fassen kann: zum einen an einen sehr liebevollen Vater, der früh gestorben ist; zum anderen an das Schreckbild eines Vaters, der, arbeitslos und Alkoholiker, Frau und Kind misshandelt und erstere schließlich sogar erschlägt. Die Binnenerzählung des Textes erfindet zu beiden polaren Erinnerungen eine konsistente Geschichte, bringt also beide Ebenen zusammen, indem sie die Geschehnisse um diesen Vater, einen ehemaligen Zuchthäusler, einfühlsam rekonstruiert. Dadurch erhält die Tochter eine Kindheit, mit der es sich leben lässt: Das liebevolle Verhalten des Vaters der Tochter gegenüber betont seine grundsätzlich gute Gesinnung. Zugleich werden die Ur-

Ein Doppelgänger

sachen von Sucht und Gewalt benannt und die Gewalttaten auf diese Weise entschuldigt, ohne sie zu leugnen.

Bemerkenswert daran ist: Zwar mag sich die Geschichte so nie ereignet haben, wie sie die Binnenerzählung konstruiert, ihre Wahrheit wird dennoch nicht infrage gestellt. Erfindung (also die poetische Ergänzung der faktischen Wahrheit) und Sympathie (also das einfühlende Interesse an den Gegebenheiten und Personen) setzt der Erzähler gleich: „Nennen Sie es immer Poesie; Sie könnten es auch Liebe oder Anteil nennen", heißt es dazu im Text, denn: Die Liebe oder die Anteilnahme gibt sich mit einem einseitigen Blick auf das Verhalten eines Menschen nicht zufrieden; sie erfasst auch jene Seite, die zunächst nicht sichtbar ist. So gewinnt die Tochter durch die Erzählung „nicht nur den Vater, sondern einen ganzen Menschen". Sie verfügt erst jetzt über eine wahrheitsgemäß erweiterte Erinnerung, in der der liebende ebenso wie der gewalttätige Vater (der dieser zweifellos gewesen ist) gleichermaßen Platz haben. Die Tatsache, dass das fehlerhafte Verhalten hinreichend motiviert und dadurch verstehbar wird, lässt es erträglicher erscheinen und versöhnt die Tochter mit ihrer Vergangenheit (Storm 1988a, Bd. 3, S. 577, 578f.).

> Erfindung ist Sympathie (Storm)

Realismus (Faktualität) und Erfindung (Fiktionalität) schließen sich demnach also nicht aus. Ein Blick auf die von den Autoren des Realismus bevorzugten Gattungen bestätigt diesen Befund. Dass insbesondere die Erzählprosa Eingang in den bis heute gültigen Kanon des poetischen Realismus gefunden hat, ist Konsens (vgl. Balzer 2006, S. 47–71). Ihres gleichsam naturgegebenen Wirklichkeitsbezugs wegen mag sie sich für die Darstellung alltagsnaher Sachverhalte besser eignen als Formen in gebundener Sprache. Allerdings haben Autoren wie Theodor Fontane oder Conrad Ferdinand Meyer gerade die Ballade als realistisches Genre sehr geschätzt, die zwar über ausgeprägte epische und dramatische Anteile verfügt (über einen Erzähler oder über szenische Einheiten), aufgrund ihrer versifizierten Darbietung aber dennoch zur Gattung Lyrik zu rechnen ist (→ ASB FELSNER/ HELBIG/MANZ, KAPITEL 9). In der zweiten Jahrhunderthälfte hatte zudem die Versepik Konjunktur; das prominenteste Beispiel ist sicherlich Victor von Scheffels *Der Trompeter von Säckingen* (1854). Zugleich galt das Drama in der Nachfolge Hegels als „höchste Kunstform" (Robert Prutz 1851 in: Plumpe 1997, S. 276). Bemerkenswert ist darüber hinaus, dass gerade typisch romantische Genres wie die erfahrungsgesättigte, ihrer Form nach volksliedhafte Lyrik oder das Kunstmärchen als Formen ‚wahrer Poesie' galten. Sie liefen den poetologischen Konzepten der Zeit gerade nicht entgegen, sondern lösten diese ein.

> Bevorzugte Gattungen

Storms literarisches Programm beansprucht auch hierfür paradigmatische Qualitäten. Storms Vorwort zu seiner Märchensammlung *Geschichten aus der Tonne* (1873) wertete die Gattung Märchen gegen verbreitete zeitgenössische Vorbehalte auf, die darin lediglich eine unrealistische „Kinderei" sahen oder bloßen „Dilettantismus", „der seine Pfuscherarbeit mit bunten Bildern überkleistert". Dagegen leitete er die Bedeutung des Märchens als einer „poetische[n] Kunstform" aus einer ganz bestimmten Produktionshaltung ab: Das Märchen könne nämlich nur dann einen hohen poetischen Wert beanspruchen, wenn es „aus innerstem Drange geschrieben" sei. Dieser Produktionshaltung korrespondierten zeitgenössisch gängige Forderungen an eine angemessene Rezeption: Wie die Märchen „aus unmittelbarster naiver und hingebendster Anschauung" entstanden sind – dies betonte Storm am 10. Januar 1866 an seinen langjährigen Freund Hartmuth Brinkmann –, so muss Brinkmann zufolge der Leser dazu bereit sein, „alle Critik, alles Suchen nach Bezügen außen vor zu lassen, und rein in und mit den gegebenen Dingen zu leben". Seine eigenen novellistisch durchgefeilten Märchen der 1860er-Jahre – *Die Regentrude* (1864), *Bulemanns Haus* (1864), *Der Spiegel des Cyprianus* (1865) – bezeichnete Storm im Vorwort zu *Drei Märchen* (1865) selbst als „ernst gemeintes Werk der Poesie", das nicht als erfunden und inszeniert zu gelten habe, sondern als gefunden und damit als wahr (Storm 1988b, Bd. 4, S. 387, 626, 623, 628, 385).

Die Wahrheit des Märchens

Wie das Märchen des Realismus mit den romantischen Vorgaben umgeht, um den eigenen epochalen Darstellungsinteressen zu genügen, lässt sich am Beispiel von Storms *Die Regentrude* skizzieren: Zu Beginn der zeitlich („vor hundert Jahren"; Storm 1988b, Bd. 4, S. 79) und räumlich (dem Schauplatz und den Trachten nach das südliche Schleswig) genau lokalisierten Handlung herrscht eine große Dürre im Land. Sie wird mithilfe einer mythischen Figur, der Regentrude, überwunden. Auffällig sind die polaren Figurenkonstellationen, die zugleich die beiden maßgeblichen poetologischen Prinzipien abbilden: der „Wiesenbauer", dessen Reichtum auf den für die anderen Bauern ungünstigen Witterungsverhältnissen gründet, verkörpert das realistische Prinzip, Mutter Stine, die gegen den äußeren Anschein dessen, was als ‚realistisch' gelten kann, von der Regentrude eine Lösung des Hitze-Problems erwartet, das romantische.

Die Regentrude

Gegen die Skepsis des Wiesenbauers, der sich auf sein „Wetterglas" verlässt und die Regentrude für ein Phantasma hält (Storm 1988b, Bd. 4, S. 81), gelingt es dem Sohn Mutter Stines, Andrees, die Regentrude aufzuspüren und den Spruch, der sie aufweckt, herauszufinden. Gemeinsam mit Maren, der Tochter des Wiesenbauers, meistert Andrees diese Herausforderung. Der Schluss des Textes kehrt die zu Beginn geschilderten Verhältnisse um: Zählte der Wiesenbauer anfangs unter der brennenden Sonne seine Erntegewinne, so sieht er diese am Ende in sintflutartigen Regenfällen im Wortsinn davonschwimmen. Mit der finalen Versöhnung der Antipoden Wiesenbauer und Mutter Stine, die an der Verbindung ihrer Kinder sinnfällig wird, vereinigt der Text das realistische und das wunderbare Prinzip. Beides geht nun, ebenfalls im Wortsinn, „Hand in Hand". Denn: Zwar ermöglichte letztendlich allein die romantische Realität der Regentrude den positiven Ausgang der Geschichte. Der leichte Regen, der Maren beim Einzug in die Kirche in ihren Brautkranz tropft, weist aber auf ein ganz handfestes materielles „Glück", das die Erbtochter des reichen Wiesenbauers und der selbst mit fruchtbaren Feldern versehene Bräutigam in ihrer Ehe erwarten können (Storm 1988b, Bd. 4, S. 107f.).

Storms Märchen insgesamt bündeln die wichtigsten Traditionslinien der Gattung seit der Romantik, indem sie auf Vorgaben vor allem Ludwig Tiecks, der Brüder Grimm, E.T.A. Hoffmanns, Wilhelm Hauffs oder Hans Christian Andersens rekurrieren. Darüber hinaus setzte sich Storm mit den Vorgaben der romantischen ‚Himmelsleiterpoetik' E.T.A. Hoffmanns auseinander, die die Ebenen des Realen und des Wunderbaren verbindet:

Himmelsleiterpoetik

„Ich meine, daß die Basis der Himmelsleiter, auf der man hinaufsteigen will in höhere Regionen, befestigt sein müsse im Leben, so daß jeder nachzusteigen vermag. Befindet er sich dann, immer höher und höher hinaufgeklettert, in einem phantastischen Zauberreich, so wird er glauben, dies Reich gehöre auch noch in sein Leben hinein und sei eigentlich der wunderbar herrlichste Teil desselben." (Hoffmann 1993, Bd. 7, S. 101f.)

Neben Hoffmanns Erzählungen machen auch die romantischen Märchen Tiecks, Adelbert von Chamissos oder Achim von Arnims die Realität des Wunderbaren augenscheinlich. Storm dagegen, der vermeiden wollte, dass „die praktischen Köpfe unserer neuen Zeit" beim Lesen „von Schwindel" „befallen" werden (Storm 1988b, Bd. 4, S. 389f.), arbeitete in Märchennovellen wie *Die Regentrude* an einer Umcodierung des romantischen Prinzips. Nicht mehr die Realität des Wunderbaren, sondern das Wunderbare des Realen sollte jetzt im Realismus zur Darstellung kommen.

Das Wunderbare des Realen

Fragen und Anregungen

- Skizzieren Sie, auf welche Weise sich Theodor Storms Gedicht *Herbst* mit romantischen Vorgaben auseinandersetzt.
- Erläutern Sie das Interesse der Epoche des Realismus an der Publikationsform der Anthologie.
- Was versteht Roland Barthes unter dem „effet de réel"?
- Erörtern Sie, wie sich Realismus und Fiktion zueinander verhalten.
- Diskutieren Sie, inwiefern sich Storms Märchen *Die Regentrude* als realistische Umdeutung von E. T. A. Hoffmanns ‚Poetik der Himmelsleiter' lesen lässt.

Lektüreempfehlungen

- **Theodor Storm: Ein Doppelgänger**, in: ders., Sämtliche Werke in vier Bänden. Band 3: Novellen. 1881–1888, hg. v. Karl Ernst Laage, Frankfurt a. M. 1988, S. 517–579.   Quellen

- **Theodor Storm: Die Regentrude**, in: ders., Sämtliche Werke in vier Bänden. Band 4: Märchen. Kleine Prosa, hg. v. Dieter Lohmeier, Frankfurt a. M. 1988, S. 79–108.

- **Wilfried Barner: Über das Negieren von Tradition. Zur Typologie literaturprogrammatischer Epochenwenden in Deutschland**, in: Epochenschwelle und Epochenbewußtsein, hg. v. Reinhart Herzog und Reinhart Koselleck, München 1987, S. 3–51. *Wichtiger Aufsatz, der an drei Beispielen literaturprogrammatischer Epochenwenden das Verhältnis von Traditionsablösung und Traditionsbegründung genauer untersucht und damit die Bedeutung der Negation von Tradition für Epochenbildungsprozesse im Allgemeinen herausarbeitet.*   Forschung

- **Roland Barthes: L'effet de réel**, in: ders., Œuvres complètes. Tome II: 1966–1973, ed. par Éric Marty, [Paris] 1994, S. 479–484. *Barthes' Kategorie des „effet de réel" markiert eine zentrale Wende in der Realismus-Forschung, die seitdem nicht mehr davon ausgehen kann, der realistische Text bilde die Welt so genau wie möglich ab.*

Realismus ist als eine mit künstlerischen Mitteln evozierte Illusion von Wirklichkeit zu verstehen und bezeichnet damit eine spezifische Wirkung auf den Rezipienten.

- **Roman Jakobson: Über den Realismus in der Kunst** [1921], in: Russischer Formalismus. Texte zur allgemeinen Literaturtheorie und zur Theorie der Prosa, hg. und eingeleitet v. Jurij Striedter, 5., unveränderte Auflage, München 1994, S. 373–391. *Der Aufsatz bietet eine grundlegende Klärung der unterschiedlichen Bedeutungsebenen von Realismus aus formalistischer Sicht.*

- **Niklas Luhmann: Das Kunstwerk und die Selbstreproduktion der Kunst**, in: Stil. Geschichten und Funktionen eines kulturwissenschaftlichen Diskurselements, hg. v. Hans Ulrich Gumbrecht und K. Ludwig Pfeiffer, Frankfurt a. M. 1986, S. 620–672. *Der Aufsatz eignet sich zum einen als Einführung in die systemtheoretische Bestimmung der kommunikativen Funktion von Kunst; zum anderen bietet er aus dieser Perspektive interessante Anregungen für die Frage nach den Bedingungen der Möglichkeit realistischer Kunst.*

4 Medienkonkurrenzen

Und es drehn sich alle Pappeln,
Und auch Meiern dreht es um.

Abbildung 5: Wilhelm Busch: *Der Undankbare* (Auszug) (1878)

Abbildung 6: Loïe Fuller, amerikanische Tänzerin und Schauspielerin (1897), Fotografie von Isaiah West Taber

Die Zeichnung links zeigt eine Art Strudel, umgeben von sich neigenden Bäumen; die Fotografie rechts eine Frau in weißem Gewand, dynamisch verwischt. Die linke Bildunterschrift verweist auf einen durch Alkoholkonsum buchstäblich aus dem Gleichgewicht geratenen Trunkenbold namens Meier, den Titelhelden der Bildergeschichte „Der Undankbare" (1878) von Wilhelm Busch. Auf der rechten Abbildung ist die amerikanische Tänzerin Loïe Fuller (1862–1928) zu sehen – aufgenommen in Langzeitbelichtung. Busch ging es darum, zeichnerisch die Bewegungen des Torkelnden einzufangen, um so die Überlegenheit der eigenen Kunst über die Fotografie unter Beweis zu stellen. Der Zeichner verachtete das neue Medium, dessen Standbilder nur die Erscheinungsoberfläche der Gegenstände erfassten und nicht das möglichst wirklichkeitsgetreue Abbild von Bewegungsabläufen wiedergaben. Erst die Entwicklung der Mehrphasenfotografie bewirkte, dass sich die Fotografie seit den 1880er-Jahren verstärkt dem Studium und der Darstellung von Bewegungen widmen konnte, z. B. durch die gleichzeitige Erfassung des gesamten Bewegungsablaufs über Mehrfachbelichtungen. So geht der Schleiereffekt des Tänzerinnen-Bildes auch nicht auf einen technischen Fehler zurück, sondern er gehört jetzt zu den künstlerischen Stilmitteln der Fotografie.

Buschs Kritik an der Fotografie entsprach der Position der meisten Vertreter des programmatischen Realismus. Diese betonten vor allem die Mängel des neuen Mediums und vergewisserten sich darüber zugleich der Differenz von Literatur und Fotografie. Die fotografische Darstellung war nach Ansicht der Realisten keinesfalls als Kunst zu verstehen, weil sie lediglich die Oberfläche der Dinge kopierte, diese aber nicht idealisierte. Zeitlich noch vor der Fotografie revolutionierte bereits das Massenmedium Panorama die Wahrnehmungsverhältnisse im 19. Jahrhundert und wirkte damit ebenso nachhaltig auf die Literatur ein wie die zeitgenössische Malerei.

4.1 **Panoramatik**
4.2 **Literatur und Fotografie**
4.3 **Literatur und Malerei**

4.1 Panoramatik

Im 19. Jahrhundert expandierte der Buchmarkt. Die Lesefähigkeit nahm so stark zu, dass der geschriebene Text in massenhafter Verbreitung zu einem Leitmedium der Zeit wurde (→ KAPITEL 5.1). Zugleich erwuchs dem Buch mit den neuen, die Wahrnehmung revolutionierenden Medien des Jahrhunderts eine ernsthafte Konkurrenz, mit der sich gerade die dem poetischen Realismus zugehörigen Autoren ausführlich auseinandersetzten. Insbesondere das Verhältnis der eigenen Kunst zur Fotografie und zu ihrer Vorform, der Daguerreotypie, die durch eine bislang nie gesehene Präzision in der Abbildung der Wirklichkeit verblüffte, musste ausgelotet werden. Auch die zeitgenössische Malerei reagierte auf diese technischen Innovationen.

Als ein erster Schritt auf dem Weg zu einem ‚neuen Sehen' gilt das 1787 von Robert Barker erfundene Panorama, das sich in den folgenden Jahrzehnten als Form der Massenunterhaltung des 19. Jahrhunderts etablierte, bis es nach 1900 von Kino und Film in dieser Funktion verdrängt wurde. Die Rundgebäude zeigten 360° umfassende Ansichten, etwa von Landschaften, Städten oder Schlachten, die den Betrachter vor allem ihrer Monumentalität sowie ihrer Realistik wegen beeindruckten und überwältigten. Der Betrachter gelangte durch einen verdunkelten Gang auf eine Besucherplattform, die ihm die Rundumsicht auf die aufgespannte Leinwand erlaubte. Das gemalte Bild wurde ergänzt durch plastische Gegenstände im Vordergrund, die den Eindruck der Echtheit der Abbildung noch verstärkten (vgl. Giersch 1993, S. 124f.).

Neues Sehen

Offensichtlich beeinflusste dieses Medium die zeitgenössische Beobachtung auf zweierlei Weise: Zum einen evozierte es die perfekte Illusion, „‚wie durch Zauberhand' tatsächlich an den dargestellten Ort versetzt" zu sein (Giersch 1993, S. 124). Zum anderen erreichte es eine größtmögliche Anzahl an Betrachtern, über alle Stände, Bildungsniveaus und Einkommensgrenzen hinweg; es bewirkte also eine Art Demokratisierung in der Wahrnehmung lange vor Einführung politisch demokratischer Verhältnisse. Das Panorama bot Kunstgenuss für jedermann, allgemeinverständlich und anschaulich – wegen seiner hohen Herstellungs- und Unterhaltskosten war es auf den Zuspruch eines massenhaften, zahlenden Publikums auch angewiesen.

Demokratisierung der Wahrnehmung

Das Panorama bewirkte aber noch etwas ganz anderes: Es verschob die Aufmerksamkeit vom Kunstwerk auf den Betrachter. Dadurch gewann dieser an Eigenständigkeit. In seiner Ausdehnung und Fülle erschloss es sich nämlich nur von einem erhabenen Standpunkt

Eigenständigkeit des Betrachters

aus – wenn man mit einem gewissermaßen ‚göttlichen Blick' daraufschaute. Diesem Blick näherten sich die Rezipienten jetzt immerhin an, indem sie das Kunstwerk nicht mehr länger aus nur einer eingeschränkten Perspektive, sondern von allen Seiten betrachten konnten (vgl. Müller 1808, S. 45).

In der ersten Hälfte des 19. Jahrhunderts verfestigte sich diese neue, produktive Position des Betrachters weiter, und auch in der Literatur der Zeit spiegelt sich diese Entwicklung wider. Das für die Ausbildung realistischer Panoramatik prototypische Beispiel stellt E.T.A. Hoffmanns späte Erzählung *Des Vetters Eckfenster* (1822) dar. Der aufgrund einer Lähmung zur Bewegungslosigkeit verurteilte Vetter macht die Defizite seines stillgestellten Körpers produktiv, indem er im Gegenzug die Beweglichkeit seines Blicks schult. Sein Aufenthaltsort, ein hoch gelegenes Eckzimmer mit Fenster zum Markt der Hauptstadt, ermöglicht es ihm, vom erhabenen Standpunkt aus das Geschehen auf dem Platz genau zu beobachten und zu deuten. Die Rundumschau aus der Höhe säkularisiert die Vorstellung von jenem „göttlichen Blick", der das gesamte Geschehen, „das ganze Panorama des grandiosen Platzes" (Hoffmann 1993, Bd. 12, S. 170), übersieht und selbstständig auf einzelne Geschehensabschnitte fokussieren kann.

Dieser *„panoramatische[ ] Blick"* (Schivelbusch 1989, S. 59) war in den Reisefeuilletons der zweiten Jahrhunderthälfte ein gängiges Beschreibungsmuster. Aus dem Abteil heraus eröffnete sich dem Bahnreisenden binnen weniger Stunden „das Ganze", „das Wesentliche einer Landschaft", kurz: „das gesamte Panorama" der vorbeieilenden Landschaft, durch die man reiste. Mithilfe dieser Formeln jedenfalls brachte der Pariser Journalist Jules Clarétie die eigenen Seherlebnisse während der Fahrt mit der Eisenbahn auf den Punkt (Jules Clarétie 1865, zitiert nach Schivelbusch 1989, S. 59). Die simultane Perspektive des Turmblicks (wie man ihn bei der Betrachtung des Panoramas einzunehmen hatte) erscheint jetzt in die Abfolge einer zeit- und raumgreifenden Bewegung, nämlich der Bahnreise, verlagert. Vorbereitet wurde dieser Richtungswechsel nicht zuletzt in der Literatur. So lassen sich die seinerzeit prominenten und viel beachteten Romane des Frührealisten Karl Gutzkow mit einer Bezeichnung des Autors als „Roman[e] des *Nebeneinanders*" lesen. *Die Ritter vom Geiste* (1850/51), *Der Zauberer von Rom* (1858–61) und *Die neuen Serapionsbrüder* (1877) veranschaulichen, dass „das *Nacheinander* kunstvoll verschlungener Begebenheiten" früherer Romane als willkürlich, unwirklich, unwahr oder bloß erträumt abgelehnt wird.

Im neuen Roman dagegen liege „die ganze Welt!", notierte Gutzkow im *Vorwort* zum ersten Buch von *Die Ritter vom Geiste* (1850); „der ganze runde, volle Kreis liegt vor uns; der Dichter [...] sieht aus der Perspective des in den Lüften schwebenden Adlers herab". Er nimmt jenen göttlichen Blick ein, der es ihm erlaubt, „die zerstreuten Lichtstrahlen des Lebens" nicht nur darzustellen, sondern „in einem Brennpunkt zu sammeln" – und der Leser ist aufgerufen, ihm dahin zu folgen (Gutzkow 1998a, S. 9f.).

Zwar behauptete Gutzkow explizit, kein „Panorama unserer Zeit geben" zu können. Die Absage an jegliche (idealisierende) Selektion von Wirklichkeitsausschnitten in der Poesie sowie die Forderung an den Autor, eine Gesamtschau aus der Vogelperspektive vorzunehmen und sich somit eine quasi göttliche Position anzueignen, riefen dieses seit Beginn des Jahrhunderts virulente Wahrnehmungsmodell aber entschieden auf. Gutzkow reflektiert nicht nur die Position des Autors, sondern auch diejenige des Lesers. Bemerkenswert ist dabei, dass dem Leser ähnlich viel abverlangt wird wie dem Besucher eines Panoramas, nämlich Ausdauer, „Geduld" und eine enorme Gedächtnisleistung. Anders gesagt: Mit dieser ganz eigenen, gleichsam asketischen Haltung nähert er sich dem Autor und dessen souveränem Blick auf das Geschehen selbst an. Analog zur vorbildhaften Kunstform des Panoramas setzte Gutzkow somit auf eine Art Demokratisierung des Denkens sowohl auf der Ebene der Produktion und Rezeption des Textes als auch auf der Ebene der Romanhandlung: „Da begegnen sich Könige und Bettler!", und „Thron und Hütte, Markt und Wald" rücken zusammen, heißt es im *Vorwort* (Gutzkow 1998a, S. 10, 5, 10). Zeitgenössische Rezensionen spielen genau darauf an, wenn sie Gutzkow die Absicht unterstellen, die Ästhetisierung der demokratischen Weltanschauung vorantreiben zu wollen (vgl. Gutzkow 1998b, S. 309, 335).

<small>Demokratisierung des Denkens</small>

Der von Julian Schmidt und Gustav Freytag vorangetriebene programmatische Realismus machte nicht so sehr gegen das poetologische Konzept Gutzkows oder dessen Anlage des Romans Front als vielmehr gegen die „Prätensionen" und damit gegen das anmaßende Verhalten, das der Autor gerade in seinem *Vorwort* an den Tag legte. Schmidt sah darin tradierte Kunstformen und Methoden verwirklicht, die genretypisch seien und keinesfalls „neu" (Schmidt 1850 in: Gutzkow 1998b, S. 284, 286f.). In diesem Sinne entwickelte Freytag 1854 das Konzept eines realistischen Romans, dem es untersagt bleiben musste, den „ganze[n] ungeheure[n] Verlauf des wirklichen Lebens, die ungelösten Gegensätze, die Spiele des Zufalls, welche das

<small>Kritik des programmatischen Realismus</small>

Detail der wirklichen Ereignisse und der Geschichte bei fragmentarischer Behandlung darbietet", abzubilden (Freytag 1854 in: Plumpe 1997, S. 225). Der berühmte rote Faden hatte erkennbar zu bleiben, damit die die zeitgenössische Wirklichkeit überspannende Übersicht des Autors im Akt der Rezeption, also während des Lesens, wiederholt und bestätigt werden konnte.

Trotz aller programmatischen Kritik kanalisieren nicht nur in der Literatur des Frührealismus, sondern auch in der des Realismus vorfotografische (panoramatische) sowie fotografische Techniken den Blick der Protagonisten auf die Umwelt und strukturieren den Handlungsgang. Das lässt sich an Freytags sechsteiligem Romanzyklus *Die Ahnen* (1872–80) ebenso nachweisen wie an Fontanes Roman *Effi Briest* (1894/95), an Spielhagens Roman *Problematische Naturen* (1861) ebenso wie an Stifters Erzählung *Der Hagestolz* (1850). Insbesondere das erzählerische Werk Gottfried Kellers bildet die neuen Wahrnehmungsformen der Zeit eindrücklich ab. *Der grüne Heinrich* (erste Fassung 1854/55, zweite Fassung 1879/80) kombiniert Panorama und Fotografie: etwa, wenn zu Beginn der ersten Fassung des Romans beschrieben wird, wie sich der Protagonist Heinrich Lee seiner Vaterstadt annähert. Erzählerisch entsteht dabei der Eindruck einer kontinuierlich vorbeiziehenden Landschaft – wie diesen auch das Längenpanorama des 19. Jahrhunderts wiedergab, das den Rundumblick von 360° auflöste und den Blick durch ein Abteilfenster oder von einem Flussdampfer imitierte. In der nächsten Sequenz des Romans wechselt die Blickrichtung aus der Sukzession des Längenpanoramas in die Totale erst auf einen See und dann auf die Stadt, die von einem zunächst erhöhten, schließlich halberhöhten Standpunkt aus erzählerisch herangezoomt wird. Dieser Modus der Engführung des Blicks von der Weite ins Detail gehört zu den typischen Erzählmustern des poetischen Realismus (→ KAPITEL 9.2). Der programmatischen Absage an die neuen Medien zum Trotz haben die von diesen eröffneten Perspektiven in den poetischen Texten des Realismus dennoch ihre Spuren hinterlassen (vgl. Krauss 2000).

4.2 Literatur und Fotografie

In der Literatur zeigte sich die Faszination für die Fotografie nicht zuletzt in jenen Formen detailgenauen Erzählens, die nach Roland Barthes den spezifischen „effet de réel" realistischer Verfahren erzeugen (Barthes 1994) (→ KAPITEL 3.1). Der Detailrealismus lokalisierte die

Ereignisse und erzeugte so eine Atmosphäre des Realen. Storms Novelle *Im Sonnenschein* (1854) beispielsweise nutzt eine Pause der Handlung, in der ein Offizier namens Constantin auf ein von ihm geliebtes Mädchen im elterlichen Garten wartet, dazu, „das allerliebste Leben unter der Lupe" zu zeigen, wie der Dichter Paul Heyse am 26. November 1854 an Storm schrieb (Storm 1987a, Bd. 1, S. 1059). Die Szene fokussiert auf Constantin, dessen „Augen" den fotografischen Blick auf die Natur nachahmen, indem sie

Detailrealismus

„an dem Schatten einer Geißblattranke haften blieben, an deren Ende er die feinen Röhren der Blüte deutlich zu erkennen vermochte. Bald im längeren Betrachten bemerkte er daran den Schatten eines Lebendigen, der langsam an dem Stengel hinaufkroch." (Storm 1987a, Bd. 1, S. 352f.).

Für die weiteren Verwicklungen hat diese Passage, die lediglich dazu dient, die Wartezeit des jungen Mannes zu überbrücken, keinerlei Funktion.

In der Thematik und in den erzählerischen Verfahren orientierten sich die Autoren des Realismus am „Sonnenmikroskop" der Fotografie (Storm 1987a, Bd. 1, S. 1059); sie wollten so genau wie möglich beschreiben. Auf der Programmebene hingegen standen (teilweise) dieselben Autoren dem Detailrealismus äußerst kritisch gegenüber. Stellenweise hielten sie diesen sogar für unrealistisch. Offensichtlich wurde das neue Medium auf dieser Ebene als Bedrohung der eigenen Position auf dem Markt der künstlichen und künstlerischen Reproduktion der Wirklichkeit empfunden. Zwar war das 1839 in Paris veröffentlichte erste fotografische Verfahren, die Daguerreotypie, noch sehr teuer, aufwendig und für die minutenlang ausharrenden Objekte zumeist auch sehr unbequem gewesen. Auch hatte es lediglich (seitenverkehrte) Originale produziert, die sich nicht weiter vervielfältigen ließen. All das änderte sich aber ab 1851 „mit der Erfindung des so genannten ‚nassen'" und 1861 mit der Erfindung des „‚trockenen' Kollodiumverfahrens" (Plumpe 2001, S. 71): Das Fotografieren wurde billiger, und ein eigener Berufsstand bildete sich heraus. Mehr und mehr wurde die Fotografie dadurch zum Bestandteil des privaten Lebens.

Fotografie als „Sonnenmikroskop"

Bedrohung der eigenen Position

Einhergehend mit dieser Entwicklung kamen Fotoalben auf; eine „Demokratisierung des Porträts" wurde eingeleitet (Corbin 1992, S. 432). Die bürgerlichen Familien verstanden sich jetzt selbst als historische Größen mit eigener Tradition, Dauer und Identität. Der Einzelne folgte so jenem Selbstverständnis öffentlicher Personen in Staat, Kirche und Politik, das die Autoren bereits seit dem ausgehenden

Fotoalben

18. Jahrhundert geprägt hatte (zur Selbsthistorisierung → KAPITEL 1.1).
Dadurch entstand eine eigene Erinnerungskultur, die es in dieser Breite vorher nicht gegeben hatte und die das Interesse der Literatur ebenso wie der Menschen des Zeitalters in besonderer Weise bestimmte: Das „Glück des Erinnerns" gehörte zu den zentralen „Riten der Bürgerlichkeit" (Martin-Fugier 1992, S. 201). Zwar zielte auch die realistische Literatur darauf, dieses Bedürfnis zu bedienen, die Vorzüge des neuen Mediums hierfür aber lagen auf der Hand: Während die Literatur ein Ereignis nicht unmittelbar abbildet, sondern Unmittelbarkeit höchstens als Eindruck hervorrufen kann, fallen bei der Fotografie „Ereignis" und „Aufzeichnung" zusammen. Der Augenblick wird exakt archiviert (Plumpe 2001, S. 84; vgl. Martin-Fugier 1992, S. 203).

Darüber hinaus schien die neue Technik der Literatur schon deshalb überlegen, weil sie Dinge sichtbar machen konnte, die ansonsten üblicherweise übersehen wurden. Beeindruckt von den ersten Daguerreotypien berichtete der Kunsthistoriker und Schriftsteller Eduard Kolloff 1839 aus Paris: „[W]ir entdecken mit jedem Schritt immer neue, immer köstlichere Einzelheiten und unendlich viele Feinheiten und Nüancierungen, welche dem unbewaffneten Auge in der Wirklichkeit entschlüpfen" (Kolloff 1839 in: Plumpe 1997, S. 161). Kolloff ging zudem davon aus, dass sich die zeitgenössische Malerei zukünftig an diesen Details zu orientieren habe. Die mit den fortgeschrittenen fotografischen Verfahren gegebene technische Reproduzierbarkeit von Abbildungen seit den 1850er-Jahren kennzeichnete einen weiteren Vorzug des neuen Mediums: Es war nicht mehr länger nötig, Gemälde in Museen oder Bauwerke vor Ort aufzusuchen, um diese besichtigen und beurteilen zu können. Stattdessen genügte es, eine der Reproduktionen davon zu betrachten, die vermehrt zum Kauf angeboten wurden. Einem Kunstkritiker des *Deutschen Kunstblatts* zufolge bot 1856

„fast jeder Kunstladen ein kleines Louvre [...], und mit verhältnismäßig höchst geringen Mitteln kann der Künstler seine Lieblinge und Vorbilder für Studium und Genuß um sich vereinigen."
(P. M. [Verfasser nicht ermittelbar] 1856 in: Plumpe 1997, S. 169)

Wie die Eisenbahn trug also auch die Fotografie zur Veränderung von Zeit und Raum im 19. Jahrhundert bei (→ KAPITEL 2.1).

All diese Faktoren zusammengenommen – die Erinnerungskultur, den Detailrealismus und die Zeitersparnis –, erscheint die Fotografie als zeitgemäße und angemessene Form einer Ästhetik realistischer Weltabbildung. Tatsächlich aber profilierte sich der poetisch-programmatische Realismus gerade in der Abgrenzung vom fotografischen Realismus. Dem Publizisten und Politiker Ferdinand Stamm zufolge gehörte es zu den zentralen Merkmalen der „Sonnenmalerei", also des „Lichtbilde[s]", den Menschen so zu zeigen, „wie er ist, nicht wie wir ihn wünschen". Dass „die Sonne" dabei „mit unerbittlicher Wahrheitsliebe die weggeschmeichelte Häßlichkeit" aufdeckt, zeigte er in einer frühen Erzählung zum Thema mit dem bezeichnenden Titel *Das Daguerr[e]otyp* von 1850 (Stamm 1850 in: Plumpe 1997, S. 167). Der Publizist Julian Schmidt reagierte auf diese Position, indem er sie in Anlehnung an die aristotelische Poetik mit einem negativen Vorzeichen versah und forderte, „der Dichter" möge „die Menschen darstellen, nicht wie sie sind, sondern wie sie sein sollen" (Schmidt 1852 in: Plumpe 1997, S. 112). Den „wahren Realismus" beschrieb Schmidt als eine Technik, die „charakteristischen" Seiten des Lebens, also das hinter der Oberfläche der Realität verborgene eigentliche Sein der Dinge, abzubilden. Der Fotorealistik aber werde es nicht gelingen, zu dieser sich in der Wirklichkeit realisierenden Idee durchzudringen (Schmidt 1858 in: Plumpe 1997, S. 120f., 124).

Abgrenzung vom Fotorealismus

Der „wahre Realismus"

Im Anschluss daran verlor die Fotografie für die Autoren des Realismus den Status, Kunst zu sein; sie wurde auf reines Handwerk reduziert. Sie sei nicht in der Lage, zwischen wichtigen und unwichtigen Darstellungsobjekten zu unterscheiden und halte einen „Pflasterstein" für ebenso abbildungswürdig wie die „Venus von Milo", behauptete der Schriftsteller und Journalist Ludwig Pfau 1877 (Pfau 1877 in: Plumpe 1997, S. 175f.). Dass Philosophen wie Julius Hermann von Kirchmann es 1868 zur Aufgabe der idealisierenden Kunst erklärten, eine Auswahl vorzunehmen und die vorgefundene Komplexität dadurch zu reduzieren, ist daher nur konsequent. Von Kirchmann hob darüber hinaus die Erfindungsleistung des Künstlers hervor. Die Fotografie dagegen selektiere weder, noch intensiviere sie, im Gegenteil: Sie kopiere selbst „das Seelenlose, was durch den Zwang des Stillsitzens [...] in die geistreichen Gesichter sich eindrängt" (von Kirchmann 1868 in: Plumpe 1997, S. 75f.).

Fotografie als Handwerk

Die Selektionsfunktion der Idealisierung

Derart harten Urteilen ist zu entnehmen, dass die Fotografie als ein ernsthafter Konkurrent der Literatur angesehen wurde. Je erfolgreicher sich die ersten Fotografen auf dem Markt behaupteten, die den Kunstcharakter ihrer Produkte betonten – und das mussten sie nicht zuletzt deshalb, um sich die Rechte daran zu sichern –, desto massiver grenzte sich die etablierte Kunst- und Kulturbranche von diesen ab. Die neue Technik machte nämlich auf die Grenzen der

MEDIENKONKURRENZEN

> Literatur aufmerksam: Sobald der Augenblick fotografisch festgehalten und en détail betrachtet werden konnte, zeigte sich, dass die aus der bisherigen Weltbetrachtung gezogenen Schlüsse Fehler aufwiesen, weil sie auf der defizitären Wahrnehmungsfähigkeit des Menschen beruhten. Doch eben aus diesem Umstand erwuchs der Literatur auch die Chance, das eigene (realistische) Programm genauer zu fassen. Weil sich die Objekte der Darstellung literarisch nicht in Form von Positivabdrucken reproduzieren ließen, musste die sich als realistisch verstehende Literatur auf Vereinfachung, Verkürzung, kurz: auf Idealisierung verpflichtet werden.

Idealisierung

Das Reale und das Ideale

Dass in den Programmschriften der Zeit zwischen Realismus, Idealismus, Realidealismus oder Idealrealismus oftmals nicht distinkt unterschieden wird (→ KAPITEL 1.1), lässt sich folglich medientheoretisch begründen. In Julian Schmidts Ausführungen über den „wahren" und den „falschen" Realismus heißt es 1858: „Wenn man nun das, was wir als wahren Realismus bezeichnet haben, Idealismus nennen will, so ist auch nichts dagegen einzuwenden, denn die Idee der Dinge ist auch ihre Realität" (Schmidt 1858 in: Plumpe 1997, S. 121). Auf diese Weise wird das Verhältnis zwischen Realem und Idealem neu akzentuiert. Nicht mehr das Ideale repräsentiert das eigentlich Reale, sondern dem Realen sind dessen ideale Gründe zu entbinden.

4.3 Literatur und Malerei

Zu ihrer ablehnenden Haltung dem neuen Medium Fotografie gegenüber gelangten die zeitgenössischen Literaten und Publizisten auf dem Umweg über neuere Strömungen in der Malerei. Das lag nicht zuletzt daran, dass die Bestrebungen von Malerei und Fotografie zunächst parallel liefen. „Die Malerei bemüht sich auf weite Strecken, es der Konkurrenz gleichzutun, indem sie Wirklichkeit so genau als möglich abbildet" (Krauss 2000, S. 10), bis sie, etwa mit Beginn des Impressionismus, versuchte, sich von der Fotografie zu distanzieren. Die Vertreter eines programmatischen Realismus in der Literatur setzten sich dabei insbesondere mit den Konzepten und Bildern der Präraffaeliten auseinander, eines 1848 in London gegründeten Künstlerbunds, dem u. a. John Everett Millais, William Holman Hunt sowie Dante Gabriel Rossetti angehörten und der die bis dato gültigen Regeln der Farbgebung, thematischen Gestaltung und Komposition neu befragte.

Die Präraffaeliten

Mit Forderungen wie „Rückkehr zur Natur!" oder „Rejecting nothing, selecting nothing" wollte man der Natur in ihren vielfältigen

Erscheinungen gerecht werden, indem man diese im jeweiligen Augenblick festhielt. Die Aufmerksamkeit richtete sich (wie in der realistischen Literatur) gerade auf scheinbare Nebensächlichkeiten, die es auf der Grundlage der modernen fotografischen und mikroskopischen Techniken so detailgenau wie möglich abzubilden galt („first hand study"). Zugleich aber klammerte die Verpflichtung zur realistischen Abbildung symbolische Darstellungen, die das in der Wirklichkeit Vorgefundene deutend veränderten, keinesfalls aus – auch hierin ist eine Parallele zu den zeitgenössischen poetologischen Konzepten des literarischen „Idealrealismus" bzw. „Realidealismus" zu sehen (vgl. Wullen 2004, S. 63). Hunts Gemälde *Der Sündenbock* von 1854 etwa wurde eigens im Heiligen Land angefertigt. Die Kopplung von Lokalkolorit (das Tote Meer) und Bildtitel (biblische Motivik) bestimmt zugleich die religiöse Symbolik des Gemäldes.

First hand study

Während seiner Jahre als preußischer Pressebeauftragter in England (1852 und 1855–59) beschäftigte sich Theodor Fontane eingehend mit dieser aktuellen Strömung der zeitgenössischen Malerei; und noch in seinem letzten Roman, *Der Stechlin* (1897), genauer in dessen 25. Kapitel, wird über diese Kunstbewegung ausführlich debattiert (vgl. Wullen 1998, S. 46f.). Deren Programm stellte Fontane in seinem in der Zeitung *Die Zeit* veröffentlichten zehnten Brief *Aus Manchester* von 1857 dem deutschen Publikum vor. Die meisten Punkte dürften dessen eigenen Lese- und Seherwartungen durchaus entsprochen haben. Denn: Die Forderungen nach „Unmittelbarkeit! Nichts aus zweiter Hand" führten gerade nicht in einen „plumpen Realismus", so Fontane. Im Gegenteil fehlte es „den Bestrebungen dieser Schule keineswegs an Idealität, nur forderten ihre Anhänger diese Idealität innerhalb der Wahrheit und vor allem frei von der hergebrachten Schablone" (Fontane 1857 in: Hönnighausen 2000, S. 348).

Fontane als Kunstkritiker

An einem bezeichnenden Beispiel, dem Bild *Herbstblätter* (1856) von Millais, führte Fontane dieses auch für den poetischen Realismus in der Literatur typische Realitätskonzept vor:

Das Gemälde zeigt vier Herbstlaub einsammelnde Mädchen, und es dokumentiert deren Kleidung ebenso wie die Blätter der Umgebung bis ins Detail. Der Anflug von Melancholie auf den Gesichtern und die ins Unübersehbare ausgestaltete Menge der Blätter stehen dazu in einem merkwürdigen Kontrast, weil die eben erzeugte Detailtreue zugleich wieder verwischt wird. Fontane sah darin einen Beleg für die „Vieldeutigkeit" realistischer Abbildungen, und damit für „jene Unbestimmtheit, die immer da waltet, wo ein reiches inneres Leben sich in seiner Ganzheit vor uns erschließt" (Fontane 1857 in:

„Vieldeutigkeit" und „Unbestimmtheit"

Poetische Malerei Hönnighausen 2000, S. 352). Den Konkurrenzkampf zwischen Malerei und Literatur entschied er kurzerhand, indem er die Präraffaeliten zu „dichtenden Malern der Wirklichkeit" erklärte (Schuster 1998, S. 19). Die spezifisch realistischen Verfahren beider Kunstformen galten als genuin poetisch:
> „Hier handelt es sich nicht mehr um ein mußevolles Kopieren der Natur, sondern um das Festhalten im Geist eines ganz bestimmten Moments. [...] Die wahre Bedeutung der Schule indes liegt in dem, was ich lyrische Vertiefung genannt habe. Es sind Poeten."

(Fontane 1857 in: Hönnighausen 2000, S. 355)

Darüber hinaus setzten sich die Vertreter des programmatischen Realismus mit einer Malerei auseinander, die den realistischen Blick auf *Naturalismus in der Kunst* die Gegenstände naturalistisch zuspitzte. In den *Grenzboten* wandte sich der Kunstkritiker Friedrich Pecht in seinen regelmäßigen Berichten aus dem Pariser Salon z. B. gegen den „unpoetischen Realismus" des französischen Malers Gustave Courbet (Pecht 1852, zitiert nach Thormann 1996, S. 572f.). Weil die Bilder sich nicht auf ein Thema (etwa eine Person oder Personengruppe) beschränkten, sondern das scheinbar Unwichtige mit ebensoviel Aufmerksamkeit bedachten wie das vordergründig Wichtige, wurden ihnen wie zuvor schon der Fotografie oder dem ‚Roman des Nebeneinander' Egalisierungs- und Demokratisierungstendenzen attestiert – gemäß der in der Antwerpener Rede von 1861 formulierten Selbsteinschätzung Courbets, dass der Realismus „seinem Wesen nach die demokratische Kunst" sei (Courbet 1861, zitiert nach Herding 1978, S. 28).

Ein Begräbnis in Ornans In Courbets heftig angefeindetem Gemälde *Ein Begräbnis in Ornans* (1849–50) spielen in Farbgebung und Arrangement sowohl die gesellschaftlichen Unterschiede zwischen den Mitgliedern der Trauergemeinde als auch der eigentliche Gegenstand, die Darstellung der Beisetzung, eine untergeordnete Rolle. Man kritisierte die (gesellschaftliche) Gleichwertigkeit aller abgebildeten Personen ebenso wie die scheinbare Gleichgültigkeit in ihrem Ausdruck. Zudem vermisste man auch die Bündelung der Aufmerksamkeit auf ein Thema; derartige Kompositionen wirkten angeblich zerstreuend auf den Betrachter. Genauso wenig erwünscht war es, soziale Not und Armut kompromisslos und ohne Beschönigungen auszustellen. Auch in diesem Punkt kamen die kunstästhetischen mit den poetologischen Vorstellungen der Zeit überein.

Impressionismus Seit Mitte der 1870er-Jahre setzte sich in der Malerei eine als Impressionismus bezeichnete Richtung durch. In dieser ging es um die Wiedergabe der Wirklichkeit in all ihrer Vielfalt. Das Leben auf den

Boulevards, in den Gaststätten und Kultureinrichtungen der Großstädte faszinierte die jungen Künstler ebenso wie der Zauber und die Schönheiten scheinbar unberührter Naturlandschaften. Zentral war dabei, die Stimmung des Augenblicks festzuhalten, jetzt aber so konsequent, dass der momentane, je individuelle Seheindruck in all seiner konturlosen Unschärfe im Vordergrund stand. Einer nachträglichen Korrektur wurde er nicht unterzogen – weder im Hinblick auf eine möglichst allgemeingültige (,realidealistische') Wirklichkeitsdarstellung noch auf fotografische Detailschärfe. Vielmehr wich das Interesse an der Darstellung von Realität dem Interesse an der Darstellung der eigenen Wahrnehmung von Realität. Bereits frühe Darstellungen wie Édouard Manets *Der Absinthtrinker* (1859) zeigten auch die hässlichen Seiten der Wirklichkeit und stellten so ein Bildreservoir für den auf den poetischen Realismus reagierenden Naturalismus in der Literatur bereit. Zugleich bezog sich Manet selbst insofern auf literarische Vorgaben, als dergleichen Sujets zentralen Themen in Charles Baudelaires Gedichtzyklus *Les fleurs du mal* entsprachen (*Die Blumen des Bösen*, 1857; vgl. Asendorf 2002, S. 52–58). Der Impressionismus in der Literatur markierte den Übergang vom Naturalismus zum Symbolismus (als kanonisches Beispiel hierfür gilt etwa Rainer Maria Rilkes Roman *Die Aufzeichnungen des Malte Laurids Brigge*, 1910) und verdrängte endgültig den Realismus als innovatives Darstellungsmodell (→ ASB AJOURI).

Fragen und Anregungen

- Erklären Sie, inwiefern das Panorama die Wahrnehmung demokratisierte und die Position des Betrachters aufwertete.
- Wie reagierte der programmatische Realismus auf Formen des panoramatischen Sehens in der Literatur?
- Skizzieren Sie Merkmale der Fotografie als neuer Form der Weltabbildung.
- Wie positionierte sich der Realismus zur Konkurrenz durch die Fotografie?
- Erläutern Sie die Berührungspunkte zwischen der präraffaelitischen Malerei und den poetologischen Konzepten realistischer Autoren.

Lektüreempfehlungen

Quellen
- Karl Ferdinand Gutzkow: Die Ritter vom Geiste. Roman in neun Büchern. Erstes Buch. Zweites Buch. Drittes Buch, hg. v. Thomas Neumann, Frankfurt a. M. 1998.

- Gerhard Plumpe (Hg.): Theorie des bürgerlichen Realismus. Eine Textsammlung. Bibliographisch ergänzte Ausgabe, Stuttgart 1997 (darin Kap. V, S. 161–183; enthält zeitgenössische Stellungnahmen zu den Herausforderungen der Fotografie).

- Theodor Storm: Im Sonnenschein, in: ders., Sämtliche Werke in vier Bänden. Band 1: Gedichte. Novellen. 1848–1867, hg. v. Dieter Lohmeier, Frankfurt a. M. 1987, S. 349–362.

Forschung
- Werner Faulstich: Medienwandel im Industrie- und Massenzeitalter (1830–1900), Göttingen 2004. *Der fünfte Band der Mediengeschichte Faulstichs berücksichtigt auch häufig vernachlässigte Medien und verbindet die sich entwickelnden medialen Neuerungen in ihrer Vielfalt mit den gesellschaftlichen Ausdifferenzierungsprozessen der Zeit.*

- Gustav Frank: Krise und Experiment. Komplexe Erzähltexte im literarischen Umbruch des 19. Jahrhunderts, Wiesbaden 1998. *Anspruchsvolle Untersuchung zum ‚Roman des Nebeneinander'.*

- Gisela Hönnighausen: Einführung, in: Die Präraffaeliten. Dichtung, Malerei, Ästhetik, Rezeption, hg. und übersetzt v. G. H., Stuttgart 2000, S. 17–47. *Der Beitrag liefert einen aspektreichen Überblick über eine für den Kulturbetrieb des 19. Jahrhunderts bedeutende künstlerische Bewegung.*

- Stephan Oettermann: Das Panorama. Die Geschichte eines Massenmediums, Frankfurt a. M. 1980. *Reichhaltig und eindrucksvoll bebilderte Studie, die das Panorama als Schule eines ‚neuen Sehens' im 19. Jahrhundert vor Augen führt.*

- Gerhard Plumpe: Tote Blicke. Fotografie als Präsenzmedium, in: Medien der Präsenz. Museum, Bildung und Wissenschaft im 19. Jahrhundert, hg. v. Jürgen Fohrmann, Andrea Schütte und Wilhelm Voßkamp, Köln 2001, S. 70–86. *Sehr präziser und lehrreicher Aufsatz über die Bedeutung der Fotografie für die deutschsprachige Literatur des 19. Jahrhunderts.*

5 Literaturbetrieb und Lese(r)öffentlichkeit

Abbildung 7: Friedrich Jacob Tromlitz: *Der Fabrikautor* (1800)

Der Kupferstich zeigt einen „Fabrikautor" bei der Arbeit. Dass dieser sehr geschäftig ist, bezeugt der Stapel bereits fertiggestellter Bogen auf dem Fußboden. Das Interieur seiner Schreibstube bedient ganz die Bedürfnisse der schriftstellerischen Produktion: Schreibfedern liegen in Reichweite, und ein riesiges Tintenfass garantiert den unablässigen Schreibfluss. Die Gleichgültigkeit des Autors seinen Erzeugnissen gegenüber drückt sich nicht nur darin aus, dass er diese als Fußablage benutzt; auch seine Kleidung, der Morgenrock und die Nachtmütze, macht darauf aufmerksam. Diese Karikatur aus dem Jahr 1800 sollte durch die Realität bald noch übertroffen werden. Da technische Neuerungen den schnellen Druck großer Auflagen ermöglichten, die Übersetzung ausländischer Literatur unbeschränkt erlaubt war und die Nachfrage nach erschwinglicher Unterhaltungsliteratur enorm anstieg, entwarfen die Verlage günstige Reihen vor allem mit englischen und französischen Autoren. Ausreichend Textnachschub konnten nur die zahlreich entstehenden ‚Übersetzungsfabriken' leisten, in denen häufig mehrere solcher ‚Fabrikautoren' (deren Ruf und Bezahlung sehr schlecht waren) gleichzeitig an einem Text arbeiteten.

Wenn Karl Gutzkow die „Deutschen Uebersetzungsfabriken" in einem gleichnamigen Artikel als „Schande der Deutschen Literatur" (Gutzkow 1839, S. 49) bezeichnete, bezog er sich dabei zum einen auf die Qualität der Übertragungen und auf die mangelnde Aufmerksamkeit des Buchmarkts für die Nationalliteratur. Zum anderen bestätigten diese „Fabriken" jene Zwänge eines auf Massenproduktion und -rezeption angelegten industrialisierten Literaturbetriebs, mit denen sich realistische Autorschaft auseinanderzusetzen hatte. Der Autonomie- und Wahrheitsanspruch realistischer Kunstauffassung reagierte auf die zeitgenössischen Kommerzialisierungstendenzen und machte ein Bildungsideal stark, das in Zeiten der Popularisierung und Vermassung zur Abgrenzung und Selbstvergewisserung des bürgerlichen Lesepublikums diente.

5.1 **Lesekultur und Buchmarkt**
5.2 **Die Verbürgerlichung der Künste**
5.3 **Die Situation des Schriftstellers**

5.1 Lesekultur und Buchmarkt

Für das Verhältnis von Literaturbetrieb und Lese(r)öffentlichkeit im 19. Jahrhundert sind drei Ebenen signifikant:
- die Produktionsebene: Schreibfabriken, Familienzeitschriften oder darauf abgestimmte Autorstrategien,
- die Distributionsebene: Lesezirkel, Leihbibliotheken, Kolportagebuchhandel und das sich differenzierende Vereinswesen,
- die Rezeptionsebene: die gestiegene Lesefähigkeit und das Unterhaltungsbedürfnis bzw. Bildungsinteresse des Publikums.

Durch zahlreiche technische Innovationen im Bereich der Papierherstellung sowie der Druck- und Illustrationsverfahren gelang es, die Herstellungskosten soweit herabzusenken, dass sowohl Bücher als auch Zeitschriften für breite Bevölkerungsschichten erschwinglich wurden und die „massenhafte Verbreitung preiswerter Schriften" eine Art „Demokratisierung des Lesens" vorbereitete (Wittmann 1999, S. 218). Über der faktischen Aufwertung des Buchs zum „Massenkommunikationsmedium" (Wittmann 1981, S. 163) sollte jedoch nicht übersehen werden, dass der Buchhandel, nachdem die Zahl der Neuerscheinungen zwischen 1805 und 1843 um das Dreieinhalbfache von 4181 auf 14039 gestiegen war, in eine Krise geriet; 1848 fiel die Zahl der Neuerscheinungen auf unter 10000 Titel. Erst in den ausgehenden 1870er-Jahren sollte sich der Buchhandel davon wieder erholen (vgl. Wittmann 1999, S. 218f.).

Demokratisierung des Lesens

Der Buchhandel war an dieser Entwicklung allerdings nicht schuldlos. Dass die massenhafte Verbreitung von Literatur durch billige Groschenbibliotheken wie die *Miniaturbibliothek der Deutschen Classiker* (1827–34) von Carl Joseph Meyer oder Cottas *Volksbibliothek deutscher Classiker* (1853–62) den Markt regelrecht zu überschwemmen drohte und schließlich sättigen würde – auf diese Gefahr hatte der Hamburger Verleger Friedrich Perthes schon sehr früh hingewiesen. Zwar hatte er noch 1816 die Förderung der deutschen Literatur selbstbewusst von einem rechtsstaatlich ausreichend gesicherten Buchhandel abhängig gemacht – schließlich seien es die Buchhändler, die den Druck vorfinanzierten, die Autorenhonorare bezahlten und für eine flächendeckende Distribution der Schriften sorgten (vgl. Perthes 1995, S. 7, 28–30). Der jüngeren, ebenfalls vom Buchhandel verantworteten Entwicklung zur ‚Massenware Buch' erteilte er jedoch bereits 1834 eine dezidierte Absage. Im Eröffnungsartikel der ersten Ausgabe des noch heute erscheinenden *Börsenblatts für den Deutschen Buchhandel* äußerte Perthes deutliche Kritik an der

Massenware Buch

eigenen Zunft, die sich in jüngster Zeit weniger in den Dienst „deutscher Wissenschaftlichkeit, Gründlichkeit und Gediegenheit" gestellt habe als vielmehr „in den Dienst der Seichtigkeit, [...] des Bilderkrames unter der täuschenden Firma der Volksbildung nur um des Gewinnes willen" (Perthes 1834, zitiert nach Wittmann 1981, S. 163). Unterstützt wurde diese für Perthes bedenkliche Entwicklung noch dadurch, dass die Lesefähigkeit der Menschen stetig zunahm. Selbst wenn man zwischen grundsätzlicher Lesefähigkeit und tatsächlicher Lektürepraxis unterscheidet, war um 1850 etwa ein Viertel der Gesamtbevölkerung dazu in der Lage, dazu bereit und daran gewöhnt, regelmäßig (belletristische) Bücher zu konsumieren (vgl. Wittmann 1999, S. 252f.). Die prinzipielle Alphabetisierung so gut wie der gesamten Bevölkerung wurde allerdings erst zur Jahrhundertwende (1900) erreicht. Man geht davon aus, dass seitdem knapp zwei Drittel der erwachsenen Bevölkerung zumindest gelegentlich zu einem (belletristischen) Buch greifen (vgl. Bonfadelli 1999, S. 110f.; Schön 1999, S. 27).

Alphabetisierung

Sehr beliebt, insbesondere bei den Land- und Industriearbeitern, waren im Zeitalter des Realismus die sogenannten Bilderbogen. Als eine Vorform von modernen Formaten zwischen Comic/Cartoon und einer „Bildzeitung des 19. Jahrhunderts" (Schneider 2004, S. 186) wurden sie seit den 1820er-Jahren äußerst erfolgreich durch den Neuruppiner Verleger Gustav Kühn vertrieben: Von 1823 bis 1832 „stieg die jährliche Gesamtproduktion der Firma von etwa 8 000 Bilderbogen über die Millionengrenze, 1870/71 wurden drei Millionen erreicht, einzelne Drucke erzielten eine Auflage von 200 000 Stück" (Wittmann 1999, S. 253). Als Beiträger zu einem ähnlichen Format – den *Fliegenden Blättern* und den *Münchener Bilderbogen* des Verlags Braun & Schneider – sicherte sich etwa auch Wilhelm Busch seit 1859 seinen Lebensunterhalt.

Bilderbogen

Indes lässt sich vom tatsächlichen Lektüreverhalten der Menschen nicht zugleich auf deren Buchbesitzbestände schließen. Die wichtigste Konkurrenz für den gleichwohl stark expandierenden Buchhandel (von 887 Buchhandlungen im Jahr 1843 auf 3 375 im Jahr 1880; vgl. Wittmann 1999, S. 260) stellte im 19. Jahrhundert die Einrichtung von Leihbibliotheken dar, deren Anzahl sich zwischen 1800 und 1880 von ca. 2 000 auf ca. 4 000 verdoppelte (vgl. Schneider 2004, S. 170). Zu den größten dieser kommerziellen Unternehmen gehörte Anton Philipp Reclams *Literarisches Museum* in Leipzig, eine Leihbibliothek, die bereits Ende des 18. Jahrhunderts ca. 70 000 Titel bereitstellte und die der zu diesem Zeitpunkt gerade einmal

Leihbibliotheken

21-jährige Reclam 1828 von dem Leipziger Buchhändler Johann Gottlob Beygang übernahm. 1837 verkaufte er das *Museum* wieder und konzentrierte sich fortan ganz auf das Verlagsgeschäft (vgl. Fallbacher 1992, S. 26–29). Spätestens ab 1867 beherrschte er mit der Einführung von *Reclams Universal-Bibliothek* den Buchmarkt. Reclam machte es sich zunutze, dass in diesem Jahr die Rechte der vor dem 9. November 1837 verstorbenen Autoren, also beinahe aller Klassiker, ausliefen. Bereits die erste Nummer der neuen Reihe, Goethes *Faust* (Teil I: 1808, Teil II: 1832), setzte er binnen weniger Monate in einer Auflage von 20 000 Exemplaren ab (vgl. Wittmann 1981, S. 179). Dennoch zeigte sich, wie bereits angedeutet, das tatsächliche Leseverhalten weniger an diesen Verkaufszahlen als vielmehr an den Ausleihlisten der Leihbibliotheken. Bei Fritz Borstell in Berlin, der größten Einrichtung dieser Art im ausgehenden 19. Jahrhundert, gehörten Gustav Freytags *Soll und Haben* (1855) (2 315 Umlaufexemplare), Felix Dahns *Ein Kampf um Rom* (1688), Freytags *Die verlorene Handschrift* (1584) sowie Joseph Victor von Scheffels *Ekkehard* (1317) zu den am meisten nachgefragten Büchern (vgl. Wittmann 1999, S. 277).

1867: Klassikerjahr

Darüber hinaus machte der Kolportagevertrieb dem zeitgenössischen Buchhandel Konkurrenz, also der Verkauf von Druckerzeugnissen an den Haus- und Wohnungstüren (vgl. Scheidt 1994). Im Angebot waren Periodika wie Familienblätter oder Konversationslexika, billige Klassikerreihen oder preiswerte Prachtausgaben, Kalender oder Kochbücher. Die Vertriebsform erzeugte ein eigenes Genre, den sogenannten Kolportageroman, mit dem nicht selten „der Eintritt der städtischen und ländlichen Unterschichten ins Reich der Lektüre" begann und für den Titel wie *Auf blutgetränktem Boden oder die Hyäne von Sarajewo. Zeitgeschichtlicher Roman aus der jüngsten Gegenwart* (1878/80) bezeichnend waren. Die seriöse Kritik setzt sich dezidiert davon ab (Wittmann 1999, S. 273; vgl. Kosch 1993). Eine geringere Rolle spielten in dieser Zeit die Lesegesellschaften, die den privaten Kulturraum des ausgehenden 18. Jahrhunderts geprägt hatten (→ ASB D'APRILE/SIEBERS, KAPITEL 2). Allerdings gingen daraus jene Vereine hervor, die das kleinbürgerliche Interesse an Geselligkeit, Unterhaltung und gemeinsamer Lektüre im 19. Jahrhundert nachhaltig bedienen sollten.

Kolportagevertrieb

Um die tatsächliche Lesekultur der Epoche angemessen zu beschreiben, müsste man genauer zwischen städtischen und ländlichen oder auch zwischen den (stärker schriftgeprägten) mehrheitlich protestantischen und den (stärker bild- und vorlesegeprägten) mehrheitlich katholischen Gebieten differenzieren. Darüber hinaus ist eine Unterscheidung nach Gesellschaftsschichten wichtig, wie sie Jost Schneiders *Sozialgeschichte des Lesens* (2004) für das 19. Jahrhundert anbietet. Demzufolge besaßen die um 1850 ca. 9 % der Erwerbstätigen stellenden Kleinbürger so gut wie keine Bücher, sondern bevorzugten den Gang in die Leihbibliothek (vgl. Schneider 2004, S. 200). Kleinbürgerliche Nachlässe aus Tübingen um 1850 enthielten neben der Bibel und Erbauungsbüchern an belletristischer Literatur lediglich Titel wie Christian Fürchtegott Gellerts Fabeln, Friedrich Schillers Gedichte oder Adolph Freiherr von Knigges *Über den Umgang mit Menschen* (1788/90; vgl. Wittmann 1999, S. 256). Erst mit der Einführung der billigen Klassikerausgaben seit Ende der 1860er-Jahre änderte sich das Kaufverhalten dieser Schicht, die im Unterschied zu den sehr beengt lebenden Land- und Industriearbeitern immerhin über die für die regelmäßige und ungestörte Lektüre erforderliche Freizeit und den entsprechenden Wohnraum verfügte (vgl. Wittmann 1999, S. 287; Schneider 2004, S. 178).

Kleinbürgertum und Lektüre

Die Gattung Lyrik stand bei den kleinbürgerlichen Lesern hoch im Kurs, zumal sie auch gern im Verein rezipiert wurde (vgl. Schneider 2004, S. 200, 202f.; Lauer 2005; → KAPITEL 6). Vor allem aber wurden in diesem Milieu die regelmäßigen Beiträger der sogenannten Familienblätter gelesen, die zwischen 1850 und 1870 Konjunktur hatten. Die dort bevorzugt in Fortsetzungen veröffentlichten Genres bedienten das Interesse des Publikums an Kriminal-, Reise- und Abenteuergeschichten und speziell die Bedürfnisse der lesenden Hausfrau (Frauen- und Liebesromane). Zu den beliebtesten Autoren des Massenblatts *Die Gartenlaube* (1853–1943; 1875 in einer Auflage von 382 000 Exemplaren vertrieben; vgl. Schneider 2004, S. 208) gehörten die heute weitgehend unbekannten Jodocus Donatus Hubertus Temme, Eugenie Marlitt oder Friedrich Gerstäcker. Dass das Lese- und Bucherwerbsverhalten sowie im Zuge dessen auch die Lektüreinteressen nicht zuletzt nach ökonomischen Rücksichten geformt wurden, verdeutlicht ein Blick auf das unterschiedliche Preis-Leistungs-Verhältnis von Buch und Periodikum:

Familienblätter

> „Für dieselbe Geldsumme, die ein einbändiger Roman kostet, hat man ein Vierteljahr lang eine tägliche Zeitung und ein belletristisches Journal, das heißt, man hat [...] drei Romane ein halbes Dutzend Novellen und drei Schock Feuilletons." (Emil Peschkau 1884, zitiert nach Wittmann 1981, S. 239)

Die Einrichtung einer Privatbibliothek gehörte dagegen zum kulturellen und symbolischen Kapital der Besitzbürger, jener „neue[n]

Führungselite des bürgerlichen Zeitalters", die etwa 2–3 % der Gesamtbevölkerung ausmachte. Dieser sich neu formierende „Bildungsaristokratismus" hatte großes Interesse an Repräsentation (Wittmann 1999, S. 270), weshalb sich in diesen Kreisen auch die maßgebliche Käuferschicht für illustrierte Prachtausgaben finden ließ. Die sehr teuren Schmuckausgaben, deren Kosten das jährliche Einkommen einer Arbeiterfamilie schnell übersteigen konnten (vgl. Wittmann 1981, S. 183), hatten weniger den Zweck gelesen als vielmehr – kostbaren Möbel- oder Schmuckstücken vergleichbar – in den Salons ausgestellt zu werden (vgl. Mazzoni 1991, S. 58).

„Bildungsaristokratismus"

Prachtausgaben

Davon unterschieden, wenngleich dem gesellschaftlichen Renommee nach dem Besitzbürgertum zugerechnet, definierte sich der Bildungsbürger über seine kulturelle Vormachtstellung in Schule und Hochschule – und damit ganz wesentlich über den professionellen Umgang mit Sprache und Literatur. Den Einkommensverhältnissen nach ist er allerdings eher dem kleinbürgerlichen Milieu zuzurechnen (vgl. Schneider 2004, S. 250–275). Jenseits des schichtenspezifischen Lektüreverhaltens lassen sich auch übergreifende Interessen beobachten. Diese bezogen sich insbesondere auf die leichte (oder seichte) Literatur und auf das Unterhaltungsbedürfnis der Lesenden. In den *Blättern für literarische Unterhaltung* heißt es 1857:

Der Bildungsbürger

„Viele Bücher der belletristischen Literatur, die man heute zu Markte bringt, stellen dem Leser gar keine Vorbedingung des Verstandenwerdens; man liest sie im Coupé des Eisenbahnwagens so gut wie Nachmittags auf der chaise longue oder Nachts im Bett, und gebraucht sie gleich gut als Verdauungs- wie als Einschläferungsmittel. Der Zahlen- und Actenmensch, der blasirte Lieutenant, die vom Besen zur Nähnadel avancirte Jungfer, der faule Secundaner, Jeder findet, wie man es nennt, ‚das Interessante' dieser Bücher heraus und verschlingt sie." (Sammelrezension 1857, zitiert nach Wittmann 1981, S. 240)

Auf dieses „Interessante" waren nicht nur die Leser fixiert. Auch die Autoren mussten sich, wollten sie sich auf dem Markt durchsetzen oder überhaupt nur ihren Lebensunterhalt verdienen, in besonderer Weise auf das einlassen, „was am meisten Beifall finde", wie es in Wilhelm Hauffs Satire *Die Bücher und die Lesewelt* (1827) heißt. Das Publikum wollte „unterhalten sein" (Hauff 1970, S. 55, 58), und zwar auf eine allgemein verständliche Weise. Anspruchsvolle Titel verstaubten in den Regalen (dazu gehörten die Werke Jean Pauls oder Johann Gottfried Herders). Romantisch-historisierende Schemaliteratur hingegen erfreute sich großer Beliebtheit – zu nennen sind

Schemaliteratur

etwa die zeitgenössischen Erfolgsautoren Heinrich Clauren (eigentlich Carl Heun) oder Carl Gottlob Cramer, vor allem aber die Werke des schottischen Nationalautors Walter Scott. Scotts historische Romane wurden in Fließband- oder Akkordgeschwindigkeit übersetzt und in preiswerten Ausgaben massenhaft unters Volk gebracht (v. a. in der in Zwickau im Verlag der Gebrüder Schumann zwischen 1821 und 1833 erschienenen *Taschenbibliothek der ausländischen Klassiker in neuen Verdeutschungen*; vgl. Weitemeier 2001, S. 450–455; Jäger 2001, S. 20f.).

In Anlehnung an die dafür notwendigen Übersetzungsfabriken rekonstruiert Hauffs Satire en détail den Weg eines zeitgenössischen Autors zum Erfolg: Da Lyrik unverkäuflich und die Leserschaft lediglich billige „Taschenausgaben" zu erwerben bereit sei, habe man das Augenmerk auf die Produktion eines „historischen Roman[s] à la Walter Scott" zu richten, denn langfristig sei allein die Etablierung einer Marke ,deutscher Walter Scott' aussichtsreich. Dies könne einem Autorenkollektiv gelingen, sofern die jeweilige Spezialbegabung jedes einzelnen produktiv gemacht würde (Hauff 1970, S. 65, 63, 67):

> Romane
> „à la Walter Scott"

„[S]o werden die jungen Künstler in Gegendmaler, Kostümschneider, Gesprächführer, Komiker und Tragiker eingeteilt und jeder Roman läuft durch alle Hände wie die Bilder bei Campe in Nürnberg". (Hauff 1970, S. 68)

Der dafür avisierte Titel ist typisch für den Kolportageroman im 19. Jahrhundert: *„Die Geschichte Deutschlands von Hermann dem Cherusker bis 1830, in hundert historischen Romanen"* (Hauff 1970, S. 68f.); die Kolportage-Originale klingen nicht selten selbst wie eine Parodie auf das eigene Genre.

5.2 Die Verbürgerlichung der Künste

Bei aller Binnendifferenzierung des bürgerlichen Milieus – dass Bürgerlichkeit nicht zuletzt mit einem spezifischen Modell von Bildung assoziiert wird, geht in erster Linie auf die kulturelle Deutungshoheit jener bürgerlichen Schicht zurück, deren „nachhaltige Kanonisierungspolitik" bis in die heutigen Lehrpläne zu beobachten ist: das sogenannte Bildungsbürgertum. Es knüpfte an die um 1800 entwickelten idealistischen Vorgaben an, nach denen Bildung den ganzen Menschen betreffen sollte (→ ASB TAUSCH). Im Sinne einer zweckfreien

> Bildungsbürgertum

geistigen Bildung ließ sie sich nicht auf die bloß berufsorientierte Ausbildung reduzieren (vgl. Bollenbeck 1996, S. 98f.). So stand sie auf den ersten Blick dem sich auf allen gesellschaftlichen Ebenen (Politik, Wirtschaft, Wissenschaft und Literatur) durchsetzenden Realismus der Epoche diametral entgegen (vgl. Schneider 2005, S. 1f.). Bei näherem Hinsehen wird jedoch deutlich, dass sich eine realistische Weltanschauung und ein idealistisches Bildungskonzept nicht ausschließen müssen, sondern gegebenenfalls sogar bedingen. Mit dem Publizisten und Kulturhistoriker Wilhelm Heinrich Riehl lässt sich die Entfaltung autonomer Ansätze im kulturellen Sektor als eine Art Luxus beschreiben, den sich Gesellschaften erst dann leisten, wenn es ihnen gelungen ist, die materiellen und existenziellen Bedürfnisse weitgehend zu sichern: „Mit dem Gewinn wächst der Reichthum, mit dem Reichthum die Bildung, mit der Bildung die Mißachtung des bloßen Gewinns" (Riehl 1862, zitiert nach Wittmann 1981, S. 241). Gerade das expandierende Besitzbürgertum der Zeit machte sich das bürgerliche Ideal der zweckfreien Bildung zu eigen. Allerdings absolvierten noch um 1900 lediglich 10 % aller Schüler höhere Lehranstalten (vgl. Schneider 2004, S. 168). Bezogen auf deren konfessionelle Verteilung handelte es sich dabei (jedenfalls in Preußen) überwiegend um Schüler jüdischen Glaubens, in großem Abstand gefolgt von Protestanten und schließlich von Katholiken.

Idealistisches Bildungskonzept und realistische Weltanschauung

Neben Bildung gehörte im 19. Jahrhundert die Selbstvergewisserung über die Beschäftigung mit Malerei, Musik und Literatur zu den Hauptmerkmalen der Modernität des Bürgertums. Dadurch ließ sich das eigene Prestige innerhalb der gesellschaftlichen Hierarchie stärken und das kulturelle Kapital vermehren. Sich als feinsinnig im Umgang mit Kunst zu erweisen bedeutete, einen Kunstbegriff anzuerkennen, der seit der Zeit um 1800 die Autonomie von Kunst behauptete und damit Interesselosigkeit in Produktion und Rezeption forderte. Indem der Umgang mit Kunst nicht auf Spannung, sexuelle Erregung, Unterhaltung oder Lebenshilfe zielte, wurde ein gehobener Anspruch markiert, der es erlaubte, sich von den Interessen der ungebildeten Bevölkerung abzugrenzen (vgl. für den französischen Realismus Bourdieu 1999).

Die Modernität des Bürgertums

Kunst galt im 19. Jahrhundert als autonom *und* bürgerlich zugleich; sie war dem Historiker Thomas Nipperdey zufolge „der Menschheit verpflichtet, und [...] sich selbst verpflichtet" (Nipperdey 1988a, S. 34). Es ist daher nur folgerichtig, dass ein auf Wahrheits- und Sinnvermittlung zielendes Kunstverständnis das Interesse an bloßer Unterhaltung ausschließen musste, um diesen überaus hohen An-

Bürgerliches Kunstverständnis

sprüchen zu genügen. So gesehen, bezeichnet es das Ende der bürgerlichen Gesellschaft, wenn seit Ende der 1980er-Jahre in den Bereichen Kunst und Kultur ‚Spaß' an die Stelle von ‚Wahrheit' tritt. (Die seither diskutierten Gesellschaftsmodelle wie die nachbürgerliche Wissensgesellschaft, die Spaßgesellschaft oder die Erlebnisgesellschaft tragen diesen Entwicklungen Rechnung.)

In der bürgerlichen Gesellschaft des 19. Jahrhunderts dagegen ging es um durchaus ernsthafte Dinge, um existenzielle Fragen, die vormals in erster Linie seitens der (christlichen) Religion, der Theologie oder der Philosophie verhandelt worden waren. Die Kunst

„ist die Mitte zwischen Religion und Philosophie, sie hebt die Innerlichkeit der Religion auf, indem sie das Gegenbild zu einem deutlichen Aeußern macht, entwirft aber ebendadurch eine freiere Innerlichkeit; sie ist objectiver als die Religion und ebendadurch subjectiver." (Vischer 1846, S. 25)

Entsprechendes gilt auch für das sich in dieser Zeit profilierende Selbstverständnis der Kunstproduzenten, die sich als freie Künstler von den (bürgerlichen) „Kunstbrauchern", den Nichtsachverständigen oder Laien abgrenzten, indem sie sich diesen gegenüber für überlegen und im Zweifelsfall für verkannt hielten (Nipperdey 1988a, S. 45). Die um die Jahrhundertwende in den frühen Erzählungen Thomas Manns mustergültig gestaltete Dichotomie zwischen Künstlern und Bürgern nimmt hier ihren Anfang.

Den Prozess der „Verbürgerlichung der Künste" im Zeitalter des Realismus kennzeichnen folgende Stichworte:

Autonomisierung
- Kunst diente „nicht mehr anderen Zwecken", sondern wurde für „an sich selbst wesentlich" gehalten.

Professionalisierung
- Ein auf Konkurrenzverhältnisse setzender Kunstbetrieb entstand und professionalisierte sich. Dazu gehörten u. a. öffentliche Konzerte und die Ausbildung von Starkulten. Der Opernbesuch wurde zum bürgerlichen Distinktionsmerkmal.

Pluralisierung
- Aus dieser Konkurrenzsituation heraus entwickelte sich eine äußerst vielgestaltige Kunst.

Historisierung
- Zugleich differenzierte sich ein historisches Verständnis von Kunst aus; (öffentliche) Museen entstanden.

Vergesellschaftung
- Die Rezeption und Produktion von Kunst gehörte zu den bevorzugten Freizeitbeschäftigungen: in den Männergesangsvereinen und Singakademien, in den Wohnzimmern der bildungsbürgerlichen Familien (Hausmusik) oder in den Salons des Besitzbürgertums.

- Nicht mehr Hof und Adel finanzierten die Künstler, sondern der Staat und die Kommunen übernahmen die Rolle der neuen Mäzene. *Staatliche Kunstförderung*
- Kunst als „Mittel der Lebensinterpretation" erhielt eine „quasi religiöse Funktion". Das Bedürfnis nach Kunst erklärte sich nicht zuletzt daraus, dass Religion als sinngebende Instanz eine immer geringere Rolle spielte, sich das Bedürfnis nach Sinnstiftung angesichts der stetig komplexer werdenden Lebenswelten aber keinesfalls verringerte (Nipperdey 1988a, S. 10, 11, 20, 24). *Sinn- und Ethikangebot*

5.3 Die Situation des Schriftstellers

Gustav Freytag hatte eine klare Vorstellung davon, was einen guten Schriftsteller ausmacht: Will dieser das „tüchtige, gesunde, starke Leben" beschreiben, müsse er selbst „ein tüchtiger Mann" sein, der mit beiden Beinen auf dem Boden der Tatsachen stehe, die Höhen und Tiefen des Lebens, vor allem aber die Arbeit kenne (Freytag 1853 in: Plumpe 1997, S. 213 f.). Mit der romantischen Dachstubenexistenz – von der sich bereits der Frührealismus in Erzählungen wie Ludwig Tiecks *Des Lebens Überfluß* (1839) humorvoll verabschiedet hatte – möchte realistische Autorschaft nichts mehr zu tun haben. Waren Autoren noch um 1800 auf regelmäßige Einkünfte aus anderen Tätigkeiten angewiesen (bevorzugt in Verwaltung, Politik, Universität oder Gerichtswesen), so hatte sich vorsichtigen Schätzungen zufolge die Zahl der Berufsschriftsteller bis 1900 nahezu verdoppelt. Dass die wenigsten von ihnen für die Literaturgeschichtsschreibung heute noch eine Rolle spielen, ergibt sich aus den sich im Jahrhundertverlauf verändernden Rahmenbedingungen für erfolgreiche Autorschaft. Wer bereit war, anspruchslose, am Publikumsgeschmack orientierte Ware zu produzieren und dabei relativ rasch die wachsende Nachfrage des seit dem zweiten Jahrhundertdrittel rasch expandierenden Buchmarkts zu bedienen, dem gelang es auch, von seiner Arbeit zu leben. Zu den damals bekanntesten Beispielen zählen die bereits erwähnte Erfolgsautorin des Familienblatts *Die Gartenlaube*, Eugenie Marlitt, sowie der äußerst produktive, die bürgerlichen Interessen wirksam bedienende Unterhaltungsschriftsteller Paul Heyse. Er wurde zwar in Kollegenkreisen als literarischer Epigone und Vielschreiber geschmäht; seine auch für die Kritiker unleugbare Marktüberle-

Berufsschriftstellertum

Orientierung am Publikum

genheit bestätigte aber noch 1910 die Verleihung des Nobelpreises für Literatur.

Im Zuge dieser Entwicklung zur Massenproduktion entstanden neue Berufssparten wie etwa der Beruf des Literaturagenten, der Autoren betreute und Manuskripte vermittelte: 1868 wurde mit *Dr. Loewensteins Bureau für Vermittelung literarischer Geschäfte* die erste Agentur in Berlin gegründet; 1880 existierten bereits vier Agenturen (vgl. Wittmann 1981, S. 203). Es ist deshalb nur folgerichtig, dass sich realistische Autorschaft sehr früh in Abgrenzung zum sich zeitgleich etablierenden Berufsschriftstellertum profilierte – auch unabhängig davon, inwieweit man selbst bereits auf Nebeneinkünfte oder einen Brotberuf verzichten konnte.

Gustav Freytag, Privatdozent der Germanistik, Journalist und Autor, polemisierte schon zu Beginn der 1850er-Jahre heftig gegen den neuen Literaten-Stand, der seinen „Lebensberuf im Romanschreiben" suche, bevor er noch „tüchtig geworden" sei, „irgendeinen andern zu finden". Das kritische Bild, das er dabei von jenen jungen Leuten ohne regelmäßige (Aus-)Bildung und Arbeit zeichnete, gibt zugleich einen interessanten Einblick in die Funktionsweise des zeitgenössischen Literaturbetriebs: Aus Plaudereien „am Teetisch", aus Erinnerungen an nichtssagende Jugenderlebnisse und aus angelesenem Halbwissen bastelten sie, so Freytag, ein oder zwei Romane zusammen und erarbeiteten sich so etwas wie einen ‚Namen'. Das allein reiche hin, in die Fänge buchhändlerischer Spekulanten zu geraten, und unweigerlich setze ein fortgesetztes „Produzieren" ein, „ohne besondre Berechtigung" (Freytag 1853 in: Plumpe 1997, S. 214f.). ‚Berechtigt' zur Literatur waren demnach allein Autoren, die ernsthafte Dinge des alltäglichen Berufs- und Familienlebens verhandelten und diese für ein (ebenso wie sie selbst) solides bürgerliches Publikum aufbereiteten.

Dass sich auch diese Autoren einem enormen Publikationsdruck ausgesetzt sahen, klammerte Freytag hier allerdings aus. Gottfried Keller etwa fühlte sich, wie er 1881 Theodor Storm gegenüber äußerte, von Verlegern und Herausgebern geradezu bedrängt, an Anthologie-Projekten mitzuwirken (→ KAPITEL 3.1). Er sah sich außerstande, sich diesen Ansinnen zu verweigern, obwohl er die übereilte Publikation von Gedichten ablehnte, die notwendig nur auf Kosten der Qualität geschehen konnte. Für eine sorgfältige Überarbeitung ließen ihm die Produktions- und Publikationsbedingungen aber keine Zeit (vgl. Keller 1881 in: Wiese 1965, S. 350f.). Keller selbst hatte nach Jahren der freien Schriftstellerei zwischenzeitlich das ausnehmend gut bezahlte Amt des Ersten Staatsschreibers des Kantons Zürich inne (1861–76); sein Briefpartner Storm arbeitete bis zu seinem Ruhestand im Jahr 1880 als Anwalt, Kreisrichter, Landvogt und schließlich als Amtsgerichtsrat. Da Storm von seiner schriftstellerischen Arbeit seine vielköpfige Familie nicht ernähren konnte, war er auf die Einkünfte aus dieser ordentlichen (bürgerlichen) Anstellung angewiesen. Vergleichbares gilt für Autoren wie Theodor Fontane oder Adalbert Stifter, die über lange Jahre hinweg Brotberufen nachgingen oder öffentliche Ämter inne hatten (Fontane als Journalist in preußischer Anstellung; Stifter als Schulrat und Landeskonservator von Oberösterreich). Mäzenatische Verhältnisse spielten im Vergleich zum 18. Jahrhundert kaum mehr eine Rolle (→ ASB D'APRILE/SIEBERS). Der erfolgreichste Lyriker der Zeit allerdings, Emanuel Geibel, konnte sich zeitlebens auf königliche Unterstützung verlassen, sei es durch die preußischen Hohenzollern, sei es durch die bairischen Wittelsbacher – Maximilian II. holte Geibel 1852 auf eine Ehrenprofessur nach München, wo er gemeinsam mit Heyse den Kreis der Münchner Hofpoeten und -gelehrten, insbesondere die Dichtervereinigung *Krokodil* bestimmte.

Vorbild hierfür war die 1827 gegründete Berliner Dichtergesellschaft *Tunnel über der Spree*, der Autoren wie Fontane, Storm oder Felix Dahn, Autor zahlreicher sogenannter Professorenromane (z. B. *Ein Kampf um Rom*, 1876; → KAPITEL 9.1, 11.3), angehörten. Literaturliebhaber schlossen sich darüber hinaus in Laienzirkeln zusammen, etwa dem Wuppertaler Dichterkreis (vgl. Bark 1969). Schriftstellervereinigungen sollten die Rechte des neuen Berufsstandes stärken. Obgleich gerade Berufsschriftsteller wie Wilhelm Raabe dergleichen Vertretungen äußerst skeptisch gegenüber standen, weil diese der Macht und dem Einfluss von Verlegern und Chefredakteuren nichts entgegenzusetzen hätten (vgl. Raabe 1878 in: Wiese 1965, S. 351f.), wurde nach ersten Versuchen 1842 und 1865 in Leipzig 1878 der Allgemeine Deutsche Schriftsteller-Verband gegründet, der nur zwei Jahre später bereits 194 Mitglieder zählte (vgl. Wittmann 1981, S. 216–220). Indem sich die Autoren organisierten, erkannten sie die Bedingungen des Betriebs an, der das Buch als Ware behandelte und sich an den Bedürfnissen seiner Kunden orientierte.

Schriftstellervereinigungen

Die „Kommerzialisierung des literarischen Lebens" wurde zwar allerorten kritisiert bzw. beklagt, gerade die auf finanzielle Erträge angewiesenen Schriftsteller aber vermochten sich ihr nicht zu entziehen. In Folge dessen tat ein Autor gut daran, marktstrategische Qualitäten zu entwickeln, die Abläufe des Literaturbetriebs genau zu stu-

Kommerzialisierung des literarischen Lebens

LITERATURBETRIEB UND LESE(R)ÖFFENTLICHKEIT

Der Autor als Marktstratege

dieren und diese, wenn möglich, selbst zu steuern. Dazu gehörten Mehrfachverwertungen wie die Vorveröffentlichung von Erzählungen und Romanen in Zeitschriften, nachträgliche, meist überarbeitete Einzelausgaben und die spätere Aufnahme in Werkausgaben ebenso wie der Aufkauf von Restauflagen oder die Einwerbung von Rezensionen (Segeberg 1997, S. 165f.). Theodor Storm etwa überzeugte seinen Freund Hartmuth Brinkmann nicht nur davon, die Ausgabe seiner *Gedichte* 1852 im *Hamburgischen Korrespondenten* zu besprechen; er lieferte Brinkmann zudem in ausführlichen Briefen die maßgeblichen Argumente für die seiner Meinung nach hohe Qualität der Texte. Dem so lancierten Bewertungsrahmen folgte dann der Schriftsteller und Publizist Robert Prutz 1854 in einer Besprechung im *Deutschen Museum*, und auch der Germanist Erich Schmidt machte sich Storms Maßstäbe zu eigen (vgl. Stockinger 2005a, S. 117f.). Die jeweiligen Neuauflagen der Gedichtsammlung bereitete Storm dadurch vor, dass er einen Teil – nach eigenen Angaben bis zu einem Drittel – der noch nicht verkauften Exemplare der je aktuellen Ausgabe selbst erwarb (vgl. Hinrichs 1993).

Auf diese Weise versuchte Storm, sich und seine Produkte interessant zu machen, um so den Verkauf künftiger Ausgaben zu fördern. Allerdings dienten Aktionen wie diese nicht allein materiellen Zielen. Vielmehr warb gerade Storm um die Aufmerksamkeit der Öffentlichkeit für seine Gedichte, weil er sich jenseits seiner recht erfolgreichen Novellenproduktion in erster Linie als Lyriker verstand, und zwar als einer der besten seiner Zeit, und weil er die Gattung für die höchste und zugleich am meisten unterschätzte Form der Poesie hielt. Storm unterschied genau zwischen ernsthafter Lyrik und marktförmiger (schlechter) Lyrik; die Qualität seiner lyrischen Produktion las er daran ab, dass diese sich gegen die Erfolgslyrik eines Emanuel Geibel gerade *nicht* durchsetzen konnte (vgl. Storm 1917, S. 17).

Der Lyriker Storm

Bei aller Einsicht in die Gesetze der Kommerzialisierung hatten nicht wenige Autoren des (literaturgeschichtlich kanonisierten) Realismus einen hohen Anspruch an ihre Tätigkeit, und sie grenzten sich explizit von jenen Verfasserschaften ab, die nicht dem Wahrheitsanspruch der Literatur, sondern den Gesetzen des Marktes geschuldet waren. Adalbert Stifter ging in seinem Aufsatz *Über Stand und Würde des Schriftstellers* (1848) sogar so weit, den „Stand des Schriftstellers" zu einem „der ehrwürdigsten des menschlichen Geschlechtes" zu erklären, dem dieser Stand wie einer gleichsam monastischen Vereinigung als „Lehrer, Führer, Freund seiner Mitbrüder" vorstehe, als ein „Dolmetsch und Priester des Höchsten". Allerdings gelinge dies nur, wenn sich der

Selbstverständnis der Schriftsteller

Schriftsteller solide auf diese anspruchsvolle Aufgabe vorbereitet habe; mit den „sogenannte[n] Büchermacher[n]" habe er nichts gemein (Stifter 1848 in: Wiese 1965, S. 329–333; → KAPITEL 2.3).

Soweit das Ideal, dem auch Fontane überwiegend folgte. 1891 allerdings zog er mit Blick auf die Realitäten des Betriebs in seinem Beitrag *Die gesellschaftliche Stellung der Schriftsteller* eine eher ernüchternde Bilanz: „Die, die mit Literatur und Tagespolitik handeln, werden reich, die, die sie machen, hungern entweder oder schlagen sich durch". Gegen die miserable gesellschaftliche Position des Schriftstellers, der sich aus finanziellen Nöten in die Abhängigkeit von Verlegern begibt und zu einem „Tintenklave[n]" wird, forderte er „Respekt" vor einem Beruf, der gegen die zeitgenössischen Vorstellungen von sinnvoller Beschäftigung und nützlichen Ergebnissen die Rechte von Kunst und Kultur behauptete. Der erste Schritt auf dem Weg zur Verbesserung der Verhältnisse wäre, so Fontanes Appell an seine Kollegen: „Größere Achtung vor uns selber". (Fontane 1969, S. 573, 577)

Fragen und Anregungen

- Skizzieren Sie das Verhältnis von Lesekultur und Buchmarkt im 19. Jahrhundert.
- Welches Bildungskonzept entwickelte das sogenannte Bildungsbürgertum?
- Erläutern Sie die These von der „Verbürgerlichung der Künste" in der Epoche des Realismus.
- Reflektieren Sie die Bedingungen realistischer Autorschaft.
- Inwiefern kann Theodor Storm als Marktstratege gelten?

Lektüreempfehlungen

- Karl-Heinz Fallbacher (Hg.): Taschenbücher im 19. Jahrhundert, Marbach a. N. / Stuttgart 1992. *Quellen*
- Ira Diana Mazzoni (Hg.): Prachtausgaben. Literaturdenkmale in Quart und Folio, Marbach a. N. / Stuttgart 1991.

Forschung
- Jost Schneider: Sozialgeschichte des Lesens. Zur historischen Entwicklung und sozialen Differenzierung der literarischen Kommunikation in Deutschland, Berlin/New York 2004, S. 161–285. *Gibt systematisch und vergleichend einen Überblick über das epochentypische Lektüreverhalten.*

- Erich Schön: 19. Jahrhundert. Bildungsbürgertum und Massenpublikum, in: Bodo Franzmann, Klaus Hasemann und Erich Schön (Hg.), Handbuch Lesen, München 1999, S. 38–52. *Instruktive Einführung in die Lese(r)geschichte der Epoche (Massenproduktion, Differenzierung und Ausweitung des Publikums etc.).*

- Harro Segeberg: Literatur im technischen Zeitalter. Von der Frühzeit der deutschen Aufklärung bis zum Beginn des Ersten Weltkriegs, Darmstadt 1997, S. 143–201. *Aus mediengeschichtlicher Perspektive wird das Verhältnis von Literatur und Technik im Zeitalter der Industrialisierung untersucht.*

- Reinhard Wittmann: Geschichte des deutschen Buchhandels. 2., durchgesehene Auflage, München 1999. *Gut lesbare Gesamtdarstellung zur Geschichte des deutschen Buch- und Verlagswesens.*

6 Stellenwert der Lyrik

Abbildung 8: Album deutscher Kunst und Dichtung, herausgegeben von Friedrich Bodenstedt. Titelillustration (vierte Auflage 1877)

Auf der Titelillustration einer der erfolgreichsten Lyrikanthologien des 19. Jahrhunderts, des „Albums deutscher Kunst und Dichtung" aus dem Jahr 1877, stehen sich die Laute und der Reichsadler gegenüber; als Patron der Dichtung sitzt der Kaiser im Bildzentrum. So wird der Bereich der Kunst mit deutscher Nationalsymbolik verknüpft und eine Traditionslinie entworfen, die der Konstruktion nationaler Identität dient. Wie an den dargestellten Zwergen sinnfällig wird, konzentriert sich das Programm der Anthologie auf drei Bereiche: „Kunst und Dichtung" beruhen auf Inspiration und dienen der Unterhaltung (Zwerg am Weinfass); sie sind zugleich Spiel und Spiegel der Menschheit (Narrenzwerg); sie zeigen den Menschen der Tat und bei der Arbeit (Zwerge am Amboss). Dieses gleichermaßen nationale wie poetologische Fundament der Sammlung beschirmt ein Reigen von vier Putten, deren Attribute das Zusammenwirken von Musik und Malerei im lyrischen Gebilde bezeichnen. Darüber hinaus verweisen die Figuren, seit der Antike als Verkörperung des Amourösen bekannt, auf die Liebe als Zentralthema der Gattung Lyrik. Diese Gestalten werden seit frühchristlichen Zeiten zudem als Engelsdarstellungen verwendet: Kunst verbindet sich im Realismus nicht selten mit Religion (→ KAPITEL 5.2).

Nicht zuletzt durch das beliebte Format der Anthologie (→ KAPITEL 3.1) wurde Lyrik im 19. Jahrhundert zum Massenkommunikationsmedium auf allen Ebenen der Gesellschaft und in allen Segmenten des täglichen Lebens. Infolgedessen geriet sie bald unter Epigonalitäts- und Trivialitätsverdacht und musste sich gegen Qualitätsdefizite behaupten, die eine massenhafte Produktion notwendig mit sich bringt. Zugleich blieb Lyrik als Medium der Selbstaussprache des Subjekts auch im Realismus *das* Paradigma des Poetischen schlechthin. In polemischen Konstellationen zu tradierten Vorgaben und Vorbildern sowie zu marktbeherrschenden Größen entwickelten die Autoren ihr genuin realistisches Programm.

6.1 **Das Lyrikverständnis des Realismus**
6.2 **Massenware oder höchste Gattung der Poesie?**
6.3 **Realistische Töne: Paul Heyse**

6.1 Das Lyrikverständnis des Realismus

Seit der Biedermeierzeit gilt Lyrik in quantitativer Hinsicht als Hauptgattung des 19. Jahrhunderts; Gedichte wurden massenhaft rezipiert, produziert und publiziert. Lyrische Texte waren interessant für den Hausgebrauch oder für das Vereinsleben. Sie vorzutragen, zu singen oder zu spielen qualifizierte die höhere Tochter; sie zu verfassen gehörte zum festen Bildungsbestandteil der männlichen (bürgerlichen) Jugend, war also keineswegs einem exklusiven Kreis von Dichtern vorbehalten. Dabei übernahm die Lyrik dieser Zeit – auf jeder Ebene der Produktion in eigener Weise – eine bestimmte Funktion: Sie diente der „Gemeinschaftsbildung" (Fohrmann 1996, S. 443), sowohl (im Kleinen) eines elitären Dichterzirkels oder eines bürgerlichen Vereins als auch (im Großen) der sich im Prozess der Staatenbildung befindenden deutschen Nation. Die Popularisierung der Gattung ging mit Versuchen einher, Wertungsmaßstäbe zur Beurteilung ‚guter' Lyrik festzulegen, die es erlaubten, das unübersehbar gewordene Feld zu kartografieren. Die zeitgenössische Kritik an der Überflutung durch „zunftmäßige Liederfabrication" (Heyse 1882, zitiert nach Häntzschel 1982, S. 236) zielte darauf, Merkmale einer ‚besonderen', ‚eigentlichen' oder ‚wahren' Lyrik zu profilieren und diese von den Ergebnissen der gegenwärtigen Massenproduktion abzugrenzen. Zugleich steigerte in diesem Fall die geringe wirtschaftliche Rentabilität der Lyrikproduktion den Symbolwert der Gattung (vgl. Jurt 1984, S. 34).

> Gemeinschaftsbildende Funktion

> ‚Wahre' Lyrik

Als Dichter galt ein Schriftsteller in erster Linie dann, wenn er sich im Bereich der Lyrik hervorgetan hatte – dieses Selbstverständnis lässt sich an Friedrich Nietzsche ebenso beobachten wie an Theodor Storm. Demzufolge beglaubigte gerade das lyrische Werk die Berufung des einzelnen zur Poesie. Als (nach Friedrich Hegel) subjektive Gattung gibt es einen Einblick in das innere Leben des Dichters, der zugleich die ganze Menschheit in sich trägt und zur Anschauung bringt. Anders gesagt: Wer etwas über sich selbst oder den Menschen an sich erfahren will, möge die Arbeiten der großen Lyriker in Geschichte und Gegenwart zu Rate ziehen. Denn: Lyrische Subjektivität bezeichnet die je eigentümliche Form bewusst gewordener und in diesem Bewusstwerdungsprozess objektivierter Subjektivität (vgl. Völker 1990, S. 171–180). Entsprechend bestimmt der Philosoph Arthur Schopenhauer den Dichter als „Spiegel der Menschheit", der dasjenige, „was sie fühlt und treibt", zu „Bewußtsein" bringe. Der Dichter repräsentiere den „allgemeine[n] Mensche[n]", genauer dessen Ju-

> Lyrik und schriftstellerisches Selbstverständnis

> Objektivierte Subjektivität

gend (Schopenhauer 1858 in: Völker 1990, S. 185f., 188). Diese Forderung, der Dichter habe „der allgemeine Mensch" zu sein, leitete sich dabei insbesondere aus dem Traditionsverhalten der Epoche ab, das Goethe zum zentralen Vorbild erklärte. Allerdings bot sich Goethe als der von Novalis so genannte „wahre Statthalter des poetischen Geistes auf Erden" nicht nur zur Nachahmung an; vielmehr „wird und muß" er „übertroffen werden" (Novalis 1978, S. 279, 414; vgl. Stockinger 2005a).

Medium der Selbstverständigung

Wie keine andere literarische Gattung diente Lyrik den Zeitgenossen als Medium der Selbstverständigung über die eigene Autorposition im Literaturbetrieb und in der einsetzenden Literaturgeschichtsschreibung. „Ich bin wesentlich Lyriker", behauptete Theodor Storm in einem Brief an seinen Verleger Georg Westermann von sich selbst, der seine „ganze dichterische u. menschliche Persönlichkeit, alles was von Charakter, Leidenschaft und Humor in mir ist", in seinen Gedichten wiederfindet, weniger in den Prosatexten (Storm 1987a, S. 744). Darüber hinaus verstand er sich als letzten bedeutenden Lyriker der deutschsprachigen Lyrikgeschichte (Storm 1976, S. 97) – eine nicht eben bescheidene Selbsteinschätzung, die aber immerhin Theodor Fontane insofern bestätigte, als er den Lyriker Storm („das mindeste zu sagen") zu „den drei, vier Besten" rechnete, „die nach Goethe kommen" (Fontane 1967, S. 215).

Inspirationspoetik und die Kunst der Verbesserung

In Fontanes Storm-Auslassungen findet sich ein wichtiger Hinweis auf den Umgang des Dichters mit seinen Texten und die zeitgenössische Inspirationspoetik: Der ‚gute' Dichter muss zu seinem Tun begabt sein, keine Frage. Zusätzlich hat er sich, wie laut Fontane an Storm zu sehen ist, diese Güte durch sorgfältiges „Verbessern, Feilen und Glätten" seiner Arbeiten langwierig und mühsam zu erarbeiten. „Unter seinen kleinen Gedichten sind viele, daran er ein halbes Jahr und länger gearbeitet hat. Deshalb erfüllen sie denn auch den Kenner mit so hoher Befriedigung" (Fontane 1967, S. 207). Auch Conrad Ferdinand Meyer, einer der wichtigsten Lyriker des Realismus, bestand auf ein dem Dichter eigenes Recht auf Vollendung und befand sich deshalb in steter Auseinandersetzung mit seinem Verleger Hermann Adolf Haessel, der sich fortdauernd über Meyers zeitraubende Verbesserungsarbeit beschwerte. Meyers Haltung zur Lyrik zeugt von einer hohen Wertschätzung der Gattung, an deren Vervollkommnung er sich vielfältig abarbeitete.

Zur poetologischen Spitzenstellung der Gattung stand die Praxis der lyrischen Produktion im 19. Jahrhundert in Kontrast. Lyrik wurde massenhaft hergestellt und bevorzugt in Zeitschriften und Anthologien veröffentlicht (vgl. Häntzschel 1997), gern auch als „Anhängsel opulenter Illustrationen" in Alben und Familienblättern (Sprengel 1998, S. 536). Die Verfasser orientierten sich an den wichtigen Vorbildern der Gattung seit dem ausgehenden 18. Jahrhundert, insbesondere an der seit der Romantik kanonisierten, vergleichsweise leicht erlernbaren Volksliedform. Allerdings waren sich viele von ihnen ihres epigonalen Status durchaus bewusst, etwa die heute weitgehend unbekannten Mitglieder des Münchner Dichterkreises *Krokodil* (vgl. Sprengel 1998, S. 539–545). So gesehen, holte sie nach 1850 ein, was in der ersten Jahrhunderthälfte von lyrischen Hochbegabungen wie Nikolaus Lenau oder Heinrich Heine nur befürchtet worden war: Dass es nämlich, so Lenau, nicht mehr „möglich" sei, „im Lyrischen noch Originelles hervorzubringen" (Lenau 1829, zitiert nach Sengle 1972, S. 470). Sobald Liebhaber und Laien die Poesie übernehmen, gerät diese unter massive Trivialitätsvorbehalte. Autoren, die gegen den zeitgenössischen Trend der Nivellierung einen hohen Anspruch an die Gattung behaupteten, stellten sich auf deren geringen Marktwert ein; die Auflagenhöhe von Lyrikbänden umfasste oftmals nicht mehr als 250–500 Stück und wurde nicht selten in vollem Umfang oder jedenfalls zu Teilen vom Verfasser selbst finanziert (vgl. Wittmann 1981, S. 191; eine Ausnahme stellte in den 1840er-Jahren die sehr viel lukrativere politische Lyrik dar, S. 212).

Anthologien

Epigonalitätsvorbehalte

Die „gereimte Poesie", als „Verselei" verachtet, war zumeist unverkäuflich: Den eigenen Broterwerb sicherte man sich als Schriftsteller vor allem dann, wenn man sich regelmäßig zu Wort meldete (also nicht auf den großen Wurf hin arbeitete), und zwar mit Dramen und Erzählungen oder Novellen, die sich dem Format der Tagespresse bzw. einer Monatsschrift anpassten. Für die Lyrik des 19. Jahrhunderts ist mehr als für jede andere Gattung davon auszugehen, dass sie in polemischen Konstellationen stand. Das bedeutet, sie befand sich in permanenter (teils widerständiger) Auseinandersetzung mit wichtigen Vorläufern und erfolgreichen Zeitgenossen, profilierte sich in diesen Verhandlungen, brachte sie aber auch selbst hervor.

Polemische
Konstellationen

Mit Lyrik ließ sich, wie gesagt, nicht viel verdienen. Angesichts dieses Befunds ist das Leseverhalten im 19. Jahrhundert umso aufschlussreicher (→ KAPITEL 5.1). Das Kleinbürgertum kaufte nur wenige Bücher; es bevorzugte die Leihbibliotheken, die der Nachfrage entsprechend in erster Linie Unterhaltungsromane anboten. Mehr als jeder andere Stand organisierte es die eigene Freizeit über unterschiedliche thematische Vereine; im Bereich der Lyrik ist, bezogen auf diese Schicht, ein „Verkaufsboom" zu verzeichnen. Zu den Spitzentiteln

Klassenspezifisches
Leseverhalten:
Kleinbürger

gehörten Werke wie Friedrich von Bodenstedts *Lieder des Mirza-Schaffy*, die zwischen 1851 und 1917 264 Auflagen erreichten und

Besitzbürger

die heute niemand mehr kennt. Das Besitzbürgertum interessierte sich ebenfalls für Gedichte, bevorzugte für private Liederabende allerdings sangbare Erlebnislyrik, die in Vertonungen von Franz Schubert, Robert Schumann, Johannes Brahms oder Hugo Wolf zu Gehör

Bildungsbürger

gebracht und auf lange Sicht so auch kanonisiert wurde. Die Bildungsbürger wiederum schätzten die rhetorisch ausgefeilte und inhaltlich anspruchsvolle Gedanken- oder Ideenlyrik von Autoren, die nicht zuletzt deshalb einen bis heute gültigen kanonischen Status erlangt haben

Land- und Industriearbeiter

(Goethe, Schiller, Hölderlin u. a.). Das Lyrikverhalten der Land- und Industriearbeiter bezog sich auf Volkslieder und sogenannte Gassenhauer, die auf spontane Rezeption (ob allein oder gemeinsam) angelegt waren: „Herr Bolle nahm zu Pfingsten/Nach Pankow hin sein Ziel". Das Beispiel der Lyrik ist hervorragend dafür geeignet, die schichtenspezifische Lektürepraxis zu veranschaulichen: „Der Arbeiter stimmte selbst seinen Gassenhauer an, der Kleinbürger sang im Gesangsverein, der Bildungsbürger bevorzugte die stille Lektüre gedruckter Gedichtbände, und der Besitzbürger ließ singen, d. h. er engagierte professionelle Vortragskünstler." (Schneider 2004, S. 203, 226ff., 249–275, 181f., 231)

Über alle Schichten hinweg war es für das Lyrikverständnis nach 1850 zentral, dass Lyrik etwas mit Gefühl zu tun habe, dass sie aus bestimmten Stimmungen heraus entstehe, die dann wiederum in der

Realistische Lyrik und romantische Poesiekonzepte

Lektüre reproduziert werden sollten. Die fraglose Bindung realistischer Lyrik an romantische Poesiekonzepte wird dadurch einmal mehr bestätigt (vgl. Fohrmann 1996, S. 423–431; → KAPITEL 3). Zugleich wurden diese Konzepte selbst umgestaltet. Die überlieferten Bestände zeigen, dass bevorzugt romantische Formen und Motive eingesetzt und variiert wurden, ohne das metareflexive, spielerische und ironische Potenzial romantischer Lyrik fortzuführen. Die negativen Folgen für die Qualität der so entstehenden Lyrik sind unübersehbar. Allerdings erlaubt es der Vergleich realistischer mit romantischer Produktion, Maßstäbe für die Wertung der Texte zu entwickeln und ihre eigentümliche Gestalt genauer zu beschreiben.

Vom sehnsüchtigen Blick in die Ferne ...

Die romantischen Bildwelten zu Liebe, Heimat, Natur etc. wurden aufgegriffen, ihrer reflexiven Brechungen und Spiegelungen aber beraubt. Ein Beispiel: Die in Joseph von Eichendorffs Gedicht *Sehnsucht* (1834) beschriebene romantische „Sehnsucht" einer am Fenster stehenden (Kunst-)Figur, die in die Ferne blickt und dem Lied zweier „Gesellen" lauscht, das von einer am Fenster stehenden und sehnsüchtig in die Ferne blickenden Figur handelt etc. (Eichendorff 1997, S. 80f.), wurde von Paul Heyse in seinem Gedicht *Idylle* (1852/53) in eine fröhlich ihren täglichen Geschäften nachgehende junge Hausfrau übersetzt. Auch diese Figur sieht ins Weite; sie ist aber nicht wie in Eichendorffs Gedicht durch ein Fenster von der Welt getrennt, sondern durch einen „Balkon". Und was sie sieht, löst bei ihr weder Staunen noch Sehnen aus, im Gegenteil: Es ist ihr wohl bekannt, es interessiert (wörtlich: es kümmert) sie allerdings nicht sonderlich. Denn: Sie hat in ihrer Familie ihr Glück gefunden (Heyse 1991, S. 302f.).

... zur fröhlich wirtschaftenden Hausfrau

Heyses *Idylle* reduziert die ganze „Welt" der Frau auf die Sorge um Haus und Hof, Kind und Ehemann. Der Text beschränkt die romantische Liebe auf den realistischen Ehealltag, den er als einzig erstrebenswertes (weibliches) Lebensziel darstellt:

> Junges Weib, wie manche Stunde
> Seh' ich deinem Glücke zu,
> Wie du auf dem Söller droben
> Schaltest ohne Rast und Ruh.
>
> [...]
>
> Noch kurze Frist, dann klingt ein rascher Fuß,
> Der Knabe lacht im Schlaf, das Hündchen bellt,
> Die Türe geht – Willkommen, Gruß und Kuß,
> Und in zwei Armen hältst du deine Welt.
> (Heyse 1991, S. 302f.)

In Texten wie diesem ist der „Geltungsanspruch der empfindsamen Lyrik [...] überhöht und entleert zugleich: nichts hat mehr Symbolfunktion, aber alles wird zum Symbol erklärt" – so der Germanist Jürgen Fohrmann (Fohrmann 1996, S. 427). Wie der Erfolgsdichter Heyse, so kannte sich auch das Gros der unzähligen zeitgenössischen Lyrik-Liebhaber in den gängigen Volksliedformen aus und variierte diese. Die bürgerliche Lebenswelt und ihre Ideale bestimmten die Inhalte der seriellen Lyrikproduktion der Zeit; anspruchsvollere (etwa poetologische) Zielsetzungen blieben ihr fremd.

6.2 Massenware oder höchste Gattung der Poesie?

Es gehört zu den zentralen Merkmalen von Bürgerlichkeit im 19. Jahrhundert, sich in Vereinen und Genossenschaften zu organisieren (→ KAPITEL 2.1, 5.2). Die stärker auf literarische Belange bezogenen

Vereine und Genossenschaften

Vereine übernahmen allgemeine Aufgaben sowohl der Literaturkritik als auch der Literaturpolitik (vgl. Littger 1984). Sie arbeiteten an Maßstäben zur Verbesserung des guten Geschmacks, und sie zielten dabei nicht nur auf die eigenen Mitglieder, sondern auch auf die gebildete Gesellschaft an sich. Zugleich suchten sie deren kulturelle Kompetenzen zu befördern, etwa durch die Gründung literarischer Zeitschriften oder dadurch, dass sie Foren für die Produktion und Rezeption von Literatur zur Verfügung stellten.

Massenkunst: Serialisierung und Typisierung

In diesem Zusammenhang entstand eine Vielzahl an Gedichten, sodass es bereits die schiere Menge nahe legt, von Massenkunst – oder in der Diktion des 19. Jahrhunderts, von Fabrik- oder industrieller Literatur (→ KAPITEL 5) – zu sprechen. Darüber hinaus sind sich die Texte in Gedankenführung, Metrik und Bildlichkeit sehr ähnlich, weil sie sich darin, wie gesagt, am Konzept der romantischen Volkspoesie orientierten und etwa auch auf Vertonung, jedenfalls Sangbarkeit zielten. Wie alle Massenkunst (vgl. Lauer 2005, S. 201 f.) zeichneten sie sich durch Verfahren der Serialisierung und durch die Verwendung typisierter Darstellungsverfahren aus. Deshalb waren sie zum einen leicht verständlich, bedienten zum anderen die Gewohnheiten sowie Erwartungshaltungen des Publikums und ließen sich zum dritten, grundständige handwerkliche Kenntnisse vorausgesetzt, gut variieren. Poetische Begabung im engeren Sinn war für das Verfassen nicht vonnöten. Das heißt aber auch: Weil sich die Gedichte kaum mehr voneinander unterschieden, wurden sie prinzipiell austauschbar, und weil (etwa in den Vereinen) die Mitglieder für Mitglieder produzierten, die selbst als Produzenten in Erscheinung traten, gingen Autoren- und Rezipientenrolle ineinander über. Berücksichtigt man in diesem Zusammenhang das nach Klassen und Milieus unterschiedene Lektüreverhalten dieser Jahre, meint lyrische Massenkunst im 19. Jahrhundert vor allem eins: Dass „die Klassen und Milieus wesentlich in bezug auf sich selbst, aber nach derselben Logik der Massenkunst Literatur kommunizieren". Bei allen Unterschieden in Leseinteressen und -gewohnheiten ist es ihnen „gemeinsam, Literatur als Massenkunst zu pflegen" (Lauer 2005, S. 202).

Der Autor als Rezipient, der Rezipient als Autor

Emanuel Geibel

Ein signifikantes Beispiel für die genannten Merkmale der Serialisierung und Typisierung stellt die Lyrik des zeitgenössischen Erfolgsautors Emanuel Geibel dar; für die zahlreichen Liebhaber-Produktionen gab sie zudem die maßgeblichen Muster vor. Mit Blick auf die Lyrik des Realismus drängt sich der Eindruck auf, es habe sich zwischen Spätromantik und Jahrhundertwende in diesem Bereich so gut wie nichts bewegt. Zur allgemeinen dynamischen Entwicklung der

Epoche und deren Auswirkung auf das Lebensgefühl der Menschen (→ KAPITEL 2) steht diese lyrische „Stagnation" (Link 1985, S. 234) in einem merkwürdigen Kontrast. Das Beispiel Geibels macht zudem auf ein weiteres Merkmal der Massenkunst als serieller Kunst aufmerksam: In ihrer Zeit war sie zweifellos sehr populär, literaturgeschichtlich setzte sie sich aber nicht durch. Zwar hat das kulturelle Gedächtnis das Gedicht *Der Mai ist gekommen* von 1841, insbesondere in der Vertonung Justus Wilhelm Lyras, bis heute bewahrt; Geibels Verfasserschaft aber ist weitgehend vergessen.

Lyrische „Stagnation"

Musterhaftigkeit oder Stereotypie zeigen sich auf vielen Ebenen: in der Metrik und Rhythmik der Gedichte, im Bereich des bevorzugten Wortschatzes und der Metaphorik sowie Semantik der Wörter (→ ASB FELSNER/HELBIG/MANZ). Das in vier vierzeiligen Strophen an gängige Volksliedformen angelehnte Gedicht *Durch die wolkige Maiennacht*, veröffentlicht 1856 in Geibels dritter Gedichtsammlung *Neue Gedichte*, skizziert mit wenigen Signalwörtern wie „Maiennacht", „Wald" oder „Blätter" eine unspezifische Naturszenerie, die sich in Kombination mit Signalwörtern aus dem Bereich der Wahrnehmung („Schallen", „Duft") und der romantischen Sehnsucht („ahnungsreicher Duft", „Zukunftsträume[]") atmosphärisch verdichtet. Unterstützt wird dieser Eindruck durch Metrum und Endreimschema. Kreuzreim und regelmäßig wechselnde Kadenz entsprechen dem ebenso regelmäßigen Wechsel von vier- und dreihebigen Trochäen:

Durch die wolkige Maiennacht

> Durch die wolkige Maiennacht
> Geht ein leises Schallen,
> Wie im Wald die Tropfen sacht
> Auf die Blätter fallen.
>
> Welch ein ahnungsreicher Duft
> Quillt aus allen Bäumen!
> Dunkel webt es in der Luft
> Wie von Zukunftsträumen.
>
> Da, im Hauch, der auf mich sinkt,
> Dehnt sich all mein Wesen,
> Und die müde Seele trinkt
> Schauerndes Genesen.
>
> Müde Seele, hoffe nur!
> Morgen kommt die Sonne,
> Und du blühst mit Wald und Flur
> Hell in Frühlingswonne.
> (Geibel 1918, Bd. 2, S. 39f.)

Die einzige auffällige Abweichung von diesem Schema findet sich in der ersten Verszeile des Gedichts: „wolkige Maiennacht" durchbricht die trochäische Ordnung, lenkt die Aufmerksamkeit eigens auf die dichotome Kombination von ‚wolkig' und ‚Mai' und hebt damit Überschrift und Programm des Textes gleich zu Beginn eigens hervor. Die Darstellungslogik der weiteren Strophen folgt dann auch wenig überraschend einem Weg von relativer Undurchschaubarkeit („wolkig[]") zu unmissverständlicher Klarheit (darauf verweist „[h]ell" in der letzten Verszeile), inhaltlich beschrieben als Schärfung aller Sinne, die unweigerlich zur avisierten Aufklärung führt. Das „leise[] Schallen" und die „sacht" fallenden „Tropfen" der ersten Strophe beziehen das Gehör ein, der „ahnungsreiche[] Duft" der zweiten Strophe den Geruchssinn, die trinkende „Seele" der dritten Strophe spielt vermittelt auf den Geschmackssinn an und die erhellende Morgensonne der vierten Strophe auf den Gesichtssinn (das Sehen).

Romantische Elemente

Romantische Elemente lassen sich vor allem in den ersten drei Strophen des Gedichts beobachten: Die Natur fungiert als Abbild der Seele, es dominiert der Gestus der Ahnung, des Traums, der Sehnsucht. In der letzten Strophe wird das schon in der „wolkigen Maiennacht" enthaltene Versprechen, dass die Morgensonne aufgehen wird, eingelöst, indem hier eine sichere Zukunftsprognose formuliert wird. Die Aufforderung zur Hoffnung auf Veränderung der Verhältnisse geht unmittelbar in Gewissheit über – und genau daran wird die realistische Zielrichtung des Gedichts deutlich: Die Sonne *wird* morgen die jetzt noch müde Seele zum Blühen bringen; die romantische Sehnsucht verharrt nicht im Unbestimmten, sondern sie wird erfüllt. Mit dem Literaturwissenschaftler Eberhard Lämmert gesagt: Geibel überträgt das konjunktivische Sprechen romantischer Vorlagen in den Indikativ (vgl. Lämmert 1967, S. 244). „Es war, als hätt der Himmel/die Erde still geküßt" – so hatte es noch prominent in Eichendorffs *Mondnacht* von 1837 geheißen (Eichendorff 1997, S. 83).

Realistische Zielrichtung

Storms Kritik an Geibel

Storms Kritik an Geibel beruht auf Texten wie *Durch die wolkige Maiennacht*, denen er klischeehaftes Sprechen, mangelnde Authentizität in der Darstellung und Evokation von Empfindungen sowie bloße Handwerklichkeit vorwarf. Dagegen setzte er ein Lyrikverständnis, das diese Gattung als höchste poetische Ausdrucksform, als „Offenbarung" (Storm 1988b, Bd. 4, S. 335), begreift. An welchen Maßstäben Storm die lyrische Produktion Geibels maß, lässt sich beispielsweise an seiner Rezension *Lieder der Liebe von M. Ant. Niendorf* (1854) ablesen. Storm forderte hier explizit dazu auf, sich

Maßstäbe für ‚gute' Lyrik

von der bloßen „Phrase" zu lösen, die er als Variation konventioneller rhetorischer Figuren und Bilder ablehnte. Darüber hinaus sollten Inhalt und Form des Gedichts in einem organischen Zusammenhang zueinander stehen, um der eigentlichen Wirkabsicht von Lyrik zu genügen, „eine Seelenstimmung derart im Gedichte festzuhalten, dass sie durch dasselbe bei dem empfänglichen Leser reproduziert wird". Indem der Text eine Lebenssituation unmittelbar abbildet, wird diese laut Storm im sympathetischen Nachvollzug durch den Leser nochmals verlebendigt, und die individuelle Gefühlslage des Dichters erhält so einen allgemeingültigen Charakter. Nicht wie in der Massenproduktion bilden literarische Muster und vorgegebene lyrische Formeln das „Fundament" des Gedichts, sondern „geradezu das Erlebnis" des Dichters. Dieses muss sich allerdings nicht auf ein reales Ereignis beziehen, sondern kann ebenso gut erfunden sein. Anders gesagt: Gute Lyrik lässt sich daran erkennen, dass sie den Leser emotional ergreift, denn nur dann gibt sie ein tatsächliches Erlebnis des Dichters wieder. Der wertungstheoretische Kurzschluss dieses Programms besteht darin, dass von der ausbleibenden Wirkung eines Textes auf dessen mangelnde Qualität geschlossen wird – und nicht etwa emotive oder kognitive Defizite des Betrachters dafür herhalten müssen (Storm 1988b, Bd. 4, S. 330f., 332, 334).

Organischer Zusammenhang von Form und Inhalt

Reproduktion der Stimmung beim Lesen

In der Hauptsache wandte sich Storm gegen ein Genre der Lyrik, das er als Reflexionspoesie beschrieb. Als ein Beispiel hierfür nannte er Geibels *Minnelied*. Der Text didaktisiere seinen Gegenstand; eine „Atmosphäre der Liebe" entstehe so nicht (Storm 1988b, Bd. 4, S. 333):

Reflexionspoesie

> Es gibt wohl manches, was entzücket,
> Es gibt wohl vieles, was gefällt;
> Der Mai, der sich mit Blumen schmücket,
> Die güldne Sonn' im blauen Zelt.
> Doch weiß ich eins, das schafft mehr Wonne
> Als jeder Glanz der Morgensonne,
> Als Rosenblüt' und Lilienreis:
> Das ist, getreu im tiefsten Sinne
> Zu tragen eine fromme Minne,
> Davon nur Gott im Himmel weiß.
> (Geibel 1918, Bd. 1, S. 164f.)

Es folgen sieben weitere gleichartige Strophen. Auf diese Weise, so Storm, mache das Gedicht unentwegt darauf aufmerksam, eine Art Liebesgedicht in Volksliedform darzustellen. Es repräsentiere aber ein

Gefühl, das ihm nicht vorausgegangen sei und das es auch nicht erzeuge. An die Stelle der Empfindung treten „geistreiche Gedanken über die Liebe in Versen" (Storm 1988b, Bd. 4, S. 332).

Aus dieser Perspektive sind die Grenzen zwischen Geibels Texten und jener Lyrikproduktion fließend, die im 19. Jahrhundert in der Tat die Masse ausmachte: die Produktion der Gymnasiasten, der höheren Töchter oder der Liebhaberliteraten in den Vereinen. Schon früh versuchte der Pädagoge Tobias Gottfried Schröer daher, in *Briefen an eine Jungfrau über die Hauptgegenstände der Aesthetik* das leidige „Chaos der übermäßigen Production" zu regulieren. Es werde so viel Schlechtes erzeugt, „daß man ordentlich Furcht bekommt, Gedichte zu lesen" (Schröer 1837, zitiert nach Lauer 2005, S. 183). Dass sein 1837 erstmals veröffentlichtes Werk 1876 bereits in der 19. Auflage vorlag, hat an den darin beklagten Missständen offensichtlich nichts geändert.

6.3 Realistische Töne: Paul Heyse

Zu den meistgelesenen Autoren der Zeit gehört Paul Heyse (1830–1914), der sich bereits in Jugendjahren als Schriftsteller versuchte. Schon früh setzte sich der um 15 Jahre ältere Emanuel Geibel für ihn ein; Mitte der 1850er-Jahre vermittelte er ihn dann nach München, an den Hof Maximilians II. Heyses überliefertes Werk ist äußerst umfangreich, es umfasst Romane und Novellen, Lyrik und Übersetzungen. Zwar konnte er sich insbesondere mit seinen Novellen auf dem Markt durchsetzen, aber auch die Lyrik wurde viel gelesen. Sie ist vom Umgang mit den Klassikern, allen voran mit Goethe, geprägt, und sie zeugt von der ausführlichen Auseinandersetzung des promovierten Philologen mit dem Kunstverständnis von Klassik und Romantik.

Heyse: Mit Sausen und Brausen

Ein Beispiel hierfür stellt das Gedicht *Mit Sausen und Brausen* aus der um 1872 entstandenen Sammlung *Neues Leben* dar (linke Spalte). Das Gedicht ist nicht in Strophen unterteilt und bildet so die Bewegung des Wassers vom ungebändigten Bach zum domestizierten See auch typografisch ab. Die Binnengliederung des Textes wird allerdings erst anschaulich, wenn man seine durch die Endreimung implizite strophische Ordnung sichtbar macht (rechte Spalte), um so die der gewählten Form eigentümliche Semantik zu bestimmen.

Mit Sausen und Brausen	1	Mit Sausen und Brausen (x)
Der Bach kommt geschossen,		Der Bach kommt geschossen, (a)
In Sprüngen und Possen		In Sprüngen und Possen (a)
Vollbringt er den Lauf.		Vollbringt er den Lauf. (b)
Die Welle wie helle!	5	Die Welle wie helle! (x)
Er träumt nur vom Meere,		Er träumt nur vom Meere, (c)
Und Schleusen und Wehre –		Und Schleusen und Wehre – (c)
Nichts hält ihn nun auf.		Nichts hält ihn nun auf. (b)
Doch drunten im Grunde		Doch drunten im Grunde (x)
Er stutzt an der Mühle!	10	Er stutzt an der Mühle! (d)
Nun enden die Spiele,		Nun enden die Spiele, (d)
Er strudelt und kocht.		Er strudelt und kocht. (e)
Trotz Schämen und Grämen		Trotz Schämen und Grämen (x)
In saurem Geschäfte		In saurem Geschäfte (f)
Verbrausen die Kräfte,	15	Verbrausen die Kräfte, (f)
Vom Rad unterjocht.		Vom Rad unterjocht. (e)
Vorüber das Fieber!		Vorüber das Fieber! (x)
Die Frone geendigt!		Die Frone geendigt! (g)
Nun dehnt er gebändigt		Nun dehnt er gebändigt (g)
Zum Weiher sich aus.	20	Zum Weiher sich aus. (h)
Die Welle wie helle!		Die Welle wie helle! (x)
Nicht lockt ihn die Ferne;		Nicht lockt ihn die Ferne; (j)
Er spiegelt die Sterne		Er spiegelt die Sterne (j)
Und Garten und Haus.		Und Garten und Haus. (h)
(Heyse 1991, S. 188)		

Das Gedicht besteht aus drei daktylischen Achtzeilern im Ländlertakt. Diese lassen sich jeweils wieder in je zwei Vierzeiler unterteilen, deren erweitert schweifende Endreimung (etwa die Wiederaufnahme von b in der achten Verszeile) den Zusammenhalt der Strophen sichert. Genauer: Erweitert wird die Schweifreimform durch regelmäßige Waisen (x), die den Reimfluss allerdings kaum unterbrechen, sondern sich durch lautliche Parallelen auf die ihnen unmittelbar korrespondierenden Reime beziehen, etwa durch Assonanzen: „Brausen" (V. 1) / „Lauf" (V. 4) oder „drunten im Grunde" (V. 9). In erster Linie wird der Bezug allerdings vermittels Binnenreimung hergestellt: „Sausen und Brausen" (V. 1), „Welle wie helle" (V. 5, 21), „Schämen und Grämen" (V. 13), „Vorüber das Fieber" (V. 17). Die so entstehende Bewegung ist (den Strophen entsprechend) triadisch organisiert: Sie verläuft von jugendlichem Übermut über die gebremste, zunächst erzwungene, jedenfalls stetige Tätigkeit (im Bild des Mühl-

Analyse

rads) zur Ruhe des Weihers, der das in „Garten und Haus" tätig Erreichte wiedergibt und bewahrt. Ein symbolisches Verständnis des Wasserverlaufs als Abbild des Menschenlebens (Jugend – Erwachsenenzeit – Alter) liegt nahe; auch die teilweise schmerzhaften Übergänge zwischen den Lebensphasen werden thematisiert (v. a. in Strophe 2).

Die Vorlage hierfür liefert ein berühmtes Sonett Goethes, *Mächtiges Überraschen*, entstanden 1807/08, erstmals veröffentlicht 1815:

1 Ein Strom entrauscht umwölktem Felsensaale,
Dem Ozean sich eilig zu verbinden;
Was auch sich spiegeln mag von Grund zu Gründen,
Er wandelt unaufhaltsam fort zu Tale.

5 Dämonisch aber stürzt mit einem Male –
Ihr folgen Berg und Wald in Wirbelwinden –
Sich Oreas, Behagen dort zu finden,
Und hemmt den Lauf, begrenzt die weite Schale.

Die Welle sprüht und staunt zurück und weichet,
10 Und schwillt bergan, sich immer selbst zu trinken;
Gehemmt ist nun zum Vater hin das Streben.

Sie schwankt und ruht, zum See zurückgedeichet;
Gestirne, spiegelnd sich, beschaun das Blinken
Des Wellenschlags am Fels, ein neues Leben.
(Goethe 1981, Bd. 1, S. 294)

Goethes Symbolbegriff ...

Das Sonett eignet sich zur Veranschaulichung von Goethes Symbolbegriff, dem zufolge die „Symbolik [...] die Erscheinung in Idee, die Idee in ein Bild [verwandelt], und so, daß die Idee im Bild immer unendlich wirksam und unerreichbar bleibt und, selbst in allen Sprachen ausgesprochen, doch unaussprechlich bliebe" (Goethe 1981, Bd. 12, S. 470). Ohne an dieser Stelle Goethes Text näher behandeln zu können, zeigt sich doch beim Vergleich mit Heyses Bearbeitung,

... und Heyses Bearbeitung

dass beide Texte von einer „Erscheinung" ausgehen, die der Poetisierung voraus liegt: von einer natürlichen Gegebenheit (in diesem Fall dem Verlauf eines Flusses von seiner Quelle bis in den Ozean – der allerdings nicht erreicht wird). Und es zeigt sich, dass beide Gedichte am Beispiel der genannten „Erscheinung" die „Idee" (in diesem Fall des menschlichen Lebens) zur Anschauung bringen, indem sie diese Idee in ein poetisches „Bild" umformen. Allerdings bemüht Heyse keine mythische Figur, um die Kanalisierung des Wassers zu motivieren. Während in Goethes Sonett „Oreas" (V. 7), eine Bergnymphe, die wiederum für die Liebe stehen mag, den Lauf hindert, verantwortet dies in Heyses Ländler das Mühlrad, das die Mühen des menschlichen Arbeitslebens augenscheinlich macht. Im Zeitalter des Realismus wird die Natur durch die Technik gebändigt und bildet so die reale Existenz der Menschen dieser Zeit sehr genau ab. Allerdings bleibt auch Heyses Abbildung – dem idealrealistischen Literaturprogramm der Epoche gemäß – eine Tendenz zur Verklärung oder Überhöhung eingeschrieben. Der „Weiher" (V. 20) „spiegelt" (V. 23) eben nicht nur „Garten und Haus" (V. 24), sondern auch „die Sterne" (V. 23).

Heyses Lebensstrom-Gedicht repräsentiert Lyrik und Lyrikprogramm des Realismus in dreierlei Hinsicht: erstens durch die intertextuelle Anbindung an das Vorbild Goethe in der Doppelung von *Imitatio* (Nachahmung) und *Aemulatio* (Überbietung); zweitens durch die Orientierung an einem um 1800 ausgeprägten Lyrikprogramm, das auf Form-Inhalt-Korrespondenzen ebenso Wert legt wie auf den Erlebnischarakter von Dichtung; und drittens durch die realistische Revision der literaturgeschichtlich tradierten Vorgaben. Der Akzent liegt jetzt eben nicht mehr auf der ‚Idee im Bild', sondern auf einer realistischen Überhöhung der Wirklichkeit, die der Oberfläche der Erscheinung den idealen Seinsgrund zu entbinden sucht.

Das Lyrikprogramm des Realismus

Fragen und Anregungen

- Skizzieren Sie am Beispiel der Lyrik schichtenspezifische Unterschiede in der Lektürepraxis.

- Welche Rolle spielt die Gattung im Hinblick auf das Selbstverständnis der Autoren?

- Welche Merkmale kennzeichnen die Lyrik der Epoche als Massenkunst?

- Erläutern Sie Storms Kritik an Emanuel Geibels Lyrik. Welches Lyrikverständnis setzt er ihr entgegen?

- Inwiefern versammelt Paul Heyses Gedicht *Mit Sausen und Brausen* wichtige Merkmale des realistischen Lyrikprogramms?

Lektüreempfehlungen

Quellen
- Geibels Werke, hg. v. Wolfgang Stammler. Kritisch durchgesehene und erläuterte Ausgabe. Erster und zweiter Band, Leipzig/Wien [1918].

- Paul Heyse: Gesammelte Werke. Dritte Reihe. Band 5: Hadrian/ Alkibiades. Gedichte und Übersetzungen. Paul Heyse, Lebensbild von E. Petzet. Mit einem Nachwort zur Neuausgabe v. Norbert Miller, Hildesheim/Zürich/New York 1991 (Nachdruck der Ausgabe Stuttgart 1924).

- Gerhard Plumpe (Hg.): Theorie des bürgerlichen Realismus. Eine Textsammlung. Bibliographisch ergänzte Ausgabe, Stuttgart 1997 (darin S. 291–318; Auszüge aus Kap. VII: *Gattungsdiskussionen*, zeitgenössische Stellungnahmen zur Theorie der Lyrik enthaltend).

- Ludwig Völker (Hg.): Lyriktheorie. Texte vom Barock bis zur Gegenwart, Stuttgart 1990, S. 171–180; 184–188; 200–209; 219–221; 224–226; 240–242.

Forschung
- Paul Böckmann: Deutsche Lyrik im 19. Jahrhundert, in: ders., Dichterische Wege der Subjektivierung, hg. v. der Deutschen Schillergesellschaft, Tübingen 1999, S. 3–24. *Stilgeschichtlich orientierter Überblicksbeitrag, der den Formenwandel der Lyrik anhand stimmungslyrischer Paradigmen nachzeichnet.*

- Jürgen Fohrmann: Lyrik, in: Bürgerlicher Realismus und Gründerzeit 1848–1890, hg. v. Edward McInnes und Gerhard Plumpe, München/Wien 1996, S. 394–461. *Ausgezeichnete Überblicksdarstellung.*

- Günter Häntzschel: Lyrik und Lyrik-Markt in der zweiten Hälfte des 19. Jahrhunderts. Fortschrittsbericht und Projektskizzierung, in: Internationales Archiv für Sozialgeschichte der deutschen Literatur 7 (1982), S. 199–246. *Informative sozialgeschichtliche Kontextualisierung der zeitgenössischen Produktionsbedingungen.*

- Gerhard Lauer: Lyrik im Verein. Zur Mediengeschichte der Lyrik des 19. Jahrhunderts als Massenkunst, in: Lyrik im 19. Jahrhundert. Gattungspoetik als Reflexionsmedium der Kultur, hg. v. Steffen Martus, Stefan Scherer und Claudia Stockinger, Bern u. a. 2005, S. 183–203. *Standardbeitrag zur Lyrik des 19. Jahrhunderts als Massenkunst.*

7 Lyriker des Realismus

Abbildung 9: E. V–y.: Ein Grab im Unterland (*Die Gartenlaube*, 1874)

Zwei Steinkreuze stehen auf der Abbildung „Ein Grab im Unterland" (1874) einträchtig nebeneinander. Sie befinden sich auf einem eigens eingezäunten, von einem Laubbaum beschirmten Areal, das sich von der Umgebung des vernachlässigt wirkenden Friedhofs deutlich abhebt. Kein Kreuz ist größer als das andere, beide ziert der gleiche Schriftzug, und nur die Namen unterscheiden sich: Links wurde Charlotte Dorothea Mörike beerdigt; der um das Kreuz gewundene Kranz deutet darauf hin, dass der Tod noch nicht allzu lang zurückliegt. Rechts wurde eine Frau begraben, der ein berühmter Sohn einerseits die Aufmerksamkeit der Nachgeborenen gesichert hat; andererseits wurde sie durch diesen Bezug ihres Vornamens (und damit ihrer eigenständigen Persönlichkeit) beraubt: „Schiller's Mutter". Das Arrangement dieser „Wallfahrtsstätte" (Braungart 1999, S. 127) geht auf den Dichter Eduard Mörike zurück, der zwischen 1834 und 1843 das Amt des Pfarrers in Cleversulzbach verwaltete, wo Elisabetha Dorothea Schiller 1802 ihre letzte Ruhestätte gefunden hatte. Mörike brachte nicht nur selbst die Inschrift an; er ließ auch seine eigene Mutter 1841 hier beisetzen. Die Lyriker des Realismus behaupteten ein emphatisches und sehr persönliches Verhältnis zur Gattung Lyrik, wenn sie sich in den Traditionsraum der ‚Klassiker' um 1800 stellten: Mit seinen Bemühungen um das Grab der Mutter Schillers, das er in einem 1835 entstandenen Gedicht gar als „Heiligthum" bezeichnete (Mörike 2003, S. 132), rückte Mörike die eigene Autorschaft in eine besondere Nähe zu derjenigen Friedrich Schillers.

Eduard Mörikes und Conrad Ferdinand Meyers traditionsbewusstes Verhältnis zu ihren Gedichten war von zwei Grundzügen geprägt: von der Skepsis den eigenen Erzeugnissen gegenüber und von einem damit verbundenen Bedürfnis nach permanenter Überarbeitung und Verbesserung der Texte. In poetologischer Hinsicht allerdings weisen Meyers und Mörikes Herangehensweisen grundlegende Differenzen auf. Mörikes Poetik der Plötzlichkeit zielt auf die erlebnis- und augenblicksbezogene Inszenierung von Natürlichkeit, also darauf, die Künstlichkeit der Texte zu verschleiern; Meyer verwirft die Erlebniskategorie und reflektiert in seiner Lyrik die Bedingungen der Möglichkeit von Weltwahrnehmung und Kunsterleben.

7.1 **Eduard Mörike**
7.2 **Conrad Ferdinand Meyer**

7.1 Eduard Mörike

Lyrik wurde im 19. Jahrhundert massenhaft produziert, gelesen und vorgetragen, Geld verdienen konnten damit allerdings nur die Wenigsten (→ KAPITEL 6). „Wir wissen jetzt sehr genau, warum wir dichten", ironisierte der Berliner Schriftsteller und Publizist Oskar Blumenthal 1876 in der *Allgemeinen literarischen Börsenzeitung* die Situation. Er bezog sich dabei auf die zwischen den Autoren und den Verlegern bzw. Herausgebern ausgehandelten Verträge: Lustspiele, Novellen und Romane brachten Honorare ein; vom Lyriker aber sei „bekannt, daß er gewöhnlich gar nichts bezahlt bekommt" (Blumenthal 1876, zitiert nach Wittmann 1999, S. 283). Betrachtet man dagegen zeitgenössische Erfolgsautoren, die auch als Lyriker erfolgreich waren, so drängt sich schnell der Eindruck auf, dass sich qualitativ hochwertige Erzeugnisse und hohe Auflagenzahlen ausschlossen. Schon die zeitgleiche Literaturwissenschaft begründete die unbestreitbare Popularität der Lyrik Emmanuel Geibels mit der Trivialität der Texte, die den Geschmack nichtprofessioneller Leser bedienten, für den Kenner aber uninteressant seien – so jedenfalls soll sich, nach Auskunft seines akademischen Schülers Erich Schmidt in einem Brief an Storm, der Literaturwissenschaftler Wilhelm Scherer über den Zustand der gegenwärtigen deutschen Lyrik geäußert haben. Die Lieder Storms seien demgegenüber von einem ganz anderen Kaliber (vgl. Storm 1974, S. 103).

Die Zahl der bis heute kanonisierten Lyriker dieser Zeit ist überschaubar. In der Forschung genannt werden – an der Schwelle zum Realismus – Heinrich Heine, dann Eduard Mörike und Friedrich Hebbel, Theodor Storm und Gottfried Keller, Conrad Ferdinand Meyer und Theodor Fontane. Mörike gilt als derjenige Lyriker, dessen Werk mindestens das zweite Drittel des 19. Jahrhunderts repräsentiert (vgl. Schlaffer 1966, S. 5); für Autoren wie Storm oder Hebbel stellte er (neben Goethe) eine der wichtigsten Bezugsgrößen für die eigenen Arbeiten dar.

Die kanonischen Lyriker

Schon früh zum ungeliebten geistlichen Beruf bestimmt, hatte der junge Mörike vergeblich versucht, seinen Lebensunterhalt als freier Autor zu verdienen. Er durchlitt die Jahre der „VicariatsKnechtschaft" (Mörike 1827, zitiert nach Mayer 1998, S. 16), also des ersten praktischen Teils der Ausbildung zum evangelischen Pfarrer. Zugleich entstanden in dieser Zeit wirkmächtige Naturgedichte wie *Septembermorgen* (1827), *Im Frühling* (1828) oder *Er ist's* (1829), das zu den bekanntesten Frühlingsgedichten der deutschsprachigen

Eduard Mörike

Lyrik des 19. Jahrhunderts und zu den meistzitierten deutschen Gedichten überhaupt gehört:

Er ist's
> Frühling läßt sein blaues Band
> Wieder flattern durch die Lüfte;
> Süße, wohlbekannte Düfte
> Streifen ahnungsvoll das Land.
> Veilchen träumen schon,
> Wollen balde kommen.
> – Horch, von fern ein leiser Harfenton!
> Frühling, ja du bist's!
> Dich hab ich vernommen!
> (Mörike 2003, S. 41)

1834 wurde Mörike Pfarrer in Cleversulzbach, nahe Heilbronn, hielt es dort aber, auch aus gesundheitlichen Gründen, nur bis 1843 aus. Es folgten unruhige Jahre u. a. in Bad Mergentheim, später in Stuttgart. Mörike unterrichtete ein wenig und verfasste seine wichtigsten Gedichte. In der zweiten Hälfte der 1850er-Jahre stellte er dann aber die schriftstellerische Produktion beinahe vollständig ein (bis zu seinem Tod 1875) und beschäftigte sich nur noch mit der – philologisch hochinteressanten – akribischen Überarbeitung vieler seiner Gedichte. Das Bemerkenswerte daran ist: Je hartnäckiger Mörike verstummte, desto unaufhaltsamer wandte sich die Aufmerksamkeit zumindest des zeitgenössischen Literaturbetriebs seinen Texten zu. Mörike erhielt Preise und Ehrungen, man besuchte und zitierte ihn; die Verkaufszahlen allerdings ließen nach wie vor zu wünschen übrig (vgl. Mayer 1998, S. 20f.).

Rückzug aus der Poesie ...

... und öffentliche Anerkennung

Diese geringe Breitenwirkung mag den Dichter gekränkt haben. Dass er mit dem Schreiben aufhörte, ist aber eher dem Umstand geschuldet, dass Mörike selbst mit den eigenen Produkten nie so recht zufrieden war. In Akten poetischer Selbstzensur hat er nicht selten jahrelang an einzelnen Gedichten gefeilt, Kleinigkeiten verändert, ausgetauscht, umgestellt und die Texte so dem „Prozeß einer filigranen Differenzierung" unterworfen (Mayer 1999, S. 9). Er folgte dabei keineswegs klaren Regeln oder einem festgelegten Ordnungskonzept, sondern einer bestimmten Vorstellung von Ungezwungenheit (vgl. Mörike 1986, S. 93), die auch die Anordnung seiner Texte in Werkausgaben betraf und deren Bindung an die jeweilige Situation ihrer Entstehung betonte (vgl. Heydebrand 1973). Mörikes Ziel war es, seine Gedichte möglichst ausgewogen wirken zu lassen, harmonisch und heiter (vgl. Heydebrand 1972, S. 289; Zeller 1994, S. 166). Er interes-

Mörikes Verbesserungsästhetik

Ausgewogenheit

sierte sich vor allem für die „schöne *Form*" des einzelnen Gedichts, das wie ein natürliches, gleichsam organisch gewachsenes Gebilde erscheinen sollte. Dass es sich (wie Literatur an sich) stattdessen um ein artifizielles Produkt handelte, sollte dem Leser gar nicht zu Bewusstsein kommen. Interessante Ideen, so Mörike, „können auch Andere haben: aber dieß Alles in harmonischer, unverrückbar geschlossener Form einschmeichelnd uns wieder zu geben, das ist der Vorzug des Poeten" (Mörike 1986, S. 175f.).

Die „schöne Form"

Mörikes Texte arbeiten demnach an der so schwierigen Kunst der Leichtigkeit. Sie folgen benennbaren Kompositionsprinzipien, und doch sollen sie den Eindruck erwecken, als stellten sie so etwas wie Naturerzeugnisse dar. Dass Mörikes Rechnung in dieser Hinsicht zunächst einmal aufging, zeigt die frühe – in vielerlei Hinsicht verdienstvolle – Mörike-Forschung, die, wie z. B. der Berner Literaturwissenschaftler Harry Maync, behauptete: „Mörikes Lyrik ist geworden, nicht gemacht" (Maync 1902, zitiert nach Mayer 1999, S. 12). Tatsächlich aber handelte es sich in eminentem Sinn um ‚gemachte' Lyrik, allerdings um eine ‚gemachte' Lyrik, die wie ‚gewordene' aussieht. Mörikes Texte rufen Lyrikkonzepte des ausgehenden 18. Jahrhunderts auf, die Originalität im lyrischen Ausdruck forderten und den Erlebnischarakter von Dichtung betonten, sich also den Anschein gaben, als beruhten sie auf einem realen Erlebnis des Autors; zugleich unterlaufen bzw. ironisieren sie diese Konzepte.

Kunst der Leichtigkeit

Erlebnischarakter

Ein aussagekräftiges Beispiel ist *An einem Wintermorgen, vor Sonnenaufgang*, 1825 entstanden, 1834 erstmals veröffentlicht, das als „poetologisches Programmgedicht" alle von Mörike veranstalteten Gedichtausgaben einleitet. Mit dem Literaturwissenschaftler Mathias Mayer kann man es als „Phantasie von der Geburt des Gedichtes schlechthin" bezeichnen (Mayer 1998, S. 29). In den frühen Morgenstunden dichtet es sich demnach am besten, in der „flaumenleichte[n] Zeit der dunkeln Frühe", die im Dichter eine „neue Welt" bewege – so heißt es in den ersten beiden Versen des Gedichts. Es endet – rahmend – mit dem Anbruch des Tages.

An einem Wintermorgen, vor Sonnenaufgang

An einem Wintermorgen, vor Sonnenaufgang

1 O flaumenleichte Zeit der dunkeln Frühe!
  Welch neue Welt bewegest du in mir?
  Was ist's, daß ich auf einmal nun in dir
  Von sanfter Wollust meines Daseins glühe?

5 Einem Krystall gleicht meine Seele nun,
  Den noch kein falscher Strahl des Lichts getroffen;
  Zu fluthen scheint mein Geist, er scheint zu ruhn,
  Dem Eindruck naher Wunderkräfte offen,
  Die aus dem klaren Gürtel blauer Luft
10 Zuletzt ein Zauberwort vor meine Sinne ruft.

  Bei hellen Augen glaub' ich doch zu schwanken;
  Ich schließe sie, daß nicht der Traum entweiche.
  Seh' ich hinab in lichte Feenreiche?
  Wer hat den bunten Schwarm von Bildern und Gedanken
15 Zur Pforte meines Herzens hergeladen,
  Die glänzend sich in diesem Busen baden,
  Goldfarb'gen Fischlein gleich im Gartenteiche?

  Ich höre bald der Hirtenflöten Klänge,
  Wie um die Krippe jener Wundernacht,
20 Bald weinbekränzter Jugend Lustgesänge;
  Wer hat das friedenselige Gedränge
  In meine traurigen Wände hergebracht?

  Und welch Gefühl entzückter Stärke,
  Indem mein Sinn sich frisch zur Ferne lenkt!
25 Vom ersten Mark des heut'gen Tags getränkt,
  Fühl' ich mir Muth zu jedem frommen Werke.
  Die Seele fliegt, so weit der Himmel reicht,
  Der Genius jauchzt in mir! Doch sage,
  Warum wird jetzt der Blick von Wehmuth feucht?
30 Ist's ein verloren Glück, was mich erweicht?
  Ist es ein werdendes, was ich im Herzen trage?
  – Hinweg, mein Geist! hier gilt kein Stillestehn:
  Es ist ein Augenblick, und Alles wird verwehn!

Dort, sieh, am Horizont lüpft sich der Vorhang schon!
35 Es träumt der Tag, nun sei die Nacht entflohn;
Die Purpurlippe, die geschlossen lag,
Haucht, halbgeöffnet, süße Athemzüge:
Auf einmal blitzt das Aug', und, wie ein Gott, der Tag
Beginnt im Sprung die königlichen Flüge!
(Mörike 2003, S. 11f.)

Der erste Sinnabschnitt des Gedichts (bestehend aus den Strophen 1 und 2) beschreibt die Morgendämmerung als eine Zeit des Übergangs in eine Phantasiewelt, die noch ganz mit Merkmalen und Bilderwelten der Romantik ausgestattet ist. Die „Seele" „gleicht" einem „Krystall" (V. 5), der „Geist" (V. 7) zwischen Schlaf- und Wachzustand scheint sich „Wunderkräfte[n]" (V. 8) zu öffnen, die „aus dem klaren Gürtel blauer Luft" (V. 9) jenes romantische „Zauberwort" (V. 10) hervorrufen, das mit Eichendorff „die Welt" zum Singen bringt und das Leben poetisiert (Eichendorff 1997, S. 32; → KAPITEL 3.1). Der zweite Sinnabschnitt (Strophen 3 bis 5) verweist auf die Ratlosigkeit des sich in einer Art Wachtraum befindenden Dichters, der seinen Gemütszustand nicht recht fassen kann, weder weiß, was von diesem „bunten Schwarm von Bildern und Gedanken" zu halten ist (V. 14), der vor seinem inneren Auge erscheint, noch, wie dieser zustande kommt: „Bei hellen Augen glaub' ich doch zu schwanken" (V. 11) – der Dichter ist seiner Sinne nicht mächtig; er wird inspiriert, verantwortet die so entstehende Poesie also nicht selbst. Nicht Handwerk, Lektüreerfahrungen oder Bildungswissen kennzeichnen diese Form des Dichtens, sondern ein glücklicher Augenblick bringt das Gedicht hervor. Zugleich beherrschen widersprüchliche Gefühle den Dichter – ein „Gefühl entzückter Stärke" (V. 23), das ihn zu allen Taten eines werdenden Glücks zu befähigen verspricht, und ein Gefühl der „Wehmuth" (V. 29), das ihn jählings überfällt und dem jenes „Glück", noch bevor er seiner habhaft werden konnte, schon wieder „verloren" (V. 30) zu sein scheint: „Es ist ein Augenblick, und Alles wird verwehn" (V. 33).

Der dritte Sinnabschnitt (die 6. und letzte Strophe des Gedichts) beendet mit der Klarheit des Tages den romantischen Zwischenzustand, von dem die Poesie einerseits ausgeht, von dem sie sich aber andererseits allmählich emanzipiert: „Dort, sieh, am Horizont lüpft sich der Vorhang schon!" (V. 34), noch „träumt der Tag" nur von seinem eigenen Anbruch (V. 35), doch dann leuchtet die reale Welt im Halbdämmer auf: „Auf einmal blitzt das Aug'" (V. 38), und es ist

Sinnabschnitt 1: Romantischer Zwischenzustand

Sinnabschnitt 2:

Inspiration

Der glückliche Augenblick

Sinnabschnitt 3:

Wechsel in die Wirklichkeit des Lebens

Tag. Die Ablösung der Romantik durch den Realismus vollzieht sich
– dieser poetischen Inszenierung zufolge – wie die Ablösung der
Nacht durch den Tag als ein gleichsam natürlicher, organischer Vorgang; sie geht nicht auf einen (gegebenenfalls revolutionären) Willensakt eines einzelnen Dichters zurück. Und dennoch artikuliert sich genau hierin das besondere Selbstbewusstsein des poetisch inspirierten Menschen: In dessen „Aug'" wird das Neue erzeugt, und zwar durch die unvermittelte Spiegelung eines natürlichen Vorgangs im artifiziellen Konstrukt des Gedichts. Der natürliche und der poetische Kairos (der glückliche Augenblick, der nicht ungenutzt verstreichen sollte) gehen bei Mörike ein kompliziertes Wechselverhältnis ein. Sein Konzept lässt sich, davon ausgehend, als Versuch einer Poetologie der Plötzlichkeit beschreiben.

Poetischer Kairos

Auch das Gedicht *Denk' es, o Seele!* thematisiert das Phänomen augenblickshaften Wechsels: Hier wird sich der lyrische Sprecher unvermittelt seiner eigenen Sterblichkeit bewusst (Selbstanrede der titelgebenden „Seele"). Zugleich wird den Lesern des Gedichts nahegelegt, dieses im Kontrastprogramm des Gedichts angelegte Erschrecken über den Tod ebenfalls nachzuvollziehen (Anrede einer fremden „Seele"). In der letzten Strophe des zweistrophigen Gedichts heißt es:

Denk' es, o Seele

1 Zwei schwarze Rößlein weiden
  Auf der Wiese,
  Sie kehren heim zur Stadt
  In muntern Sprüngen.
5 Sie werden schrittweis gehn
  Mit deiner Leiche;
  Vielleicht, vielleicht noch eh'
  An ihren Hufen
  Das Eisen los wird,
10 Das ich blitzen sehe!
  (Mörike 2003, S. 148)

Die Plötzlichkeit der Einsicht hängt im Bildbereich des Textes mit dem Blitzen der Hufeisen zusammen (V. 10), das die beobachtete gegenwärtige und die spekulierte zukünftige Bewegung der Pferde miteinander verbindet. Der Kontrast ergibt sich aus der Alltäglichkeit der Situation, deren Verharmlosung in der Verkleinerungsform „Rößlein" (V. 1) mit der Erhabenheit von Ton und Gegenstand ebenso kollidiert wie die musikalische oder inhaltliche Leichtigkeit des Gedichts („In muntern Sprüngen", V. 4). Immerhin geht es um nichts weniger als um die letzten Dinge des Menschen.

Das Gedicht, in dieser Fassung am Schluss der Novelle *Mozart auf der Reise nach Prag* (1855) situiert, gibt sich dort als „Abschrift eines böhmischen Volksliedchens" (Mörike 2005, S. 284) aus, stammt aber genuin von Mörike; eine frühere Fassung wurde 1852 erstmals veröffentlicht. Seine Form entspricht nicht dem traditionellen Volkslied, sondern erinnert eher an ein Sprechgedicht, das in der Novelle als spontane Übersetzung aus dem Tschechischen präsentiert wird (vgl. Henel 1967, S. 379f.). Es gehört zu den gängigen Verfahren realistischer Lyrik, das Spiel mit der romantischen Volkslied-Fiktion weiterzuführen (→ KAPITEL 3), das bereits etwa Achim von Arnim und Clemens Brentano in ihrer Sammlung *Des Knaben Wunderhorn* getrieben hatten.

Spiel mit der Volkslied-Fiktion

7.2 Conrad Ferdinand Meyer

Steht Mörike beispielhaft für eine auf die Erlebnishaftigkeit des Augenblicks bezogene realistische Lyrik (fortgeschrieben von Storm oder Hebbel, schematisiert von Heyse oder Geibel; → KAPITEL 6.2, 6.3), so weist der Realismus des Schweizer Dichters Conrad Ferdinand Meyer bereits auf die Künstlichkeit des Symbolismus der Jahrhundertwende voraus (Stefan George, Rainer Maria Rilke; → ASB AJOURI). Der lyrische Text soll Meyer zufolge nicht das individuelle Empfinden festhalten, sondern Gegenstände von allgemeinem Interesse und rational nachvollziehbarer Aussagekraft darstellen. Auch Meyer orientiert sich demnach (wie Mörike u. a.) an goethezeitlichen Programmen, wenn er nicht die subjektive Seite des poetischen Gebildes, sondern dessen Potenzial zur Verobjektivierung des Gesagten betont (vgl. Fohrmann 1996, S. 452). Das 1860 entstandene Gedicht *Auf Goldgrund*, das Meyer bis zu seiner endgültigen Gestalt in der dritten Auflage seiner *Gedichte* von 1887 allein neunmal, zum Teil erheblich, überarbeitet hat (vgl. Zeller 1983, S. 386), wirft ein bezeichnendes Licht auf die Bedingungen der Möglichkeit menschlicher Wahrnehmung. Der Blick eines Spaziergängers in die Natur ist nicht unschuldig, seine Erlebnisse sind nicht authentisch:

Künstlichkeit

Objektivität

Auf Goldgrund

Auf Goldgrund

1 Ins Museum bin zu später
  Stunde heut ich noch gegangen,
  Wo die Heil'gen, wo die Beter
  Auf den goldnen Gründen prangen.

5 Dann durchs Feld bin ich geschritten
  Heißer Abendglut entgegen,
  Sah, die heut das Korn geschnitten,
  Garben auf die Wagen legen.

  Um die Lasten in den Armen,
10 Um den Schnitter und die Garbe
  Floß der Abendglut, der warmen,
  Wunderbare Goldesfarbe.

  Auch des Tages letzte Bürde,
  Auch der Fleiß der Feierstunde
15 War umflammt von heil'ger Würde,
  Stand auf schimmernd goldnem Grunde.
  (Meyer 1996b, S. 41f.)

Die vier regelmäßigen Strophen in trochäischem Vierheber und Kreuzreim orientieren sich an der traditionellen Liedstrophe, übernehmen diese aber nicht einfach nur, sondern stellen deren Ordnungsprinzipien regelrecht aus: Der Zeilensprung (*Enjambement*) von Vers 1 zu Vers 2 etwa unterläuft den harmonischen Rhythmus des Liedes, indem er Adjektivattribut und zugehöriges Substantiv nur deshalb trennt („später/Stunde"), um ein – überdies lediglich unreines – Reimpaar mit Vers 3 zu erzeugen („später"/„Beter"). Das Gedicht macht auf diese Weise explizit deutlich, was es ist: ein Gedicht nämlich – und nicht etwa ein persönliches Erlebnis eines von höheren Mächten inspirierten Autors.

> Selbstbezüglichkeit

Die in der ersten Strophe in Form von Bildbeschreibungen skizzierte Kunst interessiert ebenso wenig um ihrer selbst willen, wie sie dem Betrachter als sakrale Kunst (die Rede ist von „Heil'gen und Beter[n]"; V. 3) erbauliche oder erhebende Momente verschaffte. Vielmehr weist der Blick auf die Kunst voraus auf den Blick in die Natur, von dem in den folgenden drei Strophen die Rede ist. Dem Museumsbesuch folgt ein Besuch auf dem „Feld" (V. 5); anstelle von frommen Menschen sind hier Erntearbeiter beim Einholen der Ähren zu sehen. Wie die Objekte der Wahrnehmung im Museum umgibt auch die Objekte der Wahrnehmung der Natur eine „[w]underbare

> Blick durchs Museum auf die Natur

Goldesfarbe" (V. 12); beide stehen „auf schimmernd goldnem Grunde" (V. 16). Es ist nicht länger davon die Rede, dass Kunst ein authentisches Erlebnis realer Landschaft abbildet, sondern davon, dass das Erlebnis von Landschaft das Erlebnis musealisierter Landschaft (also von Kunst) reproduziert. Zugleich erzeugt das Erlebnis von Kunst Gedichte über die Kunst und deren Gegenstände. Auf der Bildebene des Textes gesprochen: Der die Kunst wie die Natur im Gedicht umgebende Rahmen wird zum Fluchtpunkt auch des vorliegenden Gedichts. Meyer ist daran gelegen, Abstand zu den Objekten der Darstellung zu gewinnen: „Die Neigung zum Rahmen [...] ist bei mir ganz instinktiv. Ich halte mir den Gegenstand gern vom Leibe oder richtiger [...] so weit als möglich vom Auge" (Meyer 1884, zitiert nach Fohrmann 1996, S. 449). Wie das Leben außerhalb der (doppelten) Gestaltung durch Kunst im Museum und im Gedicht aussieht, bleibt unklar. Meyers lyrischer Realismus verlässt diese Ebene explizit nicht.

Rahmung als Mittel der Distanzierung

Gestaltetes Leben

Meyers Texte zeigen, zumal in den jeweils letzten Fassungen, dass sie eine besondere „Kunst der Aussparung" beherrschten. In der Forschung ist in diesem Zusammenhang von Meyers lyrischer „Wortkargheit" die Rede; der Weg zum lyrischen Hermetismus der Moderne (der die lyrische Rede einem unmittelbaren Verständnis entzieht) wird hier bereits vorbereitet. Rhetorische Mittel kommen bei Meyer nur äußerst sparsam zum Einsatz, und auch dies spricht einmal mehr dafür, dass die Gedichte eben nicht darauf zielen, durch besonderes poetisches Raffinement den Eindruck von Erlebnishaftigkeit zu erwecken. Sie setzen vielmehr auf „Verhüllung und Maskierung" (Onderdelinden 1978, S. 261, 263) – was Meyer prompt den Vorwurf eingebracht hat, seine Texte seien kalt, und es gelinge ihnen nicht, die Leser emotional und mitfühlend an die lyrisch gestalteten Geschehnisse anzuschließen.

„Kunst der Aussparung"

„Verhüllung und Maskierung"

Nicht nur Meyers erzählerisches Werk, auch seine Lyrik wird durch historistische Grundannahmen bestimmt. Gemeint ist damit: Meyers Texte sammeln Bildungsversatzstücke. Der die ideen- und kulturgeschichtlichen Ordnungsmuster der zweiten Jahrhunderthälfte prägende Historismus begreift alle kulturellen Phänomene als historische Produkte, auch den Menschen und seine je spezifische Aktualität. Weil damit das Gegenwärtige nur verstanden werden kann, wenn genaue Kenntnisse des historischen Prozesses vorliegen, dessen Ergebnis die Gegenwart ist, wird jedes Detail gleichermaßen wichtig. Einerseits gründet diese Position auf einer positivistischen Wissenschaftspraxis, die sich wertfrei, d. h. ohne Unterscheidung von Wich-

Historistische Poetik

tigem und Unwichtigem, auf das Sammeln von Stoffen und Fakten konzentriert; andererseits besteht die Gefahr, dass die unsortierte Aufmerksamkeit auf das Detail zu einem historischen Relativismus führt. Wenn alles gleichermaßen bedeutsam zu sein scheint, wird es schwierig, Sinnbeziehungen herzustellen (→ KAPITEL 9.1).

Meyers poetisch-historistischer Zugriff auf die Wirklichkeit entgeht dieser Gefahr – sowohl im erzählerischen als auch im lyrischen Bereich. Sein realistisches Programm, das die Texte leitende Objektivitätsideal und der darin formulierte Anspruch auf Überparteilichkeit sind in folgenden Punkten enthalten: Die Texte sind multiperspektivisch angelegt, nicht auktorial; sie lassen sich nicht auf eindimensional sinnhafte Ordnungen oder Positionen festlegen; und sie beharren auch nicht auf widerspruchsfreien Lösungen. Oftmals geht es vielmehr genau darum, Wirklichkeitszuschreibungen und Deutungshoheiten gerade zu verunsichern und genau diese Verunsicherung darzustellen. Die Bildbeschreibung ist hierfür (wie schon in *Auf Goldgrund*) ein probates Mittel – sie setzt wirkliches Erleben oder den primär künstlerischen Akt bereits voraus, der ein Bild (das dann beschrieben wird) hervorbringt.

Verunsicherung von Wirklichkeitszuschreibungen

Michelangelo und seine Statuen

Kunstbeschreibungen

Das Gedicht *Michelangelo und seine Statuen* – in der heute kanonisierten Fassung 1882 erstmals veröffentlicht, Vorstufen gehen bis in die 1860er-Jahre zurück – reiht die Beschreibungen von insgesamt vier Skulpturen des berühmten italienischen Renaissance-Künstlers Michelangelo Buonarotti aneinander:

1. die Statue eines gefesselten Sklaven (V. 1/2), der Todesqualen zu erleiden scheint (heute im Louvre);
2. die Statue des Behelmten, der Lorenzo de' Medici darstellt (Sakristei von San Lorenzo, Florenz);
3. die Statue des jüdischen Propheten Mose (V. 3–6), in sitzender Position, wie er sich mit der rechten Hand auf die Gesetzestafeln stützt, die er den Israeliten im göttlichen Auftrag übergeben sollte – diese aber hatten sich von Gott weg dem Goldenen Kalb zugewendet (Exodus 32, 1–35; befindlich in der römischen Kirche San Pietro in Vincoli);
4. die berühmte Pietà-Statue aus dem Petersdom in Rom (V. 7/8), die Maria mit ihrem toten Sohn Jesus in einem erhabenen Moment der Trauer nach der Kreuzesabnahme zeigt:

Michelangelo und seine Statuen

1 Du öffnest, Sklave, deinen Mund,
 Doch stöhnst du nicht. Die Lippe schweigt.
 Nicht drückt, Gedankenvoller, dich
 Die Bürde der behelmten Stirn.
5 Du packst mit nerv'ger Hand den Bart,
 Doch springst du, Moses, nicht empor.
 Maria mit dem toten Sohn,
 Du weinst, doch rinnt die Träne nicht.
 Ihr stellt des Leids Gebärde dar,
10 Ihr meine Kinder, ohne Leid!
 So sieht der freigewordne Geist
 Des Lebens überwundne Qual,
 Was martert die lebend'ge Brust,
 Beseligt und ergötzt im Stein.
15 Den Augenblick verewigt ihr,
 Und sterbt ihr, sterbt ihr ohne Tod.
 Im Schilfe wartet Charon mein,
 Der pfeifend sich die Zeit vertreibt.
 (Meyer 1996b, S. 184)

Das Gedicht (v)erklärt die Statuen zu „Kinder[n]" des Künstlers (V. 10): „Sie scheinen geboren, nicht geschaffen" (Weber 2001, S. 134). Ihr Schmerz ist gleichsam zu Stein erstarrt und verschafft sich so in sublimierter Form Ausdruck. Im Unterschied zu einer kunstästhetischen Tradition, die aus dieser Sublimierung die Unterlegenheit der bildenden Künste unter die Literatur (die den Schmerz in der Erzählung sich entfalten lässt) angenommen hatte, leitet Meyer daraus die darstellerische Stärke der Bildhauerei ab: Sie hält den „Augenblick" (V. 15) des Schmerzes als rein artifizielles Produkt fest; den Betrachter „[b]eseligt und ergötzt" (V. 14) der Anblick der Statuen. Sublimation

Wer hier spricht, bleibt offen: Es könnte sich um einen Beobachter handeln, der einerseits die Plastiken beschreibt (V. 1–8), andererseits das Verhältnis von Kunstprodukten und Künstler kommentiert und dieses zudem auf die eigene Sterblichkeit bezieht (V. 11–18). Es könnte sich aber auch um den Künstler Michelangelo selbst handeln, der die Gewissheit seines leiblichen Todes („Im Schilfe wartet Charon mein"; V. 17) dem ewigen Leben seiner – nur auf den ersten Blick leidenden – Geschöpfe entgegen hält. In beiden Fällen gewinnen die Objekte allein im Auge des Betrachters ihre spezifische (lyrische) Gestalt. Wer spricht?

Die Betrachtung erschafft das Kunstwerk.

Dinggedichte

Dass erst in der Betrachtung das Kunstwerk hervorgebracht wird, ist ein zentrales Merkmal auch der sogenannten Dinggedichte Conrad Ferdinand Meyers, die, wie *Der römische Brunnen* (endgültige Fassung 1882), ein einzelnes Objekt in den Mittelpunkt stellen, hinter das der Beobachter selbst ganz zurück tritt. Im Rezipienten sollen nicht Stimmungen erzeugt werden. Vielmehr formt sich ‚das Ding' vor seinen Augen in der lyrischen Beschreibung und bekommt dabei zugleich symbolische Qualitäten zugewiesen. Diese lyrische Form selbst geht auf Eduard Mörike zurück, der mit *Auf eine Lampe* (1846) das meist diskutierte Dinggedicht der deutschsprachigen Lyrikgeschichte geschaffen hat.

Naturlyrik: Die Felswand

Der Blick erzeugt die Natur.

Meyers Naturlyrik bleibt ebenfalls auf die grundsätzliche Frage bezogen, welchen Anteil der Betrachter an den Erscheinungen der Natur hat. In *Die Felswand* (veröffentlicht 1869) ist es bezeichnenderweise dessen „Auge", das die bedrohlich wirkende Landschaft ordnet und zivilisiert (vgl. Onderdelinden 1978, S. 266). ‚An sich' kommt der Natur im Text keine Existenz zu; sie wird dort nur als Ergebnis des menschlichen Wahrnehmungsvermögens thematisiert. Ein Blickwechsel (etwa in Folge der Schulung des Blicks) verändert auch die Natur bzw. das Bild von der Natur:

> Feindselig, wildzerrissen steigt die Felswand.
> Das Auge schrickt zurück. Dann irrt es unstet
> Daran herum. Bang sucht es, wo es hafte.
> [...]
> Es sucht. Es hat den ganzen Pfad gefunden
> Und gastlich, siehe, wird die steile Felswand
> (Meyer 1996b, S. 63f.).

Der in seiner Wahrnehmung irritierte Mensch bleibt letztlich auf sich selbst angewiesen, will er Halt und Sicherheit gewinnen. Meyers Lyrik kommt auf diese Weise immer auch eine anthropologisch-existenzielle Dimension zu. In erster Linie aber wurde der Dichter schon früh wegen seiner artistischen Virtuosität bewundert. Der Schweizer Journalist, Schriftsteller und spätere Nobelpreisträger für Literatur (1919) Carl Spitteler hielt 1891 gerade Meyers Umgang mit dem jambischen Fünfheber – als Blankvers, also ungereimt, findet dieser sich etwa in *Die Felswand* – für meisterhaft. Meyer sei mit diesem Versmaß „ohne jeden Ton, ganz allein durch das Wortbild" und „ohne überflüßigen Rest eines Wortes" etwas ganz Neues gelungen (Spitteler 1891, zitiert nach Onderdelinden 1978, S. 268).

Existenzielle Dimension

Artistische Virtuosität

Dass tatsächlich kein unnötiges Wort in den Gedichten zurückblieb, war das Ziel von Meyers ausführlichen und wiederholten Verbesserungen vieler seiner Gedichte vor allem in den 1860er-Jahren. Die handwerkliche Sorgfalt, die Meyer darauf verwendete, diente einer zunehmenden Entpersönlichung der lyrischen Rede, die mit der im Realismus sonst vorherrschenden liedhaften Stimmungslyrik so wenig wie möglich zu tun haben wollte. Dass Storm, als der Stimmungslyriker schlechthin, von Meyer als Lyriker überhaupt nichts hielt (vgl. Fohrmann 1996, S. 448), ist daher nur konsequent (→ KAPITEL 6.1, 6.2).

Arbeit am Text

Fragen und Anregungen

- Skizzieren Sie Merkmale von Eduard Mörikes jahrelanger Arbeit an seinen Gedichten.

- Inwiefern ist das Gedicht *An einem Wintermorgen, vor Sonnenaufgang* programmatisch für Mörikes Poetologie?

- Interpretieren Sie Conrad Ferdinand Meyers Gedicht *Auf Goldgrund* insbesondere im Hinblick auf die dort gestaltete Natur.

- Welche Funktion haben die Bildbeschreibungen in *Michelangelo und seine Statuen*?

- Stellen Sie die zentralen Unterschiede von Mörikes und Meyers lyrischem Ansatz dar.

Lektüreempfehlungen

- **Conrad Ferdinand Meyer: Sämtliche Gedichte.** Mit einem Nachwort von Sjaak Onderdelinden, Stuttgart 1978.

Quellen

- **Eduard Mörike: Gedichte.** Auswahl und Nachwort v. Bernhard Zeller. Bibliographisch ergänzte Ausgabe, Stuttgart 1994.

- **Bernhard Böschenstein: Inspiration**, in: Gedichte von Eduard Mörike. Interpretationen, hg. v. Mathias Mayer, Stuttgart 1999, S. 15–25. *Die sehr textgenaue Studie entfaltet an „An einem Wintermorgen, vor Sonnenaufgang" die Bandbreite von Mörikes poetologischem Programm.*

Forschung

- **Mathias Mayer: Eduard Mörike**, Stuttgart 1998. *Ausgezeichnete Überblicksdarstellung über Mörikes Gesamtwerk in dessen Entstehungszusammenhängen (zur Lyrik S. 22–80).*

- **Peter Sprengel: Geschichte der deutschsprachigen Literatur 1870–1900. Von der Reichsgründung bis zur Jahrhundertwende**, München 1998, S. 569–580. *Das Kapitel informiert zuverlässig und umfassend über zentrale Themen, Motive und Verfahrensweisen der Lyrik Meyers in ihrer philologischen Komplexität (Fassungen).*

- **Hans Zeller / Rosmarie Zeller: Zu Conrad Ferdinand Meyers Gedicht *Auf Goldgrund***, in: Gedichte und Interpretationen. Band 4: Vom Biedermeier zum Bürgerlichen Realismus, hg. v. Günter Häntzschel, Stuttgart 1983, S. 383–398. *Der Beitrag bereitet sämtliche Bearbeitungsstufen von Meyers „Auf Goldgrund" philologisch genau auf und ist für einen wissenschaftlichen Zugriff auf das Gedicht unerlässlich.*

8 Poetologie der Novelle

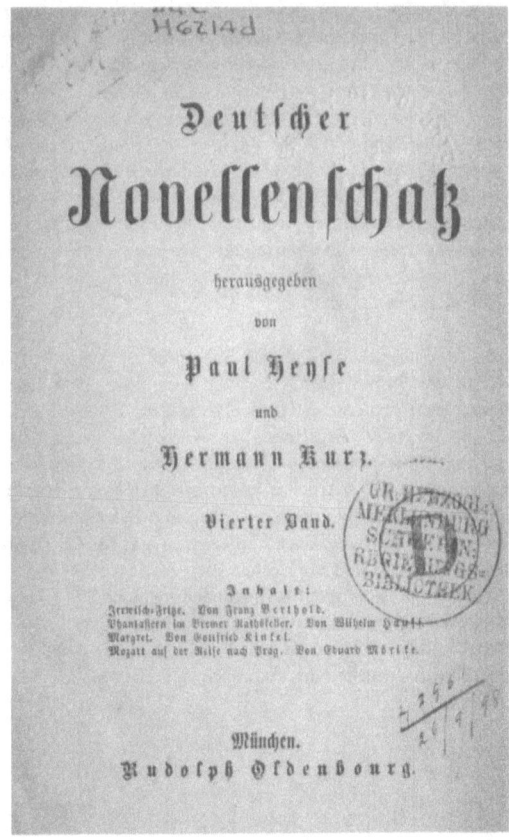

Abbildung 10: *Deutscher Novellenschatz*, herausgegeben von Paul Heyse und Hermann Kurz (24 Bände, 1871–75), Titelblatt des Vierten Bandes [1871]

Entgegen der gängigen zeitgenössischen Praxis, die in Journalen veröffentlichten Novellen mit Illustrationen zu versehen, präsentiert sich der von Paul Heyse und Hermann Kurz herausgegebene „Deutsche Novellenschatz" nicht nur auf dem Titelblatt bewusst gediegen. Auch dadurch sollte sich die Unternehmung vom gegenwärtigen Zeitschriftenwesen und der Massenware im Allgemeinen abheben. Die von Heyse und Kurz zusammengestellte Sammlung von 85 Novellen reagierte auf Zuschreibungen, denen zufolge die Novelle vorrangig der Unterhaltung der Leser und der Aufbesserung des schriftstellerischen Einkommens diente. Die Herausgeber zielten darauf, die Novelle als Gattung aufzuwerten und zu profilieren. Sie setzten deshalb meist in Fortsetzungen zergliederten Journalprosa gleich in den ersten Bänden ihrer Sammlung mit Werken von Goethe, Heinrich von Kleist oder E.T.A Hoffmann die klassische deutsche Novellentradition entgegen. Diese diente als Maßstab, dem das Anthologie-Projekt auch für die neueren realistischen Novellen zu folgen beanspruchte. So sollte ein zeitübergreifender „Sammelpunkt" für jene Novellen entstehen, die nach Meinung der Herausgeber „des Aufhebens werth" waren (Heyse 1994, S. 256).

Das literaturgeschichtliche Bild des Realismus ist wesentlich durch die Gattung der Novelle geprägt. Diese kam dem poetisch-realistischen Programm in dreierlei Hinsicht entgegen: Erstens beschränkt sie sich darauf, einen Ausschnitt der Wirklichkeit wiederzugeben; zweitens zeigt sie dessen symbolisch-zeitlosen wie aktuellen Wert auf; und drittens führt sie diesen Ausschnitt als eben nur eine mögliche Variante der Anschauung von Wirklichkeit vor. Die realistischen Autoren nahmen die poetologischen Forderungen und Muster frührealistischen Erzählens auf und übersetzten diese Vorlagen in Programme. Danach sollten die konkreten Bedingungen menschlichen Daseins in ihrer zeitgenössischen Aktualität und historischen Begründung klar strukturiert und konzentriert dargestellt werden, ohne einen verallgemeinerbaren Aussagegehalt aus dem Blick zu verlieren.

8.1 **Novelle – Unterhaltungsware oder Kunst?**
8.2 **Heyses Falkentheorie und *L'Arrabiata***

8.1 Novelle – Unterhaltungsware oder Kunst?

Die Novelle kann als die beliebteste Gattung des Realismus gelten – wird Beliebtheit an Kriterien wie Publizität, Produktionsausstoß oder Breite der Rezeption gemessen. Sie sollte stets Neuigkeiten präsentieren und wurde nicht selten in Fortsetzungen publiziert. Deshalb nahmen die Autoren die periodische Presse und ihre Anforderungen sowohl für die Konzeption, die Anlage sowie die sprachliche Gestaltung der Texte zur Richtschnur als auch für allgemeine, die Novelle betreffende poetologische Reflexionen. Dass eine eigene Poetik der Novelle gerade im 19. Jahrhundert ausgebildet wurde, zeugt ebenfalls vom zentralen Stellenwert der Gattung. Ein Paradebeispiel für diese doppelte Ausrichtung des Interesses zwischen Theorie und Praxis stellt Paul Heyse dar, der, als Novellist selbst ungeheuer produktiv, die Sammlungen *Deutscher Novellenschatz* (1871–75, 24 Bände), *Neuer Deutscher Novellenschatz* (1884–87, 24 Bände) sowie *Novellenschatz des Auslandes* (1877–84, 14 Bände) herausgab und sich dadurch zugleich als Archivar der Gattung betätigte. In der Einleitung zu dem von Heyse gemeinsam mit dem schwäbischen Dichter Hermann Kurz veranstalteten *Deutschen Novellenschatz* von 1871, der eine eigene deutschsprachige Gattungstradition begründen sollte, erklärte Heyse das „Aufblühen des Journalismus" zur Voraussetzung für deren „Popularität". Einer Gattung, die – nicht anders als die Tages- und Wochenblätter der Zeit – auf „Tages*neuigkeiten*" abonniert sei, eröffneten die Periodika einen großen „Spielraum" (Heyse 1994, S. 248f.).

Novelle und Journal

Die Marktorientierung der zeitgenössischen Novellistik barg Heyse zufolge aber keineswegs nur Vorteile. Negative Folgen ergaben sich insbesondere für deren ästhetischen Stellenwert im Gattungssystem. Die Novelle wurde nicht mehr als Kunstwerk, als „abgerundetes Ganzes", wahrgenommen, sondern galt allein als „Unterhaltungswaare", für den temporären Lesegenuss verfasst, ohne jegliche literaturgeschichtlichen Ambitionen. Die Veröffentlichung in Periodika führte zudem zur „heillosen Zerstückelung" der Texte. Anders gesagt: Heyse und Kurz gingen davon aus, dass bereits die medialen Bedingungen der Textproduktion eine in sich geschlossene, anspruchsvolle Handlungsdramaturgie erschwerten oder ganz verhinderten (Heyse 1994, S. 249, 250).

Unterhaltungsware oder Kunst?

Es verwundert daher nicht, dass ein in der Novellistik erfolgreicher Autor wie Theodor Storm auf einer Bedeutsamkeit des Genres bestand (und an dieser arbeitete), die über die flüchtigen Aufmerksamkeitsspannen des Tagesjournalismus hinausweisen sollte. In der 1881 für die 3. Serie der Gesamtauflage seiner Schriften verfassten Notiz *Eine zurückgezogene Vorrede* bezeichnete Storm die Novelle als „Schwester des Dramas" (Storm 1988b, Bd. 4, S. 409). Wie die Tragödie behandle sie keine alltäglichen Vorkommnisse, sondern die „tiefsten Probleme des Menschenlebens". Ihr dergestalt gewichtiger Inhalt betreffe das ganze Leben, dessen Vielfalt in einem verallgemeinerbaren Ausschnitt und damit in größtmöglicher Objektivität zur Darstellung komme. Im Mittelpunkt stehe ein Konflikt, „von welchem aus das Ganze sich organisiert". Indem sie auf diese Weise „alles Unwesentliche[]" beiseite lasse, nähere sie sich der geschlossenen Form des Dramas (Storm 1988b, Bd. 4, S. 409). Die von den Publikationsverhältnissen her begründete Aktualität bzw. Neuheit des Genres sollte so in die zeitlose Gültigkeit eines literarischen Werks überführt werden. In Konsequenz dessen sind viele der heute noch für den literarischen Realismus kanonischen Novellen zeitnah zu ihrer Erstveröffentlichung für Einzelpublikationen und gegebenenfalls danach nochmals für die Aufnahme in Sammelbände und Werkausgaben überarbeitet worden. Die Änderungen betrafen dabei insbesondere den Spannungsaufbau und die Übergänge zwischen den Kapiteln, da die Journalfassungen aufgrund der gestückelten Veröffentlichungen an den Kapitelenden etwa durch *Cliffhanger* einen Spannungsbogen erzeugten, der die Leser bei der Stange halten sollte (vgl. Meyer 1998, S. 241). Im Fokus der literaturpolitischen Selbstvergewisserung der Autoren des Realismus standen demnach die Rezipienten. Die Autoren erkannten schon sehr früh in der Größe „Publikum" die „ganze Macht" über ihre eigene Existenz als freie Schriftsteller, wie es der Dichter und Publizist Robert E. Prutz in seinem Aufsatz *Vaterland? Oder Freiheit?* im Jahre 1847 formulierte (Prutz 1847, zitiert nach Günter 2008, S. 164). Dabei hatten für Zeitschriften schreibende Novellisten eine ganz bestimmte Lektürehaltung im Blick: Die auf ‚Verzehr' angelegte Produktion periodisch erscheinender Organe setzt auf Innovation und Abwechslung, auf Konsum und Unterhaltung. Mit einer Relektüre der Texte war nicht notwendig zu rechnen, auch wenn etwa die Familienblätter (→ KAPITEL 5.1) nicht wie Tageszeitungen sogleich weggeworfen, sondern zu Jahrgängen gebunden in den Familien aufbewahrt wurden.

Obgleich die periodisch erscheinende Literatur ebenfalls an längerfristigen Bindungen zwischen Autor, Werk und Leser interessiert war, fehlte diesem Kontakt doch jene umfassende Aufmerksamkeit, die dazu bereit ist, sich auf Details und anspruchsvolle Erzählmuster, auf thematische Herausforderungen und polyperspektivische Deutungsangebote einzulassen (vgl. Stockinger 2006). Stattdessen musste der Kontakt bei schneller und oberflächlicher Lektüre von Novellen in Zeitschriften durch wechselnde Reize immer neu stimuliert werden – neben inhaltlichen Aspekten spielten in den Familienblättern dafür etwa Illustrationen eine große Rolle. Darüber hinaus durften die Texte keine Lücken enthalten, alles musste konsequent motiviert und die Charaktere mussten explizit ausgedeutet sein. Leserbindung hieß also in erster Linie, den Leser durch einen omnipräsenten Erzähler zu leiten, der von Geschehnissen berichtete, die längere Zeit zurücklagen. In diesem Sinne lässt sich die spezifische Medialität der Literatur des poetischen Realismus gerade an der „*Gedächtnisform* der Aufzeichnung" festmachen, an einer Form also, die „Ereignis und Aufzeichnung temporal trennt" und die sich dadurch sowohl vom zeitgleichen Konkurrenzmedium Fotografie (→ KAPITEL 4.2) als auch von den fotografischen Verfahren des Naturalismus unterscheidet (Plumpe 2001, S. 84).

<small>Der omnipräsente Erzähler</small>

Die Frage nach der Vereinbarkeit von Text und Zeitschrift leitete die kritische Prüfung der angebotenen Novellen. Aufschlussreich für die Produktionsbedingungen realistischer Novellistik sind gerade die Begründungen, die ein Herausgeber eines Periodikums einer Ablehnung beifügte. So scheiterte etwa das Vorhaben Storms, seine Novelle *Auf der Universität* (1863) in Ernst Keils *Gartenlaube* unterzubringen, weil der Herausgeber davon ausging, dass die Erzählung, „*in kleinen wöchentlichen Abschnitten gedruckt*, ohne Eindruck bleiben […] wird" (Storm 1987a, Bd. 1, S. 1140). Um die Leserschaft zu überzeugen, musste die Anlage des Textes, sein innerer und äußerer Aufbau, auf unterbrochene Veröffentlichung zugeschnitten sein; die einzelnen Teile mussten vielversprechende Hinweise auf den weiteren Handlungsfortgang enthalten. Auch dem Schriftsteller Otto Ludwig gelang es nicht, seine 1855 entstandene Novelle *Zwischen Himmel und Erde* in der *Gartenlaube* zu publizieren, und Cottas *Morgenblatt* lehnte eine Veröffentlichung mit dem Hinweis auf die fehlende Medientauglichkeit des Textes ebenfalls ab.

<small>Medientauglichkeit der Novelle</small>

Gemäß dem von Julian Schmidt und Gustav Freytag ausgegebenen Motto des programmatischen Realismus, den Menschen „bei seiner Arbeit" aufzusuchen (Motto des Romans *Soll und Haben*; → KAPITEL 10), taucht Ludwigs Novelle in die Lebens- und Arbeitssphäre einer Dachdecker-Familie ein. Am Beispiel einer kleinfamiliären Tragödie werden die Vorzüge von bürgerlichen Tugenden wie Fleiß, Redlichkeit, Bescheidenheit, Rechtschaffenheit, Verlässlichkeit, Familiensinn, Treue etc. vorgeführt. Der „Schieferdecker" Apollonius lässt

<small>Zwischen Himmel und Erde</small>

sich von seinem Bruder Fritz in privater wie beruflicher Hinsicht über den Tisch ziehen: Fritz gelingt es zum einen, Apollonius aus dem Vaterhaus und dem väterlich geführten Handwerksbetrieb zu vertreiben, und zum anderen, Apollonius' große Liebe durch üble Nachrede für sich zu gewinnen. Die unredlich geschaffene Ordnung aber bleibt instabil. Fritz kann sich gegen Apollonius' sittliche Größe und Rechtschaffenheit letztlich nicht behaupten bzw. kommt darüber, im Wortsinn, zu Fall: Auf ganzer Linie gescheitert, zwingt er Apollonius, ihn vom Dach zu stoßen, will dieser nicht selbst mit in den Tod stürzen. Mit diesem dramatischen Abgang möchte Fritz dem eigenen Bruder sogar noch die Schuld an seinem Tod aufbürden (vgl. Ludwig 1989, S. 171). In einer brieflichen Selbstdeutung des Textes aber betont Otto Ludwig, dass Fritz für sein Schicksal ganz allein die Verantwortung trage: Die Novelle zeige, „wie jeder Mensch seinen Himmel sich fertig mache, wie seine Hölle" (Ludwig o. J., S. 7). „Jeder ist seines eigenen Glückes Schmied" - so lässt sich die Botschaft von *Zwischen Himmel und Erde* mit einem bekannten Sprichwort zusammenfassen.

> Der Triumph bürgerlicher Tugenden

Uninteressant für die Aufmerksamkeitskapazitäten des Zeitschriftenlesers wurde der Text nicht wegen seines Inhalts – der Darstellung alltäglicher Gegebenheiten –, sondern wegen seiner Form, seiner Handlungsführung und der sprachlichen Gestaltung. Der Herausgeber Ernst Keil bemängelte die epische Breite von Ludwigs Novelle (ihre „allzugroße Ausdehnung") und die fehlende Spannung des Aufbaus, der sich auf eine Aneinanderreihung einzelner Szenen beschränke. Er legte dem Dichter deshalb nahe, „Balzac und die französischen Novellenvirtuosen der ‚Spannung' halber zu studieren". Das größte Defizit aber sah Keil in der „minutiöse[n] Einzelausführung" vieler Passagen, die, wie der Historiker und Publizist Heinrich von Treitschke 1859 feststellte, „einen verworrenen, unklaren Eindruck" hinterließen (Ludwig o. J., S. 1, 2).

> Detailismus-Kritik

In detailrealistischer Genauigkeit wird etwa seitenlang das Dachdeckerhandwerk beschrieben:

„[...] Aber der kühne Mann beginnt nun erst sein Werk. Er holt ein anderes Tau herauf und legt es als drehbaren Ring unter dem Turmknopf um die Stange. Daran befestigt er den Flaschenzug mit drei Kolben, an den Flaschenzug die Ringe seines Fahrzeugs. Ein Sitzbrett mit zwei Ausschnitten für die herabhängenden Beine, hinten eine niedrige gekrümmte Lehne, hüben und drüben Schiefer-, Nagel- und Werkzeugkasten; zwischen den Ausschnitten vorn das Haueisen, ein kleiner Amboß, darauf er mit dem Deckham-

mer die Schiefer zurichtet, wie er sie eben braucht; dies Gerät, von vier starken Tauen gehalten, die sich oberhalb in zwei Ringe für den Haken des Flaschenzugs vereinigen, das ist der Hängestuhl, wie er es nennt, das leichte Schiff, mit dem er hoch in der Luft das Turmdach umsegelt. Mittelst des Flaschenzugs zieht er sich mit leichter Mühe hinauf und läßt sich herab, so hoch und tief er mag; der Ring oben dreht sich mit Flaschenzug und Hängestuhl, nach welcher Seite er will, um den Turm. Ein leichter Fußstoß gegen die Dachfläche setzt das Ganze in Schwung, den er einhalten kann, wo es ihm gefällt. [...]" (Ludwig 1989, S. 49f.)
Bei aller zeitgenössischen Kritik an der Langatmigkeit solcher ausführlichen Darlegungen, die für den Handlungszusammenhang selbst irrelevant sind und eher die Funktion eines Sachtextes übernehmen, ist doch festzuhalten, dass Ludwigs Novelle gerade mit diesen Passagen das Programm der realistischen Novellistik konsequent umsetzte.

In einem literaturgeschichtlichen Überblick mit dem Titel *Der deutsche Roman des achtzehnten Jahrhunderts in seinem Verhältnis zum Christentum* verdeutlichte Joseph von Eichendorff 1851, wie sich in der ersten Hälfte des 19. Jahrhunderts die Forderungen nach Historizität und Lebensnähe in zunehmendem Maß mit dem novellistischen Erzählen verknüpften (→ KAPITEL 9.1). Aus antiromantischen Impulsen sei zunächst das Genre des historischen Romans entstanden, das sich, gerichtet gegen die märchenhaften und wunderbaren Tendenzen der deutschen Erzählliteratur, an den Erfolgsromanen des schottischen Schriftstellers Walter Scott (→ KAPITEL 5.1) orientiere. Romantische Anteile zeigten sich dort zwar noch etwa „in der Vorliebe für die Vergangenheit" oder für „ungewöhnliche Zustände". Dieses Erzählen habe aber bereits durch allmähliches „Zurückführen des Idealen zum Realen, des Wunderbaren zur Wirklichkeit, des schönen Formenreichtums zum bloßen Stoff" auf die Romantik reagiert (Eichendorff 1990, S. 594).

> Historizität und Aktualität

Auch Eichendorff sah in der Leserschaft den Motor für die weiteren Veränderungen auf dem literarischen Feld: Das vielbeschäftigte, „zerstreute[]", also ausnehmend unaufmerksame Publikum habe die Form des Romans bald als „zu viel und zu groß" abgelehnt. Die Folge davon sei, dass „aus dem Gesamtleben irgendeine einzelne pikante Szene ausgeschnitten und als *Novelle* sauber eingerahmt" werde. Eichendorff kam darüber zu dem bemerkenswerten Schluss: „In der Novelle ist der Rückzug vom Romantischen noch augenfälliger als bei dem Geschichtsromane" (Eichendorff 1990, S. 596). „Rückzug vom Romantischen" bedeute u.a. Hinwendung zu den „Realien". Dafür ge-

> Einfluss des Lesers

eignet sei eine Schreibweise, die auf Symbolisierungen verzichte. Gerade die Novelle bediene dieses Interesse, weil hier, so Eichendorff, „die Darstellung schon ganz entschieden aus der Vergangenheit in die allerneueste Gegenwart übersiedelt" werde (Eichendorff 1990, S. 596). Kurz: Der Historiker-Novellist des 19. Jahrhunderts bekannte sich offen dazu, dass seine Darstellung nicht ganz frei sein konnte von subjektiven Tendenzen, weil er erstens um die Standortgebundenheit jeder historischen Betrachtung wusste. Zweitens interessierte ihn die Historie nicht um ihrer selbst willen, sondern nur in Hinsicht auf die zeitgenössische Aktualität der Novelle. Und drittens ließ sich so die Reflexion auf den je eigenen Gesichtspunkt zur Voraussetzung dafür erklären, das Besondere der novellistischen Erzählung auf einen verallgemeinerbaren Aussagegehalt hin zu verobjektivieren.

Bekenntnis zur Parteilichkeit

Ihren Ausgang nahmen die zeitgenössischen Überlegungen zur literarischen Funktion der Novelle bei zwei Vorläufern, deren dafür maßgebliche Stichworte aufgegriffen und weiter verarbeitet bzw. transformiert wurden. Das Fundament für die Forderungen nach Historizität, Lebensnähe und Neuheit bildete Goethes thematische Bestimmung des Genres, der zufolge es in der Novellistik um die Darstellung erstens einer „sich ereignete[n]" und zweitens einer „unerhörte[n] Begebenheit" geht – ohne dass Goethe dadurch bereits zu einem Vertreter des literarischen Realismus würde. Er selbst bezog sich in einem Gespräch mit seinem Gehilfen Johann Peter Eckermann 1827 nämlich nicht so sehr auf „das Reale" als vielmehr auf das Ideale, „das aus dem Herzen des Dichters hervorging" (Goethe 1827 in: Eckermann 1948, S. 225, 213). In der Novellentheorie des späten Ludwig Tieck dagegen stehen keine inhaltlichen, sondern strukturelle Erwägungen im Vordergrund: Die Besonderheit oder auch Neuheit des in der Novelle Behandelten zeigt sich laut Tieck an einer „Wendung der Geschichte", an einem Wendepunkt also, der den geschlossenen, auf einen Konflikt („Vorfall") zentrierten Ereigniszusammenhang in die für das Finale entscheidende Richtung bringt (Tieck 1829, S. LXXXVI, LXXXV).

Die Vorgaben Goethes und Tiecks

Dieser Umschlag der Handlung garantierte das kontinuierliche Interesse des Lesers am weiteren Fortgang der Handlung, weil er zwar „unerwartet" geschieht und so dem Bedürfnis nach Neuem dient. Er ergibt sich aber ganz „natürlich" aus den verhandelten Lebenskontexten, ist also „dem Charakter und den Umständen angemessen" zu motivieren, will er sich als ein Ereignis präsentieren, das „unter andern Umständen doch wieder alltäglich sein könnte" (Tieck 1829, S. LXXXVI). Gerade darin unterscheidet sich Tieck zufolge die Novelle von der Tragödie und vom Roman: Sie verbleibt in der (möglichen) Wirklichkeit der Leser; Leerstellen und offene Fragen, insbesondere am Ende der Erzählung, werden vermieden. Diese gattungsspezifische Einordnung macht verständlich, warum die Novelle – neben der Nachfrage des Buchmarkts nach unterhaltsamen und kurzen Texten – zu *der* Erzählform des poetischen Realismus werden konnte. Sie bot eine Art humorvoll-versöhnlicher Hilfe in allen Lebenslagen. Ihre Lösungen versuchten keine einseitigen oder normativen Antworten, sondern waren als punktuelle und zugleich multiperspektivische Angebote zu verstehen (vgl. Brecht 1993, S. 184f.). Im *Vorbericht zur dritten Lieferung* seiner *Schriften* notierte Tieck 1829:

Literatur als Lebenshilfe

„[S]o kann die Novelle zuweilen auf ihrem Standpunkt die Widersprüche des Lebens lösen, die Launen des Schicksals erklären, den Wahnsinn der Leidenschaft verspotten, und manche Räthsel des Herzens, der Menschenthorheit in ihre künstlichen Gewebe hinein bilden, daß der lichter gewordene Blick auch hier im Lachen oder in Wehmuth, das Menschliche, und im Verwerflichen eine höhere ausgleichende Wahrheit erkennt." (Tieck 1829, S. LXXXIXf.)

Paul Heyses Überlegungen zur Novelle kombinierten Goethes und Tiecks Vorgaben, indem sie diese sowohl auf struktureller als auch auf inhaltlicher Ebene ansiedelten. Heyse forderte für die Novelle einen „Falken" (Heyse 1994, S. 255), genauer ein wiederkehrendes Motiv, das den Handlungsverlauf organisiert, das Geschehen motiviert und auf diese Weise das Darstellungsinteresse des Textes verdeutlicht (→ KAPITEL 8.2).

Der „Falke" (Heyse)

Eine ausnehmend produktive Anverwandlung der Novellentheorien gelang Theodor Storm bei seinem Versuch, das Genre im emphatischen Sinn poesiefähig zu machen. Dem bereits zitierten Bild von der Novelle als der „Schwester des Dramas" näherte sich Storm in zwei Schritten: Zum einen negierte er die herkömmlichen Forderungen nach Kürze, Neuheit und Wendepunkt; zum anderen zog er daraus die strukturellen Konsequenzen für die Dramaturgie der Texte:

Die „Schwester des Dramas" (Storm)

„Sie ist nicht mehr, wie einst, ‚die kurzgehaltene Darstellung einer durch ihre Ungewöhnlichkeit fesselnden und einen überraschenden Wendepunkt darbietenden Begebenheit'; die heutige Novelle ist die Schwester des Dramas und die strengste Form der Prosadichtung […]." (Storm 1988b, Bd. 4, S. 408f.)

Das Postulat der strengen Form legte dem Textaufbau den Spannungsbogen des klassischen Dramas in aristotelischer Tradition zugrunde, den nur wenige Jahre zuvor Gustav Freytag in seiner *Technik*

Strenge Form

des Dramas (1863) auf den Punkt gebracht hatte. Merkmale wie klare Exposition, kausale Verknüpfung der Handlungsbestandteile und lückenlose Motivation sowie die Ausklammerung von Nebenhandlungen standen ab jetzt für die Novelle im Vordergrund (→ KAPITEL 12.2). Unabhängig von Storms Einschätzungen behauptete auch der Herausgeber und Prosaist Friedrich Spielhagen in seiner Schrift *Novelle oder Roman?* (1883), dass die Novelle „sowohl in ihrem Endzweck als in ihrer künstlerischen Ökonomie eine entschiedene Ähnlichkeit mit dem Drama" aufweise und dass sie sich dadurch vom Roman unterscheide (Spielhagen 1883 in: Plumpe 1997, S. 266); und der Literaturkritiker und Philosoph Friedrich Theodor Vischer hatte bereits 1857 im dritten Teil seiner *Ästhetik oder Wissenschaft des Schönen* auf die Geschlossenheit der Novelle hingewiesen und auf ihre Nähe zur Tragödie (Vischer 1857 in: Plumpe 1997, S. 258f.).

Idealtypen

Zu beachten ist, dass es sich bei diesen poetologischen Festlegungen immer nur um Idealtypen handeln kann – anders gesagt: Die Novellistik des poetischen Realismus nähert sich daran höchstens an, und zwar unabhängig davon, ob sich die einzelnen Texte überhaupt als gezielte Umsetzung novellistischer Programmatik verstehen lassen. Dass solche Programme in der zweiten Jahrhunderthälfte Konjunktur hatten, ist jedenfalls bezeichnend: Neben den bereits genannten Heyse, Spielhagen, Storm oder Vischer arbeiteten sich Autoren und Publizisten wie Rudolf Gottschall, Otto Ludwig oder Wilhelm Heinrich Riehl daran ab.

Kanonisierte Modelle

Die Modelle Heyses und Storms vorzüglich zu behandeln ist zum einen deshalb gerechtfertigt, weil sie sich vor den anderen durch Prägnanz auszeichnen. Zum anderen haben sie sich insofern durchgesetzt, als sie von der Literaturgeschichtsschreibung kanonisiert wurden. Die zeitgenössische Praxis der Novelle mag sich von diesen Modellen also beim näheren Hinsehen unterscheiden; für einen hermeneutischen Zugriff wären dann gerade die Abweichungen signifikant. Eine direkte Umsetzung der Theorie von der „Schwester des Dramas" (Storm 1988b, Bd. 4, S. 409) stellen dagegen Storms Erzählungen *Hans und Heinz Kirch* (1882) und *Carsten Curator* (1878) dar sowie *Beim Vetter Christian* (1874) und *Die Söhne des Senators* (1880); die beiden ersten im Sinne der Tragödien-Version der Gattung Drama, die beiden letzten im Sinne der Komödien-Version (→ KAPITEL 9.2). Wie man sich eine Novelle im Sinne der Falkentheorie Heyses vorzustellen hat, lässt sich an Heyses Erzählung *L'Arrabiata* (1853/55) studieren.

8.2 Heyses Falkentheorie und *L'Arrabiata*

Der junge Paul Heyse (geb. 1830 in Berlin) galt zu Beginn der 1850er-Jahre als *die* Hoffnung des poetischen Realismus – in *Unsere lyrische und epische Poesie seit 1848* sah Fontane in ihm 1853 einen Nachwuchs-Dichter, „den die Götter zu etwas Höchstem und Größtem" ausersehen haben (Fontane 1969, S. 255). Dass Heyse 1910 als erster deutscher Literat den Nobelpreis für Literatur erhielt, mag diese Einschätzung bestätigen, auch wenn Heyse schon von der Kritik des ausgehenden 19. Jahrhunderts gelegentlich der Riege der zweit- und drittrangigen Autoren zugeordnet wurde. Für die Literaturgeschichte der Novelle jedenfalls ist Heyse unhintergehbar: Er gehört zu den erfolgreichsten Produzenten der Gattung und hat sich vielfältig als Sammler und Herausgeber in diesem Bereich betätigt. Seine davon ausgehenden Überlegungen auf dem Gebiet der Novellentheorie werden – ähnlich wie diejenigen Storms – bis heute diskutiert. Wie bereits angedeutet, beziehen sie die medialen Bedingungen der Novellenproduktion mit ein und reflektieren auch die negativen Folgen der journalistischen Popularität des Genres für dessen Kunstwerkcharakter. Heyses Theorie der Novelle geht ihrer Umsetzung in der poetischen Produktion nicht voraus, sondern bündelt deren Elemente, in Anlehnung sowohl an die Tradition als auch an das Geschehen auf dem novellistischen Feld der Zeit.

Heyse orientierte sich insbesondere an der realistischen Wendung, die das Genre dem Dichter Ludwig Tieck verdankt: Dass nämlich die Novelle „auch im Wunderbaren stets natürlich sein werde", heißt es in der Einleitung zum *Deutschen Novellenschatz* von 1871 (Heyse 1994, S. 248). Dieses Wunderbare lag nicht mehr – wie noch in der Romantik – außerhalb der Erfahrungswirklichkeit, sondern bezeichnete jene Besonderheit, die das Alltägliche der verhandelten Thematik novellistisch überhöhte und deren Interessantheit gewährleistete. Wie Friedrich Spielhagen oder Friedrich Theodor Vischer ging auch Heyse davon aus, dass sich die Unterschiede zwischen Novelle und Roman nicht an Umfangsbestimmungen festmachen lassen, da „lang und kurz relative Begriffe sind". Keinesfalls stelle deshalb der „Roman eine mehrbändige Novelle" dar oder die „Novelle ein[en] kleine[n] Roman" – die Geschlossenheit der Novelle stehe dem vielmehr entgegen: Sie zeichne eben nicht, wie der Roman, ein „Cultur- und Gesellschaftsbild im Großen", sondern beziehe sich, wie das (geschlossene) Drama, auf „einen *einzelnen* Conflict", auf eine bestimmte „sittliche oder Schicksals-Idee" oder auf ein „entschieden abgegrenz-

Paul Heyse

Novelle versus Roman

tes Charakterbild". Sie konzentriere sich auf eine „*Geschichte*" und nicht auf ganze „Zustände", auf ein „*Ereigniß*" und nicht auf die „sich in ihm spiegelnde Weltanschauung" (Heyse 1994, S. 253).

Innovativ für die zeitgenössische Novellentheorie wurde Heyse mit seiner Forderung nach einem „Falken" (Heyse 1994, S. 255) für die Novelle. Er lehnte sich dabei an eine Erzählung aus dem Zyklus *Decamerone* an (5. Tag, 9. Geschichte), der von einem der wichtigsten italienischen Dichter des Humanismus, Giovanni Boccaccio, stammt. In der Erzählung wirbt ein Ritter um eine Frau und opfert dabei seinen gesamten Besitz für sie. Zuletzt bereitet er ihr eine Mahlzeit aus dem letzten, was ihm noch verblieben ist: aus seinem Falken – und erst damit kann er sie für sich gewinnen. In diesem Falken sah Heyse eine „*starke Silhouette*", die den Text konturiert, oder, weniger malerisch formuliert, ein „Grundmotiv" (Heyse 1994, S. 254). Zum einen strukturiert das Motiv die Novelle, indem diese dadurch eine entscheidende Wendung nimmt (1). Zum anderen ist die Aussageabsicht des Textes *in nuce* darin enthalten (2): Es wird nur gelingen, die eigenen Ziele zu erreichen, wenn die Bereitschaft besteht, das Äußerste dafür einzusetzen. Indem der Ritter mit dem Falken das letzte ihm verbliebene Statussymbol seiner Existenz preisgibt, gewinnt er ‚alles', nämlich die Hand und das Vermögen der angebeteten Dame.

Jede Novelle muss sich Heyse zufolge der Frage stellen, ob sie sich auf einen solchen Deutungskern reduzieren lässt, auf etwas „Specifische[s]", „das diese Geschichte von tausend anderen unterscheidet", und er bietet eine Probe dafür an, die zugleich das Kriterium der geschlossenen Handlungsführung wieder aufgreift. (3) Wenn es möglich ist, „den Inhalt in wenige Zeilen zusammenzufassen", dann handelt es sich um eine Novelle im engeren gattungspoetologischen Sinn (Heyse 1994, S. 255, 254).

Bereits in Paul Heyses erster Novellensammlung von 1855 findet sich ein Prototyp für seine später entwickelte Falkentheorie: Die Novelle *L'Arrabiata* ist die erste der sogenannten *Italienischen Novellen* Heyses, die bei einem Sorrent-Aufenthalt des jungen Dichters im Frühjahr 1853 entstanden sind. Der Text weist eine „*starke Silhouette*" auf: Die wegen ihrer abweisenden und trotzigen Art „l'Arrabiata" genannte Laurella gibt dem Werben des Schiffers Antonino erst nach, nachdem sie sich diesen in äußerster Gewaltanwendung, mit einem heftigen Biss in die Hand, buchstäblich vom Leibe gehalten hat. Darüber selbst entsetzt, überwindet sie ihre familiär begründete Abneigung gegen die Verbindung zu einem Mann und verlobt sich mit dem jungen Schiffer. Für die Figur der Lorella gibt es laut Heyse ein reales Vorbild, „ein leibhaftiges Menschenkind" (Heyse 1912, S. 67), und auch sonst lassen sich an der Novelle typische Verfahrensweisen des poetischen Realismus ablesen.

Schon die Anlage des Erzähleinsatzes der Novelle gehört dazu: Sie beginnt mit einer detaillierten Beschreibung der süditalienischen Küstenlandschaft, ihrer Bewohner und deren Arbeit, um auf diese Weise nicht nur den Ort zu konkretisieren (den Hafen von Sorrent), sondern auch eine stereotyp bilderbuchartige Atmosphäre des Italienischen zu erzeugen. Dann wechselt die Blickrichtung von der panoramatischen Rundumschau zur Naheinstellung (→ KAPITEL 4.1, 9.2): Eine alte Frau macht ihre Enkelin darauf aufmerksam, dass sich in einer kleinen Barke vor Sorrent in Richtung der Insel Capri Padre Curato, der Priester, befindet. Bemerkenswert an diesem eigentlichen Erzähleinsatz ist erstens, dass damit am Beginn der Hinweis auf eine Figur steht, die selbst keine tragende, sondern nur eine hinführende Rolle für den später verhandelten Konflikt übernimmt. Padre Curato bereichert das Lokalkolorit der beschreibenden Passagen zu Beginn, indem er das christlich-katholische Ambiente der Gegend verkörpert.

Realistische Verfahren

Zweitens nimmt sich Heyses realistischer Erzähler im Dialog soweit wie möglich zurück. Er fügt höchstens einmal einen minimalen Kommentar ein, der beispielsweise die Funktion einer Vorausdeutung übernimmt, wenn es heißt, dass „der kleine Priester" „bedenklich" nach Neapel hinübersieht, weil er ein Unwetter befürchtet (Heyse 1994, S. 8). Der weitgehend neutrale Erzähler lässt also bevorzugt die Figuren selbst sprechen (externe Fokalisierung); dialogische Passagen dominieren die Erzählung – wie, nebenbei bemerkt, auch das realistische Erzählen Theodor Fontanes. Das geht sogar soweit, dass (dem Drama der geschlossenen Form vergleichbar) Regiebemerkungen in die Figurenrede nach Art einer Teichoskopie eingeflochten werden, nach Art einer Mauerschau also; die Figuren erzählen dem Leser, was geschieht. Der Priester fordert Laurella auf, zu ihm und Antonino ins Boot zu steigen: „[...] und setz dich hier neben mich. *Sieh, da hat er* [Antonino, C. S.] *dir seine Jacke hingelegt, daß du weicher sitzen sollst.* Mir hat er's nicht so gut gemacht" (Heyse 1994, S. 9; Hervorhebung C. S.).

Externe Fokalisierung

Diese Erzählweise trägt einer Erwartungshaltung des Lesers Rechnung, die keinerlei Lücken in einer Handlungslogik akzeptiert, die das Geschehene realistisch nachzuahmen vorgibt. Eine mögliche Lösung dafür wäre: Der Erzähler könnte permanent erklärend und verknüpfend in den Text eingreifen (Storm hat dies einmal sinngemäß als unnötiges Motivieren vor den Augen des Lesers bezeichnet). Will

Lückenlose Handlungslogik

der Erzähler dies vermeiden, besteht die Möglichkeit, die Figuren zu Wort kommen zu lassen. Er kann sich dann selbst stärker zurücknehmen, wirkt also weniger aufdringlich und stört so kaum die Illusion einer realistischen Wirklichkeitsabbildung, die der Text zu erzeugen versucht.

Das Verhalten des Mädchens wird motiviert (Teil 1)

Im ersten Teil der Erzählung, der auf die Einleitung folgt, unterhält sich der Padre mit Laurella, die er wegen ihrer Menschenfeindlichkeit tadelt. Durch dieses Gespräch, das den Charakter einer Beichte hat, erfährt der Leser von Laurellas Zurückweisung eines Neapolitaners, der sie hatte heiraten wollen. Dieser „Eigensinn" Laurellas muss aus Sicht der Zeit nicht nur als unchristlich, sondern auch als unweiblich gelten: Heirat und Familiengründung gehörten zu den ‚heiligen Pflichten' einer Frau. Erst auf die dritte Nachfrage des Paters nach ihren Motiven spricht das Mädchen von frühen Gewalterfahrungen in der Familie: Der Vater habe die Mutter „mißhandelt", „geschlagen", „mit den Füßen getreten". Diese aber durfte sich nicht wehren, nicht gegen die Misshandlungen, nicht gegen die Liebkosungen, denn sie habe ihn „lieb" gehabt. Auf den Punkt gebracht: Die Mutter durfte sich nicht wehren, weil sie dem Vater angetraut war vor Gott und den Menschen. „Wenn es so um Liebe ist, daß sie einem die Lippen schließt, wo man Hilfe schreien sollte [...], so will ich nie mein Herz an einen Mann hängen" (Heyse 1994, S. 13, 14).

Der Biss (Teil 2)

Den zweiten Teil der Erzählung bildet die Rückfahrt nach Sorrent; jetzt sitzen nur noch Antonino und Laurella im Boot. Durch ein die beiden Teile verknüpfendes narratives Zwischenstück war der Leser zuvor darüber informiert worden, dass Antonino der einzige Erbe eines kinderlosen Onkels und damit eine gute Partie ist. Zunächst sitzen sich beide im Boot gegenüber „wie die bittersten Feinde" (Heyse 1994, S. 19); dann fasst Antonino einen Entschluss – an dieser Schlüsselstelle wechselt der Text wieder in eine längere, rein dialogische Passage. Antonino fordert sein Recht auf Laurella ein, ungeachtet dass diese unmissverständlich darauf besteht, dass sie ihm niemals ein Versprechen gegeben habe. Als er ihr droht („Weißt du, daß du hier in meiner Macht bist und tun mußt, was ich will?"; Heyse 1994, S. 21), beißt sie ihm in die Hand und springt ins Meer. Laurellas Sinneswandel dokumentiert der dritte und letzte Teil der Erzählung: Antonino und Laurella versöhnen sich.

Laurellas Sinneswandel (Teil 3)

Welche Gründe gibt es für die Versöhnung? Legt der Ausgang der Novelle den Schluss nahe, Antonino habe tatsächlich ein (göttlich verbürgtes) Recht auf Laurella? Der Text macht darüber keine Aussagen. Der Erzähler hat in diesen entscheidenden Passagen keine

Stimme, sondern nur die beiden Figuren. Es ist allein Antonino, der
– als Sprachrohr seines Kulturkreises – Anspruch auf Laurella erhebt.
Der Erzähler bewertet diesen Sachverhalt nicht. Auch in den narrativen, verknüpfenden Passagen bleibt er beschreibend und betrachtet
die Szenerie gleichsam von außen – etwa, wenn er Antoninos Drohrede so qualifiziert: „und er sprach fast mitleidig, wie aus dem
Traum", oder, wenn er Antonino der davonschwimmenden Laurella
nachsehen lässt, „als begebe sich ein Wunder vor seinen Augen"
(Heyse 1994, S. 21). Nicht einmal im Schlussteil der Erzählung verlässt der Erzähler die Sichthöhe der Figuren, bis hin zur völligen Zurücknahme in der erlebten Rede:

„Er stand auch lange vor dem kleinen Bilde der Mutter Gottes und
sah die aus Silberpapier daraufgeklebte Sternenglorie andächtig an.
Doch zu beten fiel ihm nicht ein. *Um was hätte er bitten sollen, da
er nichts mehr hoffte?*" (Heyse 1994, S. 23; Hervorhebung C. S.)

Von Laurellas Entschluss erfahren wir ebenfalls nur durch die Figur
selbst: Sie fühlt sich schuldig und bleibt sich doch treu. Denn: Obwohl sie sich schließlich für Antonino entscheidet, setzt sie damit zugleich ihren eigenen Willen durch, der jetzt aber mit den gesellschaftlichen Erwartungen ihrer Zeit und ihres Kulturkreises konform geht:
„Nun will ich dich auch küssen [...], und Laurella küsst keinen, als
den sie zum Manne will" (Heyse 1994, S. 27). Entsprechend deutet
der Pater im Abspann der Erzählung die Verbindung der beiden –
ebenso wie deren umwegiges Zustandekommen – als höheren Plan
des Himmels.

Der Biss Laurellas stellt jenes entscheidende Alleinstellungsmerkmal
des Textes dar, wodurch dieser sich von anderen Novellen unterscheidet und zugleich dem Gedächtnis des Lesers einprägt – motivisch und
strukturell: Durch Minimalaustausch von nur zwei Buchstaben wird
der ‚Biss' zum ‚Kuss', und die blutende Hand Antoninos deutet auf
die Vereinigung der beiden Liebenden in der Schlusspassage voraus.
Darüber hinaus bildet der Biss den Wendepunkt der Geschichte und
leitet die entscheidende Veränderung im Verhalten des Mädchens ein.
Laurellas Entschluss entspricht nun, wie bereits angedeutet, jenen Vorstellungen von Natürlichkeit, die das zeitgenössische Geschlechterverständnis für eine junge Frau vorsah.

> Alleinstellungsmerkmal

Fragen und Anregungen

- Skizzieren Sie die Auswirkungen der Produktionsbedingungen realistischer Novellistik auf die Struktur der Texte.
- Geben Sie einen Überblick über die zentralen Forderungen an die Novelle im 19. Jahrhundert.
- Erklären Sie, worauf nach Ansicht der realistischen Autoren die Opposition von Novelle und Roman basiert.
- Was versteht Paul Heyse unter dem „Falken"?
- Welche Funktion hat die neutrale Erzählhaltung in Heyses *L'Arrabiata*?

Lektüreempfehlungen

Quellen
- Paul Heyse: L'Arrabiata, in: ders., Andrea Delfin. Prosa und Gedichte, Berlin 1994, S. 7–27.
- Otto Ludwig: Zwischen Himmel und Erde. Erzählung. Nachwort Konrad Nussbächer, Stuttgart 1989.

Forschung
- Hugo Aust: Novelle, 4., aktualisierte und erweiterte Auflage, Stuttgart/Weimar 2006. *Gute und übersichtliche Einführung in die Theorie und Praxis der deutschsprachigen Novellenliteratur.*
- Winfried Freund: Novelle, in: Bürgerlicher Realismus und Gründerzeit 1848–1890, hg. v. Edward McInnes und Gerhard Plumpe, München/Wien 1996, S. 462–528. *Bietet einen repräsentativen Überblick über das Werk der bedeutendsten Novellisten des poetischen Realismus.*
- Rainer Hillenbrand: Heyses Novellen. Ein literarischer Führer, Frankfurt a. M. u. a. 1998, S. 70–81 (*L'Arrabiata*). *Erlaubt einen schnellen Zugriff auf zeitgenössische Äußerungen zur Novelle sowie zur Forschungsliteratur.*
- Reinhart Meyer: Novelle und Journal, in: Zwischen Restauration und Revolution. 1815–1848, hg. v. Gert Sautermeister und Ulrich Schmid, München/Wien 1998, S. 234–250. *Beleuchtet instruktiv die Produktionsbedingungen der Novelle.*

9 Novellistisches Erzählen im Realismus

Abbildung 11: Dante Alighieri, Medaillon. Illustration des Titelblatts von: J.[ózef] I.[gnacy] Kraszewski: *Dante. Vorlesungen über die Göttliche Komödie.* Gehalten in Krakau und Lemberg (1867; deutsch 1870)

„*Er hatte ein längliches Gesicht, eine Adlernase, die Augen eher groß als klein, das Kinn länglich, die Oberlippe etwas hervorstehend*'" (Kraszewski 1870, S. 54). Die Rede ist von Dante Alighieri, dem berühmtesten italienischen Dichter des Mittelalters. Ein Medaillon mit dem markanten Profil des Dichters ziert die Titelseite der deutschen Übersetzung von Vorlesungen, die der polnische Schriftsteller Józef Kraszewski 1867 über Dante gehalten hat. Conrad Ferdinand Meyer benutzte diese Vorlesungen für die Arbeit an seiner Novelle „Die Hochzeit des Mönchs" und ließ sich wohl nicht nur von besagter Titel-Abbildung für eine detailgenaue Beschreibung Dantes inspirieren. Bei Meyer wird Dantes Profil im Schein der Kerzen und Fackeln an die Decke eines hohen Saals geworfen, in dem sich der Hof des Veronesischen Fürsten zusammengefunden hat: „*Das Schattenbild Dantes glich einem Riesenweibe mit langgebogener Nase und hangender Lippe*" (Meyer 1996a, S. 174). Mit dieser physiognomisch präzisen Beschreibung verwirklichte Meyer ein (spät-)realistisches Erzähl-Programm, das sich auf historistische Konzepte bezog. Der Figur Dante ordnete der Autor dabei die Funktion zu, „*den Leser mit einem Schlage in eine ihm fremde Welt zu versetzen*" (Meyer 1961, S. 251).

Im Literaturprogramm des Realismus steht Meyer für ein Erzählen, das sich als Form der poetischen Geschichtsschreibung verstand, sich also eng an der historischen Überlieferung orientierte (historiografisches Erzählen). Zugleich spielte er mit diesem Konzept, indem er etwa auf die Macht des Novellisten zur Veränderung der Historie hinwies, und zwar in einer Novelle, die eben jenes Ereignis verbürgt und archiviert, das geleugnet werden soll (*Der Schuß von der Kanzel*, 1877). Daran anknüpfend reflektiert Meyer in seiner historistischen Musternovelle *Die Hochzeit des Mönchs* (1884) die Bedingungen der Möglichkeit historiografischen Erzählens. Dem hermeneutisch offenen Erzählen Meyers steht Theodor Storms geschlossen konzipierte Programmnovelle *Hans und Heinz Kirch* (1882) gegenüber. Sie stellt eine konsequente Umsetzung von Storms Bestimmung der Novelle als „Schwester des Dramas" dar (Storm 1988b, Bd. 4, S. 409).

9.1 **Realismus und Historismus: Conrad Ferdinand Meyer**
9.2 **Die „Schwester des Dramas": Theodor Storm**

9.1 Realismus und Historismus: Conrad Ferdinand Meyer

Zu den wichtigsten Darstellungsprinzipien und Gegenstandsbereichen der realistischen Literatur zählte die Geschichte: Die Autoren verstanden sich immer auch als Historiker und betrachteten ihre Arbeiten als spezifische Formen der Geschichtsschreibung; neben Themenbereichen aus der unmittelbaren Gegenwart ihrer Entstehung verarbeiteten sie in ihren Texten bevorzugt historische Motive und Stoffe. Das gilt für die Lyrik (→ KAPITEL 7.2) ebenso wie für das Drama (→ KAPITEL 12), den Roman (→ KAPITEL 11.3) oder die Novelle. Dem Wirklichkeitsverständnis des Realismus ging eine Idee voraus, die sich seit der zweiten Hälfte des 18. Jahrhunderts durchzusetzen begonnen hatte, die Idee der Historizität: die Vorstellung also, dass Realität immer als historische und damit zeitlichen Veränderungen unterworfene Größe zu denken ist (vgl. Fulda 1996, S. 267–278). In diesem Sinne setzte sich die unmittelbare Zeitgenossenschaft zunehmend zu den eigenen Traditionsräumen in Beziehung. In Übereinstimmung mit der epochalen Erfahrung unaufhaltsamen Wandels in allen Lebensbereichen (→ KAPITEL 2) betrachtete man sich selbst als etwas Gewordenes und zugleich Endliches.

Mit dieser Einsicht in die Historizität aller lebensweltlichen Phänomene verband sich die Feststellung, der Mensch selbst sei als Urheber des Wandels und als Akteur der Geschichte anzusehen, nicht etwa die Natur oder metaphysische Mächte. Der künstlerischen Tätigkeit wurde hierbei eine besondere Aufgabe zugewiesen. Allerdings interessierte sich die realistische Ausrichtung auf die Geschichtlichkeit des Daseins gerade nicht für das historische Faktum um seiner selbst willen. Auf eine rein positivistische Sammeltätigkeit lässt sich das Historismus-Verständnis des Realismus nicht reduzieren (vgl. Schnädelbach 1983, S. 51): Er „durchstöbert keine Rumpelkammern und verehrt Antiquitäten nie und nimmer, wenn sie nichts anderes sind als eben – alt", wie Theodor Fontane 1853 betonte (Fontane 1853 in: Plumpe 1997, S. 148). Vielmehr verknüpfte er das historische Detail stets mit einer aktuellen, wiewohl historisch anmutenden Darstellungsabsicht (vgl. Andermatt 2002, S. 33) und formulierte dafür eigene Erkenntnisziele. Das Detail dient zur Veranschaulichung, Kolorierung und Verlebendigung des vergangenen Geschehens, denn der Realismus, so Fontane weiter, „liebt das Leben je frischer je besser [...]" (Fontane 1853 in: Plumpe 1997, S. 148; → KAPITEL 7.2)

Realismus und Historismus

Historizität

Aktualität

Dass sich bei konsequent historistischer Ausrichtung der Poesie die beschriebenen Details verselbständigen und die Handlung darüber in den Hintergrund tritt, die Einzelheiten also nicht mehr notwendig zu einer konsistenten Geschichte verknüpft und daher „unverständlich" werden (Wunberg 1993, S. 311), gilt für den historistisch orientierten Realismus bereits in Ansätzen. Bei einigen seiner Vertreter deutete sich dies bereits an: Der zeitgenössische „Professorenroman" (Flemming 2001, S. 551; → KAPITEL 11.3) beispielsweise rechnete zwar mit einer historisch interessierten und gebildeten Leserschaft. Wenn aber der Ägyptologe Georg Ebers seinen Roman *Eine ägyptische Königstochter* (1864) mit dem wissenschaftlichen Instrumentarium eines Anmerkungsapparats versah, muss er für einzelne Stellen des Textes Deutungsbedarf gesehen haben. Zugleich wurde das historische Faktum dadurch in einem zweiten Text isoliert und entfernte sich so von seiner ursprünglichen Position im Erzählzusammenhang des Romans. Wilhelm Raabes – im Untertitel als „Erzählung" gekennzeichneter – historischer Roman *Das Odfeld* (1888) legt zwar auf historiografische Präzision und Lokaltreue höchsten Wert. In der darstellerischen Durchführung überwiegt aber die Zitatmontage und erzeugt einen literarischen Raum von so hohem Anspielungsreichtum, dass die Verständlichkeit und Lesbarkeit dadurch empfindlich erschwert wird. Die ausgestellte Gelehrsamkeit des Textes hatte zugleich die Funktion, die Bildungsbeflissenheit der Zeitgenossen (→ KAPITEL 5.2, 11.3) sowohl vor- als auch ad absurdum zu führen (vgl. Wunberg 1993, S. 321–327).

Den Themen und Darstellungsverfahren der Geschichtswissenschaft gegenüber aufgeschlossen zeigte sich auch der Schweizer Dichter Conrad Ferdinand Meyer. Eine Erbschaft hatte ihn in die Lage versetzt, als Privatier zu leben, zu studieren und zu arbeiten. Meyer interessierte sich bevorzugt für Geschichte und Kunstgeschichte, widmete sich aber ebenso der experimentellen Psychologie seiner Zeit. Insbesondere sein novellistisches Werk ist von diesen Forschungsgebieten geprägt: thematisch durch die dort verarbeiteten historischen Stoffe, formal durch multiperspektivische Verfahrensweisen aus zumeist je personal beschränkten Blickwinkeln. Meyers Erzähler hält sich in der Regel zurück und ist um darstellerische Objektivität bemüht, d. h. vor allem auch: Er lässt viele Stimmen zu Wort kommen (vgl. Jäger 1998; Zenker 2006, S. 230).

Als ein europäisches Phänomen in der Erzählhaltung der Autoren des Realismus gilt die Tendenz zur Tendenzlosigkeit: Geradezu mustergültig setzte der französischen Erzähler Gustave Flaubert dieses

Programm um (vgl. Dethloff 1997, S. 69-79). Seine Erzählung *Ein schlichtes Herz* (1877) regte später Roland Barthes zur Beschreibung des sogenannten Realismuseffekts (*effet de réel*) an (→ KAPITEL 3.1). Wie Flaubert, so erprobte auch Meyer Darstellungsformen der erzählerischen Unpersönlichkeit (*l'impersonnalité*), Unparteilichkeit (*l'impartialité*) und Leidenschaftslosigkeit (*l'impassibilité*). Das Nebensächliche und scheinbar Zweitrangige rückte in den Blick der Erzählung und machte deren Nähe zur Realität plausibel. Die Beschreibungen von Details – etwa von Interieurs, von Kleidung, von Physiognomien – erfolgten systematisch und präzise. Autoren wie Meyer und Flaubert belegten die Wirklichkeit mit wissenschaftlichem Interesse. Zugleich waren sie sich im Klaren darüber, dass Geschichte allererst im Akt des Erzählens selbst hervorgebracht wird, weil auch die auf historische Genauigkeit hin ausgerichtete Literatur ästhetischen Darstellungsprinzipien unterworfen ist (vgl. White 1991).

Unpersönlichkeit, Unparteilichkeit, Leidenschaftslosigkeit

Erzählen von Kleinigkeiten

In Meyers Novelle *Der Schuß von der Kanzel*, 1877 im *Zürcher Taschenbuch auf das Jahr 1878* erstmals veröffentlicht, wird die Frage nach den Bedingungen der Möglichkeit von Historiografie selbst zum Thema. Diese soll einerseits möglichst objektiv sein, andererseits bleibt sie stets auf denjenigen angewiesen, der die Geschichte erzählt. In *Der Schuß von der Kanzel* wird, um den Skandal eines aus Perspektive der Zeitgenossen ungeheuerlichen Vorgangs zu vertuschen, das Geschehene kurzerhand für ungeschehen erklärt und in das Reich der Sagen und Legenden verbannt: Wilpert Wertmüller, Pfarrer der fiktiven Schweizer Dorfgemeinde Mythikon und ein Waffennarr, hat versehentlich einen Schuss ausgelöst, als er auf der Kanzel während der Predigt nebenher mit einer hübschen kleinen Pistole spielte. Weil nicht sein kann, was nicht sein darf, weil dieser Vorfall „eine neue Religion" zu stiften droht und weil die Kirchenältesten von Mythikon zudem durch das Angebot einer Erbschaft geködert werden, lassen sie sich gern darauf ein, die Geschichte umzuschreiben und das eigentliche Geschehen zum „Gespenst" (Meyer 1996a, S. 105; vgl. Simon 1999) zu erklären. Das Ergebnis ist: Realität wird nicht länger als etwas Vorgängiges verstanden, sondern es wird entschieden, was als Realität zu gelten habe. Geschichte ist demnach Konstruktion; sie ereignet sich nicht notwendig, sondern wird hergestellt.

Der Schuß von der Kanzel

Konstruktcharakter historischer Realität

Wie auf diese Weise nicht nur eine, sondern viele Geschichten nebeneinander existieren, so gibt es auch viele Realitäten. In Meyers Novelle wird die Realität der Geschichte allerdings nicht nur relativiert, sondern gleich vollständig zur Nichtrede erklärt, wenn „der heute, wie eine unverbürgte Sage geht, in der Kirche von Mythikon abgefeuerte Schuß zu den ungeschehenen Dingen verstoßen" wird und sich analog zu jenem „blaue[n] Pulverwölkchen" allmählich auflöst, das der „Schuß von der Kanzel" hervorgerufen hatte (Meyer 1996a, S. 102, 95). Die höhere Ironie dieser historiografischen Metaerzählung besteht darin, dass die eigentliche Geschichtsmächtigkeit beim Erzähler und schließlich beim Autor selbst liegt. Die Novelle über eine Geschichtsfälschung führt die tatsächlichen Abläufe direkt vor, d. h.: Sie schaltet keine vermittelnden Instanzen ein, die sich, etwa im Rahmen einer Herausgeberfiktion in der Rahmenhandlung, auf mündliche Überlieferung oder schriftliche Quellen berufen würden. Auf diese Weise bewahrt sie die Geschehnisse ‚unverfälscht' für die Nachwelt.

Geschichtsmächtigkeit des Erzählers

Die Novelle als Traditionsträger

Zugleich lässt die Novelle die Spätzeitlichkeit realistischen Erzählens auf deren literaturgeschichtlichem Höhepunkt bereits zum Thema werden. In den ersten Abschnitten leitet *Der Schuß von der Kanzel* mit Hinweisen auf die gerade zurückliegende Weinlese ein, in der eine „warme Föhnluft" die umgebende Natur „auf ihre Weise idealisiert" habe. Dem Betrachter fügten sich Gebirgszüge und See zu einem panoramatischen Ganzen zusammen. Diese Zeit „aber" ist vorbei, betont der Text. Stattdessen bläst jetzt „ein heftiger Querwind", und die Lichtverhältnisse erlauben keinen Überblick mehr, weil die Umgebung dadurch „in schroffer, fast barocker Erscheinung dem Auge viel zu nahe" tritt (Meyer 1996a, S. 3). Stärker noch als zuvor konzentrierte sich der späte Realismus aufs Detail.

Spätzeitlichkeit

Mit der Novelle *Die Hochzeit des Mönchs* legte Meyer 1884 eine historistische Mustererzählung vor. Gleich der Erzähleingang geht zur Gegenwart der zeitgenössischen Leser auf Distanz: „Es war in Verona" (Meyer 1996a, S. 173). Die ersten Abschnitte verlebendigen die Atmosphäre einer Abendunterhaltung am Hof des Veroneser Fürsten Cangrande della Scala, an dem der Florentiner Dichter Dante Alighieri sich zeitweise aufhielt. Meyers Erzähler schildert den berühmten Renaissance-Poeten mit physiognomischer Präzision (Meyer 1996a, S. 174), die an vertraute Stiche und Gemälde anschließt und das Bild Dantes auch bei den Lesern des 19. Jahrhunderts wachruft.

Die Hochzeit des Mönchs

Die Handlung verläuft auf zwei Ebenen: Auf Ebene der Binnenerzählung (auf intradiegetischer Ebene) erzählt der Dichter Dante der Hofgesellschaft von einem „entkutteten Mönch" (Meyer 1996a, S. 174). Auf Ebene der Rahmenerzählung (auf extradiegetischer Ebene) wird Dantes Erzählung regelmäßig unterbrochen, indem sich das Personal der Rahmenhandlung (also Dantes Zuhörerschaft) immer wieder zu Wort meldet und in das Geschehen einmischt.

Handlungsaufbau

Unterbrochenes Erzählen

Vordergründig handelt Meyers Novelle von einem Mönch namens Astorre, der von seinem sterbenden Vater dazu erpresst wird, die Kutte abzulegen, den Gelübden zu entsagen und Diana, die Braut seines tödlich verunglückten Bruders, zu ehelichen. Astorre sagt die Hochzeit zu, bricht das Versprechen dann aber, weil er sich in Antiope verliebt, um die er für seinen Jugendfreund Germano werben sollte. Astorre und Antiope heiraten heimlich in der Privatkapelle ihres elterlichen Hauses; am Ende ersticht Diana Antiope aus gekränkter Ehre und Eifersucht, Astorre und Germano töten sich gegenseitig.

Das eigentliche Thema des Textes geht über die rein inhaltliche Ebene hinaus: *Die Hochzeit des Mönchs* bietet eine ‚novellistische‘ Reflexion auf die Bedingungen der Möglichkeit historiografischen Erzählens. Vor Beginn des Erzähleinsatzes wird die Frage nach den Quellen geklärt, auf die sich Dante stützt. Die Rezeptionshaltung hängt nämlich entscheidend davon ab, ob er eine „wahre Geschichte […] nach Dokumenten" erzählt, „eine Sage des Volksmundes" oder „eine Erfindung". Dass Dante sich in der Tat auf Dokumente berufen kann, macht die Sache dann allerdings beinahe noch komplizierter. Er hat die Geschichte einer „Grabschrift" entnommen – und diese lautete keineswegs eindeutig: „Hier schlummert der Mönch Astorre neben seiner Gattin Antiope. Beide begrub Ezzelin". Da Dantes Zuhörer und Zuhörerinnen genau wissen, um wen es sich bei letzterem handelt (nämlich um Ezzelino da Romano, seit 1236 Gewaltherrscher von Vicenza, seit 1237 von Padua und Treviso), gehen sie sofort davon aus, Ezzelin habe die beiden Liebenden ermorden lassen. Dante hält eine andere Auslegung des überlieferten Satzes dagegen: Ezzelin „gab den beiden ein Begräbnis". Er legt an historische Ereignisse den Maßstab der Wahrscheinlichkeit an und bezieht Ezzelins Tun auf dessen „nach der Geschichte" verbürgten Charakter. Dantes Auslegung ist demnach plausibler als die Deutungsversuche seines Publikums: Dass der Mönch das Gelübde gebrochen hat, macht ihn in den Augen des Tyrannen Ezzelin, der Religion und Kirche verachtet, gerade nicht zu einem verwerflichen Menschen (Meyer 1996a, S. 176f.).

Zwar lässt sich so aus der Vielfalt der Möglichkeiten eine Geschichte auswählen, ob es sich allerdings tatsächlich um die wahre Geschichte handelt, nur weil sie argumentativ und erzählerisch als die wahrscheinlichere entfaltet wird, bleibt letztlich offen. Schließlich kann auch Dante nur die Oberfläche der Erscheinungen wiedergeben, im Inneren der Figuren vermag er nicht zu „lesen" (Meyer 1996a, S. 177); seine Zuhörer fordern folgerichtig auch nicht irgend-

Bedingungen literarischer Historiografie:

Quellen

Deutungsmöglichkeiten

eine oder gar eine wahre Geschichte, sondern „*Deine* Geschichte, Dante!" (Meyer 1996a, S. 178; Hervorhebung C. S.).

Mit unterschiedlichen Mitteln macht die Novelle in ihrem weiteren Verlauf auf die Relativität der Wahrheit des Erzählten aufmerksam: Der Dichter Dante muss sich den Vorwurf gefallen lassen, die Ereignisse willkürlich und nach Gutdünken zu interpretieren (vgl. Meyer 1996a, S. 205), und der Erzähler der Rahmenhandlung attestiert ihm zugleich die Mächtigkeit, dem Geschehen etwas hinzuzufügen oder wegzulassen und den Ereigniszusammenhang zu vereinfachen. Der auf historische Plausibilität verpflichtete ‚realistische' Erzähler Dante entpuppt sich als ein Meister in der Kunst der Idealisierung (→ KAPITEL 1.1): „Seine Fabel lag in ausgeschütteter Fülle vor ihm; aber sein strenger Geist wählte und vereinfachte"; für sich bezeichnet er die Geschichte selbst als ein „Märchen[]" (Meyer 1996a, S. 215, 222).

Relativität der Wahrheit

In typisch realistischer Erzählmanier spielt die Novelle mit der Position des Erzählers als eines bloßen Berichterstatters, der gar nicht alles wissen kann, weil er selbst kein Augenzeuge gewesen ist. Astorres heimliche Eheschließung soll lediglich von der Mutter Antiopes durchs Schlüsselloch beobachtet worden sein, aber: „Was sie sah, bleibt ungewiß". Das Volk hat so seine „Meinung", der Erzähler spekuliert ebenfalls über den Hergang, der sich „in dem verzerrten und entsetzten Gesichte der Lauscherin" spiegelt; entscheiden kann er diese und andere Sachverhalte aber nicht (Meyer 1996a, S. 232, 249).

Dieselbe Funktion einer multiperspektivischen Erweiterung des Blicks auf die Ereignisse, die sich zwar nicht festlegen lassen, aber von verschiedenen Seiten beleuchtet werden, übernehmen die steten Erzählunterbrechungen. Zum einen stellt Dante als Erzähler der Binnenhandlung dadurch selbst die Verbindung zu seinen Zuhörern her (etwa indem er Anwesende gezielt ansieht, während er spricht). Zum anderen haben die Zuhörer an der Entstehung der Erzählung einen Anteil, indem sie etwaige Brüche in Dantes Darstellung korrigieren. Wie im 19. Jahrhundert nicht wenige Novellen in Fortsetzungen publiziert wurden (→ KAPITEL 5.1, 8.1), so wird auch Dantes Erzählung im Wechsel von Binnen- und Rahmenebene immer wieder unterbrochen (vgl. Scherer 2010). Die Zuhörer erhalten so die Gelegenheit – in Entsprechung zu den Journallesern – durch gewissermaßen mündliche ‚Leserbriefe' auf Fehler hinzuweisen. Beispielsweise übernimmt die Fürstin Veronas diese Rolle: Hatte Dante seinen Helden Astorre am Stamm einer Zeder ausruhen lassen, so lehnt dieser, nachdem der

Erzählunterbrechungen

Beteiligung des Publikums

Erzähler kurzzeitig innegehalten hatte, um die eigene Erzählung zu kommentieren, unversehens an einer Pinie: „‚An den Stamm einer Zeder, Dante‘, verbesserte die aufmerksam gewordene Fürstin" (Meyer 1996a, S. 197).

Der Erzähler nutzt diese spezifische Möglichkeit der Interaktion mit seinem Publikum dafür, einzelne Stellen der Erzählung, die er – typisch historistisch – für unverständlich hält, zu erläutern und zu deuten: etwa die Funktion des Heiligen Antonius für Padua (vgl. Meyer 1996a, S. 188), heute ungebräuchliche Vokabeln (wie das Hochzeitsgebäck „Amarelle"; Meyer 1996a, S. 194) oder Astorres Verhalten, das gerade dann nicht mehr einsichtig ist, wenn man lediglich aus der neutralen Erzählperspektive der Binnenerzählung davon erfährt. Gelegentlich diskutiert Dante mit den Anwesenden über die richtige Deutung des Geschehens oder darüber, ob und auf welche Weise dieses im Nachhinein überhaupt beurteilt werden kann; gelegentlich debattieren die Zuhörerinnen unter sich, etwa über das Vorgehen der Frauen in der Erzählung.

Stellenkommentar und Deutung

In diesen Diskussionen geht es nicht zuletzt immer wieder auch um die Frage nach der Wahrscheinlichkeit des Dargebotenen; aktualisierende Bezugnahmen spielen für das Publikum in diesem Zusammenhang eine wichtige Rolle. Für die Leser des 19. Jahrhunderts, also die Leser von Meyers Novelle, deren Rezeptionsakte das in der Novelle gestaltete Dichter-Publikum-Verhältnis wiederholen, übernehmen diese kontrastiv zur Binnenerzählung angelegten Rahmenpassagen eine sowohl komisch-unterhaltsame als auch belehrende Funktion: Sie lockern die detailreichen historischen Ausführungen auf und nehmen zugleich etwaige Fragen oder Einwände der Leser vorweg.

Unterhaltung und Belehrung

Die Novelle stellt die Fragen des Historikers – Was ist geschehen? Wer war beteiligt? Wodurch wird das Handeln motiviert? –, und sie bietet gleich mehrere Lösungen dafür an, ohne sich in jedem Fall auf eine Antwort festzulegen. Ein eindringliches Beispiel hierfür findet sich in der Episode, in der die Enthauptung von Antiopes Vater geschildert wird. Das Mädchen war zu diesem Zeitpunkt noch ein kleines Kind; es liebte seinen Vater sehr und wollte sich mit der Verurteilung nicht abfinden. Da es aber die Hinrichtung nicht aufhalten konnte, legte es „Kopf und Nacken neben den väterlichen" (Meyer 1996a, S. 209):

Die Fragen des Historikers

„Wollte es das Mitleid des Henkers erwecken? Wollte es den Vater ermutigen, das Unabwendbare zu leiden? Wollte es dem Unversöhnten den Namen eines Heiligen ins Ohr murmeln? Tat es das

Unerhörte ohne Besinnen und Überlegung, aus überströmender kindlicher Liebe? Wollte es einfach mit ihm sterben?" (Meyer 1996a, S. 209)

Auch in den Erzählverfahren orientiert sich die Novelle über weite Strecken am historiografischen Ideal der Objektivität, das der antike römische Geschichtsschreiber P. Cornelius Tacitus zu Beginn seiner *Annalen* in die Maxime „sine ira et studio" gefasst hatte (Tacitus 1868, S. 38; wörtlich „ohne Zorn und Eifer", also unparteiisch). Dies gilt gerade für die zu Beginn der Binnenhandlung geschilderte Katastrophe, bei der Astorres Bruder Umberto mitsamt seinen drei Söhnen aus erster Ehe während seiner „Brautfahrt" in der Brenta ertrinkt (Meyer 1996a, S. 178f.). Immerhin ist hier vom drohenden Untergang eines Hauses die Rede, und doch wird der Tathergang nüchtern-lakonisch und ohne Anteilnahme wiedergegeben – allerdings nicht ohne gelegentliche Ironie: Der aus den Fluten geretteten Diana hatte „ein *mitleidiges* Weib aus dem Volke [...] im Gezelt das eigene [Kleid] gegeben und sich des kostbaren Hochzeitskleides bemächtigt" (Meyer 1996a, S. 180; Hervorhebung C. S.).

Gerade in diesen kleinen Details – in einem wertenden Attribut, in einer ironischen Färbung – zeigt sich die Souveränität des realistischen Erzählers über den verhandelten Stoff. Der Erzähler selbst ist es, der für eine historisch möglichst genaue, das heißt vor allem: für eine verallgemeinerbare ‚Wahrheit' der Darstellung verantwortlich ist und diese herstellen kann; nicht die Geschehnisse haben diese „Macht" (Jahraus 2003, S. 218), und schon gar nicht die Leser, denen Meyer (wie Dante den Zuhörern am Veronesischen Hof) mit den erzählerischen Mitteln der Erzeugung von Wirklichkeitstreue die historische Wahrheit seiner Ausführungen glaubhaft zu machen versucht.

Meyer hat diesen Versuch 1883 als eine „etwas shakespearisirende Nov.[elle]" bezeichnet (Meyer 1999, S. 101), um anzudeuten, dass die historische Ausrichtung, die darstellerische Vielfalt und das Spiel mit der hermeneutischen Offenheit einem geschlossenen Modell, wie es etwa mit Storms „Schwester des Dramas" (Storm 1988b, Bd. 4, S. 409) vorliegt, zuwiderläuft. Dennoch liefert bereits Meyers Text jene thematische Zusammenfassung in wenigen Sätzen, die nach Paul Heyse das zentrale Merkmal der Novelle ausmacht (→ KAPITEL 8.2). Meyer überantwortete es dem Erzähler der Binnenhandlung, Dante, den Deutungskern (den „Falken"; Heyse 1994, S. 255) zu formulieren, und nutzte auf diese Weise die metapoetologische Funktion der Rahmenhandlung einmal mehr aus: Den Konflikt der Novelle löst demnach nicht die bloße Tatsache aus, dass ein Mönch seinen Gelübden entsagt. Astorres Schritt führt deshalb in eine „shakespearisirende" Familientragödie (Meyer 1999, S. 101), weil der Mönch nicht aus freien Stücken, „nicht aus eigenem Triebe", die Kutte abgelegt habe, „sondern einem andern zuliebe", und weil er so den eigenen Lebensentwurf verraten habe und „untreu an sich" selbst geworden sei (Meyer 1996a, S. 175).

9.2 Die „Schwester des Dramas": Theodor Storm

Das umfangreiche novellistische Werk Theodor Storms, zwischen 1848 und 1888 veröffentlicht, umfasst in seiner zeitlichen Ausdehnung die gesamte Epoche des literarischen Realismus. Es hat diese Epoche wie kaum ein anderes Werk geprägt und sich zugleich von ihr inspirieren lassen. Die frühen Novellen entstanden zwischen 1847 und 1864. Hier dominieren lyrische Erinnerungsnovellen wie *Immensee* (1849) oder *Im Sonnenschein* (1854), die Atmosphäre erzeugen möchten und deshalb viele Dinge gar nicht erst erzählen, sondern aussparen oder nur andeuten. In der mittleren Werkphase zwischen 1867 und 1880 fand Storm in Texten wie *Beim Vetter Christian* (1874), *Viola Tricolor* (1874), *Pole Poppenspäler* (1874), *Aquis Submersus* (1876), *Carsten Curator* (1878) oder *Die Söhne des Senators* (1880) zu einer neuen realistischen Darstellungsform. Hier, wie auch im Spätwerk, das zwischen 1880 und 1888 Texte wie *Der Herr Etatsrat* (1881), *Hans und Heinz Kirch* (1882) oder *Der Schimmelreiter* (1888) aufweist, bevorzugte Storm dramatische bzw. chronikalische Herangehensweisen, die dennoch immer wieder Anleihen bei den Stimmungsnovellen der ersten Werkphase nehmen. Die Verklärung (→ KAPITEL 1.1) als grundlegende Forderung an realistische Prosa ging Storms Novellen über alle Phasen hinweg gleichermaßen voraus (vgl. Stockinger 2008).

Storms Novellen

Auch in der zeitgenössischen Debatte zur Theorie der Novelle meldete sich Storm dezidiert zu Wort und lieferte mit der These von der Annäherung der Novelle an das Drama einen zentralen Beitrag (→ KAPITEL 8.1). In deren unmittelbarem Umfeld bereitete Storm die Novelle *Hans und Heinz Kirch* vor. Zunächst in den von seinem Schriftstellerkollegen Friedrich Spielhagen redigierten *Westermanns Illustrierten Deutschen Monatsheften* (1882) publiziert, wurde der Text 1883 leicht überarbeitet in Buchform publiziert. In einem Brief

Musternovelle

<small>Die „epische Schwester des Dramas"</small>

an den Literaturwissenschaftler Erich Schmidt vom 13. September 1882 nannte Storm den Text einen „annähernde[n] Beleg" für seine These, dass „die Novelle, trotz ihrer dehnbaren Form, auch als die epische Schwester des Dramas auftreten kann" (Storm 1976, S. 62). Er verarbeitete darin einen für Heiligenhafen an der Ostsee überlieferten Stoff von einem Schiffer und seinem Sohn, und ließ sich außerdem von eigenen Erlebnissen inspirieren. Damit entsprach er Goethes Forderung an den Stoff einer Novelle, dem ein tatsächliches Ereignis zugrunde liegen müsse (→ KAPITEL 8.1).

<small>Hans und Heinz Kirch</small>

Der Text handelt von einem ehrgeizigen Vater, dem kleinen Schiffseigner Hans Kirch, der für sich und seine Familie immer den „Stufengang der bürgerlichen Ehren" vor Augen hat und der von seinem einzigen Sohn Heinz erwartet, dass diesem der gesellschaftliche Aufstieg gelingt. Als er sich von Heinz enttäuscht zeigt, wendet er sich – in Umkehrung des biblischen Gleichnisses vom barmherzigen Vater (Lk 15, 11–32; vgl. Weiß-Dasio 1988, S. 157f.; Deupmann 2008) – von seinem Sohn ab, bis dieser schließlich endgültig das elterliche Haus verlässt. Für den gesellschaftlichen Aufstieg sorgt nicht der eigene Nachkomme, sondern Hans' Schwiegersohn Christian Martens, der sich in seinem Handeln weniger von bürgerlichen Tugenden als vielmehr von Kriterien der Gewinnmaximierung leiten lässt. Als Vertreter der neuen gründerzeitlichen Generation der Erwerbs- und Besitzbürger nach 1871 unterscheidet Martens sich von seinem kleinbürgerlichen Schwiegervater bereits signifikant.

<small>Die moderne Zeit</small>

In dieser Hinsicht hat die moderne Zeit auch die kleine Hafenstadt an der Ostsee erreicht, wenngleich das eigentliche Signum einer nervösen Epoche und ihrer Dynamik, die Eisenbahn, dort noch nicht angekommen ist („aber das Ende der Eisenbahn lag noch manche Meile landwärts hinter dem Hügelzuge"; Storm 1988a, Bd. 3, S. 83). Dem zeitgenössischen Bedürfnis nach polizeilicher Kontrolle des Nachtlebens (→ KAPITEL 2.1) tragen die Bürger in Storms Novelle ebenfalls auf eher altertümliche Weise Rechnung. Strenger noch als die Berliner Polizeiverordnung vom 9. März 1866, der zufolge „*die ‚verbotene Zeit' die Stunden von 11 Uhr abends bis 4 Uhr morgens umfaßt*" (zitiert nach Schlör 1991, S. 102), suchen sie nächtliche Aktivitäten zu unterbinden, denen per se unsittliche oder gar verbrecherische Absichten unterstellt werden. Polizeilich eingesetzte Nachtwächter oder eine offizielle Polizeistunde aber kennt die Stadt nicht. In *Hans und Heinz Kirch* ist hierfür noch eine „Bürgerglocke" zuständig, die „um zehn Uhr Abends, sobald es vom Kirchturme geschlagen hatte", geläutet wurde: „und wehe dem Gesinde oder auch dem Haussohn, der diesem Ruf nicht Folge leistete; denn gleich danach konnte man straßab und -auf sich alle Schlüssel in den Haustüren drehen hören" (Storm 1988a, Bd. 3, S. 58).

In ihrem Aufbau orientiert sich die Novelle am Spannungsmodell der geschlossenen dramatischen Komposition, die auf eine kausallogische Verknüpfung und Finalität der Handlungselemente, auf ein klares Ursache-Wirkungs-Verhältnis also, setzt. Die Exposition gibt einen ausführlichen Einblick in das Lokalkolorit, das die Verhältnisse des Ortes und der Landschaft so realistisch wie möglich abbildet und dabei von der „Panoramasicht zu einer Art Naheinstellung" wechselt (Freund 1997, S. 303). Darüber hinaus beschreibt die Exposition die charakterlichen Anlagen der in diesem Landstrich lebenden Menschen sowie das Milieu, in dem sie leben. Für den konkreten Fall, das Leben und den Niedergang der Familie Kirch, werden auf diese Weise die entscheidenden Determinanten angeführt, um das Verhalten Hans Kirchs präzise zu motivieren.

Dramatische Komposition

1. Exposition

Wie alle anderen Familien der Stadt muss auch Hans Kirch sich vor allen anderen Dingen für den eigenen Aufstieg innerhalb der städtischen Hierarchien interessieren: Der berufliche Werdegang aller Mitglieder der Stadtgesellschaft ist von Beginn an vorgezeichnet; mit dem „geräumige[n] Schifferstuhl", der sich auf dem Chor der Kirche befindet, steht der repräsentative Raum für berufliche und soziale Erfolge (bzw. Misserfolge) ständig vor Augen. Wer dort keinen Sitz erwirbt, gehört nicht zu den Honoratioren der Stadt (Storm 1988a, Bd. 3, S. 59). Von seiner charakterlichen Disposition her scheint sich Hans Kirch für diesen Weg in besonderem Maß zu eignen: Er ist äußert strebsam (bis hin zur Rastlosigkeit), er ist sparsam (bis hin zum Geiz), er ist zuverlässig und rechtschaffen, hart im Umgang mit seiner Familie und seinen Mitarbeitern, aber auch zu sich selbst. Allerdings verliert er seines angeborenen Ehrgeizes wegen gelegentlich den Blick für ein angemessenes Verhalten im persönlichen Umgang (vgl. Storm 1988a, Bd. 3, S. 60f.).

In der steigenden Handlung des zweiten Teils steht die Kindheit und Jugend Heinz Kirchs im Mittelpunkt. Den Höhepunkt markiert im dritten Teil der Bruch zwischen Vater und Sohn: Weil Hans mit den Heiratsplänen seines Sohnes mit Wieb, einem Mädchen aus unstandesgemäßen Verhältnissen, nicht einverstanden ist, schreibt er einen erbosten Brief an Heinz. Dieser befährt unterdessen als Seemann die Weltmeere, um sich für den Einstieg in die väterlichen Geschäfte zu qualifizieren. Als ein Jahr später ein nicht frankierter Brief von Heinz eintrifft, verweigert Hans die Annahme, weil er nicht bereit

2. Steigende Handlung

3. Höhepunkt

ist, 30 Schillinge Porto für den offensichtlich zahlungsunfähigen Sohn zu übernehmen; die aufzuwendende Summe rückt Hans' Verhalten in die Nähe zum Verrat des Judas im Neuen Testament.

4. Fallende Handlung

In der fallenden Handlung des vierten Teils fehlt auch das retardierende Moment nicht, das Hans' endgültiges Scheitern noch einmal aufschiebt: Nach vielen Jahren kehrt der verlorene Sohn zurück, die Mutter ist inzwischen gestorben, die Schwester hat geheiratet, und ihr Ehemann formuliert gegen den unerwarteten Konkurrenten um die Geschäftsleitung erhebliche Vorbehalte. Heinz Kirch gelingt es nicht, sich in die neue Umgebung zu integrieren. Er interessiert sich weder für das Geschehene noch für die Zukunft der Familie, und schon bald breiten sich Gerüchte aus, bei dem Heimkehrer handle es sich doch nicht um Heinz Kirch. In der Katastrophe des fünften Teils kommt es zum endgültigen Bruch zwischen Vater und Sohn. Weder die Schwester noch Wieb, die Heinz sicher erkannt hat, können den völlig verhärteten Hans Kirch umstimmen.

Epilog: Erfolgsethik versus Menschlichkeit

Den an die Dramenstruktur angelehnten Textteilen schließt sich eine Art Epilog an, der die Figur der Wieb als ein positives Gegenmodell sowohl zur schicksalhaften Unausweichlichkeit des Vater-Sohn-Konflikts als auch zur bürgerlichen Erfolgsethik von Hans Kirchs Schwiegersohn Christian profiliert. Hans Kirch zieht sich aus der Welt zurück. Er visioniert den Tod seines Sohns auf See und erleidet einen Schlaganfall. Die inzwischen verwitwete Wieb kümmert sich liebevoll um den alten Mann, der sie einst abgelehnt hatte und der sich jetzt die Schuld am Untergang seines Sohnes gibt. In Wiebs Handeln vollzieht sich – unausgesprochen – jene Vergebung, die der gesamten Novelle von ihrem Ende her eine resignativ-versöhnliche Note gibt (→ KAPITEL 1.1). Gottfried Keller erklärte die Novelle in einem Brief an Storm 1882 folgerichtig zu einer Form der „Resignationspoesie" (Storm 1992, S. 96).

Elemente des Dramas: (1) Geschlossenheit

(2) Jule als dramaturgische Figur

Neben der geschlossenen Handlungsdramaturgie (1) gehört auch die Figur von Hans' Schwester Jule zu den dramatischen Elementen des Textes (2). Ihr Verhalten lässt sich nicht über die sonst geltenden Determinanten psychologisch plausibilisieren; die Figur übernimmt als Intrigantin rein dramaturgische Funktionen. Sie schürt die Wut des Vaters auf den Sohn, indem sie ihm Nachrichten von Heinz' heimlicher Verbindung mit Wieb hinterbringt und so die Abwehrreaktion des Vaters auf den unfrankierten Brief auslöst. Sie ist es auch, die das Gerücht verbreitet, bei dem zurückgekehrten Heinz handle es sich um einen Hochstapler, woraufhin Hans sich endgültig von diesem lossagt.

Wie in der Tragödie haben die Protagonisten von vornherein keine wirkliche Chance: Ihre Tragik besteht in der Ausweglosigkeit ihrer Situation von Beginn an (3). Anders gesagt: Vater und Sohn, einzeln und in ihrem Verhältnis zueinander, müssen scheitern. Zwar weisen die biblischen Allusionen die Schuld eindeutig dem harten Vater zu, der den Sohn eben nicht liebevoll wieder aufnimmt, sondern ihn verrät. Zeitgenössisch neuere Erklärungsmodelle auf soziologischer und naturwissenschaftlicher Grundlage zeigen aber, dass Hans Kirch gar nicht anders handeln kann: Alles, was er unternimmt, um den Sohn in seinem Sinn zu fördern, führt notwendig zu dessen und seinem eigenen Untergang.

(3) Tragik

Der Storm-Forscher Karl Ernst Laage spricht deshalb zu Recht von einer „bürgerliche[n] Tragödie [...] in Prosa" (in: Storm 1988a, Bd. 3, S. 814). Indem Storm die gesellschaftlichen Bedingungen von Hans' Verhalten aufzeigte (Hans ist Produkt eines Milieus, dessen Wertvorstellungen er internalisiert und pervertiert), relativierte er die biblisch vorgegebenen Erklärungsmuster und verlagerte die Schuldfrage damit auf eine psychologisch-realistische Ebene – so auch in einem Brief an Paul Heyse am 7. Dezember 1881 (vgl. Storm 1988a, Bd. 3, S. 797). Kritik an der allzu harten Vaterfigur, die sowohl Erich Schmidt als auch Paul Heyse übten (vgl. Storm 1988a, Bd. 3, S. 810f.), wies Storm zurück:

„Tragödie in Prosa"

„[D]er Alte ist nicht zu hart, so sind unsre Leute hier, es hätte nur noch eine Scene geschrieben werden sollen, worin die selbstverständlich im Grunde schlafende Vaterliebe zum Durchbruch gekommen wäre." (Storm 1988a, Bd. 3, S. 811)

Fragen und Anregungen

- Erläutern Sie die Rede von der „Unverständlichkeit" historistischer Poesie.
- Inwiefern kann Conrad Ferdinand Meyers Novelle *Die Hochzeit des Mönchs* als historistische Mustererzählung gelten?
- Welche Funktion haben die Erzählunterbrechungen in der Novelle?
- Erproben Sie Theodor Storms Diktum von der Novelle als „Schwester des Dramas" an *Hans und Heinz Kirch*.
- Diskutieren Sie die in der Novelle *Hans und Heinz Kirch* verhandelte Schuldfrage.

Lektüreempfehlungen

Quellen
- **Conrad Ferdinand Meyer: Die Hochzeit des Mönchs**, in: ders., Sämtliche Werke in zwei Bänden. Band I. Nach den Ausgaben letzter Hand. Mit Anmerkungen v. Helmut Koopmann, Düsseldorf/Zürich 6. Auflage 1996, S. 173–251.

- **Theodor Storm: Hans und Heinz Kirch**, in: ders., Sämtliche Werke in vier Bänden. Band 3: Novellen. 1881–1888, hg. v. Karl Ernst Laage, Frankfurt a. M. 1988, S. 58–130.

Forschung
- **Winfried Freund: Theodor Storm, *Hans und Heinz Kirch*. Eine bürgerliche Tragödie**, in: Erzählungen und Novellen des 19. Jahrhunderts. Band 2. Erweiterte Ausgabe, Stuttgart 1997, S. 301–332. *Standardbeitrag zu „Hans und Heinz Kirch" als bürgerlicher Tragödie; versammelt die zentralen Motive, Themen und Verfahrenstechniken.*

- **Andrea Jäger: Die historischen Erzählungen von Conrad Ferdinand Meyer. Zur poetischen Auflösung des historischen Sinns im 19. Jahrhundert**, Tübingen/Basel 1998, S. 263–279. *Erhellende Studie zu „Die Hochzeit des Mönchs" als „Erzählung über die Entstehung einer Erzählung" (S. 263).*

- **Wolfgang Lukas: Conrad Ferdinand Meyers historische Novellen**, in: Realismus. Epoche – Autoren – Werke, hg. v. Christian Begemann, Darmstadt 2007, S. 139–155. *Überblicksartikel über Meyers Erzählwerk, bezogen v. a. auf das Programm poetischer Geschichtsdeutung.*

- **Gotthart Wunberg: Unverständlichkeit. Historismus und literarische Moderne**, in: Hofmannsthal-Jahrbuch 1 (1993), S. 309–350. *Die aus dem literarischen Historismus des 19. Jahrhunderts hergeleitete These von der „Unverständlichkeit der modernen Literatur" bietet einen Deutungsschlüssel für die historistischen Erzählverfahren des Realismus.*

10 Der Programmroman: Freytags *Soll und Haben*

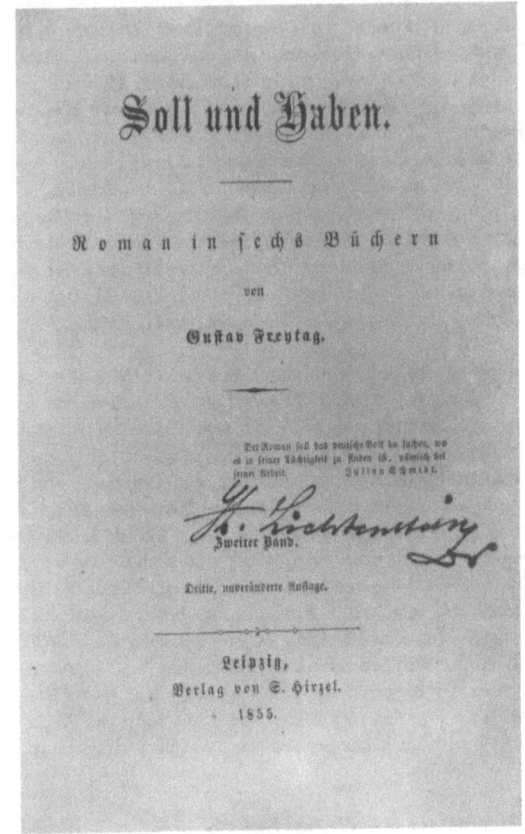

Abbildung 12: Gustav Freytag: *Soll und Haben* (1855), Titelblatt des Zweiten Bandes, dritte Auflage (1855)

Das der Titelseite von „Soll und Haben" (1855) beigefügte Motto ist Programm. Gustav Freytag hatte es Julian Schmidts „Geschichte der Deutschen Literatur im 19. Jahrhundert" (1853) entnommen: „Der Roman soll das deutsche Volk da suchen, wo es in seiner Tüchtigkeit zu finden ist, nämlich bei seiner Arbeit." Vier Forderungen sind darin enthalten: Erstens bezieht es sich auf das gesamte „deutsche Volk", formuliert also ein allgemein nationales Interesse. Zweitens soll der Roman seinen Gegenstand nicht erfinden, weil dieser als Realität bereits existiert; das „deutsche Volk" ist lediglich zu „suchen" und abzubilden. Der Roman ist drittens grundsätzlich pragmatisch ausgerichtet: Er orientiert sich an der auf das Merkmal „Arbeit" verdichteten Lebenspraxis der Menschen; alle anderen Elemente des Lebens werden darauf ausgerichtet bzw. danach beurteilt; und viertens enthält der Roman dennoch durchaus utopisches Potenzial. Indem er nicht die Schwächen der Menschen in den Mittelpunkt stellt, sondern ihre „Tüchtigkeit", macht er einen idealtypischen Vorschlag für die Wirklichkeitsabbildung. Folgerichtig erkannte Theodor Fontane 1855 als leitende Idee des Romans: „Soll und Haben ist eine Verherrlichung des [...] deutschen Bürgerthums", des nicht mehr politischen, sondern tätigen Menschen (Fontane 1855 in: Bucher 1981b, Bd. 2, S. 332f.).

Die Ablösung des politischen durch den tätigen Menschen, wie sie Gustav Freytag in *Soll und Haben* vorführt, koinzidierte mit der bürgerlichen Neuorientierung nach der gescheiterten Revolution: der Hinwendung vom Möglichen zum Wirklichen (→ KAPITEL 2.1). Freytags Romanästhetik verfolgte das Ziel, den Gegensatz von Poesie und Prosa aufzuheben und das Poetische nicht mehr länger in Abgrenzung zur bestehenden Wirklichkeit zu entwerfen. Er erklärte das Poetische – im Sinne einer Poesie des Prosaischen – zu einem konstitutiven Teil der zeitgenössischen Wirklichkeit. Nicht die bloß detailgetreue und lebensechte Abbildung der bestehenden Verhältnisse interessierte ihn; vielmehr ging es Freytag darum, die poetischen Qualitäten des Wirklichen herauszustellen. Was Kritiker als einseitige Verklärung des bürgerlichen Alltags bemängelten, mag zugleich ein Grund dafür sein, dass der Roman bis in die Mitte des 20. Jahrhunderts zur bevorzugten Lektüre des deutschen Bürgertums wurde.

10.1 **Theorie des realistischen Romans**
10.2 **Poesie der Arbeit**
10.3 **Antisemitismus? Antislawismus?**

10.1 Theorie des realistischen Romans

Von der Gattung des Romans erwartete sich der programmatische Realismus in den 1850er-Jahren viel. Zwar hatte dieser in der zeitgenössischen Gattungshierarchie keinen sonderlich guten Ruf; die Massenproduktion von Fortsetzungsromanen für den Kolportagevertrieb oder für Familienblätter schadete ihm ebenso wie der Verdacht, dass insbesondere emotionale Leseinteressen und das Bedürfnis nach (seichter) Unterhaltung zur Lektüre motiviere (→ KAPITEL 5). Das Romankonzept, das Gustav Freytag und Julian Schmidt in der von ihnen zeitweise herausgegebenen national-liberalen Zeitschrift *Die Grenzboten* aufstellten, nimmt sich deshalb wie ein Gegenvorschlag zur romantisierenden Flucht in eine fantastische Traumwelt aus, die dem Roman und vor allem der Romanleserin allenthalben unterstellt wurde (vgl. Schmidt 1854 in: Plumpe 1997, S. 221).

In seinem *Grenzboten*-Artikel *Deutsche Romane* forderte Freytag 1853 dezidiert dazu auf, die Handlung eines Romans zu aktualisieren und an „das Leben der Gegenwart" anzuschließen. Allerdings galt ihm nicht jeder Gegenstand als romanwürdig, im Gegenteil. Allein „das tüchtige, gesunde, starke Leben" eines Menschen, der darüber hinaus „gebildet" zu sein hatte, sollte dargestellt werden dürfen. Dieses Leben kenne durchaus „Kämpfe", so Freytag; es zeichne sich aber vor allem dadurch aus, dass alle Schwierigkeiten und Mühen in einen „Sieg" mündeten. Hier wird das *Happy Ending* des realistischen Romans vorgegeben, und bringe dieses auch nur die resignativ zufriedene Haltung des Protagonisten gegenüber den unabänderlichen Entwicklungen der Verhältnisse zum Ausdruck (→ KAPITEL 1.2). Eine positive Wirkung auf den Leser bleibt diesem Konzept zufolge nicht aus, da in jeder Hinsicht vermieden werde, die Gefühle aufzuwühlen und etwa emotionale Verwirrungen zu stiften. Vielmehr werde ein Text, der sich auf die maßgeblichen „Kreise menschlicher Tätigkeit" beziehe, auf „Landbau", „Handel" oder „Industrie", bei den Rezipienten „heitere Freude" hervorrufen (Freytag 1853 in: Plumpe 1997, S. 213).

Auch hier gilt der grundsätzliche Anspruch des Realismus an die Literatur: Die „Erscheinungen der Wirklichkeit" seien abzubilden, und zwar „mit künstlerischer Wahrheit und Schönheit" (Freytag 1853 in: Plumpe 1997, S. 213). Der Romancier ordnet für das zeitgenössische Publikum jene Welt, die ihm ohnehin unmittelbar vor Augen steht. Er arbeitet das Positive heraus und erklärt das Negative, indem er es motiviert, in die Gesamtzusammenhänge integriert und

Das Leben der Gegenwart

Heitere Freude

Beschreibung der eigenen Lebenswelt	in einer harmonischen Schlussgebung auflöst. Dies gelinge dem Autor aber nur dann, wenn er selbst Teil der beschriebenen Lebenswelt ist, wenn er deren Abläufe und Verwicklungen aus eigener Anschauung und Arbeit kennt. Kurz: Um zwischen 1837 und 1854 seine berühmten Dorferzählungen schreiben zu können, musste Jeremias Gotthelf (mit bürgerlichem Namen Albert Bitzius) ein Mitglied eben jener bäuerlichen Gemeinschaft werden, die seine Texte dann als Sujets verarbeiteten, so Freytag (vgl. Freytag 1853 in: Plumpe 1997, S. 213).

Nicht selten blendete der Roman des Realismus auf ein (zumeist) bürgerliches Individuum, das in seinem Entwicklungsgang gezeigt wurde, bezogen vor allem auf die gesellschaftlichen Konstellationen, in denen es stand. Gustav Freytags Erfolgsroman *Soll und Haben* von 1855, für den bis Ende der Weimarer Republik enorme Verkaufssteigerungen zu verzeichnen waren (von 186 000 verkauften Exemplaren bis 1900 auf zusätzliche 510 000 bis 1930; vgl. Carter 1967/68, S. 328), beschreibt den Aufstieg des aus kleinbürgerlichem Haus stammenden Anton Wohlfart. Er beginnt als „gesellschaftliche[r] Däumling" (Freytag 2007, S. 14), erhält einen Ausbildungsplatz bei der Handelsfirma T. D. Schröter, übernimmt verschiedene Posten im regionalen, dann im überregionalen Geschäft der Firma und wird schließlich zum Teilhaber ernannt, der sich der Familie zudem durch Einheirat verbindet. Gesellschaftlicher Aufstieg innerhalb der bürgerlichen Sphäre war also möglich – gefestigt noch durch zwei einschneidende Krisen, die Anton auf seinem Weg durchlebt und die er (im Sinne einer sich bewährenden Bürgerlichkeit) schließlich bewältigt. Er kann der Faszination nicht widerstehen, die der Adel auf ihn ausübt:

- Durch Herrn von Fink wird er in die städtische höhere Gesellschaft eingeführt und beginnt, über seine Verhältnisse zu leben und die Arbeit ansatzweise zu vernachlässigen; die Bürokollegen empfinden die Veränderungen in Antons Verhalten und insbesondere seinen Umgang als eine Störung der „gesamte[n] menschliche[n] Ordnung" (Freytag 2007, S. 155).
- Durch Lenore von Rothsattel wird er dem kaufmännischen Beruf zeitweise ganz entfremdet. Er arbeitet – um ihrer hoch verschuldeten Familie aus der Misere zu helfen – für diese als Gutsverwalter in Polen. Auch in dieser Episode lernt Anton den Adel gleichsam von innen kennen. Das anfängliche „träumerische[] Entzücken", in das der Anblick eines gepflegten Ritterguts den unbedarften jungen Mann versetzt hatte (Freytag 2007, S. 13), durchläuft den Prozess

schmerzhafter Aushandlung der mentalen Differenzen von adliger und bürgerlicher Lebensweise.

Am Ende ist Anton dazu in der Lage, die adligen Formen der Besitzstandswahrung (aus Sicht des Romans) realistisch zu beurteilen. Mit seinem Dienstherrn Schröter gesagt: Gelingt es dem Adel, den ererbten Besitz in ehrlicher Anstrengung zu erhalten und weiterzugeben, also „sein Leben tüchtig [zu] machen zur Behauptung und zur Vermehrung des Erbes" (Freytag 2007, S. 486), dann lässt sich seine Sonderstellung rechtfertigen. Gelingt ihm dies nicht, ist ihm im Wortsinn nicht zu helfen. Dieser Logik zufolge *musste* die männliche Linie der Familie Rothsattel scheitern, weil sie auf ihren Privilegien beharrte, ohne dafür ‚ernsthaft' zu arbeiten. Schließlich erkennt Anton den „Irrtum" seiner Entscheidung, „den die Eitelkeit großgezogen hatte", als Sohn eines einfachen Kalkulators von einer „Ritterfamilie" gebraucht zu werden (Freytag 2007, S. 717), und er kehrt zur Firma Schröter zurück. Indem Anton diesem für ihn falschen Kreis den Rücken kehrt (vgl. Freytag 2007, S. 198f.), wird sein bürgerliches Selbstbewusstsein gestärkt.

Überwindung der Krisen

Am Ende des Romans setzt sich endgültig durch, was sich in den unterschiedlichen Konfliktsituationen im Handlungsverlauf bereits bewährt hatte: die Lebensweise und die Wertvorstellungen des Bürgertums. Dabei nimmt das bürgerliche Arbeitsethos als leitendes Prinzip einen zentralen Platz ein. Schon in einer Sammelrezension über *Neue deutsche Romane* hatte Freytag 1853 den arbeitenden Deutschen zum einzig geeigneten Gegenstand deutscher Romane erklärt: „Wer uns schildern will, muß uns aufsuchen in unserer Arbeitsstube, in unserem Comptoir, unserem Feld, nicht nur in unserer Familie" (Freytag 1853 in: Bucher 1981b, Bd. 2, S. 73). Auch das eingangs vorgestellte Motto von *Soll und Haben* weist auf den Zusammenhang von Romanprogramm und Romanhandlung hin.

Sieg der Bürgerlichkeit

Wie man sich die Umsetzung dieses Programms in der Handlung des Romans genau vorzustellen habe, machte Freytag in seinem *Roman* überschriebenen Artikel von 1854 deutlich: Damit die Leser die Ordnung des Erzählzusammenhangs erkennen, dürfe der Text keine Lücken aufweisen, durch die etwa die Handlung eine überraschende Wendung nehme und unverständlich werde oder das Gerechtigkeitsempfinden des Rezipienten verletze. Stattdessen sollen die Teile eine logische Einheit bilden, in der außerdem die Zeichnung sowie die Anlage der Figuren und die stilistische Ausgestaltung des Ganzen in einem angemessenen Verhältnis zueinander stehen. Die dargestellte Welt müsse so vertraut sein, dass sich die Leser den Sachverhalten und Personen gern zuwendeten und dem Roman die Treue hielten, die Lektüre also nicht vorzeitig abbrächen (vgl. Freytag 1854 in: Plumpe 1997, S. 224–226). Insgesamt lassen sich aus Freytags Ausführungen zwei Forderungen ableiten:

Interessantheit
1. Die Forderung nach Interessantheit. – Sie setzt die Forderungen nach Wahrscheinlichkeit, Überschaubarkeit und Verständlichkeit des Dargestellten voraus, das nur so die „Aufmerksamkeit" des Lesers binden kann und „eine Angelegenheit für uns" selbst wird, indem es den bloßen Beobachter zu einem Teilnehmer am Geschehen macht (Sulzer 1771, S. 560). Die Poetologie des realistischen Romans steht damit zum einen in der Tradition der im 18. Jahrhundert entwickelten Poetologie des Interesses.

Geschlossenheit
2. Die Forderung nach Geschlossenheit der Darstellung. – Sie zielt auf eine kausalgenetische Anordnung des Textes, der „durch den innern Zusammenhang" seiner Teile „als eine geschlossene Einheit" erscheint (Freytag 1854 in: Plumpe 1997, S. 224). Die Poetologie des realistischen Romans orientiert sich damit zum anderen an der Anlage des zeitgenössischen Dramas (→ KAPITEL 12.2).

Kunstanspruch
Freytags Skizze des realistischen Programmromans lässt sich noch durch ein drittes Anliegen ergänzen: die neue Ernsthaftigkeit in der Produktion und Rezeption von Romanen *als* Kunst. Die Gattung gab den Anspruch auf populäre Wirksamkeit zwar nicht auf. Sie konnte aber auch nicht auf bloße Unterhaltung reduziert werden, sondern beanspruchte, ein Sinnangebot zu formulieren, indem sie den tätigen Menschen *im* Leben zeigte und deutete (vgl. Nipperdey 1988a, S. 34f.).

Fontanes Rezension
Dass Fontanes Rezension zu Freytags *Soll und Haben* den Roman genau an diesen drei formalen Forderungen misst, ist auffällig. Dem Debütroman wird ein vor diesem Hintergrund hervorragendes Zeugnis ausgestellt: Er enthalte „keine Episoden und Abschweifungen"; alle Teile der Handlung seien „organisch" „ineinander gefügt" und gut motiviert; der Erzähler habe den Text stets im Griff und neige höchstens gelegentlich dazu, sich allzu auffällig in den Vordergrund zu schieben („Man will die Hände des Puppenspielers nicht sehen"; Fontane 1855 in: Bucher 1981b, Bd. 2, S. 330, 331). Die Interessantheit des Romans gewährleisteten gerade nicht oberflächliche Spannungsmomente, sondern die Ernsthaftigkeit und Sorgfalt, mit der die Handlung gebaut ist:

> *Soll und Haben*, so behaglich es sich liest, ist keineswegs leicht und heiter hingeschrieben, sondern vielmehr *ernstlich* aufgebaut. [...] Wer das Ideal epischer Darstellung einzig und allein in naiver

und fesselnder Herzählung der buntesten Ereignisse findet, wird sich hier entweder getäuscht sehen, oder doch nicht begreifen können, warum so schrecklich ordentlich und gewissenhaft verfahren sei." (Fontane 1855 in: Bucher 1981b, Bd. 2, S. 330; Hervorhebung C. S.)

Dass es im Verlauf des 19. Jahrhunderts zum guten Ton einer spezifisch bürgerlichen Haltung gehörte, zwischen ernster und unterhaltender, also zwischen der sogenannten E- und der U-Literatur zu unterscheiden (→ KAPITEL 5.2), spiegelte sich in der zeitgenössischen Gattungspoetik und im Lektüreverhalten allgemein ebenso wider, wie es sich an Freytags Roman *Soll und Haben* exemplifizieren lässt.

Unterscheidung zwischen E- und U-Literatur

10.2 Poesie der Arbeit

Bei dem „tüchtigen" Menschen, der realistische Romane produzierte und der in diesen Romanen zugleich reproduziert wurde, handelte es sich also um einen Menschen der „Tat". In diesem Sinne kann man mit Friedrich Spielhagen, zwischen 1878 und 1884 Herausgeber von *Westermann's illustrierten deutschen Monatsheften*, von einer prometheischen Anthropologie des 19. Jahrhunderts sprechen, die in den Romanen zum Ausdruck kommt. Ihr Gegenstand ist der selbsttätige Mensch, der sich Zeit und Raum mit eigens dafür entwickelten technischen Möglichkeiten neu erschließt und auf diese Weise auch das „Gebiet des Romans" erweitert (Spielhagen 1883 in: Plumpe 1997, S. 250), ohne in Erfindungen oder Utopien ausweichen zu müssen:

Anthropologie der Tat

„Es ist das trotzige Glaubensbekenntnis des Prometheus, [...] was wir sichtbar-unsichtbar auf die Stirn jeder Lokomotive geschrieben sehen, die über himmelhohe Brücken und durch Tunnel [...] dahindonnert; was hörbar-unhörbar jeder Telegraphenapparat in tausendfältigem Takt und Rhythmus tickt und hämmert." (Spielhagen 1883 in: Plumpe 1997, S. 250)

Dass die technischen Errungenschaften der Zeit das Motivreservoir des Romans dominieren, ist dafür allerdings nicht erforderlich. Die Herausforderungen der Moderne lassen sich auch veranschaulichen, indem, wie in *Soll und Haben*, der ortsansässige Kaufmannsstand als *global player* zur Sprache kommt, der an einem die ganze Welt vernetzenden Handelsverkehr teilhat und zudem darauf angewiesen ist, dass der Warenstrom ungehindert fließen kann. Wenn ein politischer Aufstand im Nachbarland Polen die Grenzen blockiert – so im dritten Buch des Romans –, dann sind nicht nur Besitz und Auskommen des Kaufmanns unmittelbar gefährdet. Vielmehr steht dadurch sein

Der Kaufmann als global player

Tun insgesamt zur Disposition, und seine bürgerliche Existenz droht ihre Legitimation zu verlieren.

Wenn die Kommunikationswege aber funktionieren, dann trägt, so Freytag, gerade der Kaufmann dazu bei, „daß jeder Mensch mit jedem anderen Menschen in fortwährender Verbindung" bleibt (Freytag 2007, S. 239). Dadurch wird der auf den ersten Blick eher prosaischen Tätigkeit des Kaufmanns in Freytags Roman zugleich eine Aura verliehen, die man ihr so ohne Weiteres nicht zugetraut hätte. Sie lässt sich mit Friedrich Theodor Vischers *Theorie des Romans* von 1857 als „grüne[] Stellen" (Vischer 1857 in: Plumpe 1997, S. 241) des Romans bezeichnen und stellt dessen eigentlich poetisches Potenzial dar:

Auratisierung der Kaufmannstätigkeit

„[...] ich weiß mir gar nichts, was so interessant ist als das Geschäft. Wir leben mitten unter einem bunten Gewebe von zahllosen Fäden, die sich von einem Menschen zu dem anderen, über Land und Meer, aus einem Weltteil in den anderen spinnen. Sie hängen sich an jeden einzelnen und verbinden ihn mit der ganzen Welt." (Freytag 2007, S. 239)

Die Arbeit des Kaufmanns erzeugt ein „Gewebe" (lateinisch *textus*), das die ganze Welt erfasst, indem es (analog zum Roman als dem Ergebnis literarischer Arbeit) Produzenten, Produkt, Vertrieb und Käufer aneinander knüpft. Mit dieser Poetisierung der Lebenswelten traf Freytags erster Roman den Nerv des programmatischen Realismus: Der junge Theodor Fontane nannte *Soll und Haben* in der bereits erwähnten Rezension von 1855 nicht nur eine „bedeutsame literarische Erscheinung", sondern auch „die erste Blüthe des modernen Realismus" (Fontane 1855 in: Bucher 1981b, Bd. 2, S. 329).

Poetisierung der Lebenswelten

Zu den zentralen Forderungen dieses „modernen Realismus" gehörte es, dass die Literatur kein bloßes Abbild der äußerlich sichtbaren Wirklichkeit zu liefern, sondern die Grenze des Oberflächlichen zu durchbrechen und die Erscheinungen auf ihre eigentlichen Sinndimensionen hin zu veranschaulichen hatte (→ KAPITEL 1.1). Was sich dahinter konkret verbarg, was sich also dem „Tiefenblick" des Autors (Plumpe 1996a, S. 55) erschloss und dem Leser nahe gebracht werden sollte, verdeutlichte gerade das in *Soll und Haben* in verschiedenen Erzählsträngen ausgehandelte Verhältnis von Poesie und Prosa. Die in den poetologischen Diskussionen und in der idealistischen Philosophie bis weit ins 19. Jahrhundert hinein klare Trennung zwischen beiden Bereichen nämlich wurde mit dem Realismus infrage gestellt.

Verhältnis von Poesie und Prosa

Hatte Goethe in einem Brief an Schiller vom 25. November 1797 zeitgenössische Experimente einer „poetische[n] Prosa" als Versuche disqualifiziert, „einen trocknen See" anzulegen und am Ende einen „Sumpf" zu erhalten (Goethe 1984, S. 441), so bezeichnete Hegel in seinen *Vorlesungen über die Ästhetik* die „Poesie des Herzens" als unvereinbar mit „der entgegenstehenden Prosa der Verhältnisse" (Hegel 1966, S. 452). Auf genau diese Unterscheidung wollte sich Gustav Freytag schon 1853 nicht mehr einlassen. Das eigentlich Neue realistischer Poetik und Poesie bestand in der Überzeugung, dass sich „das Poetische" gerade nicht „im Gegensatz zu der Wirklichkeit" entfaltete. Vielmehr sei im Alltag

> „[...] jedes praktischen Landwirts, jedes Geschäftsmannes, jedes tätigen Menschen, welcher bestimmte Interessen mit Ernst und Ausdauer verfolgt, mit der Ausübung seiner Tätigkeit viel mehr poetisches Gefühl verbunden, als in den Romanen zu Tage kommt." (Freytag 1853 in: Plumpe 1997, S. 214)

Das Neue des poetischen Realismus

An der Bildungsgeschichte Anton Wohlfarts führt *Soll und Haben* vor, dass eine Anlage, die Schönheit des Prosaischen zu erkennen, sowie eine darauf angelegte Sozialisation und Erziehung für die erfolgreiche Umsetzung des Konzepts einer Poesie der Arbeit hilfreich sind. Bei allen Veränderungen, die den Reifeprozess des Helden auszeichnen, ist dennoch festzuhalten: Antons Sensorium für den poetischen Duft von Handelswaren wird im Hause Wohlfart früh geschult, indem die gerösteten Kaffeebohnen des Handelskontors T. D. Schröter jährlich das Weihnachtsfest aromatisieren. Davon beeindruckt beziehen sich die Träume des Heranwachsenden in erster Linie darauf, den Kaufmannsberuf zu ergreifen, um das „schöne[] Bild", das dieser Duft in ihm auslöst, festzuhalten und in die Alltagswirklichkeit zu überführen. Sobald sich derartige „poetische[] Stimmungen" (Freytag 2007, S. 8) allerdings ins Phantastische hin zu verselbstständigen drohen, wie das bei Antons Schwärmereien für Lebensweise und Traditionsraum des Adels zeitweilig der Fall ist, sind diese zu domestizieren und in die geordneten Bahnen einer bürgerlichen Heirat zurückzulenken (vgl. Eicher 1995, S. 66). In diesem Sinne nimmt das Finale des Romans Friedrich Theodor Vischers Forderung von 1857 vorweg, ein „Hauptmoment des Roman-Schlusses" sei „die Beruhigung der Liebe in der Ehe" (Vischer 1857 in: Plumpe 1997, S. 245).

Poesie der Arbeit ...

... versus phantasmatische Poesie

Die phantasmatische Poesie (Antons Sehnsucht nach der adligen Lenore) ist der prosaischen Poesie (der Poesie der Arbeit) ebenso unterlegen wie die Poesie der Gelehrsamkeit. Für letztere steht im Roman der jüdische Gelehrte Bernhard Ehrenthal, der Sohn jenes Geschäftsmanns, dessen Spekulationen den Abstieg des Hauses Rothsattel vorbereiten und beschleunigen. Anton befreundet sich mit dem bescheide-

... versus Poesie der Gelehrsamkeit

nen und sympathischen jungen Mann, der, aufgrund seiner Konfession von Staatsanstellungen ausgeschlossen, zurückgezogen bei seinen Eltern lebt und philologische Studien betreibt. In einem freundschaftlichen Disput entfalten beide ihre unterschiedlichen Poesiebegriffe. Zwar sind sich beide darin einig, dass allein ein „an mächtigen Gefühlen und Taten" reiches Leben als ein poesiefähiger Gegenstand gelten kann. Während es aber Bernhard nicht gelingt, die aus seiner Sicht prosaische Tätigkeit des Kaufmanns mit seinem Poesie-Konzept zu vereinbaren, das er sich u. a. durch die Übersetzung persischer Gedichte angeeignet hat, argumentiert Anton für die Poesie der Arbeit. Sie könne in Hinsicht auf Fernwirkung, Exotik, räumliche sowie zeitliche Vernetzung und Austausch mit der orientalischen Literatur durchaus mithalten. Ihr Mehrwert liege in erster Linie darin, dass sie darüber hinaus „nützlich" sei, das Empfinden ordne und dem Leben Sicherheit verleihe (Freytag 2007, S. 240, 244).

Vor diesem Hintergrund ist es umso erstaunlicher, dass sich nicht nur Bernhards literarisches Poesie-Programm, sondern auch das auf die Arbeit und das tägliche Leben bezogene Konzept Antons an klassizistisch-autonome Modelle anschließt: Das mit bürgerlichem Ethos geleistete Handeln erfolgt nach eigenem Bekunden im Roman allein um seiner selbst willen, vom „Gebrauchswert" der zu leistenden Arbeit sieht es ab (Bräutigam 1985, S. 403). Der Tätige hat eine „reine Freude" an seiner Arbeit, wie es im Text heißt (Freytag 2007, S. 240), eine „Freude" also, die keinen Zweck außerhalb ihrer selbst kennt. Eine Arbeit „in der deutschen Weise" (Freytag 2007, S. 270) zu verrichten, erläutert der Bürger Anton dem Adligen Fink, bedeute erstens, dem eigenen (finanziellen) Verdienst gegenüber gleichgültig zu sein. Zweitens bedeute es, die Tätigkeit mit dem Engagement, der Anteilnahme und dem Vergnügen eines Künstlers auszuüben:

> „Keinem von uns fällt ein zu denken, soundso viel Taler erhalte ich von der Firma, folglich ist mir die Firma soundso viel wert. [...] Wenn Liebold seine Ziffern ins große Buch schreibt, so sieht er sie mit Genuß an und freut sich über den schönen kalligraphischen Zug [...]." (Freytag 2007, S. 270)

Allerdings widersprachen schon die Zeitgenossen Freytags der idealisierenden Beschreibung des Händlerdaseins im Roman. Der Redakteur der *Blätter für literarische Unterhaltung* in Leipzig, Hermann Marggraff, machte sich in seiner Rezension *Ein Roman, „der das deutsche Volk bei seiner Arbeit sucht"* (1855) seinerseits auf die Suche nach Formen und Funktion der Arbeit im Roman, fahndete nach eigenem Bekunden „auf 453 Seiten" allerdings weitgehend vergeblich

danach und begegnete dort stattdessen einer „Commisidylle": „[D]er „Commisidylle"
Verfasser beabsichtigt, wie es scheint, das Contorleben mit einer poetischen Aureole zu verklären" (Marggraff 1855 in: Bucher 1981b, Bd. 2, S. 340).

Ein kritischer Blick auf die behauptete Uneigennützigkeit und Interesselosigkeit der Tätigkeit unterstützt Marggraffs Eindruck noch: Zum einen ist Antons Entwicklungsgeschichte geradezu auf „Ausnahmesituationen" angewiesen, die den jungen Mann dem Kontor entfremden und zu Eigenleistungen herausfordern (Stockinger 1981, S. 195). Zum anderen setzt Kaufmann Schröter nach Ausbruch des Aufstands in Polen sogar sein Leben dafür ein, den eigenen Besitz zurückzugewinnen und dessen Warenwert zu erhalten – ein Verhalten, das der auktoriale Erzähler im Roman grundsätzlich unterstützt. Vehement abgelehnt dagegen wird ein kapitalistisches Wirtschaften, das Wertsteigerungen über Börsenspekulationen versucht und als unredlich bzw. unehrlich gilt. Der Roman verlagert diese Form des eigennützigen Handels in die Vereinigten Staaten von Amerika, wo Herr von Fink auf existenziell bedrohliche Weise damit konfrontiert wird. In Europa dagegen wird den jüdischen Händlern des Romans (v. a. Figuren wie Veitel Itzig oder Hirsch Ehrenthal) ein Verhalten zugemutet, das allein auf persönliche Bereicherung und auf rücksichtslose Gewinnmaximierung ausgerichtet ist.

„Ausnahmesituationen"

10.3 Antisemitismus? Antislawismus?

Die Frage nach den antisemitischen Tendenzen des Romans wird in der Forschung viel diskutiert (vgl. Kittstein 2007, S. 62f.). Bereits die zeitgenössische Literaturkritik stellte Freytags allzu stereotype Zeichnung des Jüdischen heraus. Fontane vermisste, wiewohl er sich (wörtlich!) „nicht zu den Judenfreunden" rechnete, die „poetische[] Gerechtigkeit" in der Darstellung der Juden und des Adels (Fontane 1855 in: Bucher 1981b, Bd. 2, S. 334). Zustimmend dagegen heißt es in einer Rezension zu Freytags zweitem Roman *Die verlorene Handschrift* (1865) über *Soll und Haben*: „Freytag's Muse ist eine blonde deutsche und von Haß gegen die semitische Rasse erfüllt" (Rudolf Gottschall 1865 in: Bucher 1981b, Bd. 2, S. 346). Die Attribute blond und deutsch stehen hier für die leitende Idee des Romans. Diese bezog sich nicht auf die Nation in ihrer Vielfalt, sondern auf den bürgerlichen Stand sowie dessen Wertsystem und Lebensmodell:

„*Soll und Haben* war eine Verherrlichung des soliden Bürgerthums und seiner gesunden Tüchtigkeit, gegenüber der in Verfall gerathenen Aristokratie, welche sich in ihren Speculationen mit dem sie beraubenden und besiegenden Judenthum begegnet." (Rudolf Gottschall 1865 in: Bucher 1981b, Bd. 2, S. 346)

Es besteht weitgehend Konsens darüber, dass Freytag selbst kein Antisemit gewesen ist. Er vertrat die zeitgenössisch liberalen Forderungen nach Emanzipation und rechtlicher Gleichstellung, und er verband damit zugleich die Erwartung an die Juden, sich anzupassen. Dass aber der Roman eine zweifellos diffamierende Perspektive einnimmt, bestätigt die Rezeptionsgeschichte von *Soll und Haben*: Nach 1933 ließ sich der Text problemlos für die antisemitische Propaganda des „Dritten Reichs" funktionalisieren.

Mit Figuren wie dem jüdischen Händler Hirsch Ehrenthal, dem armen osteuropäischen Juden Schmeie Tinkeles oder mit Antons „negative[m] Gegenbild" Veitel Itzig (Kittstein 2007, S. 72) zieht der Roman alle Register negativ-stereotyper Judendarstellung. Itzig etwa verlässt parallel zu Anton die Heimat in Richtung Stadt, um dort einer Ausbildung nachzugehen. Schon die erste Skizze der Figur im Roman macht klar, dass von Itzig nichts Gutes zu erwarten ist. Er interessiert sich in erster Linie dafür, unermessliche Reichtümer anzuhäufen; alle Mittel, insbesondere die unehrlichen, sind ihm dafür recht. Dass sich das jüdische Leben im Roman durch einen eklatanten Mangel an Ehrlichkeit auszeichnet, lässt sich daran ablesen, wie die jüdischen Figuren aussehen und wie sie sich kleiden, wie sie reden und wie sie wohnen, was sie wissen und wofür sie arbeiten: Der junge Itzig wird eingeführt als „hager, bleich, mit rötlichem krausem Haar"; er ist ärmlich sowie ungepflegt angezogen und sieht gerade „so aus, daß er einem Gendarmen ungleich interessanter sein mußte als andern Reisenden". Dem Haus der Familie Ehrenthal wird „kein guter Charakter" bescheinigt; das Gebäude gibt sich eine bürgerliche Fassade und kann doch nicht verbergen, dass es lediglich über ein „bettelhaftes Kostüm ein neues buntes Tuch geworfen" hat. Und der mit schwarzem Kaftan und orthodoxen Schläfenlocken versehene jüdische Händler Tinkeles vermag sich lediglich „krächzend" und in „abscheulichem Deutsch" zu artikulieren, das in Syntax und Wortschatz eine Verballhornung des Jiddischen darstellt (Freytag 2007, S. 18, 41, 53). Der Roman entwirft sein Verständnis von ‚deutschem', ‚bürgerlichem' Leben auf allen Ebenen dazu in Kontrast.

Neben der antisemitischen war *Soll und Haben* auch durch eine antislawische Haltung geprägt. Sie stand in der Tradition des deutschen Diskurses über die preußischen Ostgebiete und Mitteleuropa seit dem ausgehenden 18. Jahrhundert (vgl. Wippermann 2007) und fügte sich später nahtlos in die nationalsozialistische Ideologie ein (vgl. Werber 2005, S. 467f.). Der Antislawismus fällt zum einen in den Kapiteln über Antons Verteidigung der Waren Schröters während des polnischen Aufstands auf, zum anderen in den Kapiteln über Antons Einsatz für das polnische Gut der von Rothsattels. Seinen Helden lässt Freytag in diesem Zusammenhang ein aus heutiger Sicht geradezu ungeheuerliches Selbstverständnis artikulieren. Zu Beginn des 5. Buchs leitet Anton aus der eigenen nationalen Herkunft das Recht ab, „Lebensraum im Osten" zu erschließen – eine Zielvorgabe, die auch die NS-Außen- und Kriegspolitik seit Adolf Hitlers *Mein Kampf* (Erstausgabe 1925) wirkmächtig bestimmte. Genauer gesagt betrachtet sich Anton – in Überlagerung von rassistischen Stereotypen und kolonialistisch-kulturmissionarischem Selbstverständnis – „als einer von den Eroberern, welche für freie Arbeit und menschliche Kultur einer schwächern Rasse die Herrschaft über diesen Boden abgenommen haben" (Freytag 2007, S. 634).

„Eroberung" von „Boden"

Freytag stand mit dieser Position in der Mitte des 19. Jahrhunderts keineswegs allein da. In staatspolitischer Form gab es die deutsche Nation noch nicht, auf Mentalitätsebene (Sprache, Selbstverständnis) existierten unterschiedliche, nicht notwendig vereinbare Vorstellungen nebeneinander. Die Reichsgründung von 1870/71 verwirklichte schließlich die sogenannte kleindeutsch-borussische Lösung der diskutierten Vorschläge, setzte also die Führung Preußens und den Ausschluss Österreichs durch.

Auch diese Entwicklung zeigt: Die deutsche Nationenbildung war auf Ausgrenzungen geradezu angewiesen. Man behauptete dadurch ein positives Selbstbild (mit Anton: „[a]uf unserer Seite ist die Bildung, die Arbeitslust, der Kredit"; Freytag 2007, S. 634), dass man andere Nationen, Lebensweisen oder ehemalige Eliten erniedrigte und der Lächerlichkeit preiszugeben versuchte: „die" Juden oder „die" Slawen. Es verwundert daher nicht, dass auch Fontane Antons Selbstsetzung und den „vaterländischen Kern" des Romans mit den Worten begrüßte: „Das alles ist nicht nur Labsal für ein deutsches und preußisches Herz, es ist auch eben so wahr, wie es schön ist" (Fontane 1855 in: Bucher 1981b, Bd. 2, S. 332). Vielmehr scheinen gerade die anti-semitische und die anti-slawische Haltung in *Soll und Haben* ein pro-bürgerliches Programm zu ermöglichen. Die Gegenbilder dienten in erster Linie als „Projektionsfläche" dafür, mit dem positiven Bild des tätigen Bürgertums die leitende Idee des Romans zu

Nationenbildung via Abgrenzung

Gegenbilder als „Projektionsfläche"

konturieren (Kittstein 2007, S. 79) – und dies bis weit ins 20. Jahrhundert hinein äußerst erfolgreich.

Dass die Identifikationsleistung des Romans für das deutsche Bürgertum von 1855 bis in die Mitte des 20. Jahrhunderts nicht etwa abgenommen hat, zeigen die Absatzzahlen. Demnach wurde zwischen 1915 und 1930 eine größere Anzahl an Texten verkauft als zwischen 1855 und 1915 zusammen; zwischen 1950 und 1965 stiegen die Verkaufszahlen nochmals fulminant an (1855–85: 90 000 Exemplare, 1885–1900: weitere 90 000; 1900–15: weitere 116 000; 1915–30: weitere 400 000; 1930–45: weitere 120 000; 1950–65: weitere 406 000; vgl. Carter 1967/68, S. 328). Offensichtlich haben die Deutschen in Anton Wohlfart etwas gesehen, das ihnen auch für sich selbst sehr einleuchtete, das aber aus heutiger Sicht zum einen „in die Vorgeschichte des Faschismus gehört" (Plumpe 1996b, S. 569), zum anderen die unpolitische Haltung der Bundesbürger in den 1950er-Jahren bediente.

Freytags Roman ist in zweierlei Hinsicht aufschlussreich: Erstens macht er deutlich, wie das poetologische Programm des realistischen Romans in der poetischen Praxis aussehen kann. Indem der Text Fragen von nationalem Interesse in den 1850er-Jahren behandelte, bot er zweitens einen, wie Fontane sagt, „Spiegel unsrer Zeit und ihrer Kämpfe" (Fontane 1855 in: Bucher 1981b, Bd. 2, S. 336; vgl. Steinecke 1980, S. 149) – etwa bezogen auf ‚das Deutsche' im Verhältnis zum ‚Slawischen' und ‚Jüdischen' oder auf das Verhältnis von Bürgertum und Adel. Allerdings ist zu beachten, dass der Roman nicht durchweg einsinnige Bilder der eigenen Gegenwart zeichnet:

- In Umsetzung programmatisch-realistischer Vorgaben, die auf multiperspektivische Darstellung setzen (→ KAPITEL 1.2, 8.1), lässt *Soll und Haben* auch Kritik am positiven Begriff der „Poesie der Arbeit" zu. Genauer gesagt, muss sich dieses Konzept in der Auseinandersetzung mit Herrn von Fink bewähren, der Antons Arbeit mit einer Tretmühle vergleicht; im Zuge dessen bezeichnet der auktoriale Erzähler Anton als „kleine[n] Philister" (Freytag 2007, S. 59; vgl. Eicher 1995, S. 68).
- Bernhard Ehrenthals Versuche, seinen Vater auf den rechten Weg ehrlichen Handeltreibens zu leiten, führen immerhin vor, dass jüdisches Leben in Deutschland nur unter erschwerten Bedingungen überhaupt möglich war (vgl. Freytag 2007, S. 467).
- Mit vielen Gestalten in Schröters Kontor entwirft der Roman keine Vorbilder, sondern Karikaturen des Bürgerlichen (z. B. Freytag 2007, S. 258–276).

- Der Adel hat im Roman einen ebenso schweren Stand wie in den politischen, gesellschaftlichen und wirtschaftlichen Wandlungsprozessen des 19. Jahrhundert insgesamt. Adliges Selbstverständnis und Elitebewusstsein, wie es über das Selbstbild einer privilegierten Abstammung in der adligen Sozialisation nach wie vor vermittelt wurde, kollidierte nicht selten mit dem faktischen politischen Machtverlust der Schicht nach 1800. Gerade der zeitgenössische Landadel, zu dem auch die Familie von Rothsattel gehört, versuchte etwas aufrecht zu erhalten, was als adlige Lebensführung gelten konnte, und lebte dabei nicht selten über die eigenen Verhältnisse.

Adelskritik

Erfolgreiche Anpassungsstrategien des Adels über die Sicherung der eigenen Existenz in Militär oder Diplomatie bzw. über dezidiert bürgerliche Berufe (etwa in der Verwaltung) klammert Freytags Roman allerdings aus. Die Grenzen zwischen Adel und Bürgertum bleiben hier letztendlich undurchlässig. Am Ende heiratet der Adlige von Fink Lenore von Rothsattel, und der bürgerliche Anton Wohlfart verbindet sich mit Sabine Schröter, der Schwester seines Prinzipals.

Fragen und Anregungen

- Rekapitulieren Sie die wichtigsten Merkmale der zeitgenössischen Romanpoetik.
- Inwiefern stellt *Soll und Haben* eine Umsetzung dieser Forderungen dar?
- Erläutern Sie das Konzept einer „Poesie der Arbeit".
- Wie führt der Roman die jüdische Lebensweise vor?
- Welche Funktion kommt der Darstellung der jüdischen Lebensweise in *Soll und Haben* zu?

Lektüreempfehlungen

- Max Bucher / Werner Hahl / Georg Jäger / Reinhard Wittmann (Hg.): Realismus und Gründerzeit. Manifeste und Dokumente zur deutschen Literatur 1848–1880. Mit einer Einführung in den Problemkreis und einer Quellenbibliographie. Bd. 2: Manifeste und Dokumente, Stuttgart 1981, S. 323–346.

Quellen

- Gustav Freytag: Soll und Haben. Roman in sechs Büchern. Mit einem Nachwort von Helmut Winter, Waltrop/Leipzig 3. Auflage 2007.

Forschung
- Bernd Bräutigam: Candide im Comptoir. Zur Bedeutung der Poesie in Gustav Freytags *Soll und Haben*, in: Germanisch-Romanische Monatsschrift NF 35 (1985), S. 395–411. *Grundlegender Artikel für das innovative Potenzial des realistischen Poesie-Begriffs.*

- Ulrich Kittstein: Vom Zwang poetischer Ordnungen. Die Rolle der jüdischen Figuren in Gustav Freytags *Soll und Haben* und Wilhelm Raabes *Der Hungerpastor*, in: Poetische Ordnungen. Zur Erzählprosa des deutschen Realismus, hg. v. Ulrich Kittstein und Stefani Kugler, Würzburg 2007, S. 61–92. *Der Beitrag findet in der poetischen Ordnung des Romans ein überzeugendes Erklärungsmodell für die heftig diskutierte Frage nach dessen antisemitischen Tendenzen.*

- Ludwig Stockinger: Realpolitik, Realismus und das Ende des bürgerlichen Wahrheitsanspruchs. Überlegungen zur Funktion des programmatischen Realismus am Beispiel von Gustav Freytags *Soll und Haben*, in: Bürgerlicher Realismus. Grundlagen und Interpretationen, hg. v. Klaus-Detlef Müller, Königstein/Ts. 1981, S. 174–202. *Der Beitrag bietet eine ausgezeichnete literaturtheoretische und weltanschauliche Kontextualisierung des Romans.*

- Niels Werber: Geopolitiken der Literatur. Raumnahmen und Mobilisierung in Gustav Freytags *Soll und Haben*, in: Topographien der Literatur. Deutsche Literatur im transnationalen Kontext, hg. v. Hartmut Böhme, Stuttgart/Weimar 2005, S. 456–478. *Der erhellende Beitrag bezieht das (stereotype) Oppositionspaar ‚deutsch' versus ‚polnisch' auf die den Roman leitenden Raumordnungen.*

11 Später Realismus im Roman: Fontanes *Irrungen, Wirrungen*

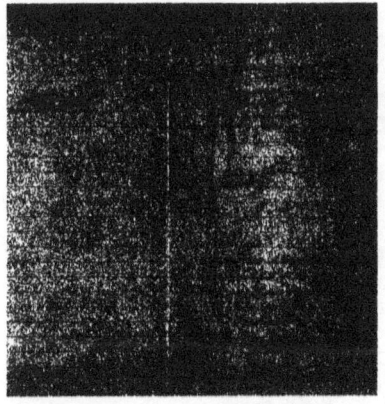

Abbildung 13a: Theodor Fontanes Fiktion eines Landschaftsraums für *Irrungen, Wirrungen:* die Gärtnerei Dörrs und die Lage des Grundstücks zum Zoologischen Garten hin (1884)

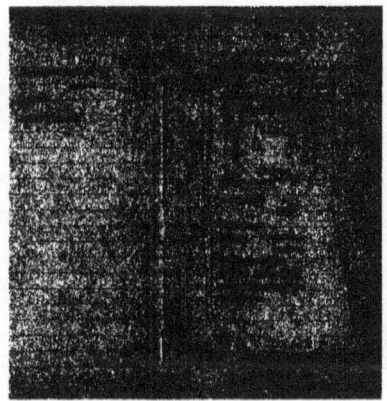

Abbildung 13b: Transkription nach Hertling 1985 (o. S.)

Die Skizze zeigt, wie genau sich Theodor Fontane den (halb-)fiktiven Handlungsraum in Berlin vorgestellt hat, mit dem er das erste Kapitel seines Romans „Irrungen, Wirrungen" (1888) einleitet: „An dem Schnittpunkte von Kurfürstendamm und Kurfürstenstraße, schräg gegenüber dem ‚Zoologischen', befand sich in der Mitte der siebziger Jahre noch eine große, feldeinwärts sich erstreckende Gärtnerei, [...]" (Fontane 1990, S. 319). Der Anfang eines Romans spielte für Fontane eine große Rolle, „und in dem ersten Kapitel die erste Seite. [...] Bei richtigem Aufbau muß in der ersten Seite der Keim des Ganzen stecken" (Fontane 1880, zitiert nach Hertling 1985, S. 22). Diesen Anspruch setzte Fontane in „Irrungen, Wirrungen", bezogen auf die darin verhandelte Liebesgeschichte, anschaulich um: Der Adlige Botho und die kleinbürgerliche Lene treffen sich auf dem Gelände der Gärtnerei Dörr und damit am Schnittpunkt von ‚aristokratischem' Kurfürstendamm und ‚bürgerlicher' Kurfürstenstraße. Zugleich ruft die Gegenüberstellung von Gärtnerei, die als ein geschlossener, zeitlos-paradiesischer Ort eingeführt wird, und Zoologischem Garten, einem öffentlich zugänglichen Ort, den Grundkonflikt des Romans auf: Wo Wege sich kreuzen, trennen sie sich auch wieder. In dieser Hinsicht deutet der kurze Ausschnitt bereits auf das Ende der Beziehung voraus.

Die Entwicklung der Mésalliance-Beziehung in *Irrungen, Wirrungen* entspricht Fontanes programmatischen Forderungen nach einem geschlossenen Roman-Aufbau, die er auf genuin dramatische Gattungsvorgaben hin ausrichtete (vgl. Fontane 1855 in: Plumpe 1997, S. 226–232). Die Landpartie der Liebenden zu einem Ort namens „Hankels Ablage" bildet dabei den Höhepunkt der gemeinsamen Begegnungen und zugleich den Wendepunkt des Romans. Daran schließt sich allerdings weder ein tragisches noch ein im konventionellen Sinne glückliches Ende an, wie dieses die zeitgenössische Trivialliteratur bereithielt. Vielmehr bewahrte Fontane, indem er von den trivialen Schemata abwich, dem Roman eine nicht auflösbare Vieldeutigkeit, die zugleich dessen besondere Qualität ausmacht.

11.1 **Poetik der Abweichung**
11.2 **Die Schönheit des Unbedeutenden**
11.3 **Bildungskonzepte in Romanen des Realismus**

11.1 Poetik der Abweichung

Theodor Fontanes Roman *Irrungen, Wirrungen* – mit dem Untertitel „Eine Berliner Alltagsgeschichte" 1887 in der *Vossischen Zeitung* vorabgedruckt, 1888 in einer separaten Buchausgabe erschienen – ist für den realistischen Roman in mehrerlei Hinsicht aufschlussreich:

1. Inhaltlich bietet er, dargestellt am Gegensatz von Neigungsehe und Versorgungsehe, einen Spiegel des gesellschaftlichen Lebens und der dort virulenten Spannungen. Der Rezensent Paul Schlenther bemerkte hierzu 1888 in der *Vossischen Zeitung*:

Spiegel des gesellschaftlichen Lebens

> „Man wird fragen, wie lebten, sprachen und dachten die Berliner gegen Ende des 19. Jahrhunderts? [...] Hier leset, und dann wißt ihr, wie sich's damals lebte: Sie entsagten, weil sie mußten, aber sie gingen nicht in den Brunnen, sondern lebten weiter ihrer Pflicht." (Schlenther 1888 in: Betz 2002, S. 92)

Im ersten Teil handelt der Roman von der Liebe zwischen der kleinbürgerlichen Näherin Magdalene (Lene) Nimptsch und dem jungen Baron Botho von Rienäcker. Beide beenden die Beziehung einvernehmlich, wenngleich schweren Herzens, damit Botho eine für sich selbst und für seine Familie lukrative Heirat mit einer reichen Kusine eingehen kann. Der zweite Teil gibt Einblick in diese Ehe und in das weitere Leben Lenes, die schließlich ebenfalls heiratet: einen soliden älteren Bürger namens Gideon Franke, einen Laienprediger, der ihr herzlich zugetan ist und der über ihre aus zeitgenössischer Sicht unehrenhafte Vergangenheit hinwegsieht.

Inhalt

2. In kulturgeschichtlicher Hinsicht ist die Differenz bemerkenswert, die zwischen der beinahe dörflichen Gestalt des in *Irrungen, Wirrungen* vermittelten Berlinbildes und dem überlieferten „steinerne[n] Berlin" besteht, das sich seit den 1880er-Jahren zur „größten Mietskasernenstadt der Welt" entwickelte (Hegemann 1930). Fontanes Text klammert die Urbanisierung aus, in deren Rahmen die städtische Bevölkerung zwischen 1880 und 1910 von 41% auf 60% der Gesamtbevölkerung anstieg (→ KAPITEL 2.1). Deren hässliche Seiten, die Armut und Verelendung des anwachsenden Industrieproletariats, hatten im Darstellungskonzept Fontanes wie des Realismus allgemein keinen Platz.

Ausklammerung des Hässlichen

3. Strukturell und erzählerisch führt der Roman in wichtige realistische Darstellungsverfahren ein: Der Erzähler geriert sich immer wieder als ein bloßer Beobachter, der lediglich die sichtbare Oberfläche der Dinge beschreibt – so etwa bereits zu Beginn, wenn er, gleichsam von der Straße aus die Szenerie betrachtend, die Leser mit

Darstellungsverfahren:

Lenes Wohnung näher bekannt macht. Man sieht nur das „kleine Wohnhaus"; alles, was dahinter ist, wird davon „wie durch eine Kulisse versteckt"; die Spitze eines in der Tiefe des Bildes sich befindenden „Holztürmchen[s]" lässt allerdings „vermuten", dass noch mehr zu entdecken sein müsse etc. (Fontane 1990, S. 319). Dass die erzählerische Vagheit ein Programm ist, das es dem realistischen Erzähler dennoch erlaubt, seine Sicht der Wirklichkeit so genau wie möglich zu vermitteln (etwa über charakterisierende Erzählerkommentare, über das Reden und Handeln von als glaubwürdig gekennzeichneten Figuren u. a.), macht im unmittelbaren Anschluss an den skizzierten Beginn eine kurze metapoetische Passage deutlich, die auf die Erzählsituation selbst verweist.

> „Überhaupt schien sich nichts mit Absicht verbergen zu wollen, und doch mußte jeder, *der zu Beginn unserer Erzählung des Weges kam*, sich an dem Anblick des dreifenstrigen Häuschens und einiger im Vorgarten stehenden Obstbäume genügen lassen." (Fontane 1990, S. 319; Hervorhebung C. S.)

Was anfänglich undurchsichtig erscheint, wird sich im Verlauf des Romans aufklären – so die Ankündigung des Erzählers. Dieser Doppelung von verunsichernder Andeutung und klarer Steuerung entspricht die möglichst geschlossene Komposition des Handlungsaufbaus, die einen kausalgenetischen Zusammenhang der Handlungsteile nahelegt. Wie dieser Zusammenhang aber im Einzelnen aussieht, bleibt offen, sodass vielfältige Perspektiven auf den Text ermöglicht werden. Dazu 1888 der Literaturkritiker Otto Pniower in der *Deutschen Rundschau* über *Irrungen, Wirrungen*:

> „Die Dichter sprechen entscheidende Dinge, wichtige Motivirungen nicht bestimmt aus, sondern begnügen sich, um dem Verständniß Handhaben zu bieten, mit Andeutungen, die sie über die Darstellung verstreuen. [...] Nirgends sagt er *direct*, wie wenig glücklich Botho in der Ehe sich fühlt [...], er läßt es uns nur aus Symptomen schließen." (Pniower 1888, zitiert nach Betz 2002, S. 105f.)

Obwohl Fontane „wohlthuende Kritiken" lancierte, und zwar „in den besten Blättern Deutschlands und von unsren besten kritischen Köpfen geschrieben" (Fontane 1980, S. 642), soll einer der Besitzer der *Vossischen Zeitung* den Roman als „gräßliche Hurengeschichte" bezeichnet haben (Liesenhoff 1976, S. 84). Die darin enthaltene Kritik verweist auf ein bestimmtes gesellschaftliches Wertesystem, das vor- und außereheliche Verhältnisse ebenso wenig akzeptieren konnte wie Mésalliancen, also die Heirat zwischen Vertretern unterschiedlicher Stände. Zwar war die Trennung von Staat und Kirche inzwischen auch privatrechtlich besiegelt; auf eine kirchliche Trauung etwa durfte man verzichten (→ KAPITEL 2.2). Die Menschen selbst aber mögen diese neuen Lebensformen, die zugleich eine liberalere Einstellung sowohl in ständepolitischer als auch in moralischer Hinsicht nach sich zogen, nur allmählich akzeptiert haben. Bei einer bloß standesamtlichen Heirat, heißt es im Text, „reden [die Leute] immer noch" (Fontane 1990, S. 321).

Sprachrohr der liberalen Einstellung Fontanes zu vorehelichen sowie überständischen Liebesbeziehungen ist im Roman die alte Frau Nimptsch, zitiert von ihrer Adoptivtochter Lene: „Mutter hat mir dagegen und sagt immer: ‚Kind, es schad't nichts. Eh man sich's versieht, is man alt'" (Fontane 1990, S. 332). Zur Prüderie der Zeitgenossen bestand hierbei eine bemerkenswerte Diskrepanz, die sich u. a. in vehementer Kritik an der Lene-Figur und deren Lebenswandel äußerte (vgl. Betz 2002, S. 94f.). In einem Brief an seinen Sohn Theodor vom 8. September 1887 äußerte sich Fontane einigermaßen ungehalten darüber, „daß nicht alle Welt, wenigstens nicht nach außen hin, ebenso nachsichtig über Lene denken wird wie ich". Die moralische Entrüstung über „eine Schneidermamsell mit einem freien Liebesverhältnis" hielt er für „Heuchelei". Ehebruch lehnte er zwar ab, „[d]er freie Mensch aber, der sich nach *dieser* Seite hin zu nichts verpflichtet hat, kann tun, was er will, und muß nur die sogenannten *‚natürlichen Konsequenzen'*, die mitunter sehr hart sind, entschlossen und tapfer auf sich nehmen". Dies aber habe „mit der Moralfrage gar nichts zu schaffen" (Fontane 1980, S. 559f.).

Fontanes Moral

Die Verurteilung des Romans als eine „Hurengeschichte" legt eine bestimmte Leserhaltung frei, die sich aus Erfahrungen mit den in zeitgenössischen Feuilleton- und Fortsetzungsromanen üblichen Erzählmustern speist. Demzufolge konnte es sich bei einer Mésalliance-Geschichte ohne *Happy End*, die in ähnlicher Weise sowohl die Klatschspalten dokumentierten als auch die zeitgenössischen Trivialromane vielfältig darstellten, um gar nichts anderes handeln – dem Modell folgend: eine Vertreterin der Unterschicht verdingt sich ihren Lebensunterhalt durch Liebschaften mit adligen Offizieren.

Lesererwartung: Muster ‚Trivialroman'

Interessant an Fontanes Roman ist nun, dass er diese Erwartungshaltung im Roman permanent unterläuft: Zum einen zeichnete sich Fontane als Kenner jenes Publikums aus, für das er schrieb und auf das er angewiesen war, wenn er 1879 behauptete, das Publikum der *Vossischen Zeitung* sei „für meine Arbeiten, nach Stoff, Anschauung und Behandlung, wie geschaffen" (Fontane 1879, zitiert nach Helmstetter 1998, S. 127). Allerdings ging er jetzt nicht mehr wie noch der programmatische Realismus der 1850er-Jahre davon aus, der Autor habe Teil der Lebenswelten zu werden, die er poetisch bearbeite (→ KAPITEL 10.1). Vielmehr verfüge er, Fontane, zumeist lediglich um ein „blos halbe[s] Wissen" und sei deshalb gezwungen, „dichterisch nachzuhelfen" – so Fontane am 10. Juli 1887 an seine Frau (Fontane 1980, S. 549). Zum anderen machte er sich und sein poetisches Selbstverständnis interessant, indem er mit den vorgegebenen Erwartungen spielte, diese ausreizte, verkehrte, das eigene Schreiben als ‚das Andere' des Üblichen und damit über Differenzen profilierte. Auf diese Weise beschreibt Fontane

Abweichungen

„keine realistische, alltäglich-typische Wirklichkeit, sondern plausibilisiert Möglichkeiten, die von den üblichen und durchaus plausiblen Erwartungen, die die Wirklichkeit mustern, abweichen" (Helmstetter 1998, S. 132).

In diesem Sinn gibt der Romane vielfältige Versprechen ab, die dann entweder gar nicht oder abweichend eingelöst werden. Zu Beginn der Erzählung dieser unstandesgemäßen Liebe wird angedeutet, bei Lene, die Frau Nimptsch „ja bloß angenommen" habe, die also nicht ihr „eigen Fleisch und Blut" sei, könne es sich vielleicht um eine „Prinzessin" handeln – das Beziehungsproblem ließe sich dann positiv lösen. Der Roman lässt diese Frage nach Lenes Herkunft offen, indem er an die Stelle der Aufklärung über diesen Sachverhalt eine Lücke setzt. Frau Nimptsch nämlich „schüttelte bei dieser Vermutung den Kopf und schien antworten zu wollen"; sie kommt aber nicht zu Wort (Fontane 1990, S. 322). Atmosphärisch unterstützt wird der Spannungsaufbau an dieser Stelle durch den Hinweis auf die „halb märchenhafte Stille" (Fontane 1990, S. 320), die Lenes Lebenswelt von der städtischen Umgebung trennt. Wie ein Märchen nicht selten mit der Hochzeit eines ungleichen Paares endet, so legen auch die ersten Seiten von *Irrungen, Wirrungen* nahe, dass die besondere Qualität der Beziehung von Botho und Lene die gesellschaftlich gesetzten Grenzen zu überwinden vermag.

„Prinzessin" Lene?

Spiel mit dem Märchen

Trotzdem geben sich beide über das nahende Ende des kurzen Glücks von vornherein keinerlei Illusionen hin. Lenes Umgebung, die Bothos unkonventionelles Verhalten sehr schätzt (er tritt als ein gleichwertiger Gesprächspartner auf) und sich für Lene einiges erhofft, ist ebenfalls davon überzeugt, dass die Trennung „so gut sei" (Fontane 1990, S. 409). Beide heiraten jeweils standesgemäß. Das Finale des Romans kündigt Lenes Verehelichung mit dem Bürgerlichen Gideon Franke an, indem Bothos Frau Käthe sich über eine Hochzeitsanzeige in der Zeitung amüsiert und daraus vorliest. Mit Bothos Kommentar dazu setzt der Roman einen mehrdeutigen Schlusspunkt: „,Gideon ist besser als Botho'" (Fontane 1990, S. 475). Das mag sich darauf beziehen, dass Gideons Vorname sehr viel weniger lächerlich ist, als Bothos Frau dies vermutet. Außerdem gibt Botho über Käthe hinweg (die von all den Verwicklungen nichts weiß) dem Leser zu verstehen, dass Gideon aufrichtiger und selbstbestimmter handelt als er selbst, der die gesellschaftlichen Konventionen nicht zu durchbrechen gewagt hatte – wohingegen Gideon die Frage der Ehre (immerhin heiratet er eine Frau ‚mit Vergangenheit') seiner Liebe hintanzustellen bereit ist.

„Gideon ist besser als Botho"

Analog dazu, nur weniger vielsinnig endet *Goldelse*, der zeitgenössische Bestsellerroman der Erfolgsautorin E. Marlitt (eigentlich Friederieke Eugenie John) von 1866. Auch hier wird die baldige Verehelichung der Protagonisten am Ende des Romans per Anzeige bekannt gemacht. Die triviale Lösung des Ständekonflikts sieht aber vor, dass dem vermeintlich bürgerlichen Fräulein Ferber (der „Goldelse") schlussendlich doch noch eine adlige Abstammung attestiert wird, sodass der Heirat mit Rudolf von Walde auch von dieser Seite her nichts mehr im Wege steht. Das später für Lene Nimptsch in *Irrungen, Wirrungen* angedeutete und dann doch nicht eingelöste Versprechen („Prinzessin") wird in der Schemaliteratur umgesetzt. Schemaliteratur zeichnet sich dadurch aus, dass sie keine Brüche aufweist und die Publikumserwartung bedient, insbesondere das Bedürfnis nach einer Idyllisierung und Harmonisierung des Verhältnisses auf der Grundlage der bestehenden Ordnung (vgl. Liesenhoff 1976, S. 71–74, 90–92).

Vergleich mit Marlitts *Goldelse*

Auch dem literarischen Muster der treuherzigen Unschuld entsprach Fontanes Lene nicht. Sie wird als eine kluge, eigenständige junge Frau gezeichnet, die genau weiß, was sie will und kann. Sie ist daran gewöhnt, „nach ihren eigenen Entschlüssen zu handeln, ohne viel Rücksicht auf die Menschen und jedenfalls ohne Furcht vor ihrem Urteil"; das sinnentleerte Leben des Adels, ausgerichtet darauf, die äußeren Formen sozialer Distinktion zu wahren, hat für sie keinen Reiz: „Ach, das arme bißchen Leben" (Fontane 1990, S. 442, 346). Sie ist treu und ehrlich, auch wenn (was den zeitgenössischen Widerspruch provozieren musste) Botho nicht ihr erstes Verhältnis gewesen ist (vgl. Fontane 1990, S. 322, 433). Lene weicht damit vom gesellschaftlich Üblichen ab. Dabei verkörpert sie jedoch eine Art mittleres Maß, dem extreme Ausformungen fremd bleiben. Sie lebt und arbeitet nicht als Hure oder Mätresse, ist aber auch keine Jung-

Das Besondere der Lene Nimptsch

frau mehr; sie ähnelt den Objekten von Sensationsromanen, hat aber selbst so gar nichts Sensationelles an sich (vgl. Helmstetter 1998, S. 132–136). Dass zeitgenössische Leser enttäuscht auf den Roman und den Handlungsverlauf reagierten, verwundert daher nicht. Der Feuilletonist und Maler Ludwig Pietsch wies in einer Rezension in der Schlesischen Zeitung vom 5. Mai 1888 darauf hin, in Leserzuschriften sei kritisiert worden, der Roman habe „gar keinen Schluß". Vielmehr breche er da ab, „wo man erwartet hatte, die Entwicklung der Katastrophe erst beginnen zu sehen" (Pietsch 1888, zitiert nach Betz 2002, S. 99).

11.2 Die Schönheit des Unbedeutenden

Fontanes Romane gelten zu großen Teilen als Konversationsromane, als Romane also, in denen der Dialog vorherrscht. Dialogische Darstellung und Kritik an der verwendeten Sprache gehen dabei oftmals in eins. In *Irrungen, Wirrungen* dominiert – wie Fontane am 26. April 1888 an den Literaturkritiker Paul Schlenther schrieb – die Kritik an der „Redensartlichkeit" der Konversation (Fontane 1977, S. 382), die aus Platituden, Leerformeln, Phrasen oder Hülsen besteht, die keine eigentlichen, schon gar keine interessanten, bedeutenden oder individuellen Inhalte transportiert und die zugleich als ein ständeübergreifendes Phänomen dargestellt wird. Das inhaltsleere Geschwätz der dicken Frau Dörr, Lenes (kleinbürgerlicher) Vermieterin, gehört genauso dazu wie die Dampfplaudereien Käthe von Rienäckers (von der es heißt, sie beherrsche „die Kunst des gefälligen Nichtssagens mit einer wahren Meisterschaft"; Fontane 1990, S. 427) oder die Konversation adliger Herren im Club – bei all diesem Gerede ist es „eigentlich" „ganz gleich", „wovon man spricht", und „,ja'" ist „geradesoviel wie ,nein'" (Fontane 1990, S. 338). Es ist bezeichnend, dass gerade Botho, der die Oberflächlichkeit der Konversation beklagt und von der Tiefe der Rede Lenes zu unterscheiden weiß, meint, „im Klub" hörten „die Redensarten auf, und die Wirklichkeiten fangen an" (Fontane 1990, S. 339). Auch Bothos (letztendlich erfolgreicher) Versuch, die aus dem Gleichgewicht geratene Welt wieder ins Lot zu rücken, basiert auf Redensarten (vgl. Hettche 1991, S. 147f.). So gesehen richtet Botho die eigenen Erlebnisse oder Erfahrungen auf diese Redensarten hin aus, um dann deren Gültigkeit zu bestätigen.

Kritik an der „Redensartlichkeit"

Ständeübergreifend

Als Botho den längst erwarteten Brief seiner Mutter erhält, der eine Heirat mit Käthe nahelegt und auch dazu drängt, reitet er aus, um zu einer – im Grunde genommen ebenfalls längst gefällten – Entscheidung zu gelangen. Er passiert dabei auch August Borsigs Maschinenbaufabrik in Moabit, „draus, aus zahlreichen Essen, Qualm und Feuersäulen in die Luft stiegen". Dort aber beobachtet er kein schlecht bezahltes und bis zur Erschöpfung arbeitendes Industrieproletariat, sondern betrachtet die zur Mittagspause versammelten Arbeiter und ihre Frauen „mit einem Anfluge von Neid" wie ein ‚entzückendes', künstliches und dadurch musealisiertes ‚Bild' (Fontane 1990, S. 405; vgl. Kahrmann 1973, S. 159f.). Aus diesem sich seinem Auge bietenden Idyll schließt er auf die Mentalität der „märkischen Leute", leitet daraus die Regularien für deren Entscheidungen ab und überträgt diese auf die eigene Situation.

„Wenn unsre märkischen Leute sich verheiraten, so reden sie nicht von Leidenschaft und Liebe, sie sagen nur: ‚Ich muß doch meine Ordnung haben.' Und das ist ein schöner Zug im Leben unsres Volks und nicht einmal prosaisch. Denn Ordnung ist viel und mitunter alles. Und nun frag ich mich, war *mein* Leben in der ‚Ordnung'? Nein. Ordnung ist Ehe." (Fontane 1990, S. 406)

Auf den Punkt gebracht: Die Grenzen seiner (redensartlich geprägten) Wahrnehmung sind die Grenzen seiner Welt.

Botho behauptet zwar zu resignieren und sich in das Vorherbestimmte zu ergeben (Fontane 1990, S. 400). Von vornherein aber hat er dieser vorhersehbaren Wendung der Dinge nichts entgegengesetzt, weder gegenüber dem Onkel (der die Verlobung mit Käthe fordert und für besiegelt hält), noch gegenüber Lene, die das Ende der Beziehung früh ankündigt („Aber wegfliegen wirst du, das seh' ich klar und gewiß"; Fontane 1990, S. 345). In dieser Hinsicht bleibt er hinter seinem Regimentskamerad Rexin weit zurück, der eine nichteheliche Beziehung mit einem bürgerlichen Mädchen aufrecht erhalten, diese aber monogam führen möchte. Eine Konvenienzehe, wie Botho sie eingegangen ist, lehnt Rexin für sich ab, denn: „Alle diese Unterschiede [zwischen den Ständen, C. S.] sind ja gekünstelt" (Fontane 1990, S. 461).

Ein Gegenmodell zur verbreiteten Redensartlichkeit auf inhaltlicher Ebene stellt wiederum Lene dar, der das phrasenhafte Sprechen fremd ist und die Botho deshalb in ihrer „Einfachheit, Wahrheit und Unredensartlichkeit" auch nach der Trennung „öfters vor der Seele" steht (Fontane 1990, S. 419). Außerdem hat Lene eine Doppelfunktion als Figur und Kommentatorin bzw. Redensartkritikerin inne, wenn sie zwar ein geflügeltes Wort aufruft, dieses im nächsten Schritt aber revidiert: „Es heißt immer, die Liebe mache blind, aber sie macht auch hell und fernsichtig" (Fontane 1990, S. 345; vgl. Hettche 1991, S. 144–146).

Gegenmodell Erzählakt

Ein weiteres Gegenmodell zur Redensartlichkeit bietet auf erzählerischer Ebene der Erzählakt selbst, der Lenes und Bothos Geschichte zeitlich und räumlich genau fixiert. Dies lässt sich exemplarisch an der Eingangspassage des Romans zeigen: Lenes Wohnung liegt an dem „Schnittpunkte von Kurfürstendamm und Kurfürstenstraße, schräg gegenüber dem ‚Zoologischen'", wo sich „in der Mitte der siebziger Jahre noch eine große, feldeinwärts sich erstreckende Gärtnerei" befunden haben soll (Fontane 1990, S. 319). Insgesamt setzte Fontane stets auf Genauigkeit in der Schilderung des Lokalspezifischen (Gebäude, Interieurs, Dialekte u. a.). Allerdings ging er davon aus, dass sich der Eindruck dieser lokalen Effekte gelegentlich dann besser einstellt, wenn die Schilderung von den wirklichen Gegebenheiten abweicht (Fontane 1980, S. 585f.). Dass auch die Abweichungen programmatisch jeweils auf die Wirklichkeit referieren, verdeutlichen Hinweise auf die Prinzipien realistischer Weltwahrnehmung, die im Roman ohne Bezug zur eigentlichen Handlung erfolgen:

Prinzipien realistischer Weltwahrnehmung

- Die Betrachtung des Ganzen aus der Perspektive des Kleinen – vergleichbar jenem „Kirschkern, auf dem das ganze Vaterunser steht", selbst wenn dazu eine „Lupe" vonnöten sein sollte (Fontane 1990, S. 338).

- Die Betrachtung des Ganzen aus der Perspektive des ‚anderen Blicks' – der sich etwa über einen Ortswechsel einstellt: In den USA lerne man „anders sehen und nicht immer durchs selbe Glas", so Gideon Franke, Lenes späterer Ehemann (Fontane 1990, S. 444).

Das ‚richtige' Sehen

Wieder ist es Lene, die das ‚richtige' Sehen beherrscht, nicht Botho. Während er auf der Wiese bei Hankels Ablage nur Unkraut und „Gras" erkennt, sieht Lene die Fülle der dort blühenden Blumen: „‚Es stehen hier mehr als in Dörrs Garten; man muß nur ein Auge dafür haben'" (Fontane 1990, S. 377). Voraussetzung dafür ist eine bestimmte Einstellung, die sich den Dingen (und Menschen) mit Sympathie zuwendet, nicht gleichgültig oder berechnend und taxierend. „‚Du hast kein Auge für diese Dinge'", so Lene weiter, „‚weil du keine Liebe dafür hast, und Auge und Liebe gehören immer zusammen'" (Fontane 1990, S. 378).

Die Schönheit des Unbedeutenden

Fontane selbst interessierte sich in seinen Romanen immer mehr für die „Nebensachen", für „das Kleinste" (Fontane 1982, S. 46), als für das vermeintlich Wesentliche. Sein ästhetisches Konzept fokussierte auf die Schönheit, die den Dingen (wie etwa den Blumen auf der Wiese) immer schon eigen, also keine Erfindung der Poesie oder des Autors ist. Allerdings erschließe sich diese Schönheit nur demjenigen, der, wie zitiert, ein Auge dafür habe. Einem Naturalisten wie dem französischen Romancier Émile Zola, der die hässlichen Seiten des Lebens nicht ausblendete (→ KAPITEL 14), attestierte Fontane – in einem Brief an seine Frau vom 14. Juni 1883 – eine Art ‚Fehlsichtigkeit' (vgl. Fontane 1905, S. 35). Umso härter müssen Fontane zeitgenössische Urteile über *Irrungen, Wirrungen* getroffen haben, die einzelne Passagen des Romans etwa aufgrund der vermeintlichen Unsittlichkeit des Plots gerade mit dem Verdikt des Hässlichen und Widerwärtigen belegten (vgl. Betz 2002, S. 110, 119). Dass der Literaturwissenschaftler Max von Waldberg in einer Rezension des Romans 1888 bescheinigte, gerade „in der Art, wie F. das Nebensächliche, aber Bezeichnende sorgsam behandelt ohne es in den Vordergrund zu rücken", zeige sich die „große Meisterschaft" des Autors (Waldberg 1888, zitiert nach Betz 2002, S. 93), mag eine Genugtuung für ihn gewesen sein. In dieser Hinsicht ist es auch bezeichnend, dass die „unterhaltliche" Käthe in *Irrungen, Wirrungen*, eine „Flachsblondine zum Küssen" (Fontane 1990, S. 356), für die Unterscheidung des Wichtigen und Unwichtigen keinen Sinn hat (vgl. Fontane 1990, S. 418).

11.3 Bildungskonzepte in Romanen des Realismus

Neben der Abbildung der Alltagswirklichkeit wie in *Irrungen, Wirrungen* widmete sich der Roman des Realismus vor allem auch der Bearbeitung historischer Stoffe. Dabei ging es in erster Linie um drei Zielsetzungen: erstens um die unterhaltsame Popularisierung von Geschichts- und damit Bildungswissen; zweitens um die Archivierung sowie Überlieferung dieses Wissens; und drittens um dessen Aktualisierung, die immer auch die zeitgenössische Nation und Nationenbildung in den Blick nahm. Nicht zuletzt hatte der historische Roman in den 1860er-Jahren, also unmittelbar vor der Reichsgründung, Konjunktur (vgl. Müller 1996, S. 695). Zu den besonders gern gelesenen Beispielen der Gattung gehörten etwa Joseph Victor von Scheffels *Ekkehard* aus dem Jahr 1855, der im 10. Jahrhundert spielt und von der Liebesgeschichte eines Mönchs und einer Herzogin handelt, oder der mit einem Anmerkungsapparat ausgestattete Roman *Eine ägyptische Königstochter* des Ägyptologie-Professors Georg Ebers von

Historische Stoffe

„Professorenroman"

1864 (→ KAPITEL 9.1). Beide Romankonzepte zielten darauf, die Genauigkeit und Vollständigkeit der Geschichtsschreibung mit poetischer Anschaulichkeit zu verbinden, um auf diese Weise einem an zeitgenössischen Wissenschafts- und Bildungsvorstellungen orientierten Publikum zu genügen und dieses zu binden – in den Literaturgeschichten ist in diesem Zusammenhang vom realistischen „Professorenroman"

Bildungsroman

die Rede (Flemming 2001, S. 551). Darüber hinaus orientierte sich der realistische Roman an Vorgaben des Bildungsromans, die Goethes *Wilhelm Meisters Lehrjahre* von 1795/96 prototypisch bereitstellte.

Das Bildungskonzept in Soll und Haben

Die Qualität von Anton Wohlfarts Bildungsweg in Freytags *Soll und Haben* (1855; → KAPITEL 10.2) fing der Schriftsteller Friedrich Theodor Vischer in seiner *Theorie des Romans* von 1857 treffend ein, in der es über den Protagonisten eines Bildungsromans allgemein heißt, dieser sei im eigentlichen Sinn kein Handelnder, sondern „der mehr unselbständige, nur verarbeitende Mittelpunkt". Er durchlaufe „seinen Bildungsgang" als eine Art „Schule der Erfahrung". Als ein „Hauptmoment" dafür gilt die „Liebe", die den Helden (wie etwa auch Anton) gelegentlich auf Abwege bringt und so an Konflikten reifen lässt. Einerseits bleibt Anton seinen Idealen von beruflichem Ethos und Liebesglück auf diesem Weg durchgehend treu; andererseits werden ihm die anfänglich eher romantischen Vorstellungen ausgetrieben – und er ehelicht am Ende eben nicht die adlige Lenore, sondern die durch und durch bürgerliche Sabine. Die anfallenden Aufgaben in Gesellschaft, Beruf und Familie wird er, so steht zu erwarten, bodenständig-realistisch erfüllen, ohne dafür die ursprüngliche „idealistische Kraft" ganz aufzugeben, wie Vischer sagt (Vischer 1857 in: Plumpe 1997, S. 244). Freytags Konzept der Poesie der Arbeit integriert beide Ebenen.

Bildung gehörte zu den Hauptmerkmalen der bürgerlichen Selbstbeschreibung im 19. Jahrhundert (→ KAPITEL 5.2). Das bezog sich zum einen allgemein auf die Beschäftigung mit Malerei, Musik und Literatur. Zum anderen ist zu beachten, dass diese Zuweisungen auf vielfältigen Bildungskonzepten beruhten, die gerade in den Romanen der Zeit ausagiert wurden – als eines der prominentesten Beispiele hierfür ist Gottfried Kellers Bildungsroman *Der grüne Heinrich* zu nennen, der in zwei sich signifikant unterscheidenden Fassungen vorliegt (1854/55 und 1879/80). Auch Adalbert Stifters *Der Nachsommer* (1857) gehört insofern zu den ebenso kanonischen wie umstrittenen Vertretern dieses Genres, als der Text neben dem Bildungsroman auch Strukturmerkmale des Märchens, der Utopie, der Idylle oder des Epos reflektiert (vgl. Müller 1981).

Der grüne Heinrich

Der Nachsommer

Es bietet sich an, das Einleitungskapitel von *Soll und Haben* mit dem Beginn des *Nachsommers* in Hinsicht auf die dort jeweils artikulierten Bildungsvorstellungen zu vergleichen. Denn beide gehen von einer ähnlichen Anlage ihrer Helden aus, ziehen daraus aber unterschiedliche Schlussfolgerungen. Sowohl der junge Anton Wohlfart (*Soll und Haben*) als auch der junge Heinrich Drendorf (*Der Nachsommer*) weisen so vielfältige Begabungen auf, dass sich die Berufswahl in beiden Fällen nicht aus den natürlichen Fähigkeiten ergibt. Dass in beiden Fällen nun nicht äußere Zwänge (etwa die Übernahme des väterlichen Betriebs o. ä.) die zukünftige Tätigkeit bestimmen, sondern die eigenen Neigungen, ist für das hier jeweils zugrunde liegende Bildungskonzept signifikant. Bei Anton führt ein „Zufall" zu seinem Wunsch, Kaufmann zu werden: Die jährlichen Weihnachtssendungen der Firma Schröter und der davon immer wieder ausgehende unwiderstehliche Kaffeeduft geben, unterstützt von der behutsamen Lenkung durch den Vater in diese Richtung, den Ausschlag. Der „gewöhnliche[n] Gefahr ausgezeichneter Kinder", „für keine einzige Tätigkeit den rechten Ernst zu finden", ist Anton damit glücklich entgangen (Freytag 2007, S. 6).

Vergleich von Bildungsvorstellungen

Was Freytags Erzähler als „Gefahr" bezeichnet, behauptet Stifters Roman als eine Chance, die Heinrich gerade gegen die landläufige Meinung offeriert wird, der Vater hätte seinem Sohn „einen Stand, der der bürgerlichen Gesellschaft nützlich ist, befehlen sollen" (Stifter 1978, S. 14). Stattdessen „tat der Vater etwas, was ihm von vielen Leuten sehr übel genommen wurde. Er bestimmte mich nämlich zu einem Wissenschafter [!] im allgemeinen" (Stifter 1978, S. 13f.), also nicht zu einer besonderen Fachrichtung, durch die dann die spätere Tätigkeit, das zu erwartende Einkommen und der künftige gesellschaftliche Stand vorgezeichnet wäre, um eine Art bürgerlicher Sicherheit zu gewährleisten. Heinrichs Vater vertritt hier einen „emphatischen Bildungsbegriff" (Berendes 2009, S. 321), der die Verwirklichung individueller Anlagen der Nützlichkeit des Einzelnen für die Gesellschaft nicht etwa nachordnet, sondern voranstellt:

Emphatische Bildung ...

„Gegen diesen Einwurf sagte mein Vater, der Mensch sei nicht zuerst der menschlichen Gesellschaft wegen da, sondern seiner selbst willen. Und wenn jeder seiner selbst willen auf die beste Art da sei, so sei er es auch für die menschliche Gesellschaft" (Stifter 1978, S. 14).

Dem allein „auf das Ökonomische" reduzierten Bildungsbegriff von *Soll und Haben*, der pragmatisch den „Bildungswert der Arbeit" in den Mittelpunkt rückt (Steinecke 1980, S. 140), steht in Stifters *Der Nachsommer* eine enzyklopädisch umfassende Bildung entgegen. Sie

... versus ökonomische Bildung

kommt nicht nur in der „allgemeinen" wissenschaftlichen Orientierung des Sohns zum Ausdruck, sondern wird auch im Bildungsverhalten des Vaters anschaulich gemacht, der Bildungsgüter wie Bücher, Bilder, historische Geräte, Münzen oder Steine sammelt, archiviert und dadurch musealisiert, diese aber zugleich in stetem Gebrauch hat. In seinen Büchern, die historische und historiografische, naturwissenschaftliche und philosophische Gegenstände betreffen (vgl. Stifter 1978, S. 13), liest der Vater regelmäßig, er verwahrt sie sorgfältig in als „Schrein" bezeichneten Kästen (Stifter 1978, S. 8), wo sie den Augen neugieriger Besucher wie das Allerheiligste einer Religion verborgen bleiben. Die Sakralisierung des Traditionsraums, auf den sich das bürgerliche Bildungsverständnis hin entwirft (→ KAPITEL 5.2), wird daran sinnfällig. Der Beruf des einzelnen wird als Berufung verstanden; er unterwirft das tätige Individuum eben nicht realpolitischen Nützlichkeitserwägungen (→ KAPITEL 2.1), sondern wird allein um seiner selbst willen ausgeübt. An dieser Stelle trifft sich das Bildungsmodell in *Der Nachsommer* mit Freytags Konzept der Poesie der Arbeit, die ebenfalls um ihrer eigentümlichen Schönheit willen ausgeübt wird und nicht auf Gewinnmaximierung angelegt ist (→ KAPITEL 10.2).

> „Gott hat uns auch nicht bei unseren Handlungen den Nutzen als Zweck vorgezeichnet, weder den Nutzen für uns noch für andere, sondern er hat der Ausübung der Tugend einen eigenen Reiz und eine eigene Schönheit gegeben." (Stifter 1978, S. 16)

Heinrichs Vater wird somit zum Sprachrohr eines Realismus-Konzepts, das in den 1850er-Jahren u. a. in der Medienkonkurrenz zur Malerei ausgeprägt wurde und das darauf zielte, über Mittel wie Aussparung und Andeutung eine fotorealistische Festlegung des abgebildeten Gegenstands zu vermeiden. Wie Fontane in der Auseinandersetzung mit der präraffaelitischen Malerei die „Unbestimmtheit" zum Darstellungsideal erhob (→ KAPITEL 4.3), so gründet das Bildungskonzept von Heinrichs Vater ebenfalls in der Annahme, „es werde sich aus dem Unbestimmten schon entwickeln, [...] welche Rolle ich auf der Welt einzunehmen hätte" (Stifter 1978, S. 16).

Noch der späte Fontane ließ sich von diesem Konzept leiten; u. a. bestimmt es das Bildungsideal, das in *Irrungen, Wirrungen* an der Figur der Lene Nimptsch gestaltet wird. Der Brief, den Lene an Botho schreibt, ist voll von orthografischen Fehlern. Seiner Klarheit und Güte aber, die von Lenes „Charakter und Tiefe des Gemüts" zeugen, hat die zeitgenössische „Bildung", wie Botho erkennt, nichts Vergleichbares entgegenzusetzen: „Arme Bildung, wie weit bleibst du

---

Beruf als Berufung

Unbestimmtheit

Lenes Herzensbildung

dahinter zurück" (Fontane 1990, S. 455). Darauf mag Fontane angespielt haben, als er gegen Ende seines Lebens, am 9. August 1895, an seine Tochter schrieb: „Ich bin fast bis zu dem Satze gediehn: ‚Bildung ist ein Weltunglück.' Der Mensch muß klug sein, aber nicht gebildet" (Fontane 1982, S. 467).

Fragen und Anregungen

- Nennen Sie drei Merkmale, die *Irrungen, Wirrungen* als realistischen Roman charakterisieren.

- Erklären Sie, warum der Roman als „Hurengeschichte" bewertet wurde.

- Mit welchen Mitteln unterläuft Theodor Fontane die zeitgenössischen Lesererwartungen?

- Welche Prinzipien realistischer Weltwahrnehmung werden in *Irrungen, Wirrungen* thematisiert?

- Vergleichen Sie die Bildungskonzepte von Adalbert Stifters *Der Nachsommer* und Gustav Freytags *Soll und Haben*.

Lektüreempfehlungen

- **Theodor Fontane: Irrungen, Wirrungen**, in: ders., Sämtliche Romane. Erzählungen, Gedichte. Nachgelassenes. Zweiter Band, hg. v. Helmuth Nürnberger. Dritte, durchgesehene und im Anhang erweiterte Auflage, München 1990, S. 319–475.   Quellen

- **Adalbert Stifter: Werke**, hg. und mit Nachworten versehen v. Uwe Japp und Hans Joachim Piechotta. Dritter Band: Der Nachsommer, Frankfurt a. M. 1978 (erstes Kapitel).

- **Christa Berg (Hg.): Handbuch der deutschen Bildungsgeschichte.**   Forschung
Band 4: 1870–1918, München 1991. *Standardwerk zur deutschen Bildungsgeschichte.*

- **Frederick Betz: Erläuterungen und Dokumente. Theodor Fontane, *Irrungen, Wirrungen*.** Durchgesehene, in Kapitel III.3 ergänzte und bibliographisch aktualisierte Ausgabe, Stuttgart 2002. *Versammelt* *die einschlägigen Rezeptionszeugnisse in Ausschnitten und gibt einen informativen Überblick über die Forschungsgeschichte von „Irrungen, Wirrungen".*

- **Christian Grawe: Irrungen, Wirrungen. Roman**, in: Fontane-Handbuch, hg. v. Christian Grawe und Helmuth Nürnberger, Stuttgart 2000, S. 575–584. *Grundlegende Übersichtsdarstellung über Entstehungszusammenhänge, Rezeption, Textstruktur und Thematik von „Irrungen, Wirrungen".*

- **Rudolf Helmstetter: Die Geburt des Realismus aus dem Dunst des Familienblattes. Fontane und die öffentlichkeitsgeschichtlichen Rahmenbedingungen des Poetischen Realismus**, München 1998, S. 127–150. *Exzellente Interpretation des Romans „Irrungen, Wirrungen" vor dem Hintergrund der medien- und publikumsgeschichtlichen Rahmenbedingungen.*

- **Walter Hettche: *Irrungen, Wirrungen*. Sprachbewußtsein und Menschlichkeit. Die Sehnsucht nach den „einfachen Formen"**, in: Interpretationen. Fontanes Novellen und Romane, hg. v. Christian Grawe, Stuttgart 1991, S. 136–156. *Standardbeitrag zur Deutung der im Roman gestalteten Ständedifferenz aus der Perspektive der Kritik an der Sprechweise der Figuren.*

- **Karl-Ernst Jeismann (Hg.): Handbuch der deutschen Bildungsgeschichte. Band 3: 1800–1870**, München 1987. *Standardwerk zur deutschen Bildungsgeschichte.*

12 Theaterlandschaft und Dramaturgie

Abbildung 14: Dresden, Königliches Hoftheater (Semperoper) (1871–78 erbaut nach Plänen von Gottfried Semper). Gesamtansicht (um 1880)

Nachdem das von Gottfried Semper errichtete königliche Hoftheater, die heutige Semperoper, 1869 einem Brand zum Opfer gefallen war, entwarf der Architekt es noch einmal ganz neu. Das Gebäude sollte als bürgerliche Bildungsstätte dienen, und der kostspielige Bau wurde nur unter Berufung auf die Bedeutung des Theaters für die Geschmacksbildung des bürgerlichen Publikums bewilligt; der separate Treppenaufgang des Königs wurde abgeschafft. Die Umstände der Wiedereröffnung sind für die Veränderungen in der Theaterlandschaft des 19. Jahrhunderts insgesamt signifikant: Die Institution Hoftheater spielte eine nach wie vor maßgebliche Rolle, jedoch ohne sich länger auf die exklusiv-aristokratische Sphäre zu beschränken. Das Bildungs- und Besitzbürgertum übernahm die leitenden Positionen und stellte den Großteil der Zuschauer. Mit dieser Form ehemals adliger Freizeitgestaltung machte man sich auch deren Funktion zu eigen: Das Hoftheater repräsentierte nicht länger die adlige, sondern vielmehr die bürgerliche Gesellschaft und deren Rangordnungen sowie Wertvorstellungen.

Nach der Revolution von 1848 (→ KAPITEL 2.1) fanden die Reformen innerhalb der deutschen Territorien in den Theatern statt. Die realistischen Dramentheoretiker mussten auf unterschiedliche Bühnen- und Regiekonzepte ebenso reagieren wie auf ein heterogenes Publikum und eine entsprechend vielfältige dramatische Produktion. Das dramaturgische Programm des Realismus orientierte sich dabei an Fragen, die für konzeptionelle Überlegungen zur Gattung insgesamt grundlegend sind: Wie hat eine Dramatik auszusehen, die zum einen auf größtmögliche (Breiten-)Wirksamkeit setzt (Publikumsbezug), die aber zum anderen die tradierten Ansprüche an eine hochkulturelle Literaturveranstaltung nicht verraten will (Textbezug)? Welche Themen sind dafür geeignet, welche Disposition, welche Stillagen und welches Mimesis-Konzept?

12.1 **Die Theaterlandschaft zwischen 1830 und 1880**
12.2 **Die Technik realistischer Dramatik**

12.1 Die Theaterlandschaft zwischen 1830 und 1880

Für das Programm des literarischen Realismus eignen sich insbesondere die narrativen Formen – darauf wird in der Forschung mit guten Gründen hingewiesen. Wenngleich die Autoren diese Einschätzung in der Theorie nicht explizit bestätigten, weil sie sich von ihrer literarhistorischen Sozialisation und von ihrem Selbstverständnis her als ernsthafte Dichter in die gewichtigeren Traditionsräume der Dramatik und der Lyrik einzuschreiben hatten, zeigt doch ein Blick auf die literarische Praxis der Zeit, dass für die „Prosa der Verhältnisse" (Hegel 1966, S. 452) erzählende Genres bevorzugt wurden, und zwar sowohl auf der Ebene der Produktion als auch auf der Ebene der Rezeption. Gemessen am (Markt-)Erfolg lässt sich literarischer Realismus zwar mit Erzählen gleichsetzen (vgl. McInnes 1996, S. 392); im Gattungssystem noch der zweiten Jahrhunderthälfte aber nahm das Drama die Spitzenstellung ein. Aufgrund dieser herausragenden programmatischen Position der Gattung orientierten sich vor allem die realistische Novelle und deren Poetologie, zu Teilen aber auch der realistische Roman an den zeitgenössisch für das Drama diskutierten formalen und thematischen Vorgaben (→ KAPITEL 8.1, 10.1): zum einen der geschlossenen Konstruktion, zum anderen der unmittelbaren Wirksamkeit.

Spitzenstellung des Dramas

Mit der Forderung nach Wirksamkeit reagierte der programmatische Realismus explizit auf eine Entwicklung, in der, ausgehend von universaldramatischen Entwürfen und Vorlagen der Romantik, die klassische Vorstellung von „Maß und Harmonie, Gültigkeit und Zeitlosigkeit" aufgegeben und stattdessen die Kombination von lyrischen, epischen und dramatischen Elementen im Dramentext propagiert wurde (Schanze 1981, S. 69). Auch war die dramatische Gattung in den romantischen Konzepten nicht mehr notwendig auf die theatralische Inszenierung der Texte bezogen worden. Vielmehr hatte das Lesedrama eine dazu mindestens gleichbedeutende Funktion erhalten. Realistische Dramatik dagegen dachte wieder verstärkt in Kategorien der Bühne und setzte sich so von romantisch-dramatischen Experimenten der ‚Bühne im Kopf' ab, die deshalb auf das Theater verzichten zu können glaubten, weil das Publikum „schon darauf geübt" sei, sich „beim Lesen dramatischer Werke [...] die Aufführung hinzuzudenken" (Schlegel 1966, S. 30; vgl. Stockinger 2000, S. 22). Die konzeptionelle Rückkehr zur Bühne bedeutete allerdings nicht, dass man fortan lediglich auf das Unterhaltungsbedürfnis eines breiten Publikums zielte und jeden Kunstanspruch an Drama und Thea-

Forderung nach Wirksamkeit

Rückkehr zur Bühne

ter dafür aufgab. Den Theatermachern der zweiten Jahrhunderthälfte ging es darum, die Interessen der Zuschauer auf eine möglichst effektive Weise mit künstlerisch hochwertigen Inszenierungen zu verbinden, in denen unterschiedliche Ansätze einer realistischen Dramatik erprobt wurden und die dafür zudem das verbesserte technische Potenzial der Bühnen ausschöpften. Beispielsweise wurde es aufgrund der gleichmäßigen (zunächst Gas-, dann elektrischen) Beleuchtung des Bühnenraums möglich, Kostümen und Bühnenbild eine realistische Farbgebung zu verleihen und auf allzu grelle Effekte zu verzichten. Der Zuschauerraum dagegen ließ sich jetzt verdunkeln, sodass sich das Publikum ganz auf das Bühnengeschehen konzentrieren konnte und sich nicht mehr etwa in erster Linie mit sich selbst beschäftigte (vgl. Schivelbusch 2004, S. 181–201).

Technisches Potenzial

Als ausgesprochener „Wortregisseur" gilt Heinrich Laube, von 1849 bis 1867 am Wiener Hoftheater tätig (McInnes 1996, S. 356). In seinen Inszenierungen versuchte er sich an einem lebensnahen Realismus und fühlte sich dabei in erster Linie dem überlieferten Text verpflichtet. Die Rede der Figuren sollte keinesfalls durch aufwendige Inszenierungen und sonstigen ‚Theaterzauber' überformt werden, der nach Laube an vielen zeitgenössischen Theatern im Mittelpunkt stand und das Publikum von den inhaltlichen Aussagen der Dramen ablenkte. In seinen *Erinnerungen* (1875) ist in diesem Zusammenhang von der „Tapezierdramaturgie" der Zeit die Rede (Laube 1875, zitiert nach Brauneck 1999, S. 176), in der die Ausstattung den Text überlagerte. Es verwundert daher nicht, dass Laube nicht etwa monumentalen Historiendramen, sondern französischen Konversationsstücken den Vorzug gab, die schon von ihrer Anlage und Durchführung her ein inszenatorisches Minimalprogramm rechtfertigten (vgl. Detken 1997).

Wortregie: Heinrich Laube

Laubes Nachfolger in Wien, Franz von Dingelstedt, legte dagegen großen Wert auf die moderne Bühnentechnik. Mit seinen Bemühungen um eine möglichst wirksame und damit auch wirklichkeitsnahe Bildregie hatte er sich bereits als Intendant am Münchner Hoftheater einen Namen gemacht (1851–57), wo er sich vor allem auf die Inszenierung von Klassikern konzentrierte. Zudem kamen unter seiner Regie auch Gegenwartsautoren zur Aufführung, die den Apparat vielfältig forderten – wie etwa Friedrich Hebbels *Agnes Bernauer* (1852) (→ KAPITEL 13.1) oder *Die Nibelungen* (1861). Auch am Weimarer Hoftheater, wo er ab 1857 als Generalintendant tätig war, setzte Dingelstedt auf bilderreiche Massenszenen und Schlachtendarstellungen; die Dramentexte selbst traten dahinter zurück: Sie wurden vielfach gekürzt, vereinfacht und geglättet.

Bildregie: Franz von Dingelstedt

Eine mittlere Position zwischen Wort- und Bildregie nahm Eduard Devrient ein, von 1852 bis 1870 Direktor des Karlsruher Hoftheaters: Seine Inszenierungen orientierten sich zwar sehr genau an den Textfassungen, waren aber an einem ausgewogenen Verhältnis von Text und Aufführung interessiert. Devrients Repertoire widmete sich ebenfalls bevorzugt den Klassikern. Allerdings musste auch er auf die Interessen des Publikums Rücksicht nehmen, und dieses wollte eben nicht nur gebildet oder belehrt, sondern vor allem gut unterhalten werden, u. a. mit den bürgerlichen Rührstücken Charlotte Birch-Pfeiffers. Während Lessing unter Devrients Ägide mit 4 Stücken in insgesamt 38 Vorstellungen und Goethe mit 8 Stücken in insgesamt 69 Vorstellungen vertreten waren, kamen von Birch-Pfeiffer „nicht weniger als 17 Stücke" zur Aufführung, die insgesamt 102mal gegeben wurden, und ein heute völlig unbekannter Rührstück-Produzent, Roderich Benedix, „übertraf mit 33 Stücken und 182 Aufführungen die gesamte Shakespeare-Produktion!" (Müller 1982, S. 71).

Wort- und Bildregie: Eduard Devrient

Ein schon bald kanonisiertes und dennoch singuläres Theatermodell entwarf Richard Wagner in seinen Schriften *Das Kunstwerk der Zukunft* (1850) und *Oper und Drama* (1852) mit der Idee eines Gesamtkunstwerks, das, in Anknüpfung an Konzepte der Romantik, Technik und Bühnenbild, Text und Handlungsdramaturgie unter der Ägide der Musik integrierte und Theater als Festspiel inszenierte. Mit dem Bau eines eigenen Theaters in Bayreuth (eröffnet 1876) erhielt Wagners Festspiel-Gedanke einen angemessenen Raum, der die Kontinuität dieser spezifischen Facette von Theater im 19. Jahrhundert bis heute gewährleistet.

Gesamtkunstwerk: Richard Wagner

Als ein zeittypisches, in seiner überregionalen Verbreitung auf das letzte Drittel des 19. Jahrhunderts beschränktes Konzept gilt die Reformbühne Herzog Georgs II. von Sachsen-Meiningen, die seit 1874 durch insgesamt 38 europäische Städte tourte. Überliefert sind 1591 Vorstellungen in allein 16 Jahren; bevorzugt gegeben wurden Shakespeares *Julius Cäsar* (1599), Schillers *Die Jungfrau von Orleans* (1801) und Kleists *Prinz Friedrich von Homburg* (entstanden 1809–11, Uraufführung 1821). Der Herzog, seit Ende der 1860er-Jahre persönlich als Leiter seines eigenen Hoftheaters tätig, maß historischer Genauigkeit in Textarbeit und theatralischer Umsetzung eine hohe Bedeutung bei. Auf diese Weise kam das Meininger Ensemble dem Historismus der Gründerzeit mit seinem Interesse an wissenschaftlich gesicherter und doch lebendiger Geschichtsbetrachtung entgegen, das u. a. auch der zeitgenössische Professorenroman bediente (→ KAPITEL 11.3). Der historische Realismus des Meininger Thea-

Reformbühne: Das Meininger Theaterkonzept

ters sah sich auch mit kritischen Stimmen konfrontiert. Vor allem befürchtete man die Musealisierung der historischen Überlieferung, deren aktuelles Potenzial, so hieß es, zu wenig genutzt werde. Die Bühne drohte zu einem „Museum" zu werden, zu einem „gefälligen Kleiderständer[], an dem ein archäologischer Liebhaber seine Merkwürdigkeiten aufhängen kann", das dem breiten Publikum aber gleichgültig bleiben muss – so der Schriftsteller Hans Hopfen im Jahr 1875 (Hopfen 1875 in: Bucher 1981b, Bd. 2, S. 479).

Bereits die Wirkungsorte der genannten Regisseure und Intendanten verweisen auf die eingangs beschriebene Bedeutung des zunehmend verbürgerlichten Hoftheaters im 19. Jahrhundert. Daneben entstanden – nicht zuletzt im Zuge der 1869 für den Norddeutschen Bund, 1871 für das Deutsche Reich eingeführten Gewerbefreiheit – zahlreiche Privattheater an den Peripherien der Städte, die auf die leichte Unterhaltung der Massen zielten und sich damit in Repertoire sowie Publikum deutlich von den verbürgerlichten Hoftheatern in den Stadtzentren unterschieden. Während letztere im Bereich des Sprechtheaters, wie bereits angedeutet, ein anspruchsvolles, zumeist klassisches oder ein an den Klassikern orientiertes Programm anboten, konzentrierten sich erstere auf eine möglichst breitenwirksame Unterhaltung, indem sie die Feierabendgestaltung von Arbeitern und Kleinbürgern bevorzugt mit Volks- und Zauberstücken, Lustspielen oder Lokalpossen unterstützten (vgl. Schneider 2004, S. 214). In diesem Sinne kann die „Repertoireverschiebung" durch die vielen Neugründungen durchaus „als Theaterkrise verstanden" werden (Bucher 1981a, Bd. 1, S. 148).

Allerdings darf eine solche kulturkritische Perspektive nicht übersehen, dass die Theater der zweiten Jahrhunderthälfte zum einen an Formen des Volkstheaters anknüpften, die im sogenannten Vormärz (damals allerdings aus Gründen einer politischen Öffentlichkeit) ausgebildet worden waren. Zum anderen wurden auch an den bürgerlichen Hoftheatern die beliebten Schwänke und Singspiele des populären Unterhaltungstheaters inszeniert.

Den obrigkeitsstaatlichen Kontrollen waren die beiden dominierenden Theaterformen in ganz unterschiedlicher Weise ausgesetzt. In der Praxis traf die Verschärfung der Zensurgesetze nach 1848 in erster Linie die Betreiber von Privattheatern, die – anders als die Hoftheater – die Textbücher polizeilich genehmigen lassen mussten, bevor sie an eine Aufführung denken konnten. Auch bei der Gründung eines Theaters waren die neuen Unternehmer auf die Zulassung durch den Staat angewiesen. Konzessionsvergaben und steigende Nachfrage bedingten sich wechselseitig, die Zahl der im Theatergewerbe Tätigen schnellte

---

Marginalien:

- Verbürgerlichung des Hoftheaters
- Kunst für die Massen: Privattheater
- Zensurgesetze und Konzessionen

ebenso in die Höhe wie sich die öffentliche Aufmerksamkeit auf den Berufsstand des Schauspielers allmählich wandelte.

Die bürgerliche Geringschätzung dieses Berufs war um 1850 noch keineswegs überwunden. „Man nimmt dem Schauspieler nichts übel, aber man verachtet ihn", und zwar seiner „Unsittlichkeit" wegen – so fasste Eduard Devrient 1848 in der Schrift *Das Nationaltheater des neuen Deutschland* die öffentliche Meinung zusammen. Der Schauspieler, Dramaturg und Theaterleiter setzte sich leidenschaftlich nicht nur für das Theater, sondern auch für die Rechte des Bühnenpersonals ein. Denn er ging davon aus, dass alles, „was die Menschheit bilden und veredeln soll, [...] vom Staate gestützt, vom bloßen Erwerbe unabhängig gemacht werden" müsse (Devrient 1848, zitiert nach Brauneck 1999, S. 17). Die Schauspieler lebten in der Regel von Engagement zu Engagement, ihre Kostüme hatten sie zumeist selbst zu finanzieren, soziale Sicherheiten gab es keine. Nur die neuen Bühnenstars der zweiten Jahrhunderthälfte profitierten vom gesteigerten Publikumsinteresse, das mit den Idolen der Kunst wie Charlotte Wolter (von 1862 bis zu ihrem Tod 1897 an der Wiener Burg), Josef Kainz (1877 Mitglied des Meininger Ensembles, 1880 am Münchner Hoftheater, 1899 bis zu seinem Tod 1910 am Burgtheater) oder dem Berliner Schauspieler Friedrich Haase (von 1878 bis zu seinem Tod 1911 Träger des Iffland-Rings) das erstarkte eigene – bürgerliche – Selbstbewusstsein feierte. Nicht zuletzt zur Unterstützung der zahlreichen Kolleginnen und Kollegen in weniger glücklichen Positionen wurde 1871 vom *Ersten allgemeinen deutschen Bühnenkongress* in Weimar die Genossenschaft deutscher Bühnenangehöriger gegründet.

Emanzipation des Schauspielerberufs

Genossenschaftsgründung

12.2 Die Technik realistischer Dramatik

Im Gattungssystem des Realismus nimmt das Drama eine ambivalente Stellung ein – genauer: eine Stellung, die für das Verhältnis der Epoche zur Literatur im engeren Sinne, also zu einer Literatur, die sich nicht auf pragmatische Zielsetzungen hin reduzieren lässt, signifikant ist. Wurden die erzählenden Genres, insbesondere der Roman, darauf verpflichtet, den tätigen Bürger als Repräsentanten und Vorbild seiner Zeit vorzuführen (→ KAPITEL 10), ließ sich weder die lyrische noch die dramatische Kunst so ohne Weiteres für außerliterarische Zwecke funktionalisieren, ohne damit Gefahr zu laufen, ihr ambitioniertes Poesie-Verständnis preiszugeben. Vom Roman verlangte

Stellung des Dramas

man nicht, dass er ‚große Kunst' zu sein habe. Populärer Lyrik oder Dramatik hingegen begegnete man mit Misstrauen, weil man dahinter ein auf bloßen Konsum und das Unterhaltungsbedürfnis eines breiten Publikums ausgerichtetes Kunstverständnis vermutete: zum einen bezogen auf lyrische Massenproduktion nach stereotypen Mustern, vielfach nachgeahmt von höheren Töchtern und in Männergesangsvereinen (→ KAPITEL 6), zum anderen bezogen auf das Possen- und Operettentheater, das nach der Einführung der Gewerbefreiheit 1869/71 im ganzen Land Hochkonjunktur hatte.

Das Drama als „höchste Kunstform"

In der Ästhetik der Zeit galt das Drama nicht nur als „die höchste Kunstform" (Robert Prutz 1851 in: Bucher 1981b, Bd. 2, S. 424), sondern es erhielt sogar den Rang einer sakralen Liturgie, wenn es wieder zu dem werden sollte, „was die Bühne in ihrem Beginne war, ein Gottesdienst!" (Ludwig Eckardt 1858 in: Bucher 1981b, Bd. 2, S. 430) – das ist die eine Seite. Auf der anderen Seite liest man in den zeitgenössischen Schriften zum Thema regelmäßig die Diagnose, die gegenwärtige Theaterlandschaft befinde sich in einem uneingeschränkt schlechten Zustand, sei also aus unterschiedlichen Gründen gar nicht in der Lage, die ästhetischen Vorgaben einzulösen. Man gewinnt den Eindruck, die gattungspoetologische Vorrangstellung des Dramas wurde schon allein deshalb behauptet, um dadurch umso effektiver zeitkritische Positionen beziehen und entfalten zu können. Ein politisch enttäuschter Publizist wie Robert Prutz, als Dramaturg, Literarhistoriker und Dichter zugleich ‚vom Fach', sah für eine „Dichtungsart, deren ganzes Wesen die Handlung ist", in der Phase der Reaktionszeit nach 1848 kaum Entfaltungsspielraum. Der „zerfahrene[n]", „zerflatternde[n]" Gegenwart liege die episodische Struktur des Romans näher als der kompakte sowie stringente Aufbau des Dramas. Sollte zugleich verhindert werden, dass das Drama nochmals, wie in den revolutionär bewegten 1830er- und 1840er-Jahren, für außerliterarische Zwecke funktionalisiert wurde, galt es, die Autonomie dieser literarischen Form zu reflektieren und zu betonen. Das Drama „darf", ja „soll sich wieder Selbstzweck" sein, so Prutz (Prutz 1854 in: Bucher 1981b, Bd. 2, S. 425f.).

Der schlechte Zustand des zeitgenössischen Dramas

Prutz' Position ist für die Ausbildung einer realistischen Dramaturgie und Poetologie in zweierlei Hinsicht signifikant: Sie macht deutlich, dass die (auf den ersten Blick irritierenden, der Sache nach aber offensichtlichen) Anleihen des Realismus an der ästhetischen Theorie und literarischen Praxis der Jahrhundertwende (→ ASB TAUSCH) zeitindiziert sind, sich also auf die politischen und sozialhistorischen Entwicklungen bis in die 1850er-Jahre beziehen. Die ausführliche Debatte der

Epoche, welche Anforderungen an (wirksame) Dramatik zu stellen seien, orientierte sich an den im Idealismus der Weimarer Klassik und der Romantik behandelten Leitfragen. Solange allerdings an eine Erneuerung der Kunst aus dem Geist der Autonomie noch nicht zu denken war, weil Dramenpraxis und Programm nur wenig übereinstimmten, war künstlerische Arbeit wenigstens als „Technik" zu pflegen und lebendig zu halten (Prutz 1854 in: Bucher 1981b, Bd. 2, S. 427).

Auffällig jedenfalls ist, dass der Begriff der „Technik" für die Dramentheorie des Realismus fundamentale Bedeutung hat, und zwar explizit *gegen* verbreitete Vorbehalte, „als sei das Wort ‚Technik' ein Verstoß gegen die hohe Würde der Poesie, als sei sie allein von allen Künsten die reine Himmelsgabe, an der kein irdischer Schweiß kleben dürfe", wie es 1858 in einem anonymen Beitrag über *Antike Dramenstoffe auf der deutschen Bühne* heißt (in: Bucher 1981b, Bd. 2, S. 453). Heute weitgehend vergessene Beispiele hierfür sind Wilhelm Henzens *Technik des modernen Dramas* (1878) oder Heinrich Bulthaupts *Dramaturgie der Classiker* (1882). Als ein bis heute prominentes Beispiel gilt Gustav Freytags Schrift *Die Technik des Dramas* (1863), die, bezogen auf das ‚hohe' Drama in der Tradition von Sophokles, Shakespeare, Lessing, Goethe und Schiller, „Handwerksregeln in anspruchsloser Form" an die Hand gab, also eine Art Schreibanleitung für die dramenpoetische Produktion zur Verfügung stellte (Freytag 1863, S. 505, 513).

Techniken dramatischer Produktion

Freytag fasste die gängigen Positionen zur Dramatik im hohen Stil (*stilus sublimis*) zusammen. Er skizzierte ein Dramenmodell, das als Drama der geschlossenen Form in der literaturwissenschaftlichen Gattungstheorie des 20. Jahrhunderts diskutiert und kanonisiert wurde (vgl. Klotz 1968). Die dramatische Handlung konzentriert sich auf einen „Ausschnitt" des gesamten Weltgeschehens, der auf eine Weise als in sich geschlossen und vollständig organisiert ist, dass er diese Gesamtheit im Kleinen abzubilden und so zu repräsentieren vermag („Ausschnitt als Ganzes"; Klotz 1968, S. 228).

Drama der geschlossenen Form

Der Idealtyp dieser Dramenform geht auf die Aristoteles-Rezeption seit der Frühen Neuzeit zurück: Sie leitete die meisten ihrer Forderungen aus der aristotelischen *Poetik* ab, allen voran die Forderung, die Einheit von Ort, Zeit und Handlung im Drama einzuhalten. Konkret bedeutete dies, auf Ortswechsel gänzlich zu verzichten, eine Handlungsdauer (erzählte Zeit) von 24 Stunden nicht zu überschreiten und eine einsträngige, klar nach Anfang, Mitte und Schluss gegliederte Handlung vorzustellen. Diese sogenannten Dreieinheiten gehören zu den zentralen Merkmalen geschlossener Dramatik seit der italienischen

Dreieinheiten

Übersetzung und Kommentierung der aristotelischen *Poetik* durch Lodovico Castelvetro (1570). Allerdings gehen nur die beiden letzten Forderungen tatsächlich auf Aristoteles zurück. Von einer Einheit des Ortes, die im 17. Jahrhundert für das französisch klassizistische Theater wichtig wurde (François Hédelin [d'Aubignac], *La Pratique du théâtre*, 1657) und über die deutsche Frühaufklärung (Gottsched, → D'APRILE/SIEBERS, KAPITEL 10) auch in die hiesige Dramaturgie und Dramenpraxis Eingang fand, ist bei Aristoteles nicht die Rede.

Wie schon an Freytags Gegenstandsbezug, dem „Drama hohen Stils" (Freytag 1863, S. 507), deutlich wird, legte sein Modell die rhetorische Forderung nach einem angemessenen Verhältnis von Darstellung und Darstellungsabsicht zugrunde (aptum-Gebot). Die Figuren (insbesondere ihre soziale Stellung), die Handlung und die Stillage des Dramas seien aufeinander abzustimmen: Die Handlung müsse „Wichtigkeit und Größe haben", so Freytag (Freytag 1863, S. 552). Für die Tragödie wird damit, vereinfacht gesagt, hochrangiges Personal vorgeschrieben, die Behandlung eines Gegenstands von allgemeinem (etwa staatspolitisch relevantem) Interesse sowie eine hohe Stillage. Für die Handlung in aristotelischer Tradition eignet sich eine Einteilung in drei oder (bevorzugt) fünf Akte/Aufzüge, die sich in jenem bekannten, auf Freytags Modell rekurrierenden Pyramidenschema veranschaulichen lässt (vgl. Freytag 1863, S. 590; Pfister 1988, S. 320): Der Exposition im ersten Akt (die alle zentralen Informationen für den weiteren Handlungsgang bereitstellt) folgt die steigende Handlung im zweiten Akt (griechisch *Epitasis*), die den Knoten schürzt und den Konflikt darstellt. Dieser Konflikt läuft im dritten Akt auf einen Höhe- und Wendepunkt des Dramas zu (griechisch *Peripetie*) bzw. entlädt sich dort gleichsam, um im vierten Akt, der fallenden Handlung, gegebenenfalls noch kurz verzögert durch retardierende Momente (die eine neuerliche Wendung in Aussicht stellen), zielsicher in die Katastrophe (Lösung) des fünften Akts zu münden. Im Finale wird der durch die Handlung erzeugte Konflikt endgültig gelöst, offene Fragen sind zu vermeiden.

Freytags Pyramidenschema

Die Akte des Dramas bilden einen Spannungsbogen, der zugleich die Relevanz jedes Handlungselements für die Einheit des Ganzen bezeichnet. Die einzelnen Teile einer kausal-linear (also motiviert) und final (also zielgerichtet und geschlossen) organisierten Handlung bestimmen sich allein über ihre Funktionalität für das Handlungsganze. ‚Eingespannt' zwischen ein vorhergehendes und ein nachfolgendes Handlungselement, können sie keine Selbstständigkeit erlangen; zugleich sind sie unverzichtbar, denn sie lassen sich nicht ersetzen oder

Funktionalität

verschieben. Nach Freytag muss der Dichter einen „rohen Stoff" so bearbeiten, dass dieser als „einheitliche[r] Zusammenhang von Ursache und Wirkung" verständlich wird. Die Kausalität der Handlungsfolge geht auf die freie Erfindung des Dichters zurück, der jenen „inneren Zusammenhang" erzeugt, der als „Idee des Dramas" augenscheinlich werden soll. Diesen Handlungsbegriff vorausgesetzt, liegt es nahe, dass der realistische Dramatiker die Gegebenheiten nicht einfach so abzubilden versucht, wie er diese etwa in der historiografischen Überlieferung vorfindet. Vielmehr verändert er die Stoffe nach Maßgabe seiner leitenden Aussageabsicht (Idealisierung). Mit Freytag: „Einen Stoff nach einer einheitlichen Idee künstlerisch umbilden heißt ihn idealisieren" (Freytag 1863, S. 515f., 522).

Kausalität

Idealisierung

Wenn die Darstellung einer geschlossenen Geschehensabfolge den Forderungen nach Wahrscheinlichkeit genügt, dann haben Freytag zufolge auch wunderbare Handlungselemente, die etwa vergangene Zeiten oder fremde Lokalitäten atmosphärisch erfahrbar machen, im Drama ihren Platz (vgl. Freytag 1863, S. 544, 551). Diesen Gestaltungsspielraum des Dramatikers nannte wiederum Otto Ludwig, selbst ein erfolgreicher Bühnenautor des literarischen Realismus, später die *Objektivität der dramatischen Dichtung* (1872). Sie wird erzeugt durch Elemente wie eine lückenlose Finalstruktur sowie durch eine der Vorstellungsdauer von wenigen Stunden angemessene Nachbildung der Wirklichkeit, die sich durch Transparenz und Plausibilität auszeichnet. Die „Breite des Daseins" steht dabei nicht im Fokus der Darstellung. Viel wichtiger sei es, Motive und Absichten so vorzuführen, dass diese der menschlichen Natur nicht zuwiderlaufen, ohne ihnen zugleich jede Interessantheit zu nehmen. Das allzu Offensichtliche, etwa die bloße Widergabe des alltäglichen Lebens, berge die Gefahr, die Zuschauer sehr schnell zu langweilen und zu ermüden. Demnach muss der Dramatiker die Kunst beherrschen, „zwischen der Wirklichkeit der Dinge und dem Wunsche des Menschen, wie sie sein möchten", zu vermitteln (Ludwig 1872 in: Plumpe 1997, S. 289).

Objektivität der
dramatischen
Dichtung

Dass sich die realistischen Dramaturgien seit den 1860er-Jahren zunehmend an klassizistischen Vorgaben orientierten, diese größtenteils revidierten und festschrieben, lässt sich als Versuch verstehen, die auf unterschiedlichen Bühnenformen wuchernde Gegenwartsdramatik von oben zu regulieren und in struktureller Hinsicht zu normieren. Zugleich machte die zeitgenössische Dramentheorie explizit, was auf den Bühnen bereits seit längerem praktiziert wurde: Die zwischen 1858 und 1870 erscheinenden Dramen verarbeiteten zu 80 % antike und mittelalterliche Stoffe in enger Bindung an formale Vorga-

Orientierung an
klassizistischen
Vorgaben

<small>Antike und mittelalterliche Stoffe</small>

ben wie diejenigen Gustav Freytags. Es dominierte eine Art akademischer Schema-Dichtung, für die Dramatiker wie Prinz Georg von Preußen, Paul Heyse und der Münchner Dichterkreis oder Albert Lindner stehen.

Freytags *Technik des Dramas* darf aber keinesfalls als plane Revision eines klassizistisch gewendeten Aristotelismus im Drama missverstanden werden. Dies erhellt ein Beitrag des Literarhistorikers Julian Schmidt aus dem Jahr 1857 über *Antike Versuche auf dem modernen Theater*: Die zeitgenössische Theaterlandschaft zeige entweder die kruden Seiten des Lebens, verwechsle also die Anforderungen an realistische Dramatik mit „Naturalismus", oder sie versuche sich an einem verwässerten Idealismus, indem sie sich auf die Nachahmung Schillers konzentriere. Dagegen verlange der programmatische Realismus ein Theater, das gegenwärtige Verhältnisse genau beobachte und charakterisiere, d. h. in ihren Zusammenhängen und übergeordneten Motiven darstelle (Schmidt 1857 in: Bucher 1981b, Bd. 2, S. 458). Als eine gute Möglichkeit hierfür galt beispielsweise das bürgerliche Drama in der Nachfolge Lessings, weil es die Forderungen nach Verarbeitung nationaler Stoffe mit den „realen Bedingungen der Geschichte und des Lebens" verbinde. Es stelle somit keinesfalls den „Abklatsch des Alltagslebens" aus, sondern konzentriere sich auf den „geistigen Gehalt des gegenwärtigen Lebens", betonte der Publizist Emil Müller-Samswegen in einer Arbeit über *Das bürgerliche Drama* (Müller-Samswegen 1858 in: Bucher 1981b, Bd. 2, S. 463, 465). Auf diese Weise werde das Alltägliche mit dem „sittlichen Gesetze der höheren Weltordnung" versöhnt – ein Leitgedanke des programmatischen Realismus, den der österreichische Schriftsteller Ferdinand Kürnberger bereits 1848 in einer Rezension von Hebbels *Maria Magdalena* formulierte (Kürnberger 1848 in: Bucher 1981b, Bd. 2, S. 466). Das soziale Drama hingegen lehnte der programmatische Realismus ab. Es tendiert zur offenen Form, weil es die Masse, deren „Bewegung" es darstellen möchte, auch auf die Bühne bringen muss – davon jedenfalls ging der Literatur- und Kunsthistoriker Hermann Hettner 1851 in Überlegungen über *Das moderne Drama* aus (Hettner 1851, zitiert nach Brauneck 1999, S. 134).

<small>Darstellung der Verhältnisse</small>

<small>Aktualität und überzeitliche Gültigkeit</small>

Eine politische Dramatik, die Kunst für tagesaktuelle Zwecke funktionalisiert, stand demnach nicht hoch im Kurs. 1853 wandte sich der Autor und Kritiker Rudolf Gottschall in *Über die dramatische Diktion* zum einen gegen Versuche, über die Mimesis der Alltagsrede eine Art Naturwahrheit in Kunst zu überführen. Das Ergebnis sei keine lebendige (deutende) Dramatik, sondern prosaische Stenografie. Zum anderen lehnte Gottschall eine Form der Tagespoesie ab, die sich nicht für Fragen einer geläuterten Wirklichkeitsdarstellung interessierte, sondern die lediglich die journalistischen Debatten fortsetzte und den „löschpapierene[n] Zeitungsstil" dieser Organe für dramenfähig hielt (Gottschall 1853 in: Plumpe 1997, S. 282, 284). Zentral an dieser Position ist die Abwehr rein zeitgebundenen und zugleich formelhaften Sprechens, die sich in den poetologischen Schriften der zweiten Jahrhunderthälfte bis hin zu Nietzsches Bildungs- bzw. Kulturkritik findet und die mit dem Schlagwort ‚Kampf gegen die Phrase' auf den Punkt gebracht werden kann.

Kritik an der Phrase

An Gottschalls Konzept lässt sich sehr genau erkennen, welche Konsequenzen sich aus dem programmatischen Idealrealismus/Realidealismus der Zeit für die realistische Dramatik von ihren theoretischen Grundlagen und literarhistorischen Begründungen her ergaben. Zwar bestand die Aufgabe darin, die Naturwahrheit in der Kunst zu verallgemeinern, was notwendig mit Formen der Idealisierung und damit Überhöhung des Realen einherging. Allerdings erschien die bloße Reaktivierung klassizistischer Modelle dafür keineswegs geeignet. Anders und auf Gottschalls Thema der dramatischen Diktion bezogen gesagt: Dem Dramatiker des poetischen Realismus war es nicht verboten, profane Ausdrücke wie „Gabel" oder „Löffel" zu verwenden (Gottschall 1853 in: Plumpe 1997, S. 286). Wenn er allerdings auf den ersten Blick unwichtige Gesprächsgegenstände des alltäglichen Lebens verarbeitete, sollte es ihm gelingen, gerade an diesen Kleinigkeiten, die sonst wenig Beachtung finden, jene höhere Ordnung sichtbar werden zu lassen, die den Realismus in der Kunst (jedenfalls in programmatischer Hinsicht) rechtfertigte.

Gottschalls dramatische Diktion

Literaturgeschichtlich orientierte sich Gottschall an einem Leitautor der ersten Jahrhunderthälfte: an dem französischen Schriftsteller Victor Hugo, der die Wirklichkeit als Quelle für seine Poesie benutzt und dieser Wirklichkeit so weitere Ausdrucksformen und Sichtweisen hinzugefügt habe (Gottschall 1853 in: Plumpe 1997, S. 286). Der Dichter erhielt die Aufgabe, jene Realität zu bereichern und zu erneuern, auf die er sich in seinen Texten bezog. Diesen Mimesis-Begriff machte Hugo in der auch im deutschsprachigen Raum breit rezipierten Vorrede zu seinem historischen Drama *Cromwell* (1827/28) zum Programm einer Poesie der Zukunft. Zwar gilt die berühmte *Préface de Cromwell* als eine Art Manifest der französischen Romantik. Die zentralen Forderungen Hugos zeigen aber, dass das Schlagwort ‚romantische Literatur' in beiden Kulturkreisen insofern unterschiedliche Ansätze und Gegenstände bezeichnet, als die literarischen Bewegungen in beiden Ländern zeitversetzt verliefen – die deutschsprachige

Victor Hugo

literarische Romantik hatte ihren Höhepunkt in den ersten zwei Jahrzehnten des 19. Jahrhunderts.

Die französische Romantik nahm wichtige Grundsätze und Darstellungsinteressen aus Deutschland auf, entwickelte sie produktiv weiter und lieferte bereits in der ersten Jahrhunderthälfte die zentralen Stichwörter für die realistische Neuausrichtung der Dramatik im deutschsprachigen Raum: Victor Hugo nämlich erklärte „le réel" (die Wirklichkeit; Hugo 1932, S. 223) zu einem herausragenden Merkmal moderner Dramatik, wie es sich dem Publikum aus der gleichsam natürlichen und dennoch überraschenden Kombination von erhabenen Gegenständen und grotesker Gestaltung bzw. von grotesken Gegenständen und erhabener Gestaltung auf der Bühne darstellte. Die auf größtmögliche Wirksamkeit zielende Forderung nach Verknüpfung des Gegensätzlichen nahm damit jene Ausformung des realistischen Humors vorweg, die Wilhelm Buschs grotesk-komische Bildergeschichten in immer neuen Variationen gestalten sollten (→ KAPITEL 1.2). Die dramatisierten Ereignisse erscheinen Hugo zufolge „tour à tour bouffons et terribles, quelquefois terribles et bouffons tout ensemble" (abwechselnd skurril und schrecklich, manchmal schrecklich und skurril zugleich). So sei etwa ein Richter dazu in der Lage zu sagen: „,A la mort, et allons dîner!'" (Zum Schafott [mit ihm], und [dann] lasst uns essen!; Hugo 1932, S. 225). Dabei bilde das Drama die Wirklichkeit nicht fotografisch ab, also nicht absolut (vgl. Hugo 1932, S. 261). Sonst dürfte es dem Zuschauer nämlich „daguerreotypartig" „nicht die kleinste Warze" ersparen, so Gottschall in seiner Kritik am naturalistischen Detailrealismus, und müsste „die spießbürgerliche Gemüthlichkeit des häuslichen Zusammenlebens durch Gespräche über die Tintenflecke an den Händen der Kinder" zum Ausdruck bringen (Gottschall 1858 in: Bucher 1981b, Bd. 2, S. 113). Um nicht Langeweile, sondern Interesse am Bühnengeschehen hervorzurufen, habe das Drama die Wirklichkeit in ihren unterschiedlichen Facetten zu gestalten und dadurch die Einheit des auf den ersten Blick heterogenen Ganzen zu veranschaulichen (vgl. Hugo 1932, S. 238). Diese Gestaltungsvorgabe konnte aber nur gelingen – wie das der programmatische Realismus von Julian Schmidt bis Theodor Fontane später bestätigte –, wenn das historisch Überlieferte oder das je aktuell Gegebene in der dramatischen Bearbeitung idealisiert wurde (→ KAPITEL 1.1).

Hugo zufolge sammelt und verdichtet das Drama das Geschehen und übernimmt so, mehr noch als jede andere literarische Gattung, die Funktion, die Lücken der historiografischen Überlieferung zu schließen. Indem es erfindet und damit dem, was gewesen ist, etwas hinzufügt, verlebendigt es das Geschehene nicht nur und führt dem zeitgenössischen Zuschauer dessen überzeitliche Aktualität eindringlich vor Augen. Es korrigiert darüber hinaus die parteilichen, fehlerhaften und entstellenden Überlieferungen der Geschichtsschreiber. Historische Dramatik dieser Ausprägung erhebt keinen geringeren Anspruch als denjenigen, sich von der professionellen Historiografie der Jahrhunderte durch die höhere Objektivität der Darstellung zu unterscheiden. Für den olympischen Blick auf die Welt (→ KAPITEL 1.3), auf das „von der Vorsehung gelenkte Spiel der Fäden", an denen die „menschlichen Marionetten" aufgezogen seien (Hugo 1932, S. 262f., 264), eignet sich das Drama demnach in besonderer Weise.

Die Grenzen dieses Programms zu den Forderungen des poetischen Realismus der 1850er- bis 1880er-Jahre in Deutschland sind fließend: Noch in seiner 1888 erschienenen *Poetik*, einem der im letzten Jahrhundertdrittel meistgelesenen Standardwerke der Literaturtheorie, forderte Rudolf Gottschall die Förderung und Professionalisierung der Geschichtsdramatik aus nationalpolitischem Interesse. Tatsächlich beschreibt er damit den Status quo der zeitgenössischen Bühnenlandschaft, auf der das historische Drama Konjunktur hatte: mit Albert Lindners *Die Bluthochzeit oder Die Bartholomäusnacht* (1871), Paul Heyses *Graf Königsmarck* (1877), Adolf von Wilbrandts *Arria und Messalina* (1874), oder Ernst von Wildenbruchs *Die Karolinger* (1882) – um nur wenige Beispiele zu nennen. Unabhängig davon, dass die Erfolgsstücke der zeitgenössischen Bühnen in heutigen Literaturgeschichten kaum mehr eine Rolle spielen, ist der (deutsche) literarische Realismus dem ausgehend von Hugo skizzierten Programm in Theorie und Praxis weitgehend gefolgt. Die auf historische Genauigkeit ausgerichtete Dramaturgie der Meininger Bühne, die sich sehr erfolgreich für eine Veröffentlichung historisch-realistischer Dramatik einsetzte, kann als eines der besten Beispiele hierfür gelten.

<small>Historiendrama</small>

Fragen und Anregungen

- Wie verhält sich realistische Dramatik zu romantisch-dramatischen Experimenten der ‚Bühne im Kopf'?

- Rekapitulieren Sie die fünf genannten zeitgenössischen Regie- bzw. Theaterkonzepte und grenzen Sie diese voneinander ab.

- Erläutern Sie die Bedeutung des Begriffs der ‚Technik' für die realistische Dramentheorie.

- Skizzieren Sie das Pyramidenschema Gustav Freytags.
- Worin bestehen die Vorzüge des Historiendramas für den Realismus?

Lektüreempfehlungen

Quellen
- **Gustav Freytag: Die Technik des Dramas** [1863], in: ders., Dramatische Werke. Technik des Dramas, Leipzig o. J., S. 503–762 [insbesondere die Widmung sowie die Kap. 1.5, 2.1, 2.2, 2.5].

- **Gerhard Plumpe (Hg.): Theorie des bürgerlichen Realismus.** *Eine Textsammlung.* Bibliographisch ergänzte Ausgabe, Stuttgart 1997 (darin S. 269–290; Auszüge aus Kap. VII: *Gattungsdiskussionen*, zeitgenössische Stellungnahmen zur Theorie des Dramas enthaltend).

Forschung
- **Manfred Brauneck: Neue Tendenzen im Drama zwischen Revolution (1848/49) und Naturalismus**, in: ders., Die Welt als Bühne. Geschichte des europäischen Theaters. Dritter Band, Stuttgart/Weimar 1999, S. 133–144. *Das gut illustrierte Kapitel gibt Einblick in die Dramentheorie und die dramatische Produktion des Realismus; für deren theatergeschichtliche Kontextualisierung unverzichtbar.*

- **Edward McInnes: Drama und Theater**, in: Bürgerlicher Realismus und Gründerzeit 1848–1890, hg. v. Edward McInnes und Gerhard Plumpe, München/Wien 1996, S. 343–393. *Der Beitrag bietet einen ausgezeichneten dramengeschichtlichen Überblick.*

- **Manfred Pfister: Das Drama. Theorie und Analyse**, durchgesehene und ergänzte Auflage, München 1988 (erste Auflage 1977, elfte Auflage 2001). *Standardwerk zur Dramenanalyse.*

- **Helmut Schanze: Drama im Bürgerlichen Realismus (1850–1890). Theorie und Praxis**, Frankfurt a. M. 1973. *Noch immer höchst lehrreiches, übersichtlich gegliedertes Grundlagenwerk.*

13 Tragödie und Komödie

Abbildung 15: Gustav Freytag: *Die Journalisten:* Der liberale Redakteur Bolz gewinnt Wahlmann Piepenbrink, Szenenbild einer Berliner Aufführung (1853)

TRAGÖDIE UND KOMÖDIE

Die Illustration bildet eine Schlüsselszene aus Gustav Freytags Lustspiel „Die Journalisten" (1852/54) ab, von dem die Leipziger „Illustrirte Zeitung" schrieb, es sei „bei allen bisherigen Aufführungen übrigens von eclatantem Erfolge gewesen" (R. G. 1853, S. 330): Konrad Bolz (zweiter von links), der Redakteur der liberalen Zeitung „Union", hat sich Zutritt zu einem Fest der konservativen Gegenpartei verschafft, um deren sicher geglaubten Wahlmann, den Weinhändler Piepenbrink (rechts neben Bolz), sowie dessen Gefolgschaft für den liberalen Kandidaten Oldendorf zu gewinnen. Der Coup gelingt. Allerdings nicht durch politische Überzeugungskraft („BOLZ. Seine politischen Ansichten kümmern mich hier nicht"; Freytag o. J., S. 74), sondern mittels einer abenteuerlichen Rettungsgeschichte, die dem Kandidaten Oldendorf genau das gibt, was ihm bisher gegenüber seinem konservativen Gegenkandidaten Oberst Berg gefehlt hatte und was für den Wahlmann Piepenbrink von großer Bedeutung ist: eine über das politische Geschäft erhabene bürgerliche Reputation. Im Zuge des heiter-verschlagenen Intrigenspiels werden zwei zeitaktuelle Themen verhandelt, die im Stück durchgängig miteinander verknüpft und aufeinander bezogen werden: die parteipolitische Gebundenheit der Presse und das Verhältnis von Öffentlichem und Privatem.

Den Erfolg von Freytags Komödie *Die Journalisten* erklärt die Leipziger *Illustrirte Zeitung* damit, dass im Stück gerade nicht „die unserer Zeit eigenthümlichen Principienfragen" dargestellt würden und „die Motive der Handlung" ausmachten. Auch die „tiefen sittlichen Conflicte des Menschenlebens im Allgemeinen" spielten keine Rolle für das Lustspiel, und so könne sich das Publikum einen ganzen unterhaltsamen Theaterabend lang der „behaglichen Zuversicht" hingeben, dass ihm keinerlei Fragen oder Problemstellungen vorgesetzt würden, die der Autor dann nicht auch in jeder Hinsicht „befriedigend oder ergötzend zu lösen oder zu beseitigen wisse" (R. G. 1853, S. 330). Die Erwartungshaltung der zeitgenössischen Zuschauer wurde somit glänzend bedient. Dagegen erhielt Friedrich Hebbels (gleichwohl erfolgreiche) Tragödie *Agnes Bernauer* (1852/55) keine ausschließlich positive Presse. Das mag gerade jenen „Principienfragen" und „tiefen sittlichen Conflicte[n]" zuzuschreiben sein, auf deren Darstellung Hebbel vor allem zielte.

13.1 Tragödie: Hebbels *Agnes Bernauer*
13.2 Komödie: Freytags *Die Journalisten*

13.1 Tragödie: Hebbels *Agnes Bernauer*

Auf die gesellschaftlichen und politischen Veränderungen in den deutschen Territorien nach 1848 reagierte die zeitgenössische Dramen- und Theaterlandschaft mit einem Rückzug ins Unpolitische: Erfolgsautoren wie Albert Emil Brachvogel kamen in den 1850er- und 1860er-Jahren dem Bedürfnis des Publikums nach einem Rückzug in die halbprivate Sphäre der bürgerlichen Öffentlichkeit entgegen. In den 1870er- und 1880er-Jahren arbeitete das bildungsbürgerliche Repräsentationstheater an einer Kanonisierung der Klassiker oder beförderte deren Nachahmer (wie Ernst von Wildenbruch). Damit trug es eher zur Stabilisierung der Verhältnisse seit der Reichsgründung bei als diese zu kommentieren oder gar zu verbessern. In dramaturgischer Hinsicht rückten die hohen Erwartungen an ein prinzipiell unterhaltsames Genre die Frage der Bühnentauglichkeit der Stücke in den Vordergrund. In programmatischer Hinsicht übernahmen die Bühnen, indem sie die deutsche Geschichte oder den Alltag der Menschen eindringlich vor Augen führten, eine nationale Aufgabe.

Das bürgerliche Ruhebedürfnis

Kanonisierung

Wie die Autoren der Zeit auf diese besonderen Herausforderungen an emotionaler Teilhabe und (national-)politischer Wirksamkeit reagierten, soll an zwei signifikanten Beispielen gezeigt werden: *Die Journalisten*, ein 1852 uraufgeführtes, 1854 publiziertes Lustspiel des liberalen Publizisten Gustav Freytag, lotet mit einer den zeitgenössischen Parteienstreit entlarvenden Milieustudie das gesellschaftspolitische Niveau realistischer Dramatik aus. Hebbels Tragödie *Agnes Bernauer* (uraufgeführt 1852, Buchpublikation 1855) verarbeitet einen historischen Stoff und zeigt – in gut realistischer Manier – am Fall der gleichnamigen Augsburger Baderstochter dessen überzeitliche Bedeutung auf. Beide Stücke fanden bei Theatern und Publikum der zweiten Jahrhunderthälfte zumeist positive Aufnahme.

Beispielstudien

Die Tragödien des österreichischen Autors Friedrich Hebbel gehören zu den wichtigsten künstlerischen Ereignissen der deutschsprachigen Dramatik zwischen 1850 und 1890. Hebbels Eigenständigkeit sichert ihm (wie kaum einem anderen Dramatiker des Realismus) bis heute einen herausragenden Platz in der Geschichte der deutschen Literatur. Mit *Agnes Bernauer* ging Hebbel mit den zeitgenössischen Erwartungen an hochrangige Dramatik in zweierlei Hinsicht konform: zum einen bezogen auf die ‚klassischen' Vorgaben für Aufbau und Spannungsbogen, zum anderen bezogen auf das nationalpolitische Interesse an der Behandlung historischer Themen (→ KAPITEL 12.2). Die Uraufführung des Stücks am 25. Mai 1852

Agnes Bernauer

unter Franz von Dingelstedt in München (→ KAPITEL 12.1) wurde ein großer Erfolg.

Dass sich insbesondere diese literarische Gattung dazu eignet, Geschichte in eindringlicher Weise zu verlebendigen, bestätigte Hebbel bereits im programmatischen „Vorwort" zu seinem „bürgerlichen Trauerspiel" *Maria Magdalena* (1844). Hebbel wies dem Drama dort die „weltgeschichtliche Aufgabe" zu, „zwischen der Idee und dem Welt- und Menschenzustand" zu vermitteln; er betrachtete es als „höchste Geschichtschreibung" (Hebbel 1994, S. 21f.) Tagesaktuelle Fragen interessierten Hebbel dabei nicht oder jedenfalls nicht um ihrer selbst willen. Vielmehr musste darüber immer die „Bewegung der Menschheit im allgemeinen" in den Blick kommen (Hebbel 1994, S. 15). Hebbels Geschichtsbild zufolge vermag sich niemand der historischen Entwicklung, die von gleichsam mythischer Kraft ist, zu entziehen. Anders gesagt: Der/die einzelne ist niemals Herr/Herrin der Geschichte – ob er/sie nun ein Herzog ist oder die Tochter eines einfachen Baders, eines Arztes für die kleinen Leute, ohne medizinisch-akademische Ausbildung.

Vorwort zu Maria Magdalena

Das Drama als Form der Geschichtsschreibung

Den tragenden Konflikt der Tragödie motiviert das Motiv der Mésalliance, der nicht standesgemäßen Verbindung Albrechts (III.) von Bayern, Sohn des regierenden Herzogs Ernst, mit Agnes Bernauer aus Augsburg. Der Herzog akzeptierte die heimliche Eheschließung der beiden 1432 nicht; 1435 ließ er die Schwiegertochter in der Donau ertränken. Das Beziehungsdrama entwickelt sich bei Hebbel regelgerecht in fünf Aufzügen, deren Geschlossenheit Gustav Freytags Tragödien-Modell zu Teilen vorwegnimmt (vgl. Ritzer 1997, S. 281f.; → KAPITEL 12.2). Die Exposition des ersten Akts führt in die beginnende Liebe zwischen Albrecht und Agnes ein. Diese wird begründet mit der sowohl physischen als auch charakterlichen Einzigartigkeit des Mädchens, das von Ihresgleichen ausgegrenzt wird, also auch in seinem kleinbürgerlich-städtischen Lebensumfeld nicht eigentlich zu Hause sein darf. In der steigenden Handlung des zweiten Akts entfaltet sich der Konflikt zwischen staatspolitischen Interessen und individueller Neigung, der – von beiden Seiten – durch genealogische und ständische Vorbehalte gestützt wird. Albrecht dagegen lehnt die naturgegebene Vorrangstellung der gesellschaftlichen Eliten ab. Anstelle eines Geburts- vertritt er das Ideal eines Gesinnungsadels. Seine aufrichtige (also nicht bloß galante) Werbung überzeugt Agnes und ihren Vater.

Pflicht versus Neigung

Geburts- versus Gesinnungsadel

Den Höhepunkt des dritten Akts bildet die Begegnung und folgerichtige Entzweiung von Vater und Sohn (III. 13). In den vorherigen Szenen dieses Akts war Herzog Ernst als eine dem religiösen Weltbild der Zeit verpflichtete Person vorgestellt worden, die eigene Bedürfnisse den Interessen der Familie und deren Machterhalt unterordnet; diese Opferbereitschaft setzt Ernst bei seinem Sohn voraus. Weil sich Albrecht aber zu seiner (Lebens-)Entscheidung und damit zu seiner Gemahlin bekennt, bestimmt der Herzog seinen Neffen Adolph zum Erben. Die fallende Handlung des vierten Akts setzt dreieinhalb Jahre später ein – nicht die Einheit der Zeit oder des Ortes kennzeichnen die Geschlossenheit des Stücks, sondern die Einheit der Handlung. Agnes ahnt ihren drohenden Tod voraus. Dass dieser noch zu verhindern sei, wird in retardierenden Momenten angedeutet; schließlich gelingt es dem Herzog, Agnes gefangen zu nehmen. Im fünften Akt kommt es dann zur Lösung des Konflikts – auf unterschiedlichen Ebenen: Zum einen verweigert Agnes das Angebot, ihren Ehemann aufzugeben; sie wird hingerichtet. Zum anderen bleibt Albrecht seiner Liebe zu Agnes treu, kann sich der Herzogswürde letztendlich aber nicht entziehen. Er tritt die Nachfolge seines Vaters an. Einheit der Handlung

Lösung des Konflikts

In vielem erinnert Albrecht an einen seiner wichtigsten literarischen Vorgänger, an Ferdinand von Walter aus Schillers „bürgerlichem Trauerspiel" *Kabale und Liebe* (1784), allerdings mit mindestens einem gewichtigen Unterschied: Albrecht jagt nicht wie Ferdinand einer ebenso idealistischen wie egozentrischen Liebesutopie nach, die sich zudem von geringfügigen Ereignissen erschüttern lässt. Im Vergleich damit handelt Albrecht nachgerade pragmatisch. Er überzeugt sich von der Redlichkeit der jungen Frau sowie von der Lauterkeit ihrer Gefühle, leitet daraus eine höhere Fügung der Zusammenhänge ab und entscheidet sich endgültig für die Geliebte, ohne diesem Entschluss je wieder untreu zu werden: „Mädchen, ich kenne jetzt dein Herz, her zu mir, (*er drückt sie an sich*), so, nun hast du alles getan, das übrige ist meine Sache!" (II. 9; Hebbel 1964, S. 36). Hebbels Figur Albrecht von Bayern wendet Schillers Sturm- und Drang-Helden Ferdinand ins Programmatisch-Realistische. Die Figur des Albrecht

Dass an verschiedenen Stellen auf die Unausweichlichkeit des Handelns der einzelnen Personen (gegebenenfalls wider besseres Wissen und gegen die eigene Neigung) hingewiesen wird, gehört zum Konzept. Auch die geschlossene Komposition des Textes wird davon bestimmt, die spannungsvolle Verbindung einzelner Szenen: In der letzten Szene des zweiten Akts etwa hat Vater Caspar Bernauer das letzte Wort; er segnet seinen künftigen Schwiegersohn Albrecht (II. 10). Dem korrespondiert die Folgeszene (III. 1), die Vater Herzog Ernst das erste Wort zuerkennt. Eindringlich führt der Text dem Zuschauer in diesen Reden vor Augen, dass beide Väter keine Wahl ha- Notwendigkeit ben. Sie müssen genau so urteilen und handeln, wie sie es im Drama tun – der Bader folgt „Gottes Gebot" (Hebbel 1964, S. 37), der Herzog dem Gebot des genealogisch gesicherten Machterhalts (vgl. Hebbel 1964, S. 37f.).

Vor diesem Hintergrund ist auch die in Hebbels Tragödie verhandelte Schuldfrage zu sehen. Agnes wird zum Tode verurteilt. Ihr wird vorgeworfen, die „Ordnung der Welt gestört, Vater und Sohn entzweit, dem Volk seinen Fürsten entfremdet" zu haben. Doch in der Urteilsbegründung selbst wird explizit nicht mehr „nach Schuld und Unschuld" gefragt, sondern „nur noch nach Ursach und Wirkung" und damit nach der nicht standesgemäßen Heirat, die den Machterhalt der Wittelsbacher Linie Ernsts gefährdet. Dennoch kann Agnes ihren Mann nicht einfach aufgeben, sie „kann's und darf's nicht", wie sie selbst an dieser Stelle betont (V. 2; Hebbel 1964, S. 76).

Ablösung der Schuldfrage

Warum? Zum einen hat sie sich ihm versprochen. Dies zurückzunehmen würde für sie bedeuten, die Liebe selbst zu verraten: „[...] und er müßte erröten, mich je geliebt zu haben" (V. 2; Hebbel 1964, S. 77). Zum anderen ist die Ehe sakramental besiegelt worden und kann deshalb nicht geschieden werden. Das Verhältnis ist demnach sowohl in bürgerlicher als auch in religiös-kirchenrechtlicher Hinsicht unkündbar. Allein der Tod einer der beiden Partner kann die Verbindung lösen. Da aber Selbstmord als Todsünde für Agnes nicht infrage kommt, bleibt nur der Mord.

Herzog Ernst

Diese spezifische Handlungslogik ist für die Beurteilung der Figur Ernsts zu berücksichtigen. Ein Gespräch des Herzogs mit Kanzler Hans von Preising in der vierten Szene des vierten Akts deckt seine Beweggründe auf. Erstens fürchtet Ernst den durch die unterbrochene Erbfolge drohenden Bürgerkrieg: „Es ist ein Unglück für sie und kein Glück für mich, aber im Namen der Witwen und Waisen, die der Krieg machen würde [...]: Agnes Bernauer, fahr hin!" (IV. 4; Hebbel 1964, S. 63) Zweitens ist Ernst das Sakrament der Ehe „heilig". Eine zweite Verehelichung Albrechts zu Lebzeiten der ersten Gemahlin (die man etwa aus der Welt entfernen könnte) ist deshalb nicht zulässig. Kurz: „Hier hilft kein Kloster, nur der Tod!" (IV. 4; Hebbel 1964, S. 62)

Um seiner historischen Rolle zu genügen, ist Herzog Ernst sogar bereit, die Schuld einer schweren Sünde auf sich zu nehmen, die Ermordung Agnes', die er auf weltlich-rechtlicher Ebene wenigstens durch ein Todesurteil sanktioniert. Vom Finale des Dramas her gesehen setzt er sich mit dieser restaurativen Sicht auf die Dinge, in der Staatsräson vor Gefühl rangiert, gegen den Sohn durch. Dass die unbedingte Vorrangstellung staatlicher Interessen vor individuellen Bedürfnissen das Stück gerade während der NS-Zeit zwischen 1933 und 1945 auf die deutschen Bühnen brachte, verwundert nicht (vgl. Pörnbacher 1974, S. 113–118).

Zweifellos handelt es sich bei der Baderstochter um das unschuldige Opfer der Machtpolitik des Herzogs, und doch tritt Ernst, bezogen auf das tragische Potenzial der an beiden Figuren exemplifizierten Handlung, Agnes Bernauer durchaus gleichberechtigt zur Seite. An den Antipoden Agnes und Ernst führt Hebbel sein spezifisches Konzept des Tragischen vor, das die „Schuld" des Menschen nicht „von der Richtung des menschlichen Willens" abhängig sein lässt. Vielmehr kann sich niemand dieser Schuld entziehen, unabhängig davon, ob er sich „dem Guten oder dem Bösen" zuwendet, ob er sich und anderen schadet oder nützt (Hebbel 1965, S. 568). Am Agnes-Bernauer-Stoff faszinierte Hebbel insbesondere die ‚mythische' Unausweichlichkeit, mit der eine unschuldige „bloße Schönheit" „ohne irgendein Hinzutreten des Willens einen tragischen Conflict zu entzünden vermag", wie er 1863 schrieb (Hebbel 1999, S. 576).

_{Tragik}

Dass der Herzog Agnes' Hinrichtung betreibt, obwohl er ihre Haltung sowohl in sittlicher als auch in religiöser Hinsicht würdigt, stellt aus dieser Perspektive keinen Widerspruch dar, sondern kennzeichnet die Tragik der Figur. Für Ernst ist es geradezu „entsetzlich", dass Agnes „sterben soll, bloß weil sie schön und sittsam war" (IV. 4; Hebbel 1964, S. 61). Und für Agnes heißt das: Obwohl sie ihrer Ehrbarkeit und lauteren Absichten wegen vor der Welt gerechtfertigt ist, muss sie sterben. Sie verkörpert eine christlich begründete Liebesethik, die sich als leitendes Ehe-Modell im 19. Jahrhundert, ausgehend vom romantischen Konzept der „Liebe als Passion", zwar zunehmend durchgesetzt hat (Luhmann 1995), deren Überlegenheit gegenüber der höfischen Konvenienz-Ehe Hebbels Tragödie aber nicht bestätigt.

Auch die auf den ersten Blick überraschende Schlusswendung des Stücks fügt sich diesem konsequent auf allen Ebenen entwickelten Modell: Albrechts Vorhaben, den Vater auf jeden Fall zu ermorden und so den Tod der geliebten Frau zu rächen („Ich will, was ich noch kann!" V. 10; Hebbel 1964, S. 89), scheitert aus Notwendigkeit im Sinne Hebbels. In der letzten Szene des fünften Akts versucht Ernst, den Sohn mit Worten und Argumenten zur Umkehr zu bewegen. Doch Albrecht lässt sich davon nicht beeindrucken, geschweige denn überzeugen. Seine Übernahme der Macht – die *translatio imperii* – geschieht ohne seinen Willen, und zwar im Vollzug einer Handlung.

_{Finale: Albrecht wird Herzog}

TRAGÖDIE UND KOMÖDIE

Nebentext

Zu beachten ist an dieser Stelle der (in diesem Drama sonst recht unauffällige) Nebentext: Albrecht berührt „unwillkürlich" den vom Vater gereichten Herzogsstab, die Insignie der Herrschaft. Während er noch das Gegenteil behauptet, bestätigt er doch deren Legitimität und damit eine höhere, von ihm selbst nicht zu verhandelnde Gesetzmäßigkeit:

„ERNST (öffnet die Arme und schreitet ihm entgegen).
ALBRECHT (weicht zurück und zieht). Nein, nein! Die Hölle über mich, aber Blut für Blut!
ERNST. Halt! Erst nimm den da! (Er reicht ihm den Herzogsstab, den Albrecht unwillkürlich faßt.) Der macht dich zum Richter deines Vaters! Warum willst du sein Mörder werden!"
(V. 10; Hebbel 1964, S. 90)

Hohe Tragödie, kein soziales Drama

Obwohl Hebbels Drama mit dem Thema ‚Ständekonflikt in historischer Umbruchsituation' die Tradition des bürgerlichen Trauerspiels aufruft und wichtige Elemente dieses Genres verarbeitet, versteht es sich doch keinesfalls als ein soziales Drama und kommt auch hierin dem Zeitgeschmack und den poetologischen Forderungen an die Gattung Drama im Allgemeinen entgegen. Die Tragödie stellt sich hohen künstlerischen Ansprüchen; dem entspricht der dafür herangezogene (historische) Stoff ebenso wie die Komplexität des verhandelten Themas.

Dennoch fühlten sich schon Zeitgenossen wie der Herausgeber der Zeitschrift *Deutsches Museum*, Robert Prutz, nicht recht wohl bei dem Gedanken, dass in *Agnes Bernauer* die Rede von „Staatswohl und politischer Nothwendigkeit" auf eine derart kompromisslose Weise das „einfache natürliche Gefühl" ausblendete (Prutz 1855, zitiert nach Wütschke 1910, S. 214f.). ‚Leichte Kost' also bot Hebbel nicht an. Die dramatische Auseinandersetzung mit zeitlosen Wahrheiten zielte nicht in erster Linie auf die Unterhaltung des Publikums. Für diesen Zweck wurden auch im Zeitalter des Realismus Komödien geschrieben – wie Freytags Lustspiel *Die Journalisten*, das zudem als kulturhistorisches Dokument von Interesse ist.

13.2 Komödie: Freytags *Die Journalisten*

Gustav Freytags vieraktiges Lustspiel wurde am 8. Dezember 1852 in Breslau uraufgeführt. Eine weitere frühe Inszenierung gab Eduard Devrient in Karlsruhe (→ KAPITEL 12.1). In rascher Folge schlossen sich bis Mitte der 1850er-Jahre Aufführungen in Weimar, München, Oldenburg, Königsberg, Dresden, Wien, Berlin und Leipzig an. Bis in die erste Hälfte des 20. Jahrhunderts gehörte die Komödie mit Gotthold Ephraim Lessings *Minna von Barnhelm* (1767) und Heinrich von Kleists *Der zerbrochne Krug* (Uraufführung 1808, Buchausgabe 1811) zu den drei meistgespielten Stücken auf deutschsprachigen Bühnen. Freytag, der nach eigenen Angaben nur zwölf Wochen für die Niederschrift des Textes gebraucht haben soll, hat davon auch in finanzieller Hinsicht profitiert (vgl. Kreißig 1966).

Das Stück spielt in einer nicht näher benannten Stadt in der Provinz und verhandelt vordergründig eine Auseinandersetzung zwischen den lokalen Presseorganen, genauer zwischen der liberalen Zeitung *Union* und der konservativen *Coriolan*. Wie es für das Genre Komödie typisch ist, dominieren Intrigen die Handlung, die Figuren tragen teilweise sprechende Namen, in den Schlussszenen lösen sich alle Verwicklungen (von langer Hand geplant) auf, und es wird geheiratet. Professor Oldendorf, als Journalist der *Union* tätig, befindet sich im Wahlkampf: Er möchte Abgeordneter werden, und die konservative Seite versucht, dies mit allen Mitteln zu verhindern. Sie funktionalisiert Oberst Berg für ihre Zwecke, um dessen Tochter Ida der Professor wirbt, indem sie Berg dazu überredet, sich als Gegenkandidaten zu Oldendorf aufstellen zu lassen. In Reaktion darauf bemüht sich der liberale Redakteur Dr. Bolz darum, den Weinhändler Piepenbrink, bislang einer der wichtigsten Wahlmänner der Konservativen, für die liberale Sache zu gewinnen. Der Coup gelingt, die Liberalen erreichen eine knappe Stimmenmehrheit. Infolge dessen ist Berg jetzt aber umso weniger bereit, den Journalisten Oldendorf als Schwiegersohn zu akzeptieren. In dieser verfahrenen Situation – die zeigt, dass auch dieses scheinbar politische Stück in erster Linie Angelegenheiten des privaten Lebens verhandelt – ergreift Adelheid von Runeck, eine reiche Gutsbesitzerin, die Initiative. Heimlich kauft sie die liberale Zeitung auf. Da Oldendorf nach entsprechend gestreuten Gerüchten davon ausgehen muss, die *Union* werde fortan konservativ geführt, tritt er von seinem Posten zurück, und von Berg gibt seinen Widerstand gegen eine Eheschließung auf. Adelheid aber, die (ebenso heimlich) das Organ ihrer Jugendliebe Bolz überschrieben hatte, schenkt diesem ihr Ja-Wort. Das Stück endet mit der Ankündigung einer Doppelhochzeit.

Aufschlüsse über die personellen Konstellationen und die Thematik des Stücks gibt bereits das Personenverzeichnis: Seine hierarchische Ordnung bildet zunächst die gesellschaftliche Position im städtischen

Journalismus im Wahlkampf

Komödientypische Elemente

Inhalt

Personenverzeichnis

Umfeld ab, innerhalb dieser Kategorie wird nach Familienzugehörigkeit gereiht bzw. nach der Bedeutung einer Figur für die Handlung. An erster Stelle steht die gesellschaftliche Elite der Stadt („Oberst a. D. Berg / Ida, seine Tochter / Adelheid Runeck / Senden, Gutsbesitzer"); daran schließen sich die Mitarbeiter der liberalen Zeitung an (von „Professor Oldendorf, Redacteur der Zeitung *Union*" bis zu „Müller, Factotum") sowie die Mitarbeiter des konservativen Blatts („Blumenberg, Redacteur der Zeitung *Coriolan*", „Schmock, Mitarbeiter der Zeitung *Coriolan*"). Die stadtbürgerliche Öffentlichkeit folgt nach ihrer jeweiligen gesellschaftlichen Rolle (ausgehend vom „Weinhändler und Wahlmann" Piepenbrink und dessen Familie). Die Männer werden zumeist über ihren Beruf, ihr Amt oder ihre Tätigkeit bestimmt, die Frauen hingegen nach ihrer Zugehörigkeit zum jeweiligen Familienoberhaupt („seine Frau", „seine Tochter"); Außenseiter- oder Randpositionen lassen sich so ebenfalls markieren („Eine fremde Tänzerin"). Bereits das Personenverzeichnis bereitet auf die individuelle Zeichnung der Figuren „Konrad Bolz" und „Adelheid Runeck" im Text sowie auf deren Zusammengehörigkeit vor, da beide als einzige mit Vor- und Nachnamen benannt werden (Freytag o. J., [S. 3]).

<aside>Die stadtbürgerliche Gesellschaft</aside>

<aside>Rolle der Frau: Adelheid</aside>

Für die herausragende Rolle Adelheids im Stück sprechen schon hier mehrere Indizien: Adelheid erhält nach dem Oberst sowie als einzige Frau die zweite eigenständige Position in der Gesellschaft zugewiesen. Und tatsächlich kann das Stück nur deshalb funktionieren, weil sie eine Sonderrolle innerhalb des bürgerlichen Rechtsraums innehat. Nach dem Tod ihres Vaters ist Adelheid, da nicht länger einem Mann untergeordnet, mündig geworden, kann also frei entscheiden und auch über ihr Vermögen verfügen: Sie erwirbt die *Union* und löst so den ‚Knoten' des Konflikts. Erst durch ihre Heirat wird sie diese Selbstständigkeit verlieren, und so ist es nur konsequent, dass sie ihrem zukünftigen Ehemann Bolz zuvor die Zeitung überlässt.

Gerade dieser Figur die wichtige dramaturgische Funktion der Intrigantin zuzuordnen, entsprach dem bürgerlichen Erwartungshorizont des zeitgenössischen Publikums an die ‚naturgegebene' Verfügungsgewalt des Familienvaters. Rechtsverantwortlich war die Frau des 19. Jahrhunderts allein als Ledige oder als Witwe; ein für sie erstrebenswerter Zustand ergab sich daraus aber ebenso wenig wie für Adelheid. Vielmehr lässt sich für die 1850er- und 1860er-Jahre beobachten, dass sich die Frauen vermehrt aus der Öffentlichkeit ins Privatleben zurückzogen, gespiegelt auch in der städtebaulichen Entwicklung, die familiäre Wohnorte und Arbeitsplätze zunehmend räumlich trennte. Die bürgerliche Hausherrin wurde zu einem Ideal der zweiten Jahrhunderthälfte (vgl. Perrot 1992, S. 99–152), und am Ende der Komödie ordnet Freytag auch die Figur der Adelheid diesem Ideal unter.

Dass nach der Enttäuschung von 1848 selbst einflussreiche und wahlberechtigte Mitglieder der stadtbürgerlichen Öffentlichkeit an Politik nicht mehr oder nur noch vermittelt interessiert waren (→ KAPITEL 2.1), karikiert die Komödie an der Figur des Weinhändlers Piepenbrink. Der liberale Parteigänger Bolz bringt diesen durch einige geschickte Schachzüge auf die eigene Linie. Er gewinnt ihn nicht etwa durch politische Argumente oder durch ein überzeugendes Programm. Vielmehr nutzt er die Gelegenheit eines geselligen Beisammenseins dazu aus, sich dem Weinhändler und seiner Familie vertraut zu machen. Er bedient den beruflichen Ehrgeiz Piepenbrinks ebenso wie seine private Eitelkeit, indem er einerseits als dem erfolgreichsten Weinhändler der Stadt schmeichelt, andererseits dessen Gemahlin umwirbt – dass diese für einen jüngeren Mann noch attraktiv zu sein scheint, ehrt auch ihren Gatten, der sich ganz begeistert darüber äußert (vgl. II.2, 16; Freytag o. J., S. 78).

Das unpolitische Bürgertum

Insbesondere aber erzählt Bolz eine Geschichte, die Oldendorfs menschliche Qualitäten herausstreicht und damit seine besondere bürgerliche Integrität, indem sie den liberalen Kandidaten als selbstlosen Lebensretter (der nur das Wohl Einzelner und des Gemeinwesens im Blick hat) neu erfindet. Weil Bolz die bürgerliche Mentalität kennt, macht er Politik ohne Politik. Nicht die „politischen Ansichten" Oldendorfs stehen zur Debatte, sondern seine bürgerlichen Tugenden:

Bürgerliche Mentalität

> „Aber was verlange ich von einem Deputierten? Daß er ein Mann ist; daß er ein warmes Herz hat und ein sicheres Urteil, und ohne Schwanken und Umherfragen weiß, was gut und recht ist; und daß er auch die Kraft hat zu tun, was er für recht erkennt, ohne Zaudern, ohne Bedenken." (Freytag o. J., S. 74)

Wie sich das Bürgertum über gemeinsame kulturelle Wertmuster definierte und nicht über den Stand (vgl. Riehl 1851; → KAPITEL 2.1), so lässt sich auch in Freytags Stück der Bürger nicht eigentlich mit parteipolitischen Argumenten gewinnen, sondern folgt – ohne den privaten Innenraum der Familie dafür zu verlassen – einer Vorbildfigur, die aufgrund ihrer individuellen Leistung und ihres Arbeitsethos überzeugt.

Bürgerliches Ethos

Darüber hinaus stellt Bildung für den Bürger ein hohes Gut dar (→ KAPITEL 5.2, 11.3): Die abschließende Verbrüderung von Bolz und

Piepenbrink steht unter einem Motto, das Anleihen bei Schillers *Don Carlos* (1787) nimmt und mit Shakespeares *Romeo und Julia* (1597) kombiniert. Das Pathos der Rede ist der Situation und der bürgerlichen Lebenswelt nicht angemessen, sondern erscheint völlig überzogen und erzeugt deshalb einen komischen Effekt: „So Hand in Hand mit dir, trotz' ich dem Capulet und seiner ganzen Sippschaft" (Freytag o. J., S. 80). Die gemeinsamen kulturellen Versatzstücke übernehmen auf diese Weise gemeinschaftsstiftende Funktionen – und lassen sich für eine interessengeleitete Intrige nutzen.

Redaktion der öffentlichen Meinung

Der Redakteur Bolz dient nicht der Politik, er macht Politik – oder genauer: Er ‚redigiert' „die öffentliche Meinung" (III. 16; Freytag o. J., S. 113). Dass sich dahinter keine bloß individuelle Eigentümlichkeit verbirgt, sondern eine systematische Rollenzuschreibung des Journalismus für die gesellschaftliche Öffentlichkeit und die Kommunikationsverhältnisse des 19. Jahrhunderts, zeigt die Figur des Juden Schmock. Dessen Name hat sich bis heute als Schimpfwort für einen ‚Winkeljournalisten' gehalten, der nur inhaltsleeres (‚verschmocktes') Geschwätz von sich gibt und sich an der herrschenden Meinung auszurichten pflegt.

In der Tat sucht Schmock in erster Linie den eigenen Vorteil; im Verlauf des Stücks wechselt er die Seiten, verlässt den *Coriolan* und verdingt sich bei der *Union*. Freytag ruft hier antisemitische Klischees auf, macht das Verhalten des Juden aber durchaus plausibel – ohne dass dieser dadurch zu einem Sympathieträger würde (vgl. Gubser 1998, S. 186). Schmock besteht auf der Würde seiner Person, wenn er beschließt, sich nicht länger von Blumenberg, dem Redakteur des konservativen Blatts, schikanieren zu lassen (I. 1, 3; Freytag o. J., S. 10). Zum Schluss gelingt es ihm sogar, dieses für ihn unredliche Gewerbe ganz aufzugeben (vgl. IV. 1, 3; Freytag o. J., S. 121f.).

Vorbehalte gegen den Journalismus

Schmocks Fähigkeiten qualifizieren weniger den stereotyp jüdischen Opportunisten als vielmehr den Journalisten, wie er im 19. Jahrhundert bis hin zu Friedrich Nietzsches Journalismus-Kritik in *Ueber die Zukunft unserer Bildungsanstalten* (1872) beschrieben wird. Er ist in der Lage, „in allen Richtungen zu schreiben", „links und wieder rechts" (II. 2, 10; Freytag o. J., S. 58). Lügen sind im Tagesgeschäft erlaubt, so das Stück, insbesondere dann, wenn noch Zeilen gefüllt werden müssen: „Bolz: Erfinde deine eigenen Geschichten, wozu bist du Journalist?" (I. 2, 9; Freytag o. J., S. 24). Die Bandbreite der in Zeitungen üblichen Rubrik *Vermischtes* („das Mannigfaltige") reichte demnach schon damals von „Wäsche vom Boden gestohlen – Drillinge geboren" über „Neuerfundene Lokomotive; die große Seeschlange gesehen" bis zu „wie ein Hamster sieben schlafende Kinder erbissen hat" (Freytag o.J., S. 23f.). Die Kehrseite dieser Arbeitsweise: Der Journalist muss sich den Anforderungen des Zeitgeschmacks unterwerfen und sich am Unterhaltungsbedürfnis der Leser orientieren („daß alles angenehm sein soll für die Leser"; IV. 1, 3; Freytag o.J., S. 120).

Auf einige wenige Punkte gebracht: *Zusammenfassung*

1. Der titelgebende Journalismus ist Gegenstand und Thema des Stücks. Wenn Bolz zur Erfindung von Sensationen anregt oder Schmock das Publikumsinteresse zum höchsten Maßstab erklärt, werden auf der Handlungs- und Programmebene die Vorbehalte der bürgerlichen Öffentlichkeit gegen den Tagesjournalismus bestätigt.
2. Während die Programmebene die Defizite des Journalismus zeigt, setzt sich die journalistische Tätigkeit im Textverlauf durch und stellt so ihre Überlegenheit gegenüber allen anderen Arbeitsfeldern unter Beweis. Dazu gehört neben Bolz' gelingender Intrige die akribische Recherche Adelheid von Runecks, die sich auf diesem Weg der (bürgerlichen) Integrität Bolz' versichert, um schließlich die *Union* aufzukaufen und Gattin eines Journalisten zu werden.
3. Im Kampf zwischen den politischen Parteien behauptet der Text den Journalismus als gesellschaftliche Triebkraft: Der Journalismus erzeugt Realitäten, indem er Fakten schafft und (beispielsweise) eine erfolgreiche Politik ermöglicht. Zugleich führt der Text das Potenzial des Journalismus in seiner Vermittlerrolle zwischen Politik und privatem Leben nicht nur vor. Vielmehr setzt er dieses Potenzial im Textverlauf allererst frei: Der Text behandelt die Wirksamkeit der journalistischen Arbeit (mit allen Gefahren des Missbrauchs) und erklärt sie zu einer Realität, schafft also seinerseits jene Fakten, als deren Beschreibung er sich dann versteht.

Fragen und Anregungen

- Inwiefern entsprach Friedrich Hebbels *Agnes Bernauer* den zeitgenössischen Erwartungen an hochrangige Dramatik?

- Im „Vorwort" zu *Maria Magdalena* bezeichnet Hebbel das Drama als „höchste Geschichtsschreibung". Wie löst *Agnes Bernauer* diesen Anspruch ein?

- Erörtern Sie an den Figuren Ernst und Agnes Hebbels Kategorie der Notwendigkeit.

- Welches Bild der bürgerlichen Gesellschaft vermittelt Gustav Freytags Lustspiel *Die Journalisten*?

- Diskutieren Sie am Beispiel von *Die Journalisten* die Rolle des Journalismus für das öffentliche Leben des 19. Jahrhunderts.

Lektüreempfehlungen

Quellen
- **Gustav Freytag: Die Journalisten. Lustspiel.** Mit einem Anhang „Erste Bühnenausgabe der Journalisten" von Friedrich Rosenthal, einem Nachwort von Georg Richard Kruse und einer Notenbeigabe, Leipzig o. J.

- **Friedrich Hebbel: Agnes Bernauer. Ein Deutsches Trauerspiel in fünf Aufzügen.** Mit einem Nachwort, Stuttgart 1964.

Forschung
- **Michelle Perrot / Anne Martin-Fugier: Die Akteure,** in: Geschichte des privaten Lebens, hg. v. Philippe Ariès und Georges Duby. Band 4, Frankfurt a. M. 1992, S. 95–309. *Materialreicher Beitrag zur Familie im Frankreich des 19. Jahrhunderts, aufgrund zahlreicher Parallelen und der von Deutschland ausgehenden ideengeschichtlichen Begründung (Kant, Hegel) auch für das hiesige Verhältnis von privatem und öffentlichem Leben – wie es in „Die Journalisten" gestaltet wird – von Interesse.*

- **Jörg Requate: Journalismus als Beruf. Entstehung und Entwicklung des Journalistenberufs im 19. Jahrhundert,** Göttingen 1995. *Unverzichtbares Handbuch zum Journalismus im 19. Jahrhundert.*

- **Monika Ritzer: Christian Friedrich Hebbel,** *Agnes Bernauer,* in: Dramen des 19. Jahrhunderts. Interpretationen, Stuttgart 1997, S. 253–285. *Der Standardbeitrag zu „Agnes Bernauer" informiert über Konzeption und Entstehung des Textes und gelangt über Hebbels Begriff der Notwendigkeit, über Zeitkritik, Geschichtsbild und Stil der Tragödie zu einer schlüssigen Gesamtdeutung.*

- **Robert Theel: Kommunikationsstörungen. Gustav Freytags Kritik an Parteipresse und Politikgeschäft in seinem Lustspiel *Die Journalisten* (1852),** in: Euphorion 90 (1996), H. 2, S. 185–205. *Der kenntnisreiche Beitrag ordnet Freytags Komödie in die Publizistikgeschichte des 19. Jahrhunderts ein.*

14 Epochenränder

Am 3. Feiertag.
„Wie war dein Geschäft zu Weihnachten, Justav?"
„„Na, ick kann nich klagen!""

Abbildung 16: Heinrich Zille: Fotografie (entstanden ca. 1910)
Abbildung 17: Heinrich Zille: Zeichnung nach eigener Vorlage (1914 veröffentlicht)

Die Fotografie zeigt eine typische Berliner Häuserfront des ausgehenden 19. Jahrhunderts: Der Durchgang rechts führt zu einer Holzkohlenhandlung im Hinterhof; im Souterrain hat sich ein Beerdigungsinstitut angesiedelt; links daneben führen Stufen in eine Schankwirtschaft im Hochparterre. Die Hauswand wirkt wie zugekleistert mit vielen Werbeschildern, die auf die unterschiedlichen Dienstleistungsangebote hinweisen. Die Zeichnung greift die Elemente des fotografischen Bildes en détail wieder auf: Sichtbar ist jetzt auch der Name des Lokals: „Zur Urbock Quelle". Wie in diesem Beispiel hat der wohl bedeutendste Künstler „naturalistische[r] Zeichenkunst", Heinrich Zille, für seine Milieustudien auch sonst gern nach eigenen Fotografien gearbeitet (Schmähling 1999, S. 11). Die künstlerische Verarbeitung fügte der Realität durchaus weitere Details hinzu: Im Torbogen unterhält sich ein mondän gekleidetes Paar, und der Gastwirt befragt den Beerdigungsunternehmer (wie man der Bildunterschrift entnehmen kann) nach dem Weihnachtsgeschäft. Um ,Verklärung' der Realität wie im Realismus ging es der naturalistischen Wirklichkeitsdarstellung demnach gerade nicht. Vielmehr veranschaulicht der zynische Dialog die bedrängende Seite des städtischen Lebens sowie den besonderen Humor der Berliner.

War der programmatische Realismus in den 1850er-Jahren davon ausgegangen, Kunst habe die Wirklichkeit so abzubilden, wie diese sein sollte, so verlangten die Naturalisten der 1880er-Jahre von einer realistischen Wirklichkeitsabbildung, das „Leben" so zu „schildern", „wie es ist" (Bölsche 1887 in: Meyer 1997, S. 134). Allerdings waren sich auch die Theoretiker des Naturalismus darüber im Klaren, dass die besonderen Fertigkeiten des Künstlers und die angewendeten Darstellungsmittel Abweichungen von der beobachteten Realität unumgänglich machten. Wie der programmatische Realismus mit zentralen Kategorien der vorausgegangenen romantischen Literaturtheorie arbeitete, so sind auch seine Übergänge hin zum Naturalismus fließend.

14.1 **Von der romantischen Parekbase zur realistischen Ironie**
14.2 **Realismus und Naturalismus**

14.1 Von der romantischen Parekbase zur realistischen Ironie

Im poetischen Realismus lassen sich schon früh literarische Versuche beobachten, die für die frühromantische Poetologie zentralen Kategorien (→ ASB TAUSCH) ins Realistische zu übernehmen und dadurch ‚auf die Füße zu stellen'; etwa wird das romantische Konzept des Wunderbaren integriert und neu akzentuiert (→ KAPITEL 3.2). Zu den ersten Gewährsleuten für realistische Konzepte zählt Heinrich Heine – in mancher Hinsicht ein Schüler der Romantiker, insbesondere August Wilhelm Schlegels (vgl. Liedtke 1997, S. 38, 40). In vielen seiner Gedichte griff Heine auf zentrale literarische Verfahren der Romantik zurück. So bezog er sich etwa in einem Gedicht aus dem Zyklus *Die Heimkehr* (1824) auf den romantischen Mechanismus des Spiels-im-Spiel:

Spiel-im-Spiel im Frührealismus: Heinrich Heine

1 Nun ist es Zeit, daß ich mit Verstand
Mich aller Torheit entled'ge;
Ich hab' so lang als ein Komödiant
Mit dir gespielt die Komödie.

5 Die prächt'gen Coulissen, sie waren bemalt
Im hochromantischen Style;
Mein Rittermantel hat goldig gestralt [!],
Ich fühlte die feinsten Gefühle.

Und nun ich mich gar säuberlich
10 Des tollen Tands entled'ge,
Noch immer elend fühl' ich mich,
Als spielt ich noch immer Komödie.

Ach Gott, ich hab' ja unbewußt
Gesprochen was ich gefühlet;
15 Ich hab' mit dem Tod in der eignen Brust
Den sterbenden Fechter gespielet.
(Heine 1975, Bd. 1/1, S. 256–258)

Dieser Mechanismus ist u. a. für einen bestimmten Typus der romantischen Komödie strukturbildend geworden (vgl. Balzer 2003): die „parabatische" Komödie (Japp 1999, S. 21f.; vgl. auch Japp 1996), als deren prominenteste Vertreter Ludwig Tiecks Literatursatiren *Der gestiefelte Kater* (1797) und *Die verkehrte Welt* (1799) gelten. Parabatisch oder parekbatisch leitet sich von einer Figur des antiken Theaters ab, der Parekbase, die sich auf die Funktion des die Dramenhandlung unterbrechenden Chors bezieht. Indem der Chor heraustritt und das Geschehen kommentiert, nimmt auch der Zuschauer eine distanzierte Haltung zur vorgeführten Handlung ein. Der so bezeichnete Komödientypus zielt vor allem auf eins: auf die Desillusionierung des Rezipienten, der zum einen permanent darauf hingewiesen wird, dass es sich bei dem vorgestellten Stück um eine literarische Fiktion handelt und nicht um einen Teil der eigenen Wirklichkeit, und der sich zum anderen im Akt der Rezeption dennoch der Illusion stiftenden Wirkung von Literatur nicht entziehen kann, sich also ganz in die vorgestellte literarische Welt versenkt und gegebenenfalls mit dieser identifiziert. Angedeutet wird so ein prinzipiell ins Unendliche reichender Prozess der permanenten Zerstörung und Potenzierung poetischer Illusion.

Desillusionierungsstrategien der Romantik

Tiecks Stück *Die verkehrte Welt* z. B. kehrt die reguläre Handlungsordnung um: Es beginnt mit dem Epilog und endet mit dem Prolog. Die Spielebenen wechseln unentwegt. Genauer gesagt, verliert sich die Handlung des Stücks in wiederholten Verschachtelungen, in denen ein jeweils neues Stück die Kulisse für die Aufführung eines weiteren Stücks darstellt und so die prinzipiell unendliche Poetisierung aller Lebensverhältnisse veranschaulicht. Der reale Zuschauer wird nämlich insofern zu einem Teil des Spiels, als er wie die Theaterbesucher auf der Bühne erkennen muss, dass er „hier als Zuschauer" sitzt und „ein Stück" sieht, „in jenem Stück sitzen Zuschauer und sehn ein Stück und in diesem dritten wird denen dreifach verwandelten Akteurs wieder ein Stück vorgespielt" (Tieck 1996, S. 71).

Ludwig Tieck: Die verkehrte Welt

Das Bühnen-Publikum der ersten Ebene des Stücks fällt permanent aus der Rolle, indem es das Geschehen nicht nur hörbar kommentiert, sondern – in der teils heftigen Auseinandersetzung mit den Schauspielern, mit dem Direktor, dem Regisseur oder mit dem Dichter – auch nach seinen eigenen Vorstellungen lenkt. Auf diese Weise verweist das romantische Theater permanent auf die eigene Theatralität, stellt sich also als Theater aus, und zwar am wirksamsten gerade dann, wenn dieser Mechanismus infrage gestellt wird. Ein Zuschauer, genannt „Der Andre", stellt fest:

„Nun denkt Euch Leute, wie es doch möglich ist, daß wir wieder Akteurs in irgend einem Stücke wären und einer sähe nun das Zeug so alles durcheinander. In diesen Umständen wären wir nun das Erste Stück. Die Engel sehn uns vielleicht so, wenn uns nun ein solcher zuschauender Engel betrachtet, müßte es ihm nicht möglich sein, verrückt zu werden?" (Tieck 1996, S. 71f.)

An dieser Stelle setzt die realistische Ironie Heines an. Einleitend ruft das Gedicht das metapoetische Element der romantischen Parekbase auf. Das Spiel-im-Spiel wird explizit benannt, und im Medium Poesie wird auf die Bedingungen der Möglichkeit von Poesie aufmerksam gemacht (*Selbstreferentialität*): „Ich hab' so lang als ein Komödiant/ Mit dir gespielt die Komödie" (V. 3f.). Im Anschluss daran verweist der Text auf die Künstlichkeit dieses Verfahrens; das Spiel als Spiel ist selbst wieder Illusion (*Potenzierung der Illusion*): „Ich fühlte die feinsten Gefühle" (V. 8), und leitet damit einen Mechanismus ein, der sich auf eine Weise zu verselbstständigen droht, dass die aufs Unendliche hin angelegte Selbstbespiegelung nicht mehr aufzuhalten zu sein scheint (V. 12: „Als spielt ich noch immer Komödie").

Heines Umformung

Spätestens mit dieser Radikalisierung des Gedankens einer fortgesetzten Illusionierung macht sich das realistische Potenzial des Verfahrens geltend. Jetzt wird in die Praxis übersetzt, was in der Romantik nur Theorie war: Fiktion und Faktizität sind kaum auseinander zu halten. Der scheinbar nur gespielte Tod tritt tatsächlich ein, und damit ein Zustand, der unumkehrbar ist. Der romantische Konjunktiv, der vieles in der Schwebe des Möglichen gelassen hatte, weicht dem Indikativ poetisch realistischer Rede (→ KAPITEL 6.2): „Ich hab' mit dem Tod in der eignen Brust/Den sterbenden Fechter gespielet" (V. 15f.).

Vom romantischen Konjunktiv in den realistischen Indikativ

14.2 Realismus und Naturalismus

Diese indikativischen Wendungen des Realismus in Epik, Lyrik und Dramatik, wie sie sich z. B. an der realistischen Rückbesinnung auf die eigenen Arbeits- und Lebenswelten oder auf das politisch-soziale Umfeld der Zeit ablesen lassen, genügten den jüngeren Autoren der 1880er-Jahre nicht mehr: Die Hauptphase des deutschen literarischen Naturalismus, zumeist datiert auf die Jahre 1885–95 (→ ASB AJOURI), wurde von einer Schriftstellergeneration getragen, die, um 1860 geboren, den zeitgenössischen Literaturbetrieb erneuern, reformieren, gelegentlich sogar revolutionieren wollte. Die soziale Frage rückte jetzt stärker in den Blickpunkt einer Literatur, die mit der Forderung nach präziser Wirklichkeitsabbildung ernst machte und die sich u. a. auch den negativen Folgen der Industrialisierung für die Existenzbedingungen der Menschen nicht verschließen wollte. Positiv formuliert: Jetzt sollte alles literaturfähig sein, das Schöne wie das Hässliche.

Hauptphase des Naturalismus

Ganz in der Tradition des Sturm- und Drang (→ ASB D'APRILE/SIEBERS) formulierte der Frühnaturalist Hermann Conradi (geb. 1862) in der Einleitung zur Anthologie *Moderne Dichter-Charaktere* von 1884, die er ein wenig pathetisch mit „Unser Credo" überschrieb, den „Anspruch, endlich *die* Anthologie geschaffen zu haben, mit der vielleicht wieder eine *neue* Lyrik anhebt". Wenngleich nur die wenigsten der dort versammelten Texte tatsächlich etwas Neues boten – die meisten konservierten in Themen und Verfahren jenen lyrisch-romantischen Ton, der schon die realistische Lyrik der Zeit ausmachte (→ KAPITEL 6) –, so ist Conradis ‚Glaubensbekenntnis' doch aufschlussreich für das dichterische Selbstverständnis der ‚jungen Wilden' in den 1880er-Jahren.

Pathos der Erneuerung der Kunst

Conradi verfolgte durchaus missionarische Absichten für die Sache von Kunst und Literatur: Mit der Gedichtsammlung verband er etwa die Hoffnung, „vielleicht wieder weitere Kreise, die der Kunst untreu geworden", zurückgewinnen zu können. Folgerichtig ist sein Programm einer Erneuerung der Kunst ständeübergreifend und demokratisch angelegt. Es zielt auf ein breites Publikum, auf den „Fürsten" ebenso wie auf den „Bettler". Beide können deshalb eine gemeinsame Adressatengruppe bilden, weil die von Conradi avisierte Lyrik ein nationales Interesse verfolgt und „aus germanischem Wesen herausgeboren" sein soll. Die zugrundeliegenden ästhetischen Maximen der ‚neuen' Kunst orientierten sich an den realistischen Forderungen nach Lebensnähe und Wahrhaftigkeit. Die nach lyrischen Schablonen hergestellte lyrische „Fabrikarbeit" lehnte Conradi – wie schon die realistischen Lyriker – ab (Conradi 1885 in: Meyer 1997, S. 200f.).

Orientierung am breiten Publikum

Nationalliterarische Ausrichtung

Lebensnähe

Weil sich die jungen Programmatiker erst noch einen eigenen Namen machen mussten, konnten sie kaum daran interessiert sein, auf die Nähe ihrer Überlegungen zu realistischen Vorgängermodellen aufmerksam zu machen. Doch beim Blick in die Programmschriften drängt sich gelegentlich der Eindruck auf, die Naturalisten propagierten zeitgleich zum Alterswerk realistischer Autoren wie Keller oder Storm und parallel zu den Romanen Fontanes ein literarisches Konzept, das von den ästhetischen Forderungen des Realismus gar nicht so fundamental abwich. Das mag nicht zuletzt an terminologischen Unschärfen liegen, wird in den Manifesten und Programmen doch oftmals zwischen Realismus und Naturalismus nicht unterschieden. Die führenden Theoretiker des Naturalismus wie Karl Bleibtreu (geb. 1859), Heinrich Hart (geb. 1855) oder Conrad Alberti (geb. 1862) benutzten in ihren Schriften den Begriff „Realismus", um eine Kunst-

Nähe Realismus-Naturalismus

richtung zu bezeichnen, die literarhistorisch der Epoche Naturalismus zugeordnet wird (vgl. Meyer 1997, S. 121, 138, 166). Auch Michael Georg Conrad, der (bereits 1846 geboren) ebenfalls zu den wichtigsten naturalistischen Autoren zählt, nannte die von ihm 1885 begründete Zeitschrift *Die Gesellschaft* im Untertitel „Realistische Wochenschrift für Litteratur, Kunst und öffentliches Leben". Darin erklärte Conrad den Naturalismus zum eigentlichen Realismus und zum einzig gültigen „Kunstprinzip", das bestimmte Vorstellungen von ‚moderner' und von ‚sozialer' Literatur in sich fasse (Conrad 1885 in: Brauneck 1987, S. 35).

Der Aufruf zur Modernität war allerorten zu hören, etwa bezeichnete der Journalist und freie Schriftsteller Arno Holz (geb. 1863) seinen ersten Gedichtband *Das Buch der Zeit* im Untertitel als „Lieder eines Modernen" (1886, recte: 1885). In programmatischen Texten forderte er darin das Ende epigonalen Traditionsverhaltens und den Beginn einer eigenständigen, zeitgemäßen poetischen Produktion:

Aufruf zur Modernität

Arno Holz' Programm

Programm

Kein rückwärts schauender Prophet,
geblendet durch unfaßliche Idole,
modern sei der Poet,
modern vom Scheitel bis zur Sohle!
(Holz 1885, zitiert nach Schmähling 1999, S. 209)

Holz erhoffte sich davon zum einen eine erhöhte soziale Sensibilität, die der Literatur neue gesellschaftliche Schichten und Themen erschließen sollte. Zum anderen drang er auf Innovationen in der Form, mit denen er sich auf sprachlicher und verfahrenstechnischer Ebene von romantisch-klassizistischen Vorgaben ebenso loszusagen versuchte wie von jenem Idealismus in der Kunst, der noch den programmatischen Realismus der 1850er-Jahre geprägt hatte (→ KAPITEL 1.1). Insbesondere die Texte seines lyrischen Hauptwerks *Phantasus* von 1898/99, in denen zeitaktuelle Milieuschilderungen mit der Welt des Traums und der phantasmatischen Illusion konfrontiert werden, gelten als gelungene Umsetzung dieses literarischen Programms. Zwar werden dabei auch romantische Bild- und Vorstellungsbereiche aufgerufen, Holz' poetologisches Programm aber führte zu formalen Neuerungen, die den Akzent von den tradierten metrischen Ordnungen und Reimschemata auf den Rhythmus der lyrischen Rede verlagerten. Ziel war es, dem Vers auf diese Weise „Flügel zu verleihen" (Holz 1898 in: Meyer 1997, S. 179).

Phantasus

Naturalismus der Form

Weil Holz in seiner gleichnamigen Programmschrift von 1899 davon ausging, eine „Revolution der Lyrik" sei nur dadurch zu erreichen, dass man ihre „Mittel" bzw. die „Handhabung" dieser Mittel „revolutioniert" (Holz 1899 in: Meyer 1997, S. 217), ordnete er die Verszeilen achsensymmetrisch an und lenkte so auch den Lesefluss in neue rhythmische Bahnen. Holz ging es in erster Linie darum, eine größtmögliche Einheit von „Klang" und „Inhalt" zu erreichen. Sei es ein zentrales Merkmal der Prosa, Inhalte zu referieren, so zeichne sich Lyrik dadurch aus, dass sie das Referierte zudem fühlbar mache, mit Holz: darstelle. In diesem Sinne wird aus der Phrase „,Der Mond steigt hinter blühenden Apfelbaumzweigen auf'" schon durch Umstellung und mittige Anordnung ein vollendet lyrischer Satz:

Achsensymmetrie

Naturalismus der Darstellung

„Hinter blühenden Apfelbaumzweigen
steigt der Mond auf."
(Holz 1899 in: Meyer 1997, S. 223)

Andere Programmatiker betonten dagegen stärker den Eigenwert der poetischen Wirklichkeitsabbildung, wenn sie – wie Karl Bleibtreu – Kunst nicht als technische, sondern als sinnliche Form der Fotografie bezeichneten (vgl. Meyer 2000, S. 33): „Die *Neue Poesie*" habe, so Bleibtreu 1886 in der Schrift *Revolution der Litteratur*, insbesondere das Seelenleben mikroskopisch, also en détail und bis in die „intimsten Verschlingungen", in den Blick zu nehmen und dabei

Psychologischer Ansatz

„Realismus und Romantik derartig zu verschmelzen, dass die naturalistische Wahrheit der trockenen und ausdruckslosen Photographie sich mit der künstlerischen Lebendigkeit idealer Composition verbindet." (Bleibtreu 1886 in: Brauneck 1987, S. 45)

Dass Bleibtreu dabei implizit die Psychologie zur Leitwissenschaft für die Literatur erklärte und das Unscheinbare, das Kleine, das auf den ersten Blick Nebensächliche für literaturfähig hielt, ist für die sich in der zweiten Hälfte der 1880er-Jahre allmählich formierende naturalistische Bewegung bezeichnend.

Der Berliner Naturalist Wilhelm Bölsche erklärte 1887 in seiner Schrift *Die naturwissenschaftlichen Grundlagen der Poesie* die Naturwissenschaften zur „Basis unseres gesamten modernen Denkens" – eine zeitgemäße Poesie müsse sich auf dieses Fundament stellen, wolle sie sich nicht „lächerlich und verächtlich machen". Das heißt vor allem: Sie muss psychologisch fundierte Experimentalanordnungen in literarischer Form anbieten. Der Dichter selbst wird zu einem „Experimentator", der – wie ein „Chemiker" mit den Elementen – mit „Menschen" arbeitet. Er überprüft ihre „Leidenschaften" und

Die naturwissenschaftlichen Grundlagen der Poesie

„Gedanken" auf deren Ursachen hin und ist dann gegebenenfalls dazu in der Lage, Gesetzmäßigkeiten aus dem vorgeführten Verhalten abzuleiten, mindestens aber dazu, das Handeln der Figuren poetisch präzise zu motivieren und zu erklären (Bölsche 1887 in: Meyer 1997, S. 128, 130f.).

Insgesamt lässt sich festhalten, dass die Autoren des Naturalismus im wissenschaftlichen Zugriff die eigentliche Zukunft der Literatur sahen. Sie orientierten sich dabei vor allem an den Romanen und theoretischen Schriften des Franzosen Émile Zola, der mit ungeschönt realistischen Milieuschilderungen und mit der Forderung nach einem experimentellen poetischen Vorgehen anschaulich machte, wie eine Verbindung von Literatur und Naturwissenschaft gelingen kann. Breit rezipiert wurde u. a. Zolas Roman *Germinal* aus dem zwanzigbändigen Zyklus *Les Rougon-Macquart* (1871–93), der 1885 erstmals und auch sogleich in deutscher Übersetzung erschienen war. Er schildert die unmenschlich harten Existenzbedingungen von Bergarbeiterfamilien in Nordfrankreich, die in den offenen Aufstand getrieben werden, ohne sich letztlich aus ihrem Elend befreien zu können.

<small>Leitfigur: Émile Zola</small>

<small>*Germinal*</small>

Autoren des literarischen Realismus in Deutschland (wie Fontane) grenzten sich angesichts solcher Texte aufs Schärfste von der naturalistischen Kunstrichtung ab. Ihrer Ansicht nach war der jungen Generation nicht daran gelegen, das ‚Echte' und ‚Wahre' des abgebildeten Objekts augenscheinlich zu machen. Vielmehr seien die Naturalisten allein an dessen hässlicher Oberfläche interessiert. In seinen 1883 entstandenen Aufsätzen zu Émile Zola betonte Fontane:

<small>Kritik an der Darstellung des Hässlichen</small>

„Er gibt gelegentlich Häßlichkeiten, aber diese Häßlichkeiten sind nicht Realismus. Realismus ist die *künstlerische Wiedergabe* (nicht das bloße Abschreiben) des Lebens. Also Echtheit, Wahrheit." (Fontane 1969, S. 540)

Zola ging in seiner „Studie" *Le roman expérimental* von 1880 (die erste deutsche Übersetzung *Der Experimentalroman* stammt von 1904) davon aus, die Literatur werde wie alle „Offenbarungen des menschlichen Geistes" von den Naturwissenschaften bestimmt. Er setzte deshalb den Schriftsteller etwa einem Arzt gleich, der sich einer „experimentellen Methode" zu bedienen habe, will er – wie der Arzt den körperlichen – den psychischen Gegebenheiten des menschlichen Lebens genau auf die Spur kommen (Zola 1904, S. 7f.). Der Experimentator beobachtet gezielt, d. h. er nimmt nicht einfach nur wahr, was sich etwa vor seinen Augen abspielt, sondern er stellt die Bedingungen der Erscheinungen, wie er diese in der Natur beobachtet,

<small>*Le roman expérimental*</small>

künstlich her, um ihre Abläufe zu studieren und deren Regeln bzw. Mechanismen zu bestätigen.

Beobachtung und Experiment ...

Unter Berufung auf den französischen Physiologen Claude Bernard gilt Zola der Beobachter als Fotograf, der Experimentator dagegen als Interpret der Gegebenheiten. Der Schriftsteller wiederum muss beide Rollen in sich vereinigen, und das Ergebnis dieses Vorgehens, das „Protokoll des Experiments", ist dann der Roman – Zola spricht folgerichtig vom „Experimentalroman" (Zola 1904, S. 15). Dieser übernimmt insbesondere die Funktion, auf das Wechselspiel von Individuum und Gesellschaft aufmerksam zu machen: auf die gesellschaftlichen Rahmenbedingungen menschlichen Verhaltens sowie umgekehrt auf die Konsequenzen dieses Verhaltens für die Gesellschaft.

... in Abhängigkeit vom „Temperament"

Auch in Zolas naturalistischer Poetologie bleibt der Schriftsteller als Beobachter und Experimentator ein Künstler. Sowohl die Einrichtung des Experiments als auch die Deutung der Daten sowie deren Versprachlichung gelingen allein dem „Genie". Die Ergebnisse sind somit abhängig vom jeweiligen „Temperament" des Künstlers (Zola 1904, S. 17), und deshalb unterscheiden sie sich – trotz gleichbleibender Methode – auch voneinander. In der Tradition des französischen Philosophen Hippolyte Taine (→ KAPITEL 2.3) und in Anlehnung an Charles Darwins Evolutionstheorie ging Zola davon aus, dass Erbanlagen und das gesellschaftliche Umfeld die entscheidenden Determinanten des menschlichen Handelns darstellen. Der Schriftsteller wird vor diesem Hintergrund zu einem „Sittenbildner", der „experimentell" zeige, „wie sich eine Leidenschaft in einem sozialen Milieu verhält" (Zola 1904, S. 31).

Determinanten: Erbanlagen, Milieu

Holz' naturalistisches Programm

Literarhistorisch am wirkmächtigsten vertrat Arno Holz dieses Programm; mit seinem Namen ist der deutsche literarische Naturalismus bis heute vor allem verbunden. In der Schrift *Die Kunst. Ihr Wesen und ihre Gesetze* setzte auch Holz 1891 voraus, dass den Erscheinungen Regelmäßigkeiten zugrunde liegen, die auf induktivem Weg zu entschlüsseln sind: „Es ist ein Gesetz, dass jedes Ding ein Gesetz hat" (Holz 1962a, S. 201). Die Literatur stellte er in den Dienst der wissenschaftlichen Erforschung derjenigen Gesetze, die das menschliche Zusammenleben bestimmen. Davon ausgehend entwickelte Holz die maßgebliche Regel des naturalistischen Kunstkonzepts:

> „Die Kunst hat die Tendenz, wieder die Natur zu sein. Sie wird sie nach Massgabe ihrer jedweiligen Reproductionsbedingungen und deren Handhabung." (Holz 1962a, S. 211)

Die berühmte Formel „Kunst = Natur − x" leitet sich daraus ab, wobei das „x" das Unvermögen des Künstlers bzw. der Kunst im Allgemeinen umfasst, die Natur so exakt wie möglich wiederzugeben. Es bezeichnet damit jene Lücke, die zwischen dem angestrebten Resultat des künstlerischen Experiments und dessen tatsächlicher Realisation notwendigerweise besteht (Holz 1962a, S. 209f.). Holz hielt dieses „x" für so bedeutend, dass er in seiner Schrift *Zola als Theoretiker* von 1887/90 Émile Zolas Beschreibung des Romans als einer Experimentalanordnung und damit als „Protokoll des Experiments" modifizierte (Holz 1962b, S. 197). Die Begründung einer naturalistischen Experimentaltheorie beruht auf ihrer Analogie zum Experiment des Chemikers, und genau dadurch wird sie Holz zufolge auch widerlegt. Denn das literarische Experiment finde weder in Reagenzgläsern noch in der Realität statt, sondern allein in der Phantasie des Schriftstellers, und diese habe mit den Arbeitsinstrumentarien des Chemikers nichts gemeinsam.

Naturalismus:
„Kunst = Natur − x"

Was der Naturalismus mit negativem Vorzeichen versah, machte das Programm des Realismus im positiven Sinne aus. In Analogie zu Holz' Vorschlag mit der Literaturwissenschaftlerin Sabina Becker auf eine Formel gebracht:

Realismus:
„Kunst = Natur + x"

(Realistische) „‚Kunst = Natur + x'" (Becker 2003, S. 118).

Das „x" bezeichnet hier den Zusatz an Informationen, mithilfe dessen der Realismus den Kern des dargestellten Objekts sichtbar zu machen versucht (→ ASB AJOURI, KAPITEL 7).

Bei allen programmatischen Gemeinsamkeiten von Realismus und Naturalismus: Insbesondere die naturalistischen Manifeste von Arno Holz erlauben es, das neue Literaturprogramm gerade auch in Abgrenzung zu den gängigen realistischen Maximen zu profilieren. Das epochale innovatorische Potenzial des Naturalismus lässt sich damit – ebenso wie das für den Realismus so einflussreiche romantische Modell – in wenigen Oppositionspaaren zum Realismus genauer fassen. Dies haben insbesondere die strukturalen Epochenanalysen von Michael Titzmann und Marianne Wünsch gezeigt (vgl. Titzmann 2002a/b; Wünsch 1991). Der Literaturwissenschaftler Hugo Aust hat die Oppositionen in einer Tabelle zusammengefasst (→ ABBILDUNG 18).

Der literarische Naturalismus richtete – in Übereinstimmung mit dem fortschrittsoptimistischen Glauben der Zeit an eine naturwissenschaftliche Begründbarkeit der Poesie – die Kunst auf die Natur und ihre Gesetzmäßigkeiten hin aus. Kunst erhielt die Aufgabe, Natur so genau wie möglich abzubilden. Sie soll, wie Wilhelm Bölsche beton-

Fazit 1: Naturalismus

EPOCHENRÄNDER

Romantik	Realismus	Moderne / Naturalismus
Idealismus	Positivismus	Materialismus
Reaktion Revolution	Realpolitik Nation	Imperialismus Demokratie Sozialismus
Frühliberalismus	(Manchester-) Liberalismus	Monopolkapitalismus
spekulativ	empirisch pragmatisch	relativitätstheoretisch quantentheoretisch
sprengend	ausgleichend	umwertend
Nachtseiten	Gesundheit	Pathologie
idealisieren	entdecken	demontieren

Abbildung 18: Romantik – Realismus – Moderne/Naturalismus (Aust 2006, S. 9)

te, „das Leben schildern, wie es ist" (Bölsche 1887 in: Meyer 1997, S. 134) – wenngleich bereits die Zeitgenossen nicht davon absehen konnten, dass dies nur in den Grenzen der ihnen jeweils eigenen Darstellungsmöglichkeiten geschieht. Anders gesagt: Jede künstlerische Bearbeitung wird mit ihren je eigenen Mitteln die Vorgabe verändern; sie versucht aber, diese Abweichungen so gering wie möglich zu halten.

Fazit 2: Realismus

Der literarische Realismus dagegen ging nicht davon aus, dass die künstlerische Darstellung die Natur so abbildet, wie sie ist, sondern davon, dass die Wirklichkeit im künstlerischen Akt überhaupt erst hervorgebracht wird. Den Objekten der Darstellung werden in der Bearbeitung entscheidende Informationen hinzugefügt, die zugleich deren eigentlichen Gehalt freilegen. Der realistischen Poetik zufolge schließen sich Imagination und Realität nicht aus, im Gegenteil: „In der Imagination findet das Reale seine stimmigste Vergegenwärtigung", so der Germanist Gerhard Plumpe. In diesem Sinne übernahm die Literatur im Zeitalter des Realismus die Funktion, den Verlust der bislang gängigen Welterklärungsmodelle in der fortschreitenden „Modernisierung aller Lebensverhältnisse" zu kompensieren und den „(lesenden) Zeitgenossen" auf diese Weise „vom Druck" dieser neuen, bedrängenden Erfahrungen „zu entlasten" (Plumpe 1996a, S. 10f.).

Dass der literarische Realismus in Theorie und Praxis den Anspruch erhob, über die Produktion und die Rezeption von Kunst Wahrheit zu vermitteln, lässt sich aus mindestens drei unterschiedlichen Perspektiven bestätigen und erklären:

1. Ästhetikgeschichtlich: Die programmatischen Realismustheorien der 1850er-Jahre setzten in Anlehnung an klassizistische Kunstmodelle insbesondere der sogenannten Weimarer Klassik naturalistische Modelle mit ‚Nichtkunst' gleich. Sie schlossen plane Nachahmungskonzepte von vornherein aus. Literatur hatte demzufolge mehr zu bieten als ein bloßes Abbild der Realität (→ KAPITEL 1.3). *Ästhetikgeschichtlich*

2. Mediengeschichtlich: Die Detailgenauigkeit des neuen Konkurrenzmediums Fotografie (und ihrer Vorform, der Daguerreotypie) bleibt für die Literatur unerreichbar. Weil sie demnach Wirklichkeit nicht so abbilden konnten, wie diese tatsächlich zu sein schien, machten die Realisten daraus ein Programm: Sie bildeten Wirklichkeit so ab, wie diese sein könnte – oder sollte (→ KAPITEL 4.2). *Mediengeschichtlich*

3. Sozialgeschichtlich: Im Prozess ihrer ‚Verbürgerlichung' im 19. Jahrhundert traten die Künste ebenso wie die Wissenschaften an die freigewordene Stelle der Religion und übernahmen deren Funktion der Wahrheits- und Sinnvermittlung (→ KAPITEL 5.2). *Sozialgeschichtlich*

Fragen und Anregungen

- Definieren Sie ‚romantische Ironie' und stellen Sie das Potenzial des Konzepts für den programmatischen Realismus dar.

- Welche Forderungen enthält das naturalistische „Credo" (Hermann Conradi)?

- Skizzieren Sie die zentralen Merkmale einer naturwissenschaftlichen Begründung der Literatur im Naturalismus (Wilhelm Bölsche, Émile Zola, Arno Holz).

- Erklären Sie die Position des „x" in der naturalistischen Formel „Kunst = Natur – x".

- Erläutern Sie den spezifischen Wahrheitsanspruch der realistischen Kunstauffassung.

Lektüreempfehlungen

Quellen
- **Theo Meyer (Hg.): Theorie des Naturalismus.** Bibliographisch ergänzte Ausgabe, Stuttgart 1997, S. 101–191 ("Kunstanschauung und Kunsttheorie").

- **Walter Schmähling (Hg.): Naturalismus.** Bibliographisch ergänzte Ausgabe, Stuttgart 1999.

- **Ludwig Tieck: Die verkehrte Welt. Ein historisches Schauspiel in fünf Aufzügen,** hg. v. Walter Münz, Stuttgart 1996.

Forschung
- **Bernd Balzer: Zum Spektrum der Ironie Heines im *Buch der Lieder*,** in: Literatur und Kultur im Querschnitt, hg. v. Norbert Honsza, Wrocław 2003, S. 77–89. *Der Aufsatz zeigt am Beispiel von Heines „Buch der Lieder" die unterschiedlichen Formen des frührealistischen Umgangs mit der romantischen Ironie auf.*

- **Manfred Brauneck / Christine Müller (Hg.): Naturalismus. Manifeste und Dokumente zur deutschen Literatur 1880–1900,** Stuttgart 1987. *Der Band ist wegen seines Materialreichtums als Lesebuch sehr geeignet, insbesondere zur Einführung in die Rezeption und Kritik des Naturalismus.*

- **Winfried Menninghaus: Unendliche Verdopplung. Die frühromantische Grundlegung der Kunsttheorie im Begriff absoluter Selbstreflexion,** Frankfurt a. M. 1987. *Die Studie empfiehlt sich für eine vertiefende Auseinandersetzung mit der Theorie der Romantik, die auf die Literatur des 19. Jahrhunderts großen Einfluss ausgeübt hat.*

- **Theo Meyer: Naturalistische Literaturtheorien,** in: Naturalismus. Fin de siècle. Expressionismus. 1890–1918, hg. v. York-Gothart Mix, München/Wien 2000, S. 28–43. *Der Beitrag liefert eine ausgezeichnete Übersicht über die naturalistischen Literaturtheorien (Funktion, gesellschaftskritische Dimension, Bedeutung von Evolutionslehre und Milieutheorie, Kunstauffassung, Gattungen).*

15 Serviceteil

15.1 Allgemeine bibliografische Hilfsmittel

Epochendarstellungen / Literaturgeschichten / Sammelbände

- Hugo Aust: Realismus. Lehrbuch Germanistik, Stuttgart / Weimar 2006. *Zuverlässige Einführung in die soziopolitischen Kontexte, die poetologischen Grundlagen und die Gattungen des Realismus.* <!-- Epochendarstellungen -->

- Bernd Balzer: Einführung in die Literatur des Bürgerlichen Realismus, Darmstadt 2006. *Bietet sich vor allem für einen schnellen und zuverlässigen ersten Überblick über die Materie an.*

- Sabina Becker: Bürgerlicher Realismus. Literatur und Kultur im bürgerlichen Zeitalter 1848–1900, Tübingen / Basel 2003. *Sehr empfehlenswert als Vertiefung in die Eigenheiten der Epoche aus kultur- und mentalitätsgeschichtlicher Perspektive.*

- Fritz Martini: Deutsche Literatur im bürgerlichen Realismus. 1848–1898, Stuttgart 1962. (Epochen der deutschen Literatur, 5,2). *Quellengesättigte Standarddarstellung – nach wie vor lohnend.* <!-- Literaturgeschichten -->

- Hansers Sozialgeschichte der deutschen Literatur. Band 6: Bürgerlicher Realismus und Gründerzeit 1848–1890, hg. v. Edward McInnes und Gerhard Plumpe, München / Wien 1996. *Enthält eine ausgezeichnete Einführung sowie durchweg beispielhafte Beiträge zur Epoche des Realismus.*

- Christian Begemann (Hg.): Realismus. Epochen – Autoren – Werke, Darmstadt 2007. *Sammelband, der in instruktiven Einzelbeiträgen Autoren, Gattungen und Zugänge vorstellt.* <!-- Sammelbände -->

- Günter Blamberger / Manfred Engel / Monika Ritzer (Hg.): Studien zur Literatur des Frührealismus, Frankfurt a. M. / Berlin / New York / Paris 1991. *Anregende Studien zu Darstellungstechniken und Gattungstheorien des frühen Realismus.*

- Reinhard Lauer (Hg.): Europäischer Realismus, Wiesbaden 1980. *Realismus als Epoche und als Form der Wirklichkeitsdarstellung in europäisch-vergleichender Perspektive.*

- Sabine Schneider / Barbara Hunfeld (Hg.): Die Dinge und die Zeichen. Dimensionen des Realistischen in der Erzählliteratur des 19. Jahrhunderts. Festschrift für Helmut Pfotenhauer, Würzburg 2008. *Innovative Aufsatzsammlung, die den ‚modernen' Charakter realistischer Erzählstrategien beleuchtet.*

- Marianne Wünsch (Hg.): Realismus (1850–1890). Zugänge zu einer literarischen Epoche, Kiel 2007. *Bietet einen multiperspektivischen Zugriff auf den Realismus.*

Geschichte / Kulturgeschichte / literarisches Leben

Geschichte

- Jürgen Kocka (Hg.): Bürgertum im 19. Jahrhundert. Deutschland im europäischen Vergleich. 3 Bände, München 1988. *Beiträge zum „bürgerlichen Zeitalter" aus sozial- und kulturgeschichtlicher Perspektive – häufig im europäischen Vergleich.*

- Thomas Nipperdey: Wie das Bürgertum die Moderne fand, Berlin 1988. *Der Essay mit Klassiker-Status kennzeichnet die kulturelle Moderne als Produkt des Bildungsbürgertums.*

- Wolfram Siemann: Gesellschaft im Aufbruch. Deutschland 1849–1871, Frankfurt a. M. 1990. *Sehr gut strukturierte, prägnante und lehrreiche Darstellung; für die schnelle und gezielte Suche wie für den grundlegenden Überblick gleichermaßen geeignet.*

- Hans-Ulrich Wehler: Deutsche Gesellschaftsgeschichte. Dritter Band: Von der „Deutschen Doppelrevolution" bis zum Beginn des Ersten Weltkriegs. 1849–1914, München 1995. *Unverzichtbares Standard- und Nachschlagewerk, das die Epoche strukturgeschichtlich über die vier Achsen Wirtschaft, soziale Ungleichheit, politische Herrschaft und Kultur in den Blick nimmt.*

Kulturgeschichte

- Christoph Asendorf: Batterien der Lebenskraft. Zur Geschichte der Dinge und ihrer Wahrnehmung im 19. Jahrhundert, Weimar 2002. *Bietet einen erhellenden kulturgeschichtlichen Einblick in die sich im 19. Jahrhundert verändernde Wahrnehmung.*

- Geschichte des privaten Lebens, hg. v. Philippe Ariès und Georges Duby. Band 4: Von der Revolution zum Großen Krieg, hg. v. Michelle Perrot. Deutsch v. Holger Fliessbach und Gabriele Krüger-Wirrer, Frankfurt a. M. 1992. *Beschreibt die sich im 19. Jahrhundert endgültig vollziehende Trennung von Berufs- und Privatleben.*

- Wolfgang Schivelbusch: Geschichte der Eisenbahnreise. Zur Industrialisierung von Raum und Zeit im 19. Jahrhundert [1977], Frankfurt a. M. 1989. *Sehr anschauliche Einführung in die kulturgeschichtliche Funktion der Eisenbahn; als Taschenbuch erhältlich.*

- Bernd Stiegler: Philologie des Auges. Die photographische Entdeckung der Welt im 19. Jahrhundert, München 2001. *Die intermedial angelegte Studie zeigt, wie die Literatur früh mit der Übernahme fotografischer Darstellungstechniken experimentierte.*

- Rudolf Helmstetter: Die Geburt des Realismus aus dem Dunst des Familienblattes. Fontane und die öffentlichkeitsgeschichtlichen Rahmenbedingungen des Poetischen Realismus, München 1998. *Entwickelt am Beispiel Fontanes die medien- und publikumsgeschichtlichen Rahmenbedingungen der Literatur des Realismus.*

  Literarisches Leben

- Jost Schneider: Sozialgeschichte des Lesens. Zur historischen Entwicklung und sozialen Differenzierung der literarischen Kommunikation in Deutschland, Berlin/New York 2004, S. 161–285. *Vergleichender Überblick über schichtenspezifisches Lektüreverhalten.*

- Reinhard Wittmann: Geschichte des deutschen Buchhandels. 2., durchgesehene Auflage, München 1999. *Gut lesbare Gesamtdarstellung zur Geschichte des Buch- und Verlagswesens.*

Anthologien und Quellensammlungen

- Die deutsche Literatur. Ein Abriß in Text und Darstellung. Band 11: Bürgerlicher Realismus, hg. v. Andreas Huyssen. Bibliographisch ergänzte Ausgabe 1999, Stuttgart 2006. *Im Wechsel von Einführungen und Textbeispielen entsteht ein aspektreicher Überblick über die Epoche.*

- Deutsche Geschichte in Quellen und Darstellung. Band 7: Vom Deutschen Bund zum Kaiserreich 1815–1871, hg. v. Wolfgang Hardtwig und Helmut Hinze, Stuttgart 1997. *Umfassender Einblick in die deutsche Geschichte nach 1815, in bewährter Verknüpfung von einführenden Darstellungstexten und Quellen.*

- Gerhard Plumpe (Hg.): Theorie des bürgerlichen Realismus. Eine Textsammlung. Bibliographisch ergänzte Ausgabe, Stuttgart 1997. *Für die Beschäftigung mit der Poetologie des Realismus unerlässliche Sammlung zeitgenössischer Quellen in Ausschnitten.*

SERVICETEIL

- Realismus und Gründerzeit. Manifeste und Dokumente zur deutschen Literatur 1848–1880. Mit einer Einführung in den Problemkreis und einer Quellenbibliographie, hg. v. Max Bucher, Werner Hahl, Georg Jäger und Reinhard Wittmann, 2 Bände, Stuttgart 1976/81 und 1975/81. *Umfassende Quellensammlung, vor allem dort hilfreich, wo es um die ökonomischen, juristischen und weltanschaulichen Entstehungsbedingungen von Literatur geht.*
- Benno von Wiese (Hg.): 19. Jahrhundert. Texte und Zeugnisse, München 1965. *Gut gegliederte Zusammenschau wichtiger Primärtexte aus der renommierten Reihe ‚Texte und Zeugnisse'.*

15.2 Forschungsinstitutionen und Web-Adressen

- Arno-Schmidt-Referenzbibliothek, Web-Adresse: www.gasl.org/refbib/. *Bietet die digitale und kostenlose Version jener Bücher, die sich in der Nachlassbibliothek des Schriftstellers Arno Schmidt befinden oder in dessen Werken eine wichtige Rolle spielen. Schwerpunkt: Literatur des 18. und 19. Jahrhunderts.*
- Deutsche Dichterhandschriften des poetischen Realismus, Web-Adresse: http://net.lib.byu.edu/~rdh7/prmss. *Anhand des Verzeichnisses von Richard Hacken und Marianne Siegmund lassen sich Handschriften- oder Autographenbestände aus der Zeit des Realismus lokalisieren.*
- Linkkatalog der Freien Universität Berlin, Web-Adresse: www.ub.fu-berlin.de/service_neu/internetquellen/fachinformation/germanistik/autoren/index.html. *Sammlung von Links zu 1454 deutschsprachigen Autoren.*

15.3 Werkausgaben, Periodika und Institutionen zu einzelnen Autoren

Wilhelm Busch (1832–1908)

Historisch-kritische Ausgabe

- **Die Bildergeschichten.** Historisch-kritische Gesamtausgabe in drei Bänden, hg. v. Herwig Guratzsch u. Hans Joachim Neyer. Band I: Frühwerk; Band II: Reifezeit; Band III: Spätwerk, bearbeitet v. Hans Ries, Mitwirkung Ingrid Haberland, Hannover 2002.

WERKAUSGABEN, PERIODIKA UND INSTITUTIONEN

- **Gesammelte Werke**, Berlin 2002, [CD-Rom] (Digitale Bibliothek, 74).   *Werke (Digitale Bibliothek)*

- **Fliegende Blätter (1845–1944)**, Web-Adresse: www.ub.uni-heidelberg.de/helios/fachinfo/www/kunst/digilit/fliegendeblaetter.html. *Im Aufbau befindliche Digitalisierung der „Fliegenden Blätter", deren Illustrator u. a. Busch war.*   *„Fliegende Blätter" digital*

- **Göttinger Digitalisierungszentrum**, Web-Adresse: http://gdz.sub.uni-goettingen.de. *Zahlreiche Bildergeschichten Buschs verfügbar.*

- **Satire. Mitteilungen der Wilhelm-Busch-Gesellschaft**, im Auftr. der Wilhelm-Busch-Gesellschaft hg., Hannover 1998ff. (Vorg.: Wilhelm-Busch-Jahrbuch, Hannover 1964–96).   *Mitteilungen / Schriften*

- **Schriften zur Karikatur und kritischen Grafik.** Veröffentlichungsreihe der Wilhelm-Busch-Gesellschaft, Hildesheim 1991ff.

- **Wilhelm-Busch-Museum / Wilhelm-Busch-Gesellschaft**, Web-Adresse: www.wilhelm-busch-museum.de.   *Institution*

Theodor Fontane (1819–1898)

- **Große Brandenburger Ausgabe**, hg. von Gotthard Erler, 4 Abt., Berlin 1994ff.   *Kritische Studienausgabe*

- **Die Werke, Schriften und Briefe.** 20 Bände in IV Abteilungen, hg. v. Walter Keitel und Helmuth Nürnberger, München 1962–98.   *Studienausgaben*

- **Sämtliche Werke**, hg. v. Edgar Gross und Carl Marian, München 1959–75 (Nymphenburger Ausgabe).

- **Fontane-Handbuch**, hg. v. Christian Grawe und Helmuth Nürnberger, Stuttgart 2000.   *Handbuch*

- **Wolfgang Rasch: Theodor-Fontane-Bibliographie.** Werk und Forschung, 3 Bände, hg. v. Ernst Osterkamp und Hanna Delf von Wolzogen, Berlin u. a. 2006.   *Bibliografie*

- **Fontane-Blätter.** Halbjahresschrift, hg. im Auftr. des Theodor-Fontane-Archivs und der Theodor-Fontane-Gesellschaft, Berlin 1965ff.   *Zeitschrift*

- **Schriften der Theodor-Fontane-Gesellschaft**, Berlin 1996ff.   *Schriftenreihe*

SERVICETEIL

Tagungsbände
- **Fontaneana**, hg. v. der Theodor-Fontane-Gesellschaft, Würzburg 2003ff.

Archiv
- **Theodor–Fontane-Archiv**, Potsdam, Web-Adresse: www.fontanearchiv.de.

Institution
- **Theodor-Fontane-Gesellschaft e. V.**, Web-Adresse: www.fontane-gesellschaft.de.

Gustav Freytag (1816–1895)

Werkausgaben
- **Gesammelte Werke.** 22 Bände, Leipzig 1886–88.

- **Gustav Freytags Werke.** 24 Bände, eingeleitet v. Johannes Lemcke und Hans Schimank, Hamburg 1927–28.

Bibliografie
- **Jürgen Matoni / Margarete Galler: Gustav-Freytag-Bibliographie**, Dülmen 1990.

Ausgaben Einzelwerke
- **Die Journalisten.** Lustspiel in 4 Acten. Faksimiledruck nach der Ausgabe innerhalb der Gesammelten Werke von 1887, Göttingen 1966.

- **Soll und Haben.** Roman in sechs Büchern. Mit einem Nachwort von Helmut Winter, Waltrop/Leipzig 3. Auflage 2007.

- **Die Technik des Dramas**, Leipzig 13. Auflage 1922 (Reprint Darmstadt 1975).

- **Informationsseite von Mitgliedern der Freytag-Gesellschaft**, Web-Adresse: http://matoni.de/freytag/gf.htm.

Periodikum
- **Gustav-Freytag-Blätter.** Mitteilungen der Gustav-Freytag-Gesellschaft e. V., Ratingen 1954ff.

Emanuel Geibel (1815–1884)

Werkausgaben
- **Geibels Werke.** 3 Bände, hg. v. Wolfgang Stammler. Kritisch durchgesehene und erläuterte Ausgabe, Leipzig u. a. 1918.

- **Gesammelte Werke in acht Bänden**, Stuttgart 1883.

Karl Gutzkow (1811–1878)

Kommentierte digitale Ausgabe
- **Gutzkows Werke und Briefe.** Kommentierte digitale Ausgabe, hg. v. Editionsprojekt Karl Gutzkow Exeter und Berlin, Münster 2001 ff. Web-Adresse: www.gutzkow.de.

- **Schriften**, hg. v. Adrian Hummel. Ausgabe in 2 Bänden und einem Materialband, Frankfurt a. M. 1998. *Auswahlausgabe*

- **Wolfgang Rasch: Bibliographie Karl Gutzkow 1829–1880**. Band 1: Primärliteratur; Band 2: Sekundärliteratur, Bielefeld 1998. *Bibliografie*

Friedrich Hebbel (1813–1863)

- **Sämtliche Werke**. Historisch-kritische Ausgabe, besorgt von Richard Maria Werner, Berlin 3. Auflage 1911–13 (Säkularausgabe). *Historisch-kritische Ausgaben*

- **Briefwechsel 1829–1863. Wesselburener Ausgabe**. Historisch-kritische Ausgabe in fünf Bänden., hg. v. Otfrid Ehrismann, Ulrich Henry Gerlach u. a., München 1999.

- **Werke**. 5 Bände, hg. v. Gerhard Fricke, Werner Keller und Karl Pörnbacher, Darmstadt 1963-67. *Leseausgabe*

- **Ulrich Henry Gerlach: Hebbel-Bibliographie 1910–1970**, Heidelberg 1973; **Hebbel-Bibliographie 1970–1980**, in: HJb 1983, S. 157–189; **Hebbel-Bibliographie 1980–1990**, in: HJb 1992, S. 117–141; **Hebbel-Bibliographie 1990–2000**, in: HJb 58 (2003), S. 123–158. *Bibliografien*

- **Ramona Gargitter / Heinz Wütschte: Friedrich Hebbel (1813–1863). Dramatiker, Lyriker und Kritiker. Bibliographie**, Zürich 2007.

- **Hebbel-Jahrbuch**, im Auftrag der Hebbel-Gesellschaft, 1939ff. (HJb) *Jahrbuch / Schriftenreihe*

- **Schriftenreihe der Friedrich-Hebbel-Gesellschaft Wien. Hebbel – Mensch und Dichter im Werk**, Wien 1985–95; Hamburg 1998; Berlin 2000ff.

- **Hebbel-Gesellschaft Wesselburen**, Web-Adresse: www.hebbel-gesellschaft.de. *Institutionen*

- **Internationale Friedrich Hebbel-Gesellschaft**, Wien, Web-Adresse: www.hebbel.at.

Heinrich Heine (1797–1856)

- **Historisch-kritische Gesamtausgabe der Werke**. 16 Bände., hg. v. Manfred Windfuhr, Hamburg 1973–97 (Düsseldorfer Heine-Ausgabe). *Historisch-kritische Ausgaben*

- **Heinrich-Heine-Säkularausgabe. Werke, Briefwechsel, Lebenszeugnisse.** 53 Bände, hg. v. der Klassik Stiftung Weimar und dem Centre National de la Recherche Scientifique in Paris, Berlin 1970ff.

Werke digital: das Heine-Portal
- **Heine-Portal**, Web-Adresse: www.heine-portal.de. *Im September 2002 begonnenes Digitalisierungsvorhaben von Heines Werken und Briefen (enthält die beiden historisch-kritischen Heine-Editionen und zusätzliche Verweise).*

Handbuch
- **Gerhard Höhn: Heine-Handbuch. Zeit, Person, Werk**, 3. überarbeitete und erweiterte Auflage, Stuttgart/Weimar 2004.

Bibliografien
- **Erdmann von Wilamowitz-Moellendorff/Günther Mühlpfordt: Heine-Bibliographie 1983–1995**, Stuttgart/Weimar 1998.

- **Siegfried Seifert/Albina A. Volgina: Heine-Bibliographie 1965–1982**, Berlin/Weimar 1986; **Siegfried Seifert: Heine-Bibliographie 1954–1964**, Berlin/Weimar 1968.

- **Gottfried Wilhelm: Heine Bibliographie.** Teil 1: Primärliteratur 1817–1953; Teil 2: Sekundärliteratur 1822–1953, Weimar 1960.

Jahrbuch / Schriften
- **Heine-Jahrbuch**, hg. v. Heinrich-Heine-Institut, Hamburg 1962–94; Stuttgart 1995ff. *Mit jährlich erscheinender Bibliografie.*

- **Schriften der Heinrich-Heine-Gesellschaft**, Düsseldorf 1964ff.

- **Veröffentlichung der Heinrich-Heine-Gesellschaft**, Aachen 1986ff.

Institutionen
- **Heinrich-Heine-Gesellschaft**, Web-Adresse: http://heinrich-heine-gesellschaft.de.

- **Heine-Institut**, Web-Adresse: www.duesseldorf.de/heineinstitut/.

Paul Heyse (1830–1914)

Werke
- **Gesammelte Werke**, hg. v. Markus Bernauer und Norbert Miller, Stuttgart 1924/Stuttgart 1904–10/Stuttgart/Berlin 1914/Stuttgart/Berlin 1912/Berlin 1889 (Reprint Hildesheim u. a. 1984ff.).

- **Werke.** 2 Bände, hg. v. Bernhard und Johanna Knick, Frankfurt a. M. 1980.

- **Novellen.** Auswahl und Nachwort v. Rainer Hillenbrand, Zürich 1998.

WERKAUSGABEN, PERIODIKA UND INSTITUTIONEN

- Paul Heyse. Eine Bibliographie seiner Werke, hg. v. Werner Bibliografie
  Martin, Hildesheim u. a. 1978.

Gottfried Keller (1819–1890)

- Sämtliche Werke. Historisch-kritische Ausgabe, hg. v. Walter Historisch-kritische
  Morgenthaler, Basel/Frankfurt a. M. 1996ff. Web-Adresse: Ausgabe
  www.gottfriedkeller.ch/hkka/hkka.htm.

- Sämtliche Werke. In sieben Bänden, hg. von Thomas Böning, Kritische Ausgabe
  Gerhard Kaiser, Kai Kauffmann, Dominik Müller und Peter
  Villwock, Frankfurt a. M. 1985–96.

- Elektronische Briefedition, Web-Adresse: www.kellerbriefe.ch. Briefe

- Gesammelte Briefe. In vier Bänden hg. v. Carl Helbling, Bern
  1950–54.

- Ulrich Henry Gerlach: Gottfried Keller Bibliographie, Tübingen Bibliografie
  2003.

- Mitteilungen der Gottfried-Keller-Gesellschaft, Zürich 2008ff.; Mitteilungen /
  Jahresbericht der Gottfried-Keller-Gesellschaft/Forts.: Rede zum Jahresberichte
  Herbstbott, Zürich 1933–2007.

- Die Gottfried-Keller-Seite, Web-Adresse: www.gottfriedkeller.ch/. Internet-Portal /
  Historisch-kritische Ausgabe, Bibliografie, Keller-Gesellschaft, etc. Institution

Otto Ludwig (1813–1865)

- Otto Ludwig sämtliche Werke, hg. von Paul Merker, München Werke
  u. a. 1912–22. *Die anspruchsvollste der vorhandenen Werkaus-*
  gaben, allerdings in der Textgestalt (z. B. bei „Zwischen Himmel
  und Erde") nicht immer verlässlich.

- Zwischen Himmel und Erde. Erzählung. Nachwort von Konrad
  Nussbächer, Stuttgart 1989.

- Diana Schilling: Otto-Ludwig-Bibliographie, in: Otto Ludwig. Das Bibliografie
  literarische und musikalische Werk, hg. v. Claudia Pilling, Frankfurt a. M. 1999, S. 325ff.

- Otto-Ludwig-Kalender. Jahrbuch des Otto-Ludwig-Vereins, Jahrbuch
  Weimar 1929–36.

Eugenie Marlitt (1825–1887)

Romane/Novellen
- Gesammelte Romane und Novellen. 10 Bände, Leipzig 1888–90.

Gedichte
- Maienblütenhauch. Die Gedichte, hg. v. Cornelia Brauer, Rudolstadt u. a. 1994.

Briefe
- „Ich kann nicht lachen, wenn ich weinen möchte". Die [bisher] unveröffentlichten Briefe der Eugenie Marlitt, hg. v. Cornelia Hobohm, Wandersleben 1996.

Conrad Ferdinand Meyer (1825–1898)

Historisch-kritische Ausgaben
- Sämtliche Werke. Historisch-kritische Ausgabe in 15 Bänden, hg. v. Hans Zeller und Alfred Zäch, Bern 1958–96.

- C. F. Meyers Briefwechsel. Historisch-kritische Ausgabe, hg. v. Hans Zeller, Bern 1998ff.; Briefedition, Web-Adresse: www.cfmeyer.ch.

Volksausgabe
- Sämtliche Werke. Ausgabe in sieben Bänden, hg. v. Hans Zeller, Alfred Zäch und Rätus Luck, Bern 1961–97.

Bibliografie
- Ulrich Henry Gerlach: Conrad-Ferdinand-Meyer-Bibliographie, Tübingen 1994.

Institution
- Conrad-Ferdinand-Meyer-Gesellschaft e. V., Web-Adresse: www.conrad-ferdinand-meyer.de.

Eduard Mörike (1804–1875)

Historisch-kritische Ausgabe
- Werke und Briefe. Historisch-kritische Gesamtausgabe, im Auftrag des Ministeriums für Wissenschaft, Forschung und Kunst Baden-Württemberg und in Zusammenarbeit mit dem Schiller-Nationalmuseum Marbach hg. v. Hubert Arbogast, Hans-Henrik Krummacher, Herbert Meyer, Bernhard Zeller, Stuttgart 1967ff.; Web-Adresse: www.dla-marbach.de/dla/bibliothek/moerikearchiv/index.html.

Handbuch
- Mörike-Handbuch. Leben, Werk, Wirkung, hg. v. Inge und Reiner Wild, Stuttgart u. a. 2004.

Bibliografie
- Michael Mandelartz: Bibliographie zu Eduard Mörike, Web-Adresse: www.kisc.meiji.ac.jp/~mmandel/recherche/moerike_bibliographie.html.

Institution
- Mörike-Gesellschaft, Web-Adresse: www.moerike-gesellschaft.de.

WERKAUSGABEN, PERIODIKA UND INSTITUTIONEN

Wilhelm Raabe (1831–1910)

- Sämtliche Werke. Braunschweiger Ausgabe. 20 Bände, 5 Ergänzungsbände, hg. von Karl Hoppe und Jost Schillemeit, Göttingen 1951–94. *Bibliografie und Briefwechsel in den Ergänzungsbänden.* — Historisch-kritische Ausgabe

- Werke in Einzelausgaben. 10 Bände, hg. v. Hans-Jürgen Schrader, Frankfurt a. M. 1985. — Leseausgabe

- Werke in Auswahl. Studienausgabe. 9 Bände, hg. v. Hans-Werner Peter, Braunschweig 1981. — Studienausgabe

- Briefe 1842–1870, hg. v. William Webster, Berlin 2004. — Briefe

- „In alls gedultig". Briefe Wilhelm Raabes (1842–1910), im Auftrag der Familie Raabe hg. v. Wilhelm Fehse, Berlin 1940.

- Jahrbuch der Raabe-Gesellschaft, Tübingen 1960ff. *Enthält die jeweils aktuelle Jahresbibliografie.* — Jahrbuch / Mitteilungen

- Mitteilungen der Raabe-Gesellschaft, Braunschweig 1911ff.

- Internationale Raabe-Gesellschaft e. V., Web-Adresse: www.raabe-gesellschaft.de. — Institution

Adalbert Stifter (1805–1868)

- Werke und Briefe. Historisch-kritische Gesamtausgabe, hg. von Alfred Doppler, Hartmut Laufhütte und Wolfgang Frühwald, Stuttgart / Berlin u. a., 1978ff. — Historisch-kritische Ausgabe

- Sämtliche Erzählungen nach den Erstdrucken. 2 Bände., hg. v. Wolfgang Matz, München u. a. 2005.

- Eduard Eisenmeier: Adalbert-Stifter-Bibliographie, Linz 1964; Forts.: Linz 1971, 1978, 1983. — Bibliografien

- Werner Heck: Das Werk Adalbert Stifters 1840–1940. Versuch einer Bibliographie, Wien 1954.

- Stifter-Jahrbuch. Jahrbuch des Adalbert-Stifter-Vereins, München 1949ff. — Jahrbücher / Schriftenreihe

- Vierteljahresschrift des / Forts.: Jahrbuch des Adalbert-Stifter-Institutes des Landes Oberösterreich, Linz 1952ff.

- Schriftenreihe des Adalbert-Stifter-Institutes des Landes Oberösterreich; Forts.: Beiträge zur Stifterforschung, Linz 1953ff.

Institution
- Adalbert-Stifter-Institut, Web-Adresse: www.stifter-haus.at.

Theodor Storm (1817–1888)

Kritische Ausgaben
- Sämtliche Werke. In 4 Bänden, hg. v. Karl Ernst Laage und Dieter Lohmeier, Frankfurt a. M. 1987–88.

- Storm-Briefwechsel. Kritische Ausgabe, Berlin 1969ff.

Bibliografien
- Alfred Sobel: Theodor-Storm-Bibliographie 1967–1991, Wiesbaden u. a. 1993.

- Hans-Erich Teitge: Theodor Storm Bibliographie, Berlin 1967. *Nachträge und aktuelle Ergänzungen in den „Schriften der Theodor-Storm-Gesellschaft".*

Schriften / Beiträge
- Schriften der Theodor-Storm-Gesellschaft, Heide 1952ff.

- Husumer Beiträge zur Storm-Forschung, Berlin 1999ff.

- Storm-Blätter aus Heiligenstadt, hg. v. Literaturmuseum „Theodor Storm", Heiligenstadt 1995ff.

Institutionen
- Theodor-Storm-Gesellschaft, Web-Adresse: www.storm-gesellschaft.de.

- Theodor-Storm-Museum, Web-Adresse: www.stormmuseum.de/.

16 Anhang

→ ASB
Akademie Studienbücher, auf die der vorliegende Band verweist

ASB AJOURI Philip Ajouri: Literatur um 1900. Naturalismus – Fin de Siècle – Expressionismus, Berlin 2009.

ASB D'APRILE/SIEBERS Iwan-Michelangelo D'Aprile/Winfried Siebers: Das 18. Jahrhundert. Zeitalter der Aufklärung, Berlin 2008.

ASB FELSNER/HELBIG/MANZ Kristin Felser/Holger Helbig/Therese Manz: Arbeitsbuch Lyrik, Berlin 2008.

ASB KOCHER/KREHL Ursula Kocher/Carolin Krehl: Literaturwissenschaft. Studium – Wissenschaft – Beruf, Berlin 2008.

ASB TAUSCH Harald Tausch: Literatur um 1800. Klassisch-romantische Moderne, Berlin, 2011.

Informationen zu weiteren Bänden finden Sie unter www.akademie-studienbuch.de

16.1 Zitierte Literatur

Andermatt 2002 Michael Andermatt: Konfessionalität, Identität, Differenz. Zum historischen Erzählen von Conrad Ferdinand Meyer und Gottfried Keller, in: Internationales Archiv für Sozialgeschichte der deutschen Literatur 27 (2002), H. 1, S. 32–53.

Aristoteles 1982 Aristoteles: Poetik. Griechisch/Deutsch, übersetzt und hg. v. Manfred Fuhrmann, Stuttgart 1982.

Asendorf 2002 Christoph Asendorf: Batterien der Lebenskraft. Zur Geschichte der Dinge und ihrer Wahrnehmung im 19. Jahrhundert, Weimar 2002.

Auerbach 1959 Erich Auerbach: Mimesis. Dargestellte Wirklichkeit in der abendländischen Literatur. Zweite, verbesserte und erweiterte Auflage, Bern 1959.

Aust 2000 Hugo Aust: Literatur des Realismus. 3., überarbeitete und aktualisierte Auflage, Stuttgart/Weimar 2000.

Aust 2006 Hugo Aust: Realismus. Lehrbuch Germanistik, Stuttgart/Weimar 2006.

Balzer 2003 Bernd Balzer: Zum Spektrum der Ironie Heines im *Buch der Lieder*, in: Literatur und Kultur im Querschnitt, hg. v. Norbert Honsza, Wrocław 2003, S. 77–89.

Balzer 2006 Bernd Balzer: Einführung in die Literatur des Bürgerlichen Realismus, Darmstadt 2006.

Bark 1969 Joachim Bark: Der Wuppertaler Dichterkreis. Untersuchungen zum ‚poeta minor' im 19. Jahrhundert, Bonn 1969.

Barthes 1994 Roland Barthes: L'effet de réel, in: ders., Œuvres complètes. Tome II: 1966–1973, ed. par Éric Marty, [Paris] 1994, S. 479–484.

Becker 2003 Sabina Becker: Bürgerlicher Realismus. Literatur und Kultur im bürgerlichen Zeitalter 1848–1900, Tübingen/Basel 2003.

ANHANG

Berendes 2009   Jochen Berendes: Ironie – Komik – Skepsis. Studien zum Werk Adalbert Stifters, Tübingen 2009.

Betz 2002   Frederick Betz: Erläuterungen und Dokumente. Theodor Fontane, *Irrungen, Wirrungen*. Durchgesehene, in Kapitel III.3 ergänzte und bibliographisch aktualisierte Ausgabe, Stuttgart 2002.

Blamberger 1991   Günter Blamberger/Manfred Engel/Monika Ritzer (Hg.): Studien zur Literatur des Frührealismus, Frankfurt a. M./Berlin/New York/Paris 1991.

Blaschke 2002   Olaf Blaschke: Der „Dämon des Konfessionalismus". Einführende Überlegungen, in: ders. (Hg.), Konfessionen im Konflikt. Deutschland zwischen 1800 und 1970: ein zweites konfessionelles Zeitalter, Göttingen 2002, S. 13–69.

Bollenbeck 1996   Georg Bollenbeck: Bildung und Kultur. Glanz und Elend eines deutschen Deutungsmusters, Frankfurt a. M. 1996.

Bonfadelli 1999   Heinz Bonfadelli: Leser und Leseverhalten heute – Sozialwissenschaftliche Buchlese(r)forschung, in: Handbuch Lesen. Im Auftrag der Stiftung Lesen und der Deutschen Literaturkonferenz hg. v. Bodo Franzmann, Klaus Hasemann und Erich Schön, München 1999, S. 86–144.

Bourdieu 1999   Pierre Bourdieu: Die Regeln der Kunst. Genese und Struktur des literarischen Feldes. Übersetzt v. Bernd Schwibs und Achim Russer, Frankfurt a. M. 1999.

Braun 1980   Maximilian Braun: Gedanken zum Realismusbegriff, in: Jahrbuch der Raabe-Gesellschaft 1980, S. 52–68.

Brauneck 1987   Manfred Brauneck/Christine Müller (Hg.): Naturalismus. Manifeste und Dokumente zur deutschen Literatur 1880–1900, Stuttgart 1987.

Brauneck 1999   Manfred Brauneck: Die Welt als Bühne. Geschichte des europäischen Theaters. Dritter Band, Stuttgart/Weimar 1999.

Braungart 1999   Georg Braungart: *An eine Äolsharfe*, in: Gedichte von Eduard Mörike, hg. v. Mathias Mayer, Stuttgart 1999, S. 104–129.

Bräutigam 1985   Bernd Bräutigam: Candide im Comptoir. Zur Bedeutung der Poesie in Gustav Freytags *Soll und Haben*, in: Germanisch-Romanische Monatsschrift NF 35 (1985), S. 395–411.

Brecht 1993   Christoph Brecht: Die gefährliche Rede. Sprachreflexion und Erzählstruktur in der Prosa Ludwig Tiecks, Tübingen 1993.

Bucher 1981a, Bd. 1   Max Bucher/Werner Hahl/Georg Jäger/Reinhard Wittmann (Hg.): Realismus und Gründerzeit. Manifeste und Dokumente zur deutschen Literatur 1848–1880. Mit einer Einführung in den Problemkreis und einer Quellenbibliographie. Bd. 1: Einführung in den Problemkreis, Abbildungen, Kurzbiographien, annotierte Quellenbibliographie und Register, Stuttgart 1981.

Bucher 1981b, Bd. 2   Max Bucher/Werner Hahl/Georg Jäger/Reinhard Wittmann (Hg.): Realismus und Gründerzeit. Manifeste und Dokumente zur deutschen Literatur 1848–1880. Mit einer Einführung in den Problemkreis und einer Quellenbibliographie. Bd. 2: Manifeste und Dokumente, Stuttgart 1981.

Busch 2002   Wilhelm Busch: Die Bildergeschichten. Historisch-kritische Gesamtausgabe in drei Bänden, hg. v. Herwig Guratzsch und Hans Joachim Neyer. Band I: Frühwerk; Band II: Reifezeit; Band III: Spätwerk, bearbeitet v. Hans Ries unter Mitwirkung v. Ingrid Haberland, Hannover 2002.

Carter 1967/68   T. E. Carter: Freytag's *Soll und Haben*. A liberal national manifesto as a best-seller, in: German Life & Letters 21 (1967/68), S. 320–329.

Corbin 1992   Alain Corbin: Das Geheimnis des Individuums, in: Geschichte des privaten Lebens, hg. v. Philippe Ariès und Georges Duby. Band 4: Von der Revolution zum Großen Krieg, hg. v. Michelle Perrot. Deutsch v. Holger Fliessbach und Gabriele Krüger-Wirrer, Frankfurt a. M. 1992, S. 427–513.

ZITIERTE LITERATUR

Dethloff 1997   Uwe Dethloff: Französischer Realismus, Stuttgart/Weimar 1997.

Detken 1997   Anke Detken: Das französische Konversationsstück am Burgtheater unter der Direktion von Heinrich Laube (1849–1867), in: Theaterinstitution und Kulturtransfer I: Fremdsprachiges Repertoire am Wiener Burgtheater und auf anderen europäischen Bühnen, hg. v. Bärbel Fritz, Brigitte Schultze und Horst Turk, Tübingen 1997, S. 33–51.

Deupmann 2008   Christoph Deupmann: *Hans und Heinz Kirch*. Kontrafaktur der Heilsgeschichte, in: Interpretationen. Theodor Storm. Novellen, hg. v. Christoph Deupmann, Stuttgart 2008, S. 88–103.

Dinzelbacher 2007   Peter Dinzelbacher (Hg.): Handbuch der Religionsgeschichte im deutschsprachigen Raum. Band 5: 1750 bis 1900, hg. v. Michael Pammer, Paderborn/München/Wien/Zürich 2007.

Eckermann 1948   Johann Peter Eckermann: Gespräche mit Goethe in den letzten Jahren seines Lebens, in: Johann Wolfgang Goethe, Gedenkausgabe der Werke, Briefe und Gespräche, hg. v. Ernst Beutler. Band 24, Zürich 1948.

Eichendorff 1990   Joseph von Eichendorff: Werke in sechs Bänden. Band 6: Geschichte der Poesie. Schriften zur Literaturgeschichte, hg. v. Hartwig Schultz, Frankfurt a. M. 1990.

Eichendorff 1997   Joseph von Eichendorff: Gedichte, hg. v. Peter Horst Neumann, Stuttgart 1997.

Eicher 1995   Thomas Eicher: Poesie, Poetisierung und Poetizität in Gustav Freytags *Soll und Haben*, in: Wirkendes Wort 45 (1995), S. 64–81.

Fallbacher 1992   Karl-Heinz Fallbacher (Hg.): Taschenbücher im 19. Jahrhundert, Marbach a. N./Stuttgart 1992.

Feuerbach 1851   Ludwig Feuerbach: Vorlesungen über das Wesen der Religion. Nebst Zusätzen und Anmerkungen, Leipzig 1851.

Flaubert 1979   Gustave Flaubert: Drei Geschichten. Aus dem Französischen v. E. W. Fischer, Zürich 1979.

Flemming 2001   Willi Flemming: Gelehrtendichtung, in: Reallexikon der deutschen Literaturgeschichte, hg. v. Werner Kohlschmidt und Wolfgang Mohr. 2., neu bearbeitete Auflage, Berlin 2001, S. 549–552.

Fohrmann 1996   Jürgen Fohrmann: Lyrik, in: Bürgerlicher Realismus und Gründerzeit 1848–1890, hg. v. Edward McInnes und Gerhard Plumpe, München/Wien 1996, S. 394–461.

Fontane 1905   Theodor Fontane: Gesammelte Werke. 21 Bände in 2 Serien. 2. Serie, Band VII: Briefe an seine Familie. Band 2, Berlin 1905.

Fontane 1967   Theodor Fontane: Sämtliche Werke, Band 15: Von Zwanzig bis Dreißig. Autobiographisches nebst anderen selbstbiographischen Zeugnissen, hg. v. Kurt Schreinert und Jutta Neuendorff-Fürstenau, München 1967.

Fontane 1969   Theodor Fontane: Werke, Schriften und Briefe. Abteilung III, Band 1: Aufsätze und Aufzeichnungen, hg. v. Jürgen Kolbe, München 1969.

Fontane 1977   Theodor Fontane: Der Dichter über sein Werk, hg. v. Richard Brinkmann in Zusammenarbeit mit Waltraud Wiethölter. Band 2, München 1977.

Fontane 1980   Theodor Fontane: Werke, Schriften und Briefe. Abteilung IV, Band 3: Briefe 1879–1889, hg. v. Otto Drude, Manfred Helge und Helmuth Nürnberger, München 1980.

Fontane 1982   Theodor Fontane: Werke, Schriften und Briefe. Abteilung IV, Band 4: Briefe 1890–1898, hg. v. Otto Drude und Helmuth Nürnberger, München 1982.

Fontane 1990   Theodor Fontane: Irrungen, Wirrungen, in: ders., Sämtliche Romane. Erzählungen, Gedichte. Nachgelassenes. Zweiter Band, hg. v. Helmuth Nürnberger. Dritte, durchgesehene und im Anhang erweiterte Auflage, München 1990, S. 319–475.

Freund 1997 Winfried Freund: Theodor Storm, *Hans und Heinz Kirch*. Eine bürgerliche Tragödie, in: Erzählungen und Novellen des 19. Jahrhunderts. Band 2. Erweiterte Ausgabe, Stuttgart 1997, S. 301–332.

Frevert 1999 Ute Frevert/Heinz-Gerhard Haupt: Einführung. Der Mensch des 19. Jahrhunderts, in: dies./ders. (Hg.), Der Mensch des 19. Jahrhunderts, Frankfurt a. M. 1999, S. 9–18.

Freytag o. J. Gustav Freytag: Die Journalisten. Lustspiel. Mit einem Anhang „Erste Bühnenausgabe der Journalisten" von Friedrich Rosenthal, einem Nachwort von Georg Richard Kruse und einer Notenbeigabe, Leipzig o. J.

Freytag 1856 [Gustav Freytag]: Otto Ludwig, Zwischen Himmel und Erde, in: Die Grenzboten 15 (1856). Band 4, S. 121–126.

Freytag 1863 Gustav Freytag: Die Technik des Dramas [1863], in: ders., Dramatische Werke. Technik des Dramas, Leipzig o. J., S. 503–762.

Freytag 2007 Gustav Freytag: Soll und Haben. Roman in sechs Büchern. Mit einem Nachwort von Helmut Winter, Waltrop/Leipzig dritte Auflage 2007.

Friedrich 2006 Martin Friedrich: Kirche im gesellschaftlichen Umbruch. Das 19. Jahrhundert, Göttingen 2006.

Frizot 1998 Michel Frizot (Hg.): Neue Geschichte der Fotografie, Köln 1998.

Fulda 1996 Daniel Fulda: Wissenschaft aus Kunst. Die Entstehung der modernen deutschen Geschichtsschreibung 1760–1860, Berlin/New York 1996.

Fülleborn 1974 Ulrich Fülleborn: Frührealismus und Biedermeierzeit, in: Begriffsbestimmung des literarischen Biedermeier, hg. v. Elfriede Neubuhr, Darmstadt 1974, S. 329–364.

Geibel 1918, Bd. 1 Geibels Werke, hg. v. Wolfgang Stammler. Kritisch durchgesehene und erläuterte Ausgabe. Erster Band, Leipzig/Wien [1918].

Geibel 1918, Bd. 2 Geibels Werke, hg. v. Wolfgang Stammler. Kritisch durchgesehene und erläuterte Ausgabe. Zweiter Band, Leipzig/Wien [1918].

Giersch 1993 U.[lrich] G.[iersch]: II. Riesenrundgemälde. Bilder ohne Rahmen, in: Sehsucht. Das Panorama als Massenunterhaltung des 19. Jahrhunderts [anläßlich der gleichnamigen Ausstellung 28. Mai – 10. Oktober 1993 in Bonn], hg. v. Kunst- und Ausstellungshalle der Bundesrepublik Deutschland GmbH, Basel/Frankfurt a. M. 1993, S. 124–193.

Goethe 1984 Johann Wolfgang von Goethe/Friedrich Schiller: Der Briefwechsel zwischen Schiller und Goethe, hg. v. Siegfried Seidel. Band 1: Briefe der Jahre 1794–1797, München 1984.

Goethe 1981, Bd. 1 Johann Wolfgang von Goethe: Werke. Hamburger Ausgabe in 14 Bänden. Band 1: Gedichte und Epen I. Textkritisch durchgesehen und kommentiert v. Erich Trunz, München 1981.

Goethe 1981, Bd. 12 Johann Wolfgang von Goethe: Werke. Hamburger Ausgabe in 14 Bänden. Band 12: Schriften zur Kunst und Literatur. Textkritisch durchgesehen v. Erich Trunz, kommentiert v. Herbert von Einem. Maximen und Reflexionen. Textkritisch durchgesehen und kommentiert v. Hans Joachim Schrimpf, München 1981.

Gubser 1998 Martin Gubser: Literarischer Antisemitismus. Untersuchungen zu Gustav Freytag und anderen bürgerlichen Schriftstellern des 19. Jahrhunderts, Göttingen 1998, S. 177–187 (*Die Journalisten*).

Günter 2008 Manuela Günter: Im Vorhof der Kunst. Mediengeschichten der Literatur im 19. Jahrhundert, Bielefeld 2008.

Gutzkow 1839 [Karl Gutzkow]: Die Deutschen Uebersetzungsfabriken, in: Telegraph für Deutschland (Hamburg), Nr. 7, [11.] Januar 1839, S. 49–52; Nr. 8, [12.] Januar 1839, S. 57–59.

Gutzkow 1998a Karl Ferdinand Gutzkow: Die Ritter vom Geiste. Roman in neun Büchern. Erstes Buch. Zweites Buch. Drittes Buch, hg. v. Thomas Neumann, Frankfurt a. M. 1998.

Gutzkow 1998b Karl Ferdinand Gutzkow: Die Ritter vom Geiste. Materialien, hg. v. Adrian Hummel und Thomas Neumann, Frankfurt a. M. 1998.

Häntzschel 1982 Günter Häntzschel: Lyrik und Lyrik-Markt in der zweiten Hälfte des 19. Jahrhunderts. Fortschrittsbericht und Projektskizzierung, in: Internationales Archiv für Sozialgeschichte der deutschen Literatur 7 (1982), S. 199–246.

Häntzschel 1997 Günter Häntzschel: Die deutschsprachigen Lyrikanthologien 1840 bis 1914. Sozialgeschichte der Lyrik des 19. Jahrhunderts, Wiesbaden 1997.

Hauff 1970 Wilhelm Hauff: Sämtliche Werke. Band III. Nach den Originaldrucken und Handschriften. Textredaktion und Anmerkungen v. Sibylle von Steinsdorff. Mit einem Nachwort und einer Zeittafel v. Helmut Koopmann, München 1970.

Hebbel 1964 Friedrich Hebbel: Agnes Bernauer. Ein Deutsches Trauerspiel in fünf Aufzügen. Mit einem Nachwort, Stuttgart 1964.

Hebbel 1965 Friedrich Hebbel: Werke. Dritter Band, hg. v. Gerhard Fricke, Werner Keller und Karl Pörnbacher, Darmstadt 1965.

Hebbel 1994 Friedrich Hebbel: Maria Magdalena. Ein bürgerliches Trauerspiel in drei Akten. Mit Hebbels Vorwort betreffend das Verhältnis der dramatischen Kunst zur Zeit und verwandte Punkte. Anmerkungen von Karl Pörnbacher. Um Anmerkungen ergänzte Ausgabe, Stuttgart 1994.

Hebbel 1999 Friedrich Hebbel: Briefwechsel. Historisch-kritische Ausgabe in fünf Bänden. Band IV: 1860–1863, hg. v. Hargen Thomsen, München 1999.

Hegel 1966 Georg Wilhelm Friedrich Hegel: Ästhetik, hg. v. Friedrich Bassenge. Band II, 2. Auflage, Berlin/Weimar 1966.

Hegemann 1930 Werner Hegemann: Das steinerne Berlin. Geschichte der größten Mietskasernenstadt der Welt, Berlin 1930.

Heine 1975 Heinrich Heine: Historisch-kritische Gesamtausgabe der Werke. In Verbindung mit dem Heinrich-Heine-Institut hg. v. Manfred Windfuhr. Bd. 1/1: Buch der Lieder. Text, bearbeitet v. Pierre Grappin, Hamburg 1975.

Heine 1990 Heinrich Heine: Historisch-kritische Gesamtausgabe der Werke. In Verbindung mit dem Heinrich-Heine-Institut hg. v. Manfred Windfuhr. Bd. 14. Teil 1: Lutezia II. Text. Apparat 43. bis 58. Artikel, bearbeitet v. Volkmar Hansen, Hamburg 1990.

Helmstetter 1998 Rudolf Helmstetter: Die Geburt des Realismus aus dem Dunst des Familienblattes. Fontane und die öffentlichkeitsgeschichtlichen Rahmenbedingungen des Poetischen Realismus, München 1998.

Henel 1967 Heinrich Henel: Mörikes Denk es, o Seele, ein Volkslied?, in: Festschrift für Richard Alewyn, hg. v. Herbert Singer und Benno von Wiese, Köln/Graz 1967, S. 379–383.

Herding 1978 Klaus Herding (Hg.): Realismus als Widerspruch. Die Wirklichkeit in Courbets Malerei, Frankfurt a. M. 1978.

Hermand 1967 Jost Hermand: Gründerzeit und bürgerlicher Realismus, in: Monatshefte 59 (1967), S. 107–117.

Hertling 1985 Gunter H. Hertling: Theodor Fontanes Irrungen, Wirrungen. Die ‚Erste Seite‘ als Schlüssel zum Werk, New York/Bern/Frankfurt a. M. 1985.

Hettche 1991 Walter Hettche: Irrungen, Wirrungen. Sprachbewußtsein und Menschlichkeit. Die Sehnsucht nach den „einfachen Formen", in: Interpretationen. Fontanes Novellen und Romane, hg. v. Christian Grawe, Stuttgart 1991, S. 136–156.

Heydebrand 1972 Renate von Heydebrand: Eduard Mörikes Gedichtwerk. Beschreibung und Deutung der Formenvielfalt und ihrer Entwicklung, Stuttgart 1972.

Heydebrand 1973 Renate von Heydebrand: Zur Anordnung der Gedichtsammlung Mörikes. Welchen Anteil daran hatte Hermann Kurz wirklich?, in: Jahrbuch der Deutschen Schillergesellschaft 17 (1973), S. 384–394.

Heyse 1912 Paul Heyse: Jugenderinnerungen und Bekenntnisse. Teil 2. Aus der Werkstatt, in: ders., Gesammelte Werke. Band 4.6, hg. v. Markus Bernauer und Norbert Miller, Stuttgart/Berlin 1912 (Reprint Hildesheim 1995).

Heyse 1991 Paul Heyse: Gesammelte Werke. Dritte Reihe. Band 5: Hadrian/Alkibiades. Gedichte und Übersetzungen. Paul Heyse, Lebensbild von E. Petzet. Mit einem Nachwort zur Neuausgabe v. Norbert Miller, Hildesheim/Zürich/New York 1991 (Nachdruck der Ausgabe Stuttgart 1924).

Heyse 1994 Paul Heyse: Andrea Delfin. Prosa und Gedichte, Berlin 1994.

Hinrichs 1993 Boy Hinrichs: Theodor Storm – Texte und Kontexte. Thesen zur Rezeptionsforschung, in: Schriften der Theodor-Storm-Gesellschaft 42 (1993), S. 67–72.

Hoffmann 1993, Bd. 7 E.T.A. Hoffmann: Poetische Werke. Band 7: Die Serapionsbrüder. Dritter Band, Berlin/New York 1993.

Hoffmann 1993, Bd. 12 E.T.A. Hoffmann: Poetische Werke. Band 12: Letzte Erzählungen. Zweiter Band, Berlin/New York 1993.

Holz 1962a Arno Holz: Die Kunst. Ihr Wesen und ihre Gesetze (1891), in: Literarische Manifeste des Naturalismus. 1880–1892, hg. v. Erich Ruprecht, Stuttgart 1962, S. 200–220.

Holz 1962b Arno Holz: Zola als Theoretiker (1887/90), in: Literarische Manifeste des Naturalismus. 1880–1892, hg. v. Erich Ruprecht, Stuttgart 1962, S. 193–200.

Hönnighausen 2000 Gisela Hönnighausen (Hg.): Die Präraffaeliten. Dichtung, Malerei, Ästhetik, Rezeption, Stuttgart 2000.

Hugo 1932 Victor Hugo: La préface de Cromwell. Introduction, texte et notes, hg. v. Maurice Souriau, Paris 1932.

Jäger 1998 Andrea Jäger: Die historischen Erzählungen von Conrad Ferdinand Meyer. Zur poetischen Auflösung des historischen Sinns im 19. Jahrhundert, Tübingen/Basel 1998.

Jäger 2001 Georg Jäger (Hg.): Geschichte des Deutschen Buchhandels im 19. und 20. Jahrhundert. Bd. 1: Das Kaiserreich 1870–1918. Teil 1, Frankfurt a. M. 2001.

Jahraus 2003 Oliver Jahraus: Unrealistisches Erzählen und die Macht des Erzählers. Zum Zusammenhang von Realitätskonzeption und Erzählinstanz im Realismus am Beispiel zweier Novellen von Raabe und Meyer, in: Zeitschrift für deutsche Philologie 122 (2003), S. 218–236.

Jakobson 1994 Roman Jakobson: Über den Realismus in der Kunst [1921], in: Russischer Formalismus. Texte zur allgemeinen Literaturtheorie und zur Theorie der Prosa, hg. und eingeleitet v. Jurij Striedter. 5., unveränderte Auflage, München 1994, S. 373–391.

Japp 1996 Uwe Japp: Kleist und die Komödie seiner Zeit, in: Kleist-Jahrbuch 1996, S. 108–122.

Japp 1999 Uwe Japp: Die Komödie der Romantik. Typologie und Überblick, Tübingen 1999.

Jaritz 2005 Gerhard Jaritz: Beleuchtung, in: Enzyklopädie der Neuzeit. 1: Abendland – Beleuchtung, hg. v. Friedrich Jaeger, Stuttgart/Weimar 2005, Sp. 1183–1186.

Jurt 1984 Joseph Jurt: Gattungshierarchie und Karrierestrategien im XIX. Jahrhundert, in: lendemains 9 (1984), S. 33–41.

Kahrmann 1973 Cordula Kahrmann: Idyll im Roman. Theodor Fontane, München 1973.

Keller 2006 Gottfried Keller: Die Leute von Seldwyla, hg. v. Thomas Böning, Frankfurt a. M. 2006.

Kiefer 1997   Sascha Kiefer: Dramatik der Gründerzeit. Deutsches Drama und Theater 1870–1890, St. Ingbert 1997.

Kittstein 2007   Ulrich Kittstein: Vom Zwang poetischer Ordnungen. Die Rolle der jüdischen Figuren in Gustav Freytags *Soll und Haben* und Wilhelm Raabes *Der Hungerpastor*, in: Poetische Ordnungen. Zur Erzählprosa des deutschen Realismus, hg. v. Ulrich Kittstein und Stefani Kugler, Würzburg 2007, S. 61–92.

Klotz 1968   Volker Klotz: Geschlossene und offene Form im Drama, München dritte Auflage 1968 (1. Auflage 1960).

Kocka 1988   Jürgen Kocka: Bürgertum und bürgerliche Gesellschaft im 19. Jahrhundert. Europäische Entwicklungen und deutsche Eigenarten, in: ders. (Hg.), Bürgertum im 19. Jahrhundert. Deutschland im europäischen Vergleich. München 1988. Bd. 1, S. 11–76.

Kohl 1977   Stephan Kohl: Realismus. Theorie und Geschichte, München 1977.

Kosch 1993   Günter Kosch / Manfred Nagl: Der Kolportageroman. Bibliographie 1850 bis 1960, Stuttgart / Weimar 1993.

Kraszewski 1870   J.[ózef] I.[gnacy] Kraszewski: Dante. Vorlesungen über die Göttliche Komödie. Gehalten in Krakau und Lemberg 1867. Ins Deutsche übertragen v. S. Bohdanowicz, Dresden 1870.

Krauss 2000   Rolf H. Krauss: Photographie & Literatur. Zur photographischen Wahrnehmung in der deutschsprachigen Literatur des neunzehnten Jahrhunderts, Stuttgart 2000.

Kreißig 1966   Horst Kreißig: Nachwort, in: Gustav Freytag, Die Journalisten. Lustspiel in 4 Acten. Faksimiledruck nach der Ausgabe innerhalb der Gesammelten Werke von 1887, Göttingen 1966, S. 113–124.

Lämmert 1967   Eberhard Lämmert: Eichendorffs Wandel unter den Deutschen. Überlegungen zur Wirkungsgeschichte seiner Dichtung, in: Die deutsche Romantik. Poetik, Formen und Motive, hg. v. Hans Steffen, Göttingen 1967, S. 219–252.

Landrecht 1794   Allgemeines Landrecht für die preussischen Staaten. Zweyter Theil. Zweyte Auflage, Berlin 1794.

Lauer 2005   Gerhard Lauer: Lyrik im Verein. Zur Mediengeschichte der Lyrik des 19. Jahrhunderts als Massenkunst, in: Lyrik im 19. Jahrhundert. Gattungspoetik als Reflexionsmedium der Kultur, hg. v. Steffen Martus, Stefan Scherer und Claudia Stockinger, Bern u. a. 2005, S. 183–203.

Laufhütte 2002   Hartmut Laufhütte: Annette von Droste-Hülshoffs Novelle *Die Judenbuche* als Werk des Realismus, in: Zwischen Goethezeit und Realismus, hg. v. Michael Titzmann, Tübingen 2002, S. 285–303.

Lenger 1999   Friedrich Lenger: Großstadtmenschen, in: Der Mensch des 19. Jahrhunderts, hg. v. Ute Frevert und Heinz-Gerhard Haupt, Frankfurt a. M. 1999, S. 261–291.

Liedtke 1997   Christian Liedtke: Heinrich Heine, Reinbek bei Hamburg 1997.

Liesenhoff 1976   Carin Liesenhoff: Fontane und das literarische Leben seiner Zeit. Eine literatursoziologische Studie, Bonn 1976.

Link 1985   Jürgen Link: Was heißt: ‚Es hat sich nichts geändert'? Ein Reproduktionsmodell literarischer Evolution mit Blick auf Geibel, in: Epochenschwellen und Epochenstrukturen im Diskurs der Literatur- und Sprachhistorie, hg. v. Hans-Ulrich Gumbrecht und Ursula Link-Heer, Frankfurt a. M. 1985, S. 234–250.

Littger 1984   Klaus Walter Littger: Art. ‚Vereine, literarische', in: Reallexikon der deutschen Literaturgeschichte. Zweite Auflage. Band 4, hg. v. Klaus Kanzog und Achim Masser, Berlin / New York 1984, S. 604–613.

Ludwig o. J. Ludwigs Werke, hg. v. Viktor Schweizer. Kritisch durchgesehene und erläuterte Ausgabe. Dritter Band, Leipzig/Wien o. J.

Ludwig 1989 Otto Ludwig: Zwischen Himmel und Erde. Erzählung. Nachwort Konrad Nussbächer, Stuttgart 1989.

Luhmann 1986 Niklas Luhmann: Das Kunstwerk und die Selbstreproduktion der Kunst, in: Stil. Geschichten und Funktionen eines kulturwissenschaftlichen Diskurselements, hg. v. Hans Ulrich Gumbrecht und K. Ludwig Pfeiffer, Frankfurt a. M. 1986, S. 620–672.

Luhmann 1995 Niklas Luhmann: Liebe als Passion. Zur Codierung von Intimität (1982). 2. Auflage, Frankfurt a. M. 1995.

Mahr 1982 Johannes Mahr: Eisenbahnen in der deutschen Dichtung. Der Wandel eines literarischen Motivs im 19. und im beginnenden 20. Jahrhundert, München 1982.

Mandelkow 1975 Karl Robert Mandelkow (Hg.): Goethe im Urteil seiner Kritiker. Dokumente zur Wirkungsgeschichte Goethes in Deutschland, hg., eingeleitet und kommentiert v. Karl Robert Mandelkow Teil I: 1773–1832, München 1975.

Mandelkow 1977 Karl Robert Mandelkow (Hg.): Goethe im Urteil seiner Kritiker. Dokumente zur Wirkungsgeschichte Goethes in Deutschland, hg., eingeleitet und kommentiert v. Karl Robert Mandelkow Teil II: 1832–1870, München 1977.

Martin-Fugier 1992 Anne Martin-Fugier: Riten der Bürgerlichkeit, in: Geschichte des privaten Lebens, hg. v. Philippe Ariès und Georges Duby. Band 4: Von der Revolution zum Großen Krieg, hg. v. Michelle Perrot. Deutsch v. Holger Fliessbach und Gabriele Krüger-Wirrer, Frankfurt a. M. 1992, S. 200–265.

Martini 1962 Fritz Martini: Deutsche Literatur im bürgerlichen Realismus. 1848–1898, Stuttgart 1962.

Matz 2000 Jutta Matz/Heinrich Mehl: Vom Kienspan zum Laserstrahl. Zur Geschichte der Beleuchtung von der Antike bis heute, Husum 2000.

Mayer 1998 Mathias Mayer: Eduard Mörike, Stuttgart 1998.

Mayer 1999 Mathias Mayer: Einleitung, in: Gedichte von Eduard Mörike. Interpretationen, hg. v. Mathias Mayer, Stuttgart 1999, S. 7–14.

Mazzoni 1991 Ira Diana Mazzoni (Hg.): Prachtausgaben. Literaturdenkmale in Quart und Folio, Marbach a. N./Stuttgart 1991.

McInnes 1996 Edward McInnes: Drama und Theater, in: Bürgerlicher Realismus und Gründerzeit 1848–1890, hg. v. Edward McInnes und Gerhard Plumpe, München/Wien 1996, S. 343–393.

Meyer 1961 Conrad Ferdinand Meyer: Sämtliche Werke. Historisch-kritische Ausgabe, hg. v. Hans Zeller und Alfred Zäch. Zwölfter Band: Novellen II, Bern 1961.

Meyer 1996a Conrad Ferdinand Meyer: Sämtliche Werke in zwei Bänden. Band I. Nach den Ausgaben letzter Hand. Mit Anmerkungen v. Helmut Koopmann, Düsseldorf/Zürich sechste Auflage 1996.

Meyer 1996b Conrad Ferdinand Meyer: Sämtliche Werke in zwei Bänden. Band II. Mit einem Nachwort v. Helmut Koopmann sowie Anmerkungen und Zeittafel von Karl Pörnbacher, Düsseldorf/Zürich sechste Auflage 1996.

Meyer 1999 C. F. Meyer: Briefwechsel. Historisch-kritische Ausgabe, hg. v. Hans Zeller. Band 2: Conrad Ferdinand Meyer. François und Eliza Wille. Briefe 1869 bis 1895, Bern 1999.

Meyer 1998 Reinhart Meyer: Novelle und Journal, in: Zwischen Restauration und Revolution. 1815–1848, hg. v. Gert Sautermeister und Ulrich Schmid, München/Wien 1998, S. 234–250.

ZITIERTE LITERATUR

Meyer 1997 Theo Meyer (Hg.): Theorie des Naturalismus. Bibliographisch ergänzte Ausgabe, Stuttgart 1997.

Meyer 2000 Theo Meyer: Naturalistische Literaturtheorien, in: Naturalismus. Fin de siècle. Expressionismus. 1890–1918, hg. v. York-Gothart Mix, München/Wien 2000, S. 28–43.

Mörike 1986 Eduard Mörike: Werke und Briefe. Historisch-kritische Gesamtausgabe. Bd. 12: Briefe. 1833–1838, hg. v. Hans-Ulrich Simon, Stuttgart 1986.

Mörike 2003 Eduard Mörike: Werke und Briefe. Historisch-kritische Gesamtausgabe. Bd. 1: Gedichte. Ausgabe von 1867. Teil 1: Text, hg. v. Hans-Henrik Krummacher, Stuttgart 2003.

Mörike 2005 Eduard Mörike: Werke und Briefe. Historisch-kritische Gesamtausgabe. Bd. 6: Erzählungen. Teil 1: Text, hg. v. Mathias Mayer, Stuttgart 2005.

Morsey 2000 Rudolf Morsey: Bismarck und die deutschen Katholiken, Friedrichsruh 2000.

Müller 1808 [Adam Müller]: Noch etwas über den Unterschied des antiken und modernen Theaters, in: Phöbus. Ein Journal für die Kunst, hg. v. Heinrich v. Kleist und Adam H. Müller, Erster Jahrgang. Achtes Stück, August 1808, S. 45–47.

Müller 1982 Bernhard Müller: Die „Ära Devrient", in: Günther Haass, Wilhelm Kappler, Bernhard Müller, Marie Salaba und Hansmartin Schwarzmaier: Karlsruher Theatergeschichte. Vom Hoftheater zum Staatstheater, Karlsruhe 1982, S. 61–77.

Müller 2003 Ernst Müller: Religion/Religiosität, in: Ästhetische Grundbegriffe. Historisches Wörterbuch in sieben Bänden. Band 5: Postmoderne – Synästhesie, hg. v. Karlheinz Barck u. a., Stuttgart/Weimar 2003, S. 227–264.

Müller 1996 Harro Müller: Historische Romane, in: Bürgerlicher Realismus und Gründerzeit 1848–1890, hg. v. Edward McInnes und Gerhard Plumpe, München/Wien 1996, S. 690–707.

Müller 1981 Klaus-Detlef Müller: Utopie und Bildungsroman. Strukturuntersuchungen zu Stifters *Nachsommer*, in: ders. (Hg.), Bürgerlicher Realismus. Grundlagen und Interpretationen, Königstein/Ts. 1981, S. 115–138.

Nipperdey 1983 Thomas Nipperdey: Deutsche Geschichte. 1800–1866. Bürgerwelt und starker Staat, München 1983.

Nipperdey 1988a Thomas Nipperdey: Wie das Bürgertum die Moderne fand, Berlin 1988.

Nipperdey 1988b Thomas Nipperdey: Religion im Umbruch. Deutschland 1870–1918, München 1988.

Novalis 1978 Novalis: Werke, Tagebücher und Briefe Friedrich von Hardenbergs. Band 2: Das philosophisch-theoretische Werk, hg. v. Hans-Joachim Mähl, München/Wien 1978.

Onderdelinden 1978 Sjaak Onderdelinden: Nachwort, in: Conrad Ferdinand Meyer, Sämtliche Gedichte. Mit einem Nachwort von Sjaak Onderdelinden, Stuttgart 1978, S. 259–270.

Ort 2007 Claus-Michael Ort: Was ist Realismus? In: Realismus. Epoche – Autoren – Werke, hg. v. Christian Begemann, Darmstadt 2007, S. 11–26.

Perrot 1992 Michelle Perrot/Anne Martin-Fugier: Die Akteure, in: Geschichte des privaten Lebens, hg. v. Philippe Ariès und Georges Duby. Band 4: Von der Revolution zum Großen Krieg, hg. v. Michelle Perrot. Deutsch v. Holger Fliessbach und Gabriele Krüger-Wirrer, Frankfurt a. M. 1992, S. 95–309.

Perthes 1995 Friedrich Christoph Perthes: Der deutsche Buchhandel als Bedingung des Daseins einer deutschen Literatur. Schriften, hg. v. Gerd Schulz. Bibliographisch ergänzte Ausgabe, Stuttgart 1995.

Pfister 1988 Manfred Pfister: Das Drama. Theorie und Analyse, durchgesehene und ergänzte Auflage, München 1988 (erste Auflage 1977).

Plumpe 1996a Gerhard Plumpe: Vorbemerkung/Einleitung, in: Bürgerlicher Realismus und Gründerzeit 1848–1890, hg. v. Edward McInnes und Gerhard Plumpe, München/Wien 1996, S. 7–83.

Plumpe 1996b Gerhard Plumpe: Roman, in: Bürgerlicher Realismus und Gründerzeit 1848–1890, hg. v. Edward McInnes und Gerhard Plumpe, München/Wien 1996, S. 529–689.

Plumpe 1997 Gerhard Plumpe (Hg.): Theorie des bürgerlichen Realismus. Eine Textsammlung. Bibliographisch ergänzte Ausgabe, Stuttgart 1997.

Plumpe 2001 Gerhard Plumpe: Tote Blicke. Fotografie als Präsenzmedium, in: Medien der Präsenz. Museum, Bildung und Wissenschaft im 19. Jahrhundert, hg. v. Jürgen Fohrmann, Andrea Schütte und Wilhelm Voßkamp, Köln 2001, S. 70–86.

Plumpe 2003 Gerhard Plumpe: Realismus 2, in: Reallexikon der deutschen Literaturwissenschaft. Bd. 3, hg. v. Jan-Dirk Müller, Berlin/New York 2003, S. 221–224.

Pörnbacher 1974 Karl Pörnbacher (Hg.): Erläuterungen und Dokumente. Friedrich Hebbel, *Agnes Bernauer*, Stuttgart 1974.

Preisendanz 1985 Wolfgang Preisendanz: Humor als dichterische Einbildungskraft. Studien zur Erzählkunst des poetischen Realismus. Dritte, durchgesehene und mit einem Register versehene Auflage, München 1985.

R. G. 1853 R. G.: Gustav Freitag und „Die Journalisten", in: Illustrirte Zeitung [Leipzig] vom 21. Mai 1853, Nr. 516, Bd. 20, S. 329–330.

Riehl 1851 W.[ilhelm] H.[einrich] Riehl: Die bürgerliche Gesellschaft, Stuttgart/Tübingen 1851.

Ritzer 1997 Monika Ritzer: Christian Friedrich Hebbel, *Agnes Bernauer*, in: Dramen des 19. Jahrhunderts. Interpretationen, Stuttgart 1997, S. 253–285.

Rohe 1996 Wolfgang Rohe: Literatur und Naturwissenschaft, in: Bürgerlicher Realismus und Gründerzeit 1848–1890, hg. v. Edward McInnes und Gerhard Plumpe, München/Wien 1996, S. 211–241.

Rossbacher 2003 Karlheinz Rossbacher: Literatur und Bürgertum. Fünf Wiener jüdische Familien von der liberalen Ära zum Fin de Siècle, Wien/Köln/Weimar 2003.

Schanze 1981 Helmut Schanze: Theorie des Dramas im „Bürgerlichen Realismus", in: Deutsche Dramentheorien II. Beiträge zu einer historischen Poetik des Dramas in Deutschland, hg. v. Reinhold Grimm. 3., verb. Auflage, Wiesbaden 1981, S. 67–82.

Scheidt 1994 Gabriele Scheidt: Der Kolportagebuchhandel (1869–1905). Eine systemtheoretische Rekonstruktion, Stuttgart 1994.

Scherer 2010 Stefan Scherer: Dichterinszenierung in der Massenpresse. Zur Auratisierung des Autors in populären Zeitschriften des Realismus, in: Kontroversen – Bündnisse – Imitationen. Geschichte und Typologie schriftstellerischer Inszenierungspraktiken, hg. v. Gerhard Kaiser und Christoph Jürgensen, Heidelberg 2010 (im Druck).

Scherer 1977 Wilhelm Scherer: Poetik. Mit einer Einleitung und Materialien zur Rezeptionsanalyse, hg. v. Gunter Reiss, Tübingen 1977.

Scherer 1979 Wilhelm Scherer: Goethe-Philologie [1877], in: Goethe im Urteil seiner Kritiker. Dokumente zur Wirkungsgeschichte Goethes in Deutschland. Teil III: 1870–1918, hg., eingeleitet und kommentiert v. Karl Robert Mandelkow, München 1979, S. 78–90.

Schivelbusch 1989 Wolfgang Schivelbusch: Geschichte der Eisenbahnreise. Zur Industrialisierung von Raum und Zeit im 19. Jahrhundert [1977], Frankfurt a. M. 1989.

Schivelbusch 2004 Wolfgang Schivelbusch: Lichtblicke. Zur Geschichte der künstlichen Helligkeit im 19. Jahrhundert [1983], Frankfurt a. M. 2004.

Schlaffer 1966 Heinz Schlaffer: Lyrik im Realismus. Studien über Raum und Zeit in den Gedichten Mörikes, der Droste und Liliencrons, Bonn 1966.

ZITIERTE LITERATUR

Schlegel 1966 August Wilhelm Schlegel: Kritische Schriften und Briefe. Bd. V (Vorlesungen über dramatische Kunst und Literatur. Erster Teil), hg. v. Edgar Lohner, Stuttgart/Berlin/Köln/Mainz 1966.

Schlegel 1967 Friedrich Schlegel: Kritische Ausgabe, hg. v. Ernst Behler unter Mitwirkung v. Jean-Jacques Anstett und Hans Eichner. Zweiter Band: Charakteristiken und Kritiken I (1796–1801), München/Paderborn/Wien/Zürich 1967.

Schlör 1991 Joachim Schlör: Nachts in der großen Stadt. Paris – Berlin – London. 1840–1930, München/Zürich 1991.

Schmähling 1999 Walter Schmähling (Hg.): Naturalismus. Bibliographisch ergänzte Ausgabe, Stuttgart 1999.

Schmidt 1857 Julian Schmidt: Otto Ludwig, in: Die Grenzboten 16 (1857). Band 4, S. 401–412.

Schnädelbach 1983 Herbert Schnädelbach: Philosophie in Deutschland. 1831–1933, Frankfurt a. M. 1983.

Schneider 2004 Jost Schneider: Sozialgeschichte des Lesens. Zur historischen Entwicklung und sozialen Differenzierung der literarischen Kommunikation in Deutschland, Berlin/New York 2004, S. 161–285 („Literarische Kommunikation im bürgerlichen Zeitalter [1789 bis 1918]").

Schneider 2005 Lothar L. Schneider: Realistische Literaturpolitik und naturalistische Kritik. Über die Situierung der Literatur in der zweiten Hälfte des 19. Jahrhunderts und die Vorgeschichte der Moderne, Tübingen 2005.

Schön 1999 Erich Schön: Geschichte des Lesens, in: Handbuch Lesen. Im Auftrag der Stiftung Lesen und der Deutschen Literaturkonferenz hg. v. Bodo Franzmann, Klaus Hasemann und Erich Schön, München 1999, S. 1–85.

Schuster 1998 Peter-Klaus Schuster: Die Kunst bei Fontane, in: Fontane und die bildende Kunst, hg. v. Claude Keisch, Peter-Klaus Schuster und Moritz Wullen, Berlin 1998, S. 11–25.

Segeberg 1997 Harro Segeberg: Literatur im technischen Zeitalter. Von der Frühzeit der deutschen Aufklärung bis zum Beginn des Ersten Weltkriegs, Darmstadt 1997.

Sengle 1972 Friedrich Sengle: Biedermeierzeit. Deutsche Literatur im Spannungsfeld zwischen Restauration und Revolution 1815–1848. Band 2: Die Formenwelt, Stuttgart 1972.

Siemann 1990 Wolfram Siemann: Gesellschaft im Aufbruch. Deutschland 1849–1871, Frankfurt a. M. 1990.

Simon 1999 Ralf Simon: Gespenster des Realismus. Moderne-Konstellationen in den Spätwerken von Raabe, Stifter und C. F. Meyer, in: Konzepte der Moderne, hg. v. Gerhart von Graevenitz, Stuttgart/Weimar 1999, S. 202–233.

Sprengel 1998 Peter Sprengel: Geschichte der deutschsprachigen Literatur 1870–1900. Von der Reichsgründung bis zur Jahrhundertwende, München 1998.

Steinecke 1980 Hartmut Steinecke: Gustav Freytag, *Soll und Haben* (1855). Weltbild und Wirkung eines deutschen Bestsellers, in: Romane und Erzählungen des Bürgerlichen Realismus. Neue Interpretationen, hg. v. Horst Denkler, Stuttgart 1980, S. 138–152.

Stemmler 1996 Peter Stemmler: ‚Realismus' im politischen Diskurs nach 1848. Zur politischen Semantik des nachrevolutionären Liberalismus, in: Bürgerlicher Realismus und Gründerzeit 1848–1890, hg. v. Edward McInnes und Gerhard Plumpe, München/Wien 1996, S. 84–107.

Stifter 1978 Adalbert Stifter: Werke, hg. und mit Nachworten versehen v. Uwe Japp und Hans Joachim Piechotta. Dritter Band: Der Nachsommer, Frankfurt a. M. 1978.

Stockinger 2000 Claudia Stockinger: Das dramatische Werk Friedrich de la Motte Fouqués. Ein Beitrag zur Geschichte des romantischen Dramas, Tübingen 2000.

Stockinger 2005a Claudia Stockinger: Paradigma Goethe? Die Lyrik des 19. Jahrhunderts und Goethe, in: Lyrik im 19. Jahrhundert. Gattungspoetik als Reflexionsmedium der Kultur, hg. v. Steffen Martus, Stefan Scherer und Claudia Stockinger, Bern u. a. 2005, S. 93–125.

Stockinger 2005b Claudia Stockinger: Verkehrungen der Romantik. Hauffs Erzählungen im Kontext frührealistischer Verfahren, in: Wilhelm Hauff oder Die Virtuosität der Einbildungskraft, hg. v. Ernst Osterkamp, Andrea Polaschegg und Erhard Schütz, Göttingen 2005, S. 52–82.

Stockinger 2006 Claudia Stockinger: Storms *Immensee* und die Liebe der Leser. Medienhistorische Überlegungen zur literarischen Kommunikation im 19. Jahrhundert, in: Jahrbuch der deutschen Schiller-Gesellschaft 50 (2006), S. 268–297.

Stockinger 2008 Claudia Stockinger: Theodor Storm. Das novellistische Werk, in: Die schönsten Novellen. Von Boccaccio bis Storm, Frankfurt a. M. 2008, S. 322–330.

Stockinger 1981 Ludwig Stockinger: Realpolitik, Realismus und das Ende des bürgerlichen Wahrheitsanspruchs. Überlegungen zur Funktion des programmatischen Realismus am Beispiel von Gustav Freytags *Soll und Haben*, in: Bürgerlicher Realismus. Grundlagen und Interpretationen, hg. v. Klaus-Detlef Müller, Königstein/Ts. 1981, S. 174–202.

Storm 1917 Theodor Storm: Briefe an seine Freunde. Hartmuth Brinkmann und Wilhelm Petersen, hg. v. Gertrud Storm (Theodor Storms Sämtliche Werke, Bd. 12: Aus dem Nachlaß: Briefe an seine Freunde), Braunschweig/Hamburg 1917.

Storm 1974 Theodor Storm/Paul Heyse: Briefwechsel. Kritische Ausgabe. Band 3: 1882–1888. In Verbindung mit der Theodor-Storm-Gesellschaft hg. v. Clifford Albrecht Bernd, Berlin 1974.

Storm 1976 Theodor Storm/Erich Schmidt: Briefwechsel. Kritische Ausgabe. Band 2: 1880–1888. In Verbindung mit der Theodor-Storm-Gesellschaft hg. v. Karl Ernst Laage, Berlin 1976.

Storm 1981 Theodor Storm/Theodor Fontane: Briefwechsel. Kritische Ausgabe. In Verbindung mit der Theodor-Storm-Gesellschaft hg. v. Jacob Steiner, Berlin 1981.

Storm 1987a, Bd. 1 Theodor Storm: Sämtliche Werke in vier Bänden. Band 1: Gedichte. Novellen. 1848–1867, hg. v. Dieter Lohmeier, Frankfurt a. M. 1987.

Storm 1987b, Bd. 2 Theodor Storm: Sämtliche Werke in vier Bänden. Band 2: Novellen. 1867–1880, hg. v. Karl Ernst Laage, Frankfurt a. M. 1987.

Storm 1988a, Bd. 3 Theodor Storm: Sämtliche Werke in vier Bänden. Band 3: Novellen. 1881–1888, hg. v. Karl Ernst Laage, Frankfurt a. M. 1988.

Storm 1988b, Bd. 4 Theodor Storm: Sämtliche Werke in vier Bänden. Band 4: Märchen. Kleine Prosa, hg. v. Dieter Lohmeier, Frankfurt a. M. 1988.

Storm 1992 Theodor Storm/Gottfried Keller: Briefwechsel. Kritische Ausgabe. In Verbindung mit der Theodor-Storm-Gesellschaft hg. v. Karl Ernst Laage, Berlin 1992.

Sulzer 1771 Johann George Sulzer: Allgemeine Theorie der Schönen Künste. In einzeln, nach alphabetischer Ordnung der Kunstwörter auf einander folgenden, Artikeln abgehandelt. Erster Theil, Leipzig 1771.

Tacitus 1868 Tacitus: Die Annalen. Schulausgabe. Erster Band. Buch I–VI, hg. v. Anton August Draeger, Leipzig 1868.

Taine 1878 Hippolyte Taine: Geschichte der englischen Literatur. Band 1: Die Anfänge und die Renaissance-Zeit. Bearbeitet und mit Anmerkungen versehen v. Leopold Katscher, Leipzig 1878.

Thormann 1996 Michael Thormann: Realismus als Intermezzo. Bemerkungen zum Ende eines Literatur- und Kunstprogramms, in: Weimarer Beiträge 42 (1996), S. 561–587.

Tieck 1829 Ludwig Tieck: Vorbericht zur dritten Lieferung, in: ders., Schriften. Eilfter [!] Band, Berlin 1829 (unveränderter photomechanischer Nachdruck Berlin 1966), S. [VII]–XC.

ZITIERTE LITERATUR

Tieck 1996   Ludwig Tieck: Die verkehrte Welt. Ein historisches Schauspiel in fünf Aufzügen, hg. v. Walter Münz, Stuttgart 1996.

Titzmann 2002a   Michael Titzmann: Wilhelm Raabes *Ein Frühling* und die Konstituierung des ‚Realismus' in den 1850er Jahren, in: Realismus-Studien. Hartmut Laufhütte zum 65. Geburtstag, hg. v. Hans-Peter Ecker und Michael Titzmann, Würzburg 2002, S. 13–44.

Titzmann 2002b   Michael Titzmann: ‚Grenzziehung' vs. ‚Grenztilgung'. Zu einer fundamentalen Differenz der Literatursysteme ‚Realismus' und ‚Frühe Moderne', in: Weltentwürfe in Literatur und Medien. Phantastische Wirklichkeiten – realistische Imaginationen. Festschrift für Marianne Wünsch, hg. v. Hans Krah und Claus-Michael Ort, Kiel 2002, S. 181–209.

Ueding 1977   Gert Ueding: Wilhelm Busch. Das 19. Jahrhundert en miniature, Frankfurt a. M. 1977.

V–y. 1874   E. V–y.: Ein Grab im Unterland, in: Die Gartenlaube. Band XXII, No. 50 (1874), S. 807–810.

Vischer 1846   Friederich Theodor Vischer: Aesthetik oder Wissenschaft des Schönen. Zum Gebrauche für Vorlesungen, Reutlingen/Leipzig, 1846.

Völker 1990   Ludwig Völker (Hg.): Lyriktheorie. Texte vom Barock bis zur Gegenwart, Stuttgart 1990.

Weber 2001   Ernst Weber: Bildende Kunst und Selbstthematisierung der Literatur. Zu C. F. Meyers Gedicht *Michelangelo und seine Statuen*, in: Das Gedichtete behauptet sein Recht. Festschrift für Walter Gebhard zum 65. Geburtstag, hg. v. Klaus H. Kiefer, Armin Schäfer und Hans-Walter Schmidt-Hannisa, Frankfurt a. M. u. a. 2001, S. 129–143.

Wehler 1995   Hans-Ulrich Wehler: Deutsche Gesellschaftsgeschichte. Dritter Band: Von der „Deutschen Doppelrevolution" bis zum Beginn des Ersten Weltkriegs. 1849–1914, München 1995.

Weiß-Dasio 1988   Manfred Weiß-Dasio: Die Unzulänglichkeit des Ganzen. Zu Theodor Storms Novelle *Hans und Heinz Kirch*, in: Literatur für Leser (1988), S. 149–162.

Weitemeier 2001   Bernd Weitemeier/Fritz Paul (Hg.): Literarische Übersetzungsserien 1820–1910. Erster Halbband, Stuttgart 2001.

Werber 2005   Niels Werber: Geopolitiken der Literatur. Raumnahmen und Mobilisierung in Gustav Freytags *Soll und Haben*, in: Topographien der Literatur. Deutsche Literatur im transnationalen Kontext, hg. v. Hartmut Böhme, Stuttgart/Weimar 2005, S. 456–478.

White 1991   Hayden White: Auch Klio dichtet oder Die Fiktion des Faktischen. Studien zur Tropologie des historischen Diskurses. Einführung von Reinhart Koselleck, Stuttgart 1991.

Wiese 1965   Benno von Wiese (Hg.): 19. Jahrhundert. Texte und Zeugnisse, München 1965.

Wippermann 2007   Wolfgang Wippermann: Die Deutschen und der Osten. Feindbild und Traumland, Darmstadt 2007.

Wittmann 1981   Reinhard Wittmann: Das literarische Leben 1848 bis 1880 (mit einem Beitrag von Georg Jäger über die höhere Bildung), in: Realismus und Gründerzeit. Manifeste und Dokumente zur deutschen Literatur 1848–1880. Mit einer Einführung in den Problemkreis und einer Quellenbibliographie hg. v. Max Bucher, Werner Hahl, Georg Jäger und Reinhard Wittmann. Bd. 1: Einführung in den Problemkreis, Abbildungen, Kurzbiographien, annotierte Quellenbibliographie und Register, Stuttgart 1981, S. 161–257, 292–308.

Wittmann 1999   Reinhard Wittmann: Geschichte des deutschen Buchhandels. 2., durchgesehene Auflage, München 1999.

Wullen 1998   Moritz Wullen: Englische Malerei. „Kosmopolitismus in der Kunst". Fontane in England, in: Fontane und die bildende Kunst, hg. v. Claude Keisch, Peter-Klaus Schuster und Moritz Wullen, Berlin 1998, S. 42–120.

Wullen 2004 Moritz Wullen (Hg.): Natur als Vision. Meisterwerke der englischen Präraffaeliten. Mit einem Vorwort von Peter-Klaus Schuster und Texten von Katrin Herbst, Berlin/Köln 2004.

Wunberg 1993 Gotthart Wunberg: Unverständlichkeit. Historismus und literarische Moderne, in: Hofmannsthal-Jahrbuch 1 (1993), S. 309–350.

Wünsch 1991 Marianne Wünsch: Vom späten ‚Realismus' zur ‚Frühen Moderne'. Versuch eines Modells des literarischen Strukturwandels, in: Modelle des literarischen Strukturwandels, hg. v. Michael Titzmann, Tübingen 1991, S. 187–203.

Wütschke 1910 Hans Wütschke (Hg.): Hebbel in der zeitgenössischen Kritik, Berlin 1910 (Reprint Nendeln/Liechtenstein 1968).

Zeller 1983 Hans Zeller/Rosmarie Zeller: Zu Conrad Ferdinand Meyers Gedicht *Auf Goldgrund*, in: Gedichte und Interpretationen. Band 4: Vom Biedermeier zum Bürgerlichen Realismus, hg. v. Günter Häntzschel, Stuttgart 1983, S. 383–398.

Zeller 1994 Bernhard Zeller: Nachwort, in: Eduard Mörike, Gedichte. Auswahl und Nachwort v. Bernhard Zeller. Bibliographisch ergänzte Ausgabe, Stuttgart 1994, S. 154–166.

Zenker 2006 Markus Zenker: Conrad Ferdinand Meyers erzählte Welt. Sein Ort im Realismus des 19. Jahrhunderts, in: Euphorion 100 (2006), S. 225–243.

Zola 1904 Emile Zola: Der Experimentalroman. Eine Studie, Leipzig 1904.

16.2 Abbildungsverzeichnis

Abbildung 1: Wilhelm Busch: *Diogenes und die bösen Buben von Korinth* (Auszug) (1862).

Abbildung 2: View of the Deep Cutting in The Olive Mount, near Liverpool, c 1830s. Science Museum Pictorial / Science & Society.

Abbildung 3: William Holman Hunt: *Unsere englische Küste (Verirrte Schafe) – Our English Coasts (Strayed Sheep)* (1852). Öl auf Leinwand. Tate Gallery, London.

Abbildung 4: Romantik versus Realismus.

Abbildung 5: Wilhelm Busch: *Der Undankbare* (Auszug) (1878). Zenodot Verlagsgesellschaft mbH.

Abbildung 6: Loïe Fuller, amerikanische Tänzerin und Schauspielerin (1897), Fotografie von Isaiah West Taber. bpk/RMN/Isaiah West Taber.

Abbildung 7: Friedrich Jacob Tromlitz: *Der Fabrikautor* (1800), aus: Taschenbücher im 19. Jahrhundert. Bearbeitet v. Karl-Heinz Fallbacher, Marbach a. N. / Stuttgart 1992, S. 7. Deutsches Literaturarchiv Marbach.

Abbildung 8: *Album deutscher Kunst und Dichtung*, herausgegeben von Friedrich Bodenstedt. Mit Holzschnitten, nach Zeichnungen der Künstler, ausgeführt von R. Brend'amour und Anderen. Titelillustration. Vierte, umgearbeitete Auflage, Verlag der G. Grote'schen Verlagsbuchhandlung. Berlin 1877.

Abbildung 9: E. V–y.: Ein Grab im Unterland. Die Gartenlaube, Bd. XXII, No. 50 (1874), S. 810.

Abbildung 10: *Deutscher Novellenschatz*, herausgegeben von Paul Heyse und Hermann Kurz, 24 Bände, 1871–75. Titelblatt des vierten Bandes [1871].

Abbildung 11: Dante Alighieri, Medaillon. Illustration des Titelblatts von: J.[ózef] I.[gnacy] Kraszewski: *Dante. Vorlesungen über die Göttliche Komödie*. Gehalten in Krakau und Lemberg (1867). Ins Deutsche übertragen von S. Bohdanowicz, Dresden: Verlag von J. I. Kraszewski 1870. Niedersächsische Staats- und Universitätsbibliothek Göttingen.

Abbildung 12: Gustav Freytag: *Soll und Haben* (1855), Titelblatt des Zweiten Bandes, dritte Auflage, Leipzig: Verlag vom G. Hirzel, 1855. bpk/SBB Staatsbibliothek zu Berlin – Preußischer Kulturbesitz.

Abbildung 13a: Theodor Fontanes Fiktion eines Landschaftsraums für *Irrungen, Wirrungen*: die Gärtnerei Dörrs und die Lage des Grundstücks zum Zoologischen Garten hin (1884). Deutsche Staatsbibliothek, Theodor-Fontane-Archiv Potsdam. Notizbuch B 15, S. 30.

Abbildung 13b: Transkription von Theodor Fontanes „Fiktion eines Landschaftsraums für *Irrungen, Wirrungen* ..." nach: Gunter H. Hertling, Theodor Fontanes Irrungen, Wirrungen. Die ‚Erste Seite' als Schlüssel zum Werk, New York / Bern / Frankfurt a. M. 1985, Abb. 5, o. S.

Abbildung 14: Dresden, Königliches Hoftheater (Semperoper) (1871–78 erbaut nach Plänen von Gottfried Semper). Gesamtansicht. Holzstich (um 1880). akg-images.

Abbildung 15: Gustav Freytag: *Die Journalisten* – Der liberale Redakteur Bolz gewinnt Wahlmann Piepenbrink, Szenenbild einer Berliner Aufführung, aus: Illustrirte Zeitung (Leipzig) vom 21. Mai 1853, Nr. 516, Bd. 20, S. 329. Niedersächsische Staats- und Universitätsbibliothek Göttingen.

Abbildung 16: Heinrich Zille: Fotografie (entstanden ca. 1910).

ANHANG

Abbildung 17: Heinrich Zille: Zeichnung nach eigener Vorlage (1914 veröffentlicht). Komet Verlag oder Lustige Blätter, Berlin, Jg. 26, 1911, H. 52, S. 2. (aus: Walter Schmähling (Hg.): Naturalismus. Bibliographisch ergänzte Ausgabe, Stuttgart: Reclam 1999, S. 12f.).

Abbildung 18: Romantik – Realismus – Moderne/Naturalismus, aus: Hugo Aust, Realismus. Lehrbuch Germanistik, Stuttgart/Weimar 2006, S. 9.

Der Verlag hat sich um die Einholung der Abbildungsrechte bemüht. Da in einigen Fällen die Inhaber der Rechte nicht zu ermitteln waren, werden rechtmäßige Ansprüche nach Geltendmachung ausgeglichen.

16.3 Personenverzeichnis

Alberti, Conrad 212
Andermatt, Michael 131
Andersen, Hans Christian 48
Arnim, Achim von 48, 105
Arnim, Bettina von 39
Asendorf, Christoph 63, 222
Aubignac, François Hédelin de 186
Auerbach, Erich 19f., 45
Aust, Hugo 9, 16f., 21, 128, 217f., 221, 248

Balzac, Honoré de 118
Balzer, Bernd 14, 21, 26, 46, 209, 220f.
Bark, Joachim 77
Barner, Wilfried 49
Barthes, Roland 38, 43, 49, 56, 133, 255
Baudelaire, Charles 63
Becker, Sabina 18, 21, 25, 27, 217, 221
Benedix, Roderich 181
Berendes, Jochen 173
Betz, Frederick 163f., 165, 168, 171, 175
Birch-Pfeiffer, Charlotte 181
Blamberger, Günter 16, 221
Blumenthal, Oskar 99
Blaschke, Olaf 31, 256
Bleibtreu, Karl 212, 214
Bodenstedt, Friedrich von 81, 86, 247
Böckmann, Paul 96
Bölsche, Wilhelm 208, 214f., 217–219
Böschenstein, Bernhard 111
Bollenbeck, Georg 73
Bonfadelli, Heinz 68
Bourdieu, Pierre 73
Brachvogel, Albert Emil 195
Bräutigam, Bernd 154, 160
Brahms, Johannes 86
Braun, Maximilian 19
Brauneck, Manfred 180, 183, 188, 192, 213f., 220
Braungart, Georg 98
Brecht, Christoph 121
Brentano, Clemens 39, 105
Brinkmann, Hartmuth 47, 78
Büchner, Georg 16
Bulthaupt, Heinrich 185
Busch, Wilhelm 7f., 13f., 20, 51f., 68, 190, 224f., 247

Carter, T. E. 148, 158
Chamisso, Adelbert von 48
Clarétie, Jules 54
Clauren, Heinrich 72

Comte, Auguste 34, 256
Conrad, Michael Georg 213
Conradi, Hermann 212, 219
Corbin, Alain 57
Courbet, Gustave 62
Cramer, Carl Gottlob 72

Dahn, Felix 69, 77
Darwin, Charles 33, 216, 256
Dethloff, Uwe 133
Detken, Anke 180
Deupmann, Christoph 140
Devrient, Eduard 181, 183, 200
Dingelstedt, Franz von 180, 196
Dinzelbacher, Peter 31
Droste-Hülshoff, Annette von 16

Ebers, Georg 132, 171
Ebner-Eschenbach, Marie von 17
Eckardt, Ludwig 184
Eckermann, Johann Peter 120
Eichendorff, Joseph von 29, 39f., 86f., 90, 103, 119f.
Eicher, Thomas 153, 158

Fallbacher, Karl-Heinz 69, 79, 247
Faulstich, Werner 64
Feuerbach, Ludwig 32f., 255
Flaubert, Gustave 43, 132f.
Flemming, Willi 132, 172
Fohrmann, Jürgen 64, 83, 86f., 96, 105, 107, 111
Fontane, Theodor 10f., 14f., 17f., 41, 43f., 46, 56, 61f., 77, 79, 84, 99, 123, 125, 131, 146, 150–152, 155, 157f., 161–176, 190, 212, 215, 223, 225f., 247
Fouqué, Friedrich de la Motte 39
Frank, Gustav 64
Freund, Winfried 128, 141, 144
Frevert, Ute 21, 31
Freytag, Gustav 9f., 15, 17f., 55f., 69, 75f., 117, 121f., 145–160, 172–175, 185–188, 192–196, 200–206, 226, 247, 255
Friedrich, Martin 32
Fülleborn, Ulrich 16
Fulda, Daniel 131

Geibel, Emanuel 18, 77f., 88–92, 95f., 99, 105, 226
Gellert, Christian Fürchtegott 70
Georg II., Herzog von Sachsen-Meiningen 181

George, Stefan 105
Gerstäcker, Friedrich 70
Giersch, Ulrich Giersch 53
Goethe, Johann Wolfgang von 9, 15, 41, 44, 69, 84, 86, 92, 94f., 99, 114, 120f., 140, 152f., 172, 181, 185
Gotthelf, Jeremias 16, 148
Gottschall, Rudolf 34, 122, 155f., 188–191
Gottsched, Johann Christoph 186
Grabbe, Christian Dietrich 16
Grawe, Christian 176, 225
Grillparzer, Franz 16
Grimm, Jacob und Wilhelm 48
Grün, Karl 15
Gubser, Martin 204
Günter, Manuela 116
Gutzkow, Karl 12, 54f., 64, 66, 226f.

Häntzschel, Günter 41, 85, 96, 112
Hart, Heinrich 212
Hauff, Wilhelm 48, 71f.
Haupt, Heinz-Gerhard 21
Hebbel, Friedrich 12, 17, 99, 105, 180, 188, 194–200, 205f., 227
Hegel, Georg Wilhelm Friedrich 46, 83, 153, 179, 206
Hegemann, Werner 163
Heine, Heinrich 12, 15f., 28f., 85, 99, 209, 211, 220, 227f.
Helmstetter, Rudolf 165f., 168, 176, 223
Henel, Heinrich 105
Henzen, Wilhelm 185
Herder, Johann Gottfried 71
Herding, Klaus 62
Hermand, Jost 18
Hertling, Gunter H. 161f., 247
Hettche, Walter 168, 170, 176
Hettner, Hermann 35, 188
Heydebrand, Renate von 100
Heyse, Paul 17f., 57, 75, 77, 82f., 87, 92–96, 105, 113–115, 121–128, 138, 143, 188, 191, 228f., 247, 253
Hillenbrand, Rainer 128, 228
Hinrichs, Boy 78
Hölderlin, Friedrich 86
Hönnighausen, Gisela 64
Hoffmann, Ernst Theodor Amadeus 48f., 54, 114
Hoffmann, Heinrich 14
Holz, Arno 33, 213f., 216f., 219
Hopfen, Hans 182
Hugo, Victor 12, 189–191
Hunfeld, Barbara 222
Hunt, William Holman 37f., 60f., 247, 255

Immermann, Karl Leberecht 16

Jäger, Andrea 132, 144
Jäger, Georg 72, 159
Jahraus, Oliver 138
Jakobson, Roman 43, 50
Japp, Uwe 175, 209
Jaritz, Gerhard 29
Jurt, Joseph 83

Kahrmann, Cordula 169
Keil, Ernst 117f.
Keller, Gottfried 17, 30, 42, 56, 76, 99, 142, 172, 212, 229
Kiefer, Sascha 18
Kirchmann, Julius Hermann von 59
Kittstein, Ulrich 155f., 158, 160
Kleist, Heinrich von 114, 181, 201
Klotz, Volker 185
Knigge, Adolph Freiherr von 70
Kocka, Jürgen 19, 222
Kohl, Stephan 42
Kolloff, Eduard 58
Kosch, Günter 69
Kraszewski, Józef Ignacy 129f., 247
Krauss, Rolf H. 56, 60
Kreißig, Horst 201
Krug, Wilhelm Traugott 11
Kruse, Georg Richard 206
Kühn, Gustav 68
Kürnberger, Ferdinand 188
Kurz, Hermann 113–115

Laage, Karl Ernst 49, 143f., 232
Lämmert, Eberhard 90
Laube, Heinrich 12, 180
Lauer, Gerhard 70, 88, 96
Laufhütte, Hartmut 16, 231
Lemcke, Karl 11, 226
Lenau, Nikolaus 85
Lenger, Friedrich 27
Lessing, Gotthold Ephraim 181, 185, 188, 201
Liedtke, Christian 209
Liesenhoff, Carin 164, 167
Lindner, Albert 188, 191
Link, Jürgen 89
Littger, Klaus Walter 88
Ludwig, Otto 9, 17, 117–119, 122, 128, 187, 229
Luhmann, Niklas 41, 50, 199
Lukas, Wolfgang 144
Lyra, Justus Wilhelm 89

Mahr, Johannes 28f.
Manet, Édouard 63

PERSONENVERZEICHNIS

Mann, Thomas 74
Marggraff, Hermann 154f.
Marlitt, E. 18, 70, 75, 167, 230
Martin-Fugier, Anne 58, 206
Martini, Fritz 17, 221
Matz, Jutta 29
Mayer, Mathias 100f., 112
Maync, Harry 101
Mazzoni, Ira Diana 71, 79
McInnes, Edward 179f., 192
Menninghaus, Winfried 220
Menzel, Wolfgang 15
Meyer, Conrad Ferdinand 17f., 46, 84, 98f., 105–112, 130–139, 143f., 230
Meyer, Reinhart 116, 128
Meyer, Theo 214, 220
Millais, John Everett 60f., 255
Mix, York-Gothart 220
Mörike, Eduard 16f., 98–105, 110–112, 230
Morsey, Rudolf 32
Müller, Adam 54
Müller, Bernhard 181
Müller, Christine 220
Müller, Ernst 32
Müller, Harro 171
Müller, Klaus-Detlef 172
Müller-Samswegen, Emil 188
Mundt, Theodor 12

Nietzsche, Friedrich 83, 189, 204
Nipperdey, Thomas 25, 31, 35f., 73–75, 150, 222
Novalis 32, 84

Oettermann, Stephan 64
Ort, Claus-Michael 10, 16
Onderdelinden, Sjaak 107, 110

Paul, Jean 71
Pecht, Friedrich 62
Perrot, Michelle 203, 206
Perthes, Friedrich 67f.
Peschkau, Emil 70
Pfau, Ludwig 59
Pfister, Manfred 186, 192
Pietsch, Ludwig 168
Plumpe, Gerhard 10f., 17, 21., 57f., 64, 117, 152, 158, 218, 221, 223
Pniower, Otto 164
Pörnbacher, Karl 199
Preisendanz, Wolfgang 15
Prutz, Robert Eduard 17, 26, 46, 78, 116, 184f., 200

Raabe, Wilhelm 17f., 77, 132, 160, 231
Rathenau, Walter 25
Requate, Jörg 206
Riehl, Wilhelm Heinrich 26, 73, 122, 203
Rilke, Rainer Maria 63, 105
Ritzer, Monika 196, 206, 221
Rohe, Wolfgang 35
Rossbacher, Karlheinz 19
Rossetti, Dante Gabriel 60, 255
Roth, Ralf 36

Savigny, Friedrich Carl von 32
Schanze, Helmut 179, 192
Scheffel, Joseph Victor von 46, 69, 171
Scheidt, Gabriele 69
Scherer, Stefan 136
Scherer, Wilhelm 35, 99
Schiller, Friedrich 70, 86, 98, 152, 181, 185, 188, 197, 204
Schivelbusch, Wolfgang 23f., 29, 36, 54, 180, 223
Schlaffer, Heinz 99
Schlegel, August Wilhelm 39, 179, 209
Schlegel, Friedrich 44
Schlenther, Paul 163, 168
Schlör, Joachim 29f.
Schmähling, Walter 208, 220
Schmidt, Erich 78, 99, 140, 143
Schmidt, Julian 12f., 17, 20, 43, 55, 59f., 117, 146f., 188, 190
Schnädelbach, Herbert 131
Schneider, Jost 26, 68, 70f., 73, 80, 86, 182, 223
Schneider, Lothar L. 18, 73
Schneider, Sabine 222
Schön, Erich 68, 80
Schopenhauer, Arthur 83f.
Schröer, Tobias Gottfried 92
Schubert, Franz 86
Schumann, Robert 86
Schuster, Peter-Klaus 62
Scott, Walter 72, 119
Semper, Gottfried 177f., 247
Sengle, Friedrich 85
Segeberg, Harro 78, 80
Shakespeare, William 181, 185
Siemann, Wolfram 26f., 222
Simon, Ralf 133
Spielhagen, Friedrich 17f., 56, 122f., 139, 151
Spitteler, Carl 110
Sprengel, Peter 18, 85, 112
Stamm, Ferdinand 59
Steinecke, Hartmut 158, 173

Stemmler, Peter 25f.
Stephany, Friedrich 14
Stifter, Adalbert 17, 35f., 56, 77–79, 172–175, 231f.
Stockinger, Claudia 15f., 78, 84, 117, 139, 179
Stockinger, Ludwig 155, 160
Storm, Theodor 15, 17, 39–42, 44–49, 57, 64, 76–79, 83f., 90–92, 95, 99, 105, 111, 115–117, 121–123, 125, 130, 138–144, 212, 232
Sulzer, Johann George 150

Taine, Hippolyte 34, 216
Temme, Joducus Donatus Hubertus 70
Theel, Robert 206
Tieck, Ludwig 16, 39, 48, 75, 120f., 123, 209f., 220
Titzmann, Michael 217
Treitschke, Heinrich von 26, 118
Tromlitz, Friedrich Jacob 65, 247

Ueding, Gert 14

Virchow, Rudolf 31
Vischer, Friedrich Theodor 74, 122f., 152f., 172
Völker, Ludwig 83f., 96

Wagner, Richard 181
Waldberg, Max von 171
Weber, Ernst 109
Wehler, Hans-Ulrich 31, 36, 222
Weiß-Dasio, Manfred 140
Weitemeier, Bernd 72
Werber, Niels 157, 160
White, Hayden 133
Wienbarg, Ludolf 12
Wiese, Benno von 224
Wilbrandt, Adolf von 191
Wildenbruch, Ernst von 191, 195
Wippermann, Wolfgang 157
Wittmann, Reinhard 67–71, 76f., 80, 85, 159, 223f.
Wolf, Hugo 86
Wolter, Charlotte 183
Wünsch, Marianne 217, 222
Wullen, Moritz 61
Wunberg, Gotthart 132, 144

Zeller, Bernhard 100
Zeller, Hans und Rosmarie 105, 112
Zenker, Markus 132
Zille, Heinrich 207f., 247f.
Zola, Émile 43, 171, 215–217, 219

16.4 Glossar

19. Jahrhundert, das lange Geschichtswissenschaftliche Epochenbezeichnung (geprägt durch den englischen Sozialhistoriker Eric Hobsbawm), der zufolge das 19. Jahrhundert als Zeitalter des → Bürgertums politik-, sozial- und ideengeschichtlich von der Französischen Revolution 1789 bis zum Ersten Weltkrieg (1914–18) reicht. In diesen Zeitraum ordnet sich zwischen 1830 und 1890 die literaturgeschichtliche Epoche des Realismus ein. → KAPITEL 1.3

Berufsschriftsteller Bezeichnung für Autoren, die keine regelmäßigen Einkünfte aus anderen Tätigkeiten beziehen. Ihre Zahl nahm im Verlauf des 19. Jahrhunderts stetig zu, v. a. im Bereich der Unterhaltungsschriftstellerei. → KAPITEL 5.3

Buchmarkt Zentrale Schaltstelle für das sich im 19. Jahrhundert dynamisierende Verhältnis von Literaturbetrieb und Leseröffentlichkeit; zahlreiche technische Innovationen in den Bereichen Papier sowie Druck- und Illustrationsverfahren senkten die Herstellungskosten und schlossen breite Bevölkerungsschichten an das Buch- und Pressewesen an. → KAPITEL 5.1

Bürgertum Bezeichnung für die das Zeitalter tragende (keineswegs homogene) gesellschaftliche Schicht; in dieser Funktion v. a. das gewerblich-städtische, das Bildungs- und Beamten- sowie das Wirtschaftsbürgertum erfassend. Mit dem sogenannten Kleinbürgertum teilten diese Gruppen gemeinsame Wertvorstellungen wie Arbeitsethos, Redlichkeit, Familiensinn, Interesse an Bildung und Wissenschaft u. a. → KAPITEL 2.1, 10.1, 10.3, 11.1, 11.3, 13.2

Dinggedicht Lyrische Gattung, die ein einzelnes Objekt in den Mittelpunkt der Betrachtung stellt, hinter das der Beobachter selbst ganz zurücktritt. → KAPITEL 7.2

Erlebnislyrik Lyrische Form, deren zentrale Darstellungsabsicht die möglichst glaubwürdige Inszenierung des Erlebnischarakters von Dichtung ist (sie gibt sich den Anschein, als beruhe sie auf einem tatsächlichen Erlebnis des Verfassers). Mit diesem aus dem ausgehenden 18. Jahrhundert überlieferten Modell setzte sich die realistische Lyrik und Lyriktheorie in besonderer Weise auseinander. → KAPITEL 6.2, 7.1

Falkennovelle Bezeichnung für die von Paul Heyse entworfene Form der → Novelle, die den Text (strukturell und inhaltlich) von einem Grundmotiv aus organisiert. → KAPITEL 8.2, 9.1

Familienblätter Zumeist wöchentlich erscheinende, illustrierte Zeitschriften, die, bevorzugt für die kleinbürgerliche Leserschicht, in unterhaltsamer wie belehrender Weise Gegenstände von populärwissenschaftlichem Interesse behandelten; erzählende Texte erschienen darin zumeist in Fortsetzungen. → KAPITEL 5.1, 8.1

Fotografie Seit seiner Erfindung im zweiten Jahrhundertdrittel wichtigstes Konkurrenzmedium zur zeitgenössischen Literatur; für die Profilierung des programmatischen Realismus in den 1850er-Jahren maßgeblich (→ Realismus, poetischer). → KAPITEL 4.2, 11.3

Historismus Oberbegriff für unterschiedliche Formen der Orientierung an der Geschichte im 19. Jahrhundert. Die Einsicht in die Geschichtlichkeit der Realität (die damit keine feststehende, sondern zeitlichen Veränderungen unterworfene Größe darstellt) erleichterte die Aufwertung der Poesie zu einer angemessenen Form der Historiografie. → KAPITEL 7.2, 9.1, 11.3, 12.1, 12.2, 13.1

Humor Zentrale Kategorie des programmatischen Realismus; zielte in der grotesk-komischen Variante auf die Entlarvung gesellschaftlicher Missstände oder charakterlicher Defizite u. a., in der Variante des Humors der Versöhnung auf eine Harmonisierung („Verklärung") der Verhältnisse. → KAPITEL 1.2, 8.1, 9.2, 12.2

Impressionismus Bezeichnung für eine seit Mitte der 1870er-Jahre sich durchsetzende Richtung in der Malerei, die auf den momentanen, je individuellen Seheindruck in all seiner konturlosen Unschärfe setzte. Sie wurde zur Herausforderung für einen zwischen fotografischem Naturalismus und poetischem Idealismus sich behauptenden literarischen Realismus (→ Realismus, poetischer). → KAPITEL 4.3

ANHANG

Industrialisierung Zentrales Moment für die einschneidenden Veränderungen der politischen, wirtschaftlichen und sozialen Lebensbedingungen im 19. Jahrhundert, die sich – zeitversetzt zu seinen Anfängen in England um 1730 – aus den technischen Innovationen in den Bereichen der Produktion und des Vertriebs ergaben; auch für den → Buchmarkt von enormer Bedeutung. → KAPITEL 2.1, 5.1

Klassikerjahr Bezeichnung für das Jahr 1867, in dem die Urheber- und Verlagsrechte der vor dem 9. November 1837 verstorbenen Autoren ausliefen. → KAPITEL 5.1

Kolportage Bezeichnung für eine Vertriebsform, die mit dem Verkauf von Familienblättern, Bilderbögen, Konversationslexika, billigen Klassikerreihen, Kalendern, Kochbüchern u. a. an den Haus- und Wohnungstüren dem zeitgenössischen Buchhandel Konkurrenz machte; erzeugte ein eigenes literarisches Genre, den sogenannten Kolportageroman. → KAPITEL 5.1, 11.1

Kommerzialisierung Schlagwort für die Bedingungen, denen das zeitgenössische literarische Leben unterworfen war; diese führten zur Ausbildung spezifischer Marktstrategien bei den Autoren (Mehrfachverwertungen, Steuerung von Rezensionen u. a.). → KAPITEL 5.3, 6.1

Komplexitätsreduktion Ursprünglich aus der Systemtheorie kommender Begriff, hier verwendet zur Beschreibung der Ermöglichungsbedingungen des Realismus. Dazu gehören die Abgrenzung von Vorgänger- oder Konkurrenzkonzepten (Position via Negation) sowie die Selektion (Aussonderung von Unwichtigem). → KAPITEL 3.1, 4.2

Kulturkampf Bezeichnung für die Auseinandersetzungen zwischen ‚Bismarck-Staat' und katholischer Kirche in den Jahren 1871 bis 1878. → KAPITEL 2.2

Leihbibliothek Einrichtung, die gegen eine geringe Gebühr Bücher verlieh, besonders beliebt bei Vertretern des Kleinbürgertums; sie zählte zu den wichtigsten Konkurrenten für den expandierenden Buchhandel im 19. Jahrhundert. → KAPITEL 5.1

Literaturagentur Im Zuge der Expansion von → Buchmarkt und Literaturbetrieb im 19. Jahrhundert neu entstandene Berufssparte, in deren Mittelpunkt die Betreuung von Autoren und die Vermittlung von Manuskripten steht. → KAPITEL 5.3

Massenlyrik Bezeichnung für die Praxis lyrischer Produktion im 19. Jahrhundert. Befördert durch den → Buchmarkt wurde Lyrik massenhaft hergestellt und bevorzugt in Zeitschriften sowie Anthologien veröffentlicht; die poetologische Spitzenstellung der Gattung steht dazu in Kontrast. → KAPITEL 6.1, 7.1

Metapoesie Zentrales Merkmal realistischer Literatur im 19. Jahrhundert, die in der literarischen Darstellung immer zugleich deren Ermöglichungsbedingungen mit reflektierte. → KAPITEL 3.1, 9.1, 11.1

Multiperspektivismus Grundprinzip realistischer Darstellung im 19. Jahrhundert, die sich zu größtmöglicher Objektivität verpflichtet hatte und deshalb einsinnige Wirklichkeitsdeutungen ablehnte. In den poetischen Texten (vor allem in Drama und Epik, aber auch in der Lyrik) wird ein Sachverhalt aus unterschiedlichen Blickwinkeln beleuchtet; diese Sichtweisen können sich auch widersprechen. → KAPITEL 1.2, 7.2, 8.1, 8.2, 9.1, 10.3

Naturalismus Literarische Tendenz und Epochenbezeichnung in der zweiten Hälfte des 19. Jahrhunderts, zeitlich parallel zum späten Realismus; erklärte auch die negativen Seiten der Wirklichkeit für literaturfähig und machte so die → soziale Frage zu einem wichtigen Gegenstandsbereich der Literatur. → KAPITEL 14.2

Novelle Kurzform der Erzählung, deren Erfolg im 19. Jahrhundert auf ihrer Eignung für einen → Buchmarkt beruhte, der stets neues Material benötigte und auf Fortsetzungsgeschichten setzte; die ausdifferenzierte ambitionierte Novellentheorie der Zeit reagierte ebenfalls auf diese Entwicklung. → KAPITEL 8.1, 9.2

Panorama Rundgebäude mit 360°-Ansichten etwa von Landschaften oder Schlachten, das sich nach seiner Erfindung im ausgehenden 18. Jahrhundert zu einem der beliebtesten Unterhaltungsmedien des 19. Jahrhunderts entwickelte; in Form der panoramatischen Perspektive auch in die Literatur der Zeit übernommen. → KAPITEL 4.1, 11.2

GLOSSAR

Prachtausgaben In Material und Verarbeitung hochwertig ausgestattete illustrierte Sonderausgaben; sie schmückten als Statussymbole die Privatbibliotheken der (besitz-)bürgerlichen Führungselite.
→ KAPITEL 5.1

Präraffaeliten, die Bezeichnung für die Mitglieder eines 1848 in London gegründeten Künstlerbunds (u. a. John Everett Millais, William Holman Hunt, Dante Gabriel Rossetti), mit dessen Forderungen nach Wirklichkeitstreue und Detailgenauigkeit sich der Realismus vor allem in seiner Programmphase in den 1850er-Jahren auseinandersetzte (→ Realismus, poetischer). → KAPITEL 4.3, 11.3

Pyramidenschema Bezeichnung des in Gustav Freytags *Die Technik des Dramas* 1863 kanonisierten Aufbaus des geschlossenen Dramas, dessen Handlung eine Einteilung (in drei oder fünf) motiviert und zielgerichtet aufeinander folgende Akte nahelegt. Dieses Strukturmodell in aristotelischer Tradition übernahm richtungweisende Funktionen auch für die zeitgenössische → Novelle. → KAPITEL 8.1, 8.2, 9.2, 13.1

Realismus, poetischer Bezeichnung für das ästhetische Programm des Realismus nach 1850, das auf den Ausgleich von Realität und Idealität zielte; es konstituierte sich in der polemischen Abkehr zum einen von den Idealismus-Konzepten um 1800 (Klassik / Romantik), zum anderen vom schonungslosen Realismus naturalistischer Literaturprogramme. → KAPITEL 1.1, 3.2, 10.2, 12.2, 14.1, 14.2

Realismus, relationaler Bezeichnung für einen konstruktivistischen Zugriff auf das zeitgenössische Realismus-Verständnis, der zum einen davon ausgeht, dass Wirklichkeitsbegriffe historischem Wandel unterliegen, und zum anderen, dass die poetische Bearbeitung die Erscheinungen des Wirklichen notwendig verändert. → KAPITEL 1.1, 1.3, 9.1

Realismuseffekt Durch den französischen Strukturalisten Roland Barthes eingeführte Kategorie für realistische Darstellungstechniken, bei denen die Schilderung von für die Handlung selbst nicht relevanten Details die Funktion übernimmt, eine spezifische Atmosphäre des Realen zu erzeugen (→ Realismus, relationaler). → KAPITEL 3.1, 9.1, 11.2

Realpolitik Leitendes Prinzip des Zeitalters, demzufolge politisches, gesellschaftliches oder wirtschaftliches Handeln allein von seinem Erfolg her zu beurteilen ist, nicht nach moralischen oder religiösen Gesichtspunkten; nach 1848 durch den Publizisten Ludwig August von Rochau popularisiert.
→ KAPITEL 2.1, 10.2, 13.2

Religionskritik Bezeichnung einer für die ideengeschichtliche Fundierung des sogenannten Zeitalters der → Säkularisierung maßgeblichen philosophischen Tendenz. In der Version Ludwig Feuerbachs erhielt die Religion einen poetischen Status, und ihre Lehren bzw. Figuren (z. B. Gott) galten als Teil einer fiktionalen Welt. → KAPITEL 2.2

Säkularisierung Zentraler Begriff für die im Verlauf des 19. Jahrhunderts erfolgende Trennung von Staat und Kirche; mit dem Reichsgesetz vom 9. März 1874 gingen personenstandsrechtliche Belange wie Geburt, Heirat, Tod endgültig in die Zuständigkeit des Staates über. → KAPITEL 2.2

Schriftstellervereinigungen Bezeichnung erstens für private Dichtervereinigungen und Dichtergesellschaften im 19. Jahrhundert wie *Tunnel über der Spree* (Berlin) oder *Krokodil* (München), zweitens für Liebhaberzirkel wie den sogenannten Wuppertaler Dichterkreis und drittens für berufsständische Vertretungen wie den 1878 in Leipzig gegründeten *Allgemeinen Deutschen Schriftsteller-Verband*.
→ KAPITEL 5.3

Selbsthistorisierung Leitkonzept für das autorschaftliche Selbstverständnis im Realismus, das sich als literarhistorische Größe setzte und die (posthume) Tradition der eigenen Werkbiografie vorbereitete (→ Historismus). → KAPITEL 1.1, 3.1

Soziale Frage Bezeichnung für die mit → Industrialisierung und Verstädterung einhergehenden gesellschaftlichen Probleme im 19. Jahrhundert, die sich v. a. aufgrund der miserablen Lebensbedingungen der ausgebeuteten Land- und Industriearbeiter einstellten. → KAPITEL 2.1, 11.1

Verbesserungsästhetik Von Steffen Martus eingeführter Fachausdruck für die stete Arbeit von Autoren an den eigenen Texten im Zuge ihrer (für das Autorverständnis des Realismus relevanten)
→ Selbsthistorisierung. → KAPITEL 7.1, 7.2

ANHANG

Verbürgerlichung der Künste Prozess, der auf die spezifische Funktion von Kunst, Literatur und Malerei im Zeitalter des Realismus als eines Zeitalters des → Bürgertums verweist; gekennzeichnet durch ein auf Autonomie, Professionalität, Pluralität, Historizität und Vergesellschaftung (Vereinswesen) ausgerichtetes Kunstverständnis, das der Kunst die Rolle einer sinnstiftenden Instanz zubilligte.
→ KAPITEL 5.2, 8.1, 10.1, 12.1

Verein Die Organisation in Vereinen und Genossenschaften gehört zu den zentralen Merkmalen von → Bürgerlichkeit im 19. Jahrhundert. → KAPITEL 2.1, 5.2, 6.2

Verklärung Zentrales ästhetisches Prinzip des → poetischen Realismus, das auf eine hinter der Oberfläche der Erscheinungen verborgene Realität zielte; erscheint in zeitgenössischen Stellungnahmen auch als „Läuterung" oder „Idealisierung". → KAPITEL 1.1, 6.3

Volkslied Lyrische Gattung, die seit dem ausgehenden 18. Jahrhundert als eine ursprünglich mündlich überlieferte, naturnahe und unverbildete, meist sangbare und leicht fassliche Form der Volksdichtung u. a. auch aus nationalen Interessen durchgesetzt wurde. Es gehört zu den gängigen Verfahren realistischer Lyrik, das Spiel mit der romantischen Volkslied-Fiktion weiterzuführen. → KAPITEL 3.1, 3.2, 7.1

Zeitalter der Wissenschaft Epochenbezeichnung, die dem enormen Stellenwert der Sozial- und Naturwissenschaften für das Zeitalter des Realismus Rechnung trägt; v. a. die Evolutionstheorie (Charles Darwin) und die Determinationslehre der Soziologie (August Comte) spielten in der zeitgenössischen Literatur eine wichtige Rolle. Die Auseinandersetzung mit dem wissenschaftlichen Realitätsbegriff führte zur Klärung des poetischen Verständnisses von Wirklichkeit (→ Realismus, poetischer). → KAPITEL 2.3, 13.1, 14.2

Zweites Konfessionelles Zeitalter Durch den Historiker Olaf Blaschke geprägter Begriff, der – in Anknüpfung an Ernst Troeltschs Bezeichnung der Epoche von Reformation und Gegenreformation als eines „konfessionellen Zeitalters" – den unübersehbaren Tendenzen des 19. Jahrhunderts zu Rekonfessionalisierung und Konfessionalismus Rechnung trägt. In diesem sog. Jahrhundert der → Säkularisierung hatten Formen der Volksfrömmigkeit wie Wunderglaube oder Herz-Jesu-Kulte in katholischen Gegenden Konjunktur, und die Modernisierung von Wirtschaft und Wissenschaft erfolgte in enger Verzahnung mit dem deutschen Protestantismus. → KAPITEL 2.2

Dank

Mein besonderer Dank gilt Philipp Böttcher für unzählige inhaltliche Anregungen und für den Serviceteil. Peter Reinkemeier bin ich seiner sorgfältigen Korrekturen wegen zu großem Dank verpflichtet. Darüber hinaus danke ich Jonathan Stemmann für das Register, Katja Leuchtenberger und Anne Nordmann für das Lektorat sowie Karin Peschke und Steffen Martus für ihre hilfreichen Lektüren.

www.ingramcontent.com/pod-product-compliance
Lightning Source LLC
Chambersburg PA
CBHW032109220426
43664CB00008B/1186